大旗出版
BANNER PUBLISHING

大旗出版
BANNER PUBLISHING

大旗出版
BANNER PUBLISHING

教科書裡沒有的

民國史

出版緣起

「史」是記錄人類社會「過去式」的事件簿，雖然中華民國在台灣仍是「現在進行式」！

看到「民國史」，相信有不少讀者會認為中華民國在台灣仍是「現在進行式」，為何來個民國史？但依現實情勢來說——中華民國可分為中國大陸時期（1912 年至 1949 年）及台、澎、金、馬時期（1949 年迄今）二個階段，然而自 1949 年中華民國的中央政府遷至台灣的那一刻開始，位於中國大陸的民國時期即已宣告結束，也就是改朝換代成為現在的中華人民共和國，這種情況就像是明朝崇禎末年政權陷落之際，鄭成功來台建立南明政權與大陸的清朝對抗，此時位於大陸的明朝時期就此畫上句點，亦便成清朝歷史的新章。

《教科書裡沒有的民國史》一書的作者為中國歷史學博士（現為中央民族大學歷史文化學院副教授），書名指的「教科書」，當然是中國部定的教科書，或許裡面某些事件、人物與我國教科書內容有所重疊，然由於政治立場的不同，事件敘述角度也會有所相異，比如從台灣讀者的角度來看或許應為「叛變」之行為，但在對岸的認知卻為「起義」，還有許多與我們學過的歷史有著迥然不同的論述與立論，但為了尊重原著的創作精神並求本書語氣及文意的一致性，我們在內容上沒有做違反原意的調整，

對於此類用字遣詞也未於修改，我們期望從不同角度解讀歷史，可以產生不同的火花，也期望此書能夠讓讀者換個角度認識那個百家爭鳴、人才輩出、話題性十足的中華民國在大陸那段歲月。

大旗出版 ‧ 大都會文化 編輯部 敬啓

前言

「吾詩已成，無論大神的震怒，還是山崩地裂，都不能把它化爲無形！」這是作家王小波在寫完小說後，引用的奧維德的《變形記》裡的一句話。但是，在完成書稿後，筆者卻不敢有這樣的自信，反而有幾分忐忑。

因爲本書並非文學作品，而是一部歷史類著作。「以史爲鑑，可以知興替」。但以史爲鑑，前提是要竭立挖掘「不虛美，不隱惡」之信史，而不是醉心於製造各種歷史「禁區」與修辭，更不是進行娛樂至上的「戲說」、「演義」與「穿越」。因此，出版社雖將本書定位在通俗讀物，筆者仍然殫精竭慮，遍查考證相關史實，但因爲資料所限，或許更多的是力有不逮，恐怕仍會存在一些不盡人意之處，是故忐忑。

忐忑之外，也有一些感想。

書稿寫作期間，正值《建黨大業》放映。許多觀眾觀影之後，都發出「民國原來如此」的感嘆。的確，民國雖然軍閥林立，常年戰亂，卻不乏一身正氣與追求眞理的學者、新聞工作者與學生。章太炎大鬧總統府，被袁世凱幽禁於京城卻贏得「民國彌衡」的美名，其門下弟子如魯迅、周作人、錢玄同等，雖然沒有「四千萬的資產」卻天下聞名。而報界雙雄邵飄萍、林白水敢於批評時政的勇氣更是讓媒體不負「無冕之王」的美稱，林白水的一句「新聞記者應該說人話，不說鬼話；應該說眞話，不說假話」，擲地有聲，至今讓無數同行敬佩。

　　除了那些讓人讚嘆的歷史先輩之外，走進歷史深處，原來那些曾經被認爲是反派的人物也並非一無是處，而圍繞著他們的歷史評價也充滿爭議。世人曾曰袁世凱爲「竊國大盜」，而一些當代學者則詳舉其社會貢獻爲其進行「學術翻案」，但圍繞洪憲帝制，無論當初抑或當代，指責爲個人逆反歷史潮流者多，卻鮮有人去思考其中折射的社會心理與政治體制問題。書生楊度，或許是少數幾個例外。他擔心中國民眾一時無法眞正理解共和、法律、自由、平等爲何物，如果貿然由專制直接進入共和，只能是「以人民的名義專制統治人民」的軍政或黨治制度，憲政無望。而君主立憲則可以通過君主之名義，行憲政之實質，反而可以避免爲爭奪統治權力的內亂，同時確保實現民權。而今我們回顧歷史，楊度擁護的君主制固然是一廂情願，但反觀民國的軍閥統治更是一種專制。

　　杜月笙是號稱「三百年幫會第一人」的黑幫大亨，這個污點斑斑的黑社會頭子的另一面人生卻是講究忠義、曾經效力抗戰，在他擔任中國紅十字會副會長期間，更是個人捐資創辦醫院、學校無數，並且對困難者費用全免，其公益之心即使在今天也會讓一些人汗顏。皖系軍閥段祺瑞長期擔任民國總理，「挾北洋以令總統」，雖然權傾一時，卻始終嚴以律己，素有不抽、不喝、不嫖、不賭、不貪、不占的「六不總理」之美譽，「三一八」慘案發生後，段祺瑞面對政府衛隊徒手打死的請願學生，長跪不起，從此終身食素，以示懺悔。「傻子將軍」曹錕，雖然因爲「賄選總統」一事而臭名昭

著，但面對拒絕受賄並且當面斥責自己的議員，卻只是面露尷尬，並無打擊報復，晚年更是立誓寧肯喝稀粥，也不給日本人辦事，讓人看到了一個「賄選總統」的做人底線。

2011 年，清華大學百年校慶，舉國同賀之餘也有人感謂「大師不再」。而何謂大師，余以爲，不僅要有豐富的專業學識，更要有深厚的文化底蘊與人格魅力。在這裡，文者，乃指意義之載體；文化，則是「文」對於世界和人之「化成」；而文人，即爲「文」所「化」之人，所謂「文質彬彬，然後君子」。因此，從這個角度上講，文人不一定都是大師，但大師卻都一定是文人。回顧民國的知識名流，無論是「瘋癲」大師章太炎，文化怪傑辜鴻銘，或者清華國學院的四大導師，雖然術業有專攻，卻無不具有崇眞、自由與獨立的文化追求與學術人格。可以說，成就一代大師的基石，不僅是豐富的學識，更是對「獨立之精神，自由之思想」的執著追求。遺憾的是，巨變之下，道義失落，軍閥專權，文人命運多艱，而王國維更是在亂世之秋，用自殺的方式保持了自己人格的完善。王國維的自殺，名爲「殉清」，實爲「殉文化」，更精確的說是「殉道」。這裡的「道」，可以是傳統道義，也可以是科學眞理。這裡的「殉」，則彰顯了一種唯「道」是從的學術風骨。

五四時期，思想解放。人們紛紛認爲，人性解放首先是個性解放，個性解放首先是愛情解放。不過，新文化運動的領袖胡適卻特立獨行，與包辦的小腳妻子白頭偕老。所謂「胡適大名垂宇宙，夫

人小腳亦隨之」。胡適因此博得「新文化中舊道德的楷模，舊倫理中新思想的代表」之美譽。但胡適的這種舊式婚姻，也被追求愛情自由的張愛玲稱之為「盲婚」。歷史的弔詭之處在於，胡適被張愛玲稱之為盲婚的包辦婚姻卻善始善終，而張愛玲自己的婚姻卻極不如意。不過，近年來隨著新資料的不斷出現，人們對民國名人的婚戀也有新的了解。胡適，這位一向被認為情感專一的「道德楷模」，日漸呈現出與前截然不同的大眾情人形象。而在張愛玲的「自白小說」《小團圓》出版之後，圍繞著張愛玲情感世界的爭論也再起波瀾。

　　清宮戲退潮之後，民國往事已經成為影視的熱點。《梅蘭芳》、《拉貝日記》、《讓子彈飛》、《建黨大業》、《金陵十三釵》，近年來的國產大片紛紛與民國接軌。不過，影視中的民國，既有史實，也有虛構。被認為是真實再現藝術大師傳奇一生的《梅蘭芳》一經問世，就因為其中梅、孟戀的虛構敘述而飽受爭議。而頗具後現代色彩的《讓子彈飛》貌似荒誕，但查閱史實，中國早期的火車居然真的有用馬拉的，而在民國，也真的發生過土匪製造的火車大劫案。觀影之餘，再去閱讀相關歷史資料，相得益彰，不亦樂乎。

　　以上感想，僅是個人書寫中的即時觸語，零碎、散亂，不成體系，卻是筆者的真實感想，同時也可算是寫作過程中的少許收穫。史實勾陳，鑑往知來，願以此與讀者共勉。

目錄

【歲月留痕】

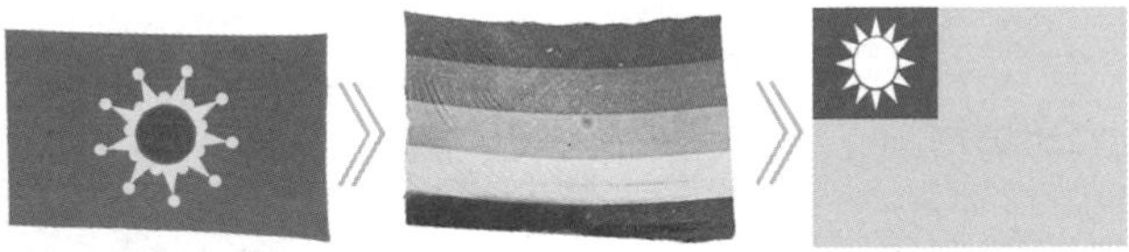

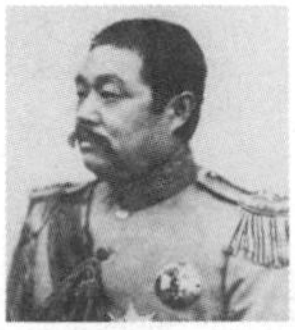

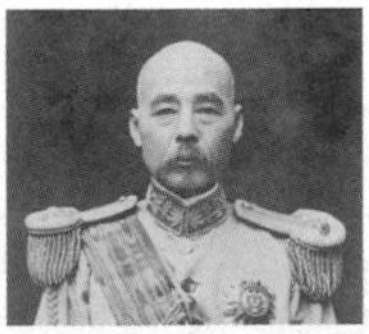

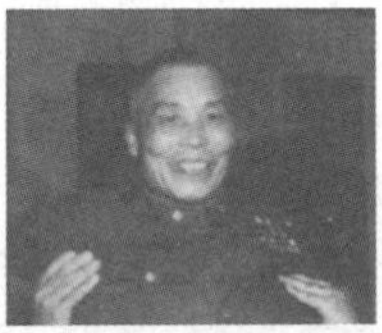

人物過往

是誰害了袁世凱？

　　從一介布衣爬上民國第一任大總統的高位，卻又從萬眾期待的開國總統墮落為千夫所指的「竊國大盜」。他本有機會成為「中國之華盛頓」，卻最終成為舉國唾罵的「亂世之奸雄」。袁世凱的一生，「既為清室之罪人，複為民國之叛逆」，最終落得眾叛親離，鬱悶而終。相傳，袁世凱彌留之際的最後一句話是：「他害了我。」他是誰？有人說是一心想當皇太子的袁克定，有人說是一心想做「帝王師」的楊度，也有人說，是袁世凱自己的帝王思想最終害了他。

擔任直隸總督時的袁世凱

　　袁世凱，出身於河南項城的一個官宦家庭。生來頸粗腿短，其貌不揚，民間傳說他是「西山十戾」[1] 中的「癩蛤蟆」轉世。早年也曾學詩作文，但數次科舉無不名落孫山，於是憤而棄筆從戎，投奔淮系將領吳長慶的慶軍，結果在平定朝鮮「壬午兵變」與小站練軍中嶄露頭角，成為各方面政治勢力爭奪的對象。此後，由於在戊戌政變中站對了隊伍，袁世凱在政治上飛黃騰達，不久署理直隸總督兼北洋大臣，成為晚清政壇舉足輕重的人物。

　　其時，袁世凱一方面通過增練新軍、網羅培植政界黨羽等活動，逐漸形成了以自己為首腦的北洋軍事政治集團；另一方面，開始大力支持改革，獲得新派人士的讚譽與信任。科舉無名的袁世凱還非常注意[2]，曾曰：「凡　國之盛衰強弱，視民德民智民力之進退為衡。而欲此三者程度日增，則必注重於國民教育。」

1　「西山十戾」是民間對清朝一些重要人物的比擬說法，即：多爾袞（熊）、洪承疇（獾）、吳三桂（鶚）、和珅（狼）、海蘭察（驢）、年羹堯（豬）、曾國藩（蟒）、張之洞（猴）、西太后（狐）、袁世凱（蛤蟆）。

2　1901 年，袁世凱在山東創建近代中國的第二所官立大學堂——山東大學堂，即現在的山東大學前身。

在袁世凱、張之洞等人的建議下，清政府諭令從 1906 年丙午科起，停止所有鄉試、會試和各省歲試。這樣，延續了一千三百多年的科舉制度被廢除了，從而為新式學校的發展掃除了障礙。同時，袁世凱在直隸推行新政，使當地工商業得到很大的發展，這讓很多工商業者都把袁世凱視為自己的保護者。就連曾和袁世凱長期不和的狀元實業家張謇，在參觀了南洋勸業會直隸館後，也不禁對袁刮目相看，在日記中寫道：「袁世凱確能幹事，此人與別人畢竟不同，在工業上尤有擅長過人之處，遠遠勝過了江蘇。」

隨後，在立憲運動聲勢浩大的時候，袁世凱向清廷上奏，要求「考求各國憲法，變通實施」。雖然袁世凱在這個時候積極宣導「立憲」可能有投機的成分，但是此舉畢竟是順應時代潮流，也使他贏得了立憲派領袖楊度等人的好感和信任，為他在辛亥革命中爭取立憲派的支持奠定了基礎 [3]。

不過，正當袁世凱在仕途上躊躇滿志的時候，隨著光緒帝和慈禧太后在 1908 年的先後去世，袁世凱的政治生涯忽然急轉直下。攝政王載灃擔憂袁世凱權大壓主，本想下詔誅殺之，卻遭到群臣的反對，最終採納了張之洞的意見，讓其「開缺回籍養屙」。此後三年，袁世凱被迫從權力舞臺上「退休」，成為一介草民。

但是隨後爆發的武昌起義讓袁世凱有了東山再起的機會。局勢動盪，清廷卻無人可用，只好授袁世凱為內閣總理大臣和統制全部兵權的欽差大臣。至此，袁世凱已集政權與軍權於一身，成為左右政局的操控者。

此後，袁世凱一邊宣揚效忠清廷，一邊與革命派進行談判。最終，革命黨人答應，在清帝退位和袁世凱贊成共和的條件下，可以把政權讓給袁世凱。看到目的達到，袁世凱迅速政治變臉，從支持立憲變成贊同共和，並且脅迫皇帝退位。1912 年 2 月 12 日（清宣統 3 年 12 月 25 日），隆裕太后被迫頒布了清帝溥儀的退位詔。中國最後一個王朝——清王朝 268 年的統治至此壽終正寢。

次日，袁世凱正式聲明「贊成共和」。為了兌現革命黨人答應袁世凱的條件，2 月 14 日，孫中山向臨時參議院正式辭去臨時大總統職，並舉薦袁世

---

3 著名學者唐德剛甚至認為，袁世凱在民族工業發展上的貢獻超過了孫中山。

凱以代之。15 日，南京臨時參議院以十七票全票通過袁世凱爲中華民國臨時大總統。當天，孫中山親自致電袁世凱：「民國大定，選舉得人。」一切似乎塵埃落定。

1913 年，國會選舉袁世凱爲中華民國第一任大總統。同年 10 月 10 日，袁世凱在紫禁城太和殿舉行隆重的就職儀式，並且面向議長、議員席宣誓：「余誓以至誠，謹守憲法，執行中華民國大總統之職務。」

由一介布衣榮登民國開國總統，袁世凱一時贏得萬衆期待，有媒體更是冠之以「中國之華盛頓」的美譽[4]。但隨後的事情卻讓世人大跌眼鏡。袁世凱把限制自己權力的政黨和國會一腳踢開，獨攬大權之後，開始積極爲復辟帝制創造條件。

從脅迫清帝退位到謀劃自己登基，先前一直以銳意改革的新派政治家面目出現的袁世凱，忽然拉起了歷史的倒車，露出了其「竊國大盜」的狼子野心。不過，此刻的赤縣神州已經今非昔比，「洪憲」帝制一登臺，便遭國人痛擊，最終草草收幕，成爲鬧劇一場。而經此一變，袁世凱的一世英名也毀於一旦，即使迫於壓力脫下龍袍，卻也衆叛親離，成爲事實上的「孤家」與「寡人」，並且最終鬱悶而死。

「一著不愼，全域皆輸」。一向老謀深算的袁世凱爲什麼會在他人生最輝煌的時候，犯下如此舉國共憤的致命錯誤呢？袁世凱彌留之際曾經說：「他害了我。」後世的學者據此認爲，後悔莫及的袁世凱其實也是爲人蠱惑與利用的受害者。那麼，到底是誰害了袁世凱呢？

最流行的一種說法是袁克定[5]。

身爲袁世凱的長子，袁克定並沒有遺傳其父的雄才大略，反而在父親強大的氣場下顯得儒弱無爲。民國成立的第二年，三十五歲的袁克定更是倒楣，居然在騎馬時把腿摔壞，在落下終身殘疾的同時還獲得「袁大瘸子」的

---

4 民國初年媒體對袁世凱有「中國之華盛頓」的期待，而楊度卻獨認爲袁世凱爲「中國的拿破崙」。考諸歷史，華盛頓創建共和國之後功成身退，拿破崙卻從法蘭西共和國第一執政變爲法蘭西第一帝國皇帝，從這個角度說，楊度一語成讖。

5 今人往往將袁克定與他的弟弟袁克文混爲一人，電影《建黨偉業》中就存在如此混淆，並且導致電影公映後袁家後人的聯名抗議。實際上，在袁世凱稱帝時，袁克文是反對的。

袁世凱與外國公使

綽號。對於這樣一個能力平平並且行動不便的官宦子弟而言，如果民國就這樣延續下去，那麼隨著袁世凱的去世，他也將墮入庸常的人生。不過，俗話說：「大樹底下好乘涼」。對於袁克定來講，如何更好地利用父親這棵參天蔽日的大樹，成為他在民國成立以來面對的最大課題。而按照中國傳統思維，有所謂子承父業一說，因此，身為袁世凱的長子，袁克定也一直有當皇太子的強烈願望。

在看到父親的統治逐漸穩固之後，袁克定便開始在父親的身邊精心營造帝制的氛圍，他聯合一貫醉心君主立憲政體的楊度等人，發起組織籌安會，大力宣傳「君憲救國」，為袁世凱稱帝製造輿論基礎。

袁世凱家族在近代官宦輩出，卻鮮有長命者。袁世凱十四歲的時候，養父袁保慶突然死於任所，袁世凱只好告別闊少生活，和母親一起回到了老家。不久，不幸再度襲來，袁世凱的生父袁保中，又病死於項城故宅。養父和生父相繼離世，袁世凱只好和母親相依為命。

親人相繼去世，讓袁世凱驚訝地發現了自己家族短壽的傳統。在袁家祖上，第一位以科舉入仕的袁甲三[6]算是高壽，也只活了五十七歲。他的後輩袁

---

6 袁甲三是袁世凱家族第一位官居一品的朝廷大員，曾經參與平定太平天國運動與撚軍起義。袁甲三從小聰慧，被父親袁耀東寄予很大希望，但是袁耀東四十多歲就因病去世，沒能看到這個兒子的「功成名就」。

保恆、袁保齡、袁保慶，則分別只活了五十二歲、四十八歲和四十四歲，可說都是死在壯年。而袁家的其他先輩，也都壽命不長，鮮有活過六十歲的。

袁家這個短壽的傳統，成爲袁世凱一生都無法癒合的巨大心病，也多少造成了他的迷信。後來袁世凱做總統時，已經五十多歲，他就非常擔心自己已經來日無多了。正是看到了父親對生命迷信的恐懼，袁克定就乘機向父親灌輸新的迷信。他告訴父親，只有做皇帝，做「眞命天子」，才能夠以「萬歲」的龍體突破他們袁氏家族的短壽傳統[7]。而袁世凱後來決心稱帝，多少受到了袁克定灌輸這個新迷信的影響。

袁克定知道父親很在意日、美等西方列強的政治態度。而當時美國派往中國的法律顧問古德諾便明確表示，君主立憲制度比共和制度更適宜中國。這讓袁世凱頗爲心動。爲了給稱帝輿論再加砝碼，袁克定想出了一個僞造《順天日報》的絕妙主意。

《順天日報》是日本外務省 1901 年起在北京出版的漢文報紙，初名《燕京時報》，主要報導中國政局內幕，進行親日宣傳。由於時政性強，在中國的影響力和發行量不斷擴大，一度曾經達到一萬七千多份銷量，成爲華北地區的第一大報紙。而對於善於審時度勢的袁世凱來說，閱讀《順天日報》一方面可以瞭解中國的消息，另外一方面也可以窺測日本政界的對華態度，因此每日必讀。正是看破了父親的心思，急於促成復辟帝制的袁克定竟然僞造了一份宮廷版的《順天時報》，天天刊載支持復辟帝制的文章送呈袁世凱，一方面使其誤認爲民心可用，同時也營造日本支持袁世凱稱帝的政治氛圍。袁克定炮製的這份僞《順天時報》每天只出版一份，在中國報紙史上可謂是「空前絕後」。此事後來被袁克定的弟弟袁克文和妹妹袁叔楨無意中發現之後才眞相大白，袁世凱這才明白自己一世精明，結果卻上了兒子的當。因此，當袁世凱被迫取消帝制之後，曾痛責袁克定「欺父誤國」。

袁克定的帝王思想甚至比自己的父親袁世凱更爲嚴重。即使在袁世凱死後，舉國唾罵之際，袁克定仍然想效仿歷代帝王，給父親的墳地命名爲「袁陵」，結果卻遭到袁世凱昔日的結拜兄弟，臨時主持政務的徐世昌的反對，

7　1916 年袁世凱在舉國聲討中死去，終年五十七歲，仍然沒有擺脫袁氏家族短命的傳統。

最終改名「袁林」。徐世昌對袁克定解釋說，林與陵諧音，《說文解字》上所載陵與林二字又可以互相借用，避陵之名，仍陵之實，可謂一舉兩得。這才讓袁克定作罷。

　　袁世凱死後，一心想當皇太子的袁克定夢想破滅，他在分得父親的一大筆遺產之後，隱居天津。不過他很快就將錢財花光，窮困潦倒之際，靠一個忠心耿耿的僕人每天到街上撿剩菜飯度日。華北淪陷後，日本特務頭子土肥原賢二看中了袁克定的特殊身分，想拉攏他加入華北偽政權，對北洋舊部施加影響，結果被袁克定拒絕。據說袁克定還登報聲明自己因病不問世事，不見賓客。1948 年，生活困苦的袁克定被親戚大收藏家張伯駒接到家中居住，直到 1958 年病故，終年八十歲，倒是得享高壽。

　　除了說袁世凱是被袁克定所誤以外，還有人說袁世凱稱帝是受楊度蠱惑。

　　湘人楊度，曾跟隨大儒王闓運學習帝王之術，此後一直以做「帝王師」為自己的人生目標。1902 年以後楊度曾幾次東渡日本，精心研究君主立憲制度。期間雖然與蔡鍔、黃興、汪精衛、孫中山、梁啟超等人來往密切，卻始終堅持自己特立獨行的政治主見，反對在中國通過革命實現共和體制，認為君主立憲是中國最好的政治體制。

　　1908 年，對楊度讚賞有加的袁世凱、張之洞聯合保薦楊度，說他「精通憲法，才堪大用」。楊度因此被清廷重用，出任憲政編查館提調，候補四品，成為名噪一時的「憲政專家」。而楊度也對有知遇之恩的袁世凱心存好感，認定他就是自己苦苦尋覓的「非常之人」，從而為日後充當袁世凱的「帝王師」埋下伏筆。袁世凱被攝政王載灃趕回老家之後，楊度也來到袁世凱的故鄉，成為袁世凱的核心智囊。辛亥革命爆發後，袁世凱東山再起，他一邊宣揚效忠於君主立憲制度，贏得了清廷的信任；一邊與革命派進行政治談判。楊度作為袁世凱的代表，與汪精衛一起發起「國事共濟會」，負責南北調停。和談期間，楊度公然「以擁袁為唯一途徑」，激起部分革命人士的不滿，甚至被湖南國民協進會通電要求各地拿捕「就地正法」，從而掀起一場討楊風波，直到楊度的革命黨朋友胡漢民、汪精衛、孫中山紛紛為他解釋並且要求地方對其進行保護，這場風波才平息。

　　最終，革命黨人答應了袁世凱提出的當總統的條件，袁世凱的政治立場

迅速從支持君主立憲變成贊同民主共和。而在一心嚮往君主立憲政體的楊度看來，袁世凱之所以這麼轉向，不過是一種篡奪政權的政治策略，一旦大權在握，還是有可能改回君主立憲的。因此楊度在南北調停期間在向各省遊說時曾預言，即便用總統名稱，袁世凱仍可以為拿破崙，使共和再為君主制。

1915 年 4 月，楊度向袁世凱呈送《君憲救國論》，直陳「非立憲不足以救中國，非君主不足以成立憲」的觀點，宣稱「中國如不廢共和，立君主，則強國無望，富國無望，立憲無望，終歸於亡國而已……故以專制之權，行立憲之業，乃聖君英辟建立大功大業之極好機會」。《君憲救國論》正中袁世凱的心意，被袁稱為「至理名言」，認為「然所論列，灼見時弊，可寄湖北段芝貴精印數千冊，以備參考」。隨後，楊度與孫毓筠、劉師培、李燮和、胡瑛、嚴複[8]等人共同組織籌安會，自己任理事長，成為著名的「籌安會六君子」之一。「六君子」中，楊度是核心人物，也是君主立憲制度的堅定宣導者，而其他人的政治理念則不斷變化，例如孫毓筠、胡瑛、李燮和，都曾經是著名的革命黨人，劉師培也參加過同盟會，而嚴複事後則否認自己是籌安會的發起人之一，認為報上出現籌安會的發起書，他雖然也位列其中，事前卻並不知情，只是楊度和他縱論時政時，他曾表達過自己的見解。

1915 年 8 月 23 日，籌安會正式掛牌，楊度等人開始大力宣傳「君憲救國」，借用西人古德諾[9]的理論，鼓吹共和不適合中國國情，君主立憲實為將來中華國體唯一之選擇云云，為袁世凱稱帝制造輿論基礎。

而袁世凱也對楊度投桃報李，恩寵有加，親自賜匾題字，稱他為「曠代逸才」。

1915 年 12 月 11 日上午 9 時，參議院開會議決帝制，與會的各省「國民代表」共一千九百三十三人，贊成君主立憲票正好一千九百三十三張，無一票反對，也沒有一張廢票。各省的推戴書一致寫著：「恭戴今日大總統袁世凱為中華帝國皇帝，並以國家最上完全主權奉之于皇帝，承天建極，傳之萬世。」楊度又以參政院參政的名義提議說：「本院由各省委託為總代表，尤

---

8 不過，也有人不太相信嚴複的辯解，因為在袁世凱復辟期間，嚴複和袁世凱的大兒子袁克定往來密切。

9 古德諾，美國政治學家。1913 年出任中國政府的法律顧問。1915 年發表《共和與君主論》，認為共和制度不適宜中國，譯成中文後登在《亞細亞日報》上，為袁世凱復辟帝制製造輿論。

應以總代表名義恭上推戴書。」秘書長林長民立即拿出早已準備好的擁戴書當場宣讀，全體起立，一致通過。11時半，在一片歡呼聲中散會。下午，參議院再次開會，又通過了早已準備好的第二份推戴書。於是，袁世凱在次日宣佈：「天下興亡，匹夫有責，予以愛國，詎在人後？」表示爲了「救國救民」，自己只好當皇帝了。

　　實際上，由楊度等人導演、袁世凱主演的這一場復辟鬧劇，一出場便遭到舉國唾罵。楊度的兩位昔日好友梁啓超、蔡鍔率先倒袁。楊度組織籌安會時，曾派人到天津徵求梁啓超的意見，梁啓超不僅沒有支持，還寫出《異哉！所謂國體問題者》一文對其進行駁斥，並寫信給楊度表示：「今後各行其是，不敢以私廢公，亦不必以公廢私。」

　　此後，各地倒袁活動此起彼伏。袁世凱在四面楚歌之中，澈底成了孤家寡人，隨後被迫取消帝制，並致電蔡鍔等革命軍將領，要求允許他繼續擔任中華民國大總統，並且保證永不稱帝。但是蔡鍔卻回電說：「吾輩決心死共和，公亦當死帝制。」

　　憂心忡忡的袁世凱至此一病不起，在鬱悶和狼狽中死去。袁世凱曾說：「他害了我。」而這

太和殿內的袁世凱寶座

個「他」指的是誰，有好事者進行了諸多的考證，卻至今沒有定論。但也有人說，袁世凱臨死前大呼的四個字不是「他害了我」而是「楊度誤我！」如此，則袁世凱去世前埋怨楊度無疑。

　　袁世凱去世後，楊度爲其寫下了著名的挽聯，掛於靈棚，明爲弔唁，實表心聲：

　　共和誤民國？民國誤共和？百世而後，再平是獄；
　　君憲負明公？明公負君憲？九泉之下，三複斯言。

　　無論如何，在袁世凱復辟帝制的整個過程中，以「帝王師」自居的楊度都起了舉足輕重的作用，因此，世人往往將其兩人稱為一丘之貉。但這多少有些誤會了楊度的良苦居心，如果說袁世凱的君主立憲尚帶有政治投機與謀權纂位的成分，那麼楊度的君主立憲則是一貫主張，並且顯得一心為國，大公無私。

　　楊度之所以固守己見，是因為他始終認為君憲比共和更適合中國 [10]。正如楊度在《君憲救國論》中所指出的，中國現時的民眾還無法真正理解共和、法律、自由、平等為何物，如果貿然由專制直接進入共和，只能是富國無望、強國無望，立憲也無望。而君主立憲既可以通過君主制度防止未來為爭奪元首地位而發生的動亂，又可以通過立憲實現民權，可謂一石二鳥。正因為此，楊度才自負地說：「君主立憲本為予生平唯一之政見」，「為一生之責任」。「立憲而不君主，必不足以固國本，鄙人所反對也；君主而不立憲，必不足以伸民權，亦鄙人之反對也。」可以說，同為君主立憲，楊度更強調以君主之名義，行憲政之實質。他因此批評清廷「假立憲，必成真革命」，指出必須真立憲，才能以正當安國，以誠實取信於民。而即使在洪憲帝制中，楊度也力主以民意方式促成帝制，在有一萬八百十一人簽名的《籌安會請願書》中提出國體問題應立即付諸民意機關表決，再以國民會議通過憲法。這種憲政的方式也和袁世凱大權獨攬之後將國會一腳踢開的專制方式有根本的區別。

　　是故袁世凱與楊度，貌似一丘之貉的「帝制餘孽」，卻始終貌合神離、同床異夢。一介書生楊度癡迷的君主立憲制度，雖然欲行憲政之實，卻有君主之名義，因此在剛剛推翻漫長帝制的國人心目中很難得到理解，即使在今天的大部分人心目中，也仍然屬於一種一無是處的落後思想。甚至楊度的老師王闓運也對他實行君主制要通過「民主表決」的做法表示不解，認為「欲改專制，而仍循民意，此何理哉」[11]？而楊度苦苦尋覓的「非常之人」，最終不僅負其所托，更讓楊度及其堅持的君主立憲制度聲名狼藉。反觀老謀深算

---

10 辛亥革命後民國軍閥專制，所謂的共和不幸成為托克維爾筆下那種「以人民的名義專制統治人民」的制度，以此來看，當時楊度的擔心也並非毫無道理。

11 王闓運可能對楊度存在誤解，因為楊度醉心的君主立憲並非君主專制，而類似英、日等國實行的君主立憲制度。

的政治家袁世凱，卻是利用楊度對君主立憲的理論鼓吹，欲實現君主專制政體，因此他雖然表面對楊度推崇有加，稱之爲「曠代逸才」，其實並不想也不敢對其委以重用，僅僅授以參政院參政等閒職，因爲眞正的君主立憲仍然是一種現代政體，與君主專制在根本上是對立的。是以即使袁世凱大呼「楊度誤我」屬實，也不過是其推脫罪責的一個藉口。

　　因此，也有人說，害袁世凱的，既不是袁克定，也不是楊度，而是袁世凱自己心目中根深蒂固的君主專制思想。如此說來，袁世凱所言的不是「他害了我」，而應該是「它害了我」。

袁世凱墓

　　這種說法認爲，袁世凱一生複雜多變，他平定朝鮮「壬午兵變」，小站練軍，從一個落第的秀才變成中華民國的總統，表現出了卓越的政治才能。同樣地，他出爾反爾，四處投機，野心勃勃，不擇手段，也表現出了日益膨脹的政治野心。因此，無論是袁世凱宣佈效忠君主立憲，抑或後來贊同共和，其實都是一種欺騙清廷或革命派的政治投機，其目的不過是爲自己的政治籌碼最大化，而他內心嚮往的，一直都是獨攬大權的專制統治。所以，對於野心勃勃又老謀深算的袁世凱來說，國家是什麼政體並不是最重要的，自己掌控大權才是關鍵。這一點，甚至連當時一些敏銳的新聞人士都覺察到了。初出茅廬的青年報人邵飄萍[12]在《漢民日報》的時評中說得很清楚：「帝王思想誤盡袁賊一生。議和，停戰，退位，遷延，皆袁賊帝王思想之作用耳。」

　　正是在這種心理的主導下，袁世凱就任臨時大總統之後，就開始了一系列逆共和而順君主的政治行動。1912年底，第一屆國會選舉在全國展開，國

12 邵飄萍，民國著名記者。1912年任《漢民日報》主筆，曾因反對袁世凱等軍閥統治被捕三次。1924年經李大釗等人介紹加入中國共產黨。1926年因爲積極支持群衆反帝反軍閥的鬥爭被奉系軍閥殺害。

民黨在參、眾兩院中獲得壓倒多數的席位。以宋教仁為代表的國民黨政治家們希望通過合法的議會政治鬥爭重掌政權，建立真正的國民黨內閣。但在國會召開前夕，準備北上組閣的宋教仁卻被袁世凱、趙秉鈞派人刺殺於上海車站。

隨後，為籌集內戰經費，袁世凱指派趙秉鈞、周學熙等為全權代表，不經國會討論通過而同英、法、德、日、俄五國銀行團簽訂《善後借款合同》。5月底，袁世凱指使民主黨、統一黨、共和黨組成進步黨，以對抗國民黨，並派兵南下，用武力鎮壓了國民黨組織的「二次革命」。

1913 年 10 月，袁世凱在紫禁城太和殿舉行隆重的儀式，就任中華民國第一屆正式大總統。其後，袁世凱決心把礙手礙腳的政黨和國會一腳踢開，先後解散了國民黨和國會。

今天我們已經無從得知袁世凱的上述舉措是自己的一意孤行還是在楊度等人的建議下進行的。但可以肯定的是，這些措施加快了袁世凱獨攬大權的腳步，為之後的復辟帝制提供了可能。而這，正是夢想成為「帝王師」的楊度期盼已久的。

可以說，正是有了袁世凱一意孤行的帝王思想，才為楊度的君憲救國論提供了理論聯繫實際的平臺。

民國之初，中國的歷史雖然開始邁向共和，但君主專制思想卻難以澈底肅清。在這樣一個轉折與巨變的年代裡，甚至連革命者本身對民主共和的理解也並不成熟。清帝退位的第二天，孫中山就實現承諾辭職，並推舉袁世凱。針對此事，當時《漢民日報》就曾經發文反對說：「總統非皇帝。孫總統有辭去總統之權，無以總統讓於他人之權。袁世凱可要求孫總統辭職，不能要求以總統與己。……蓋總統非皇帝，誠不可以一二人預為授受者也。」隨後，革命領袖宋教仁也意識到：「天賦人權，無可避也。今革命雖告成功，然亦只可指種族主義而言，而政治革命之目的尚未達到也。推翻專制政體，為政治革命著手之第一步，而尤要在建設共和政體。」強調建立民主政治體制的重要與不易。

對於新舊交替的時代寵兒袁世凱來說，更是無法擺脫歷史的局限。他曾經有成為一代偉人的最好機會，結果卻最終落了個千古罵名。推翻帝制又妄

圖稱帝,清室怨他,革命黨恨他。他從一介布衣爬上大總統的高位,實爲一代梟雄;他硬生生地想把國家從共和再拉回專制,說明他仍然是舊世界中人。還原歷史,對這個「既爲清室之罪人,複爲民國之叛逆」的人仔細打量,我們驚訝地發現,在一個人身上居然可以擁有如此多的矛盾與反覆 [13]。

　　而在袁世凱稱帝失敗後,又有溥儀復辟,在此期間軍閥混戰,勾心鬥角,民主共和制度長期有名無實,可見其成長的艱難。由此可見,帝王思想不僅害了袁世凱,也嚴重滯緩了民國邁向共和之路的步伐。

---

13 今天史學界正在重新評價袁世凱,《袁氏當國》的作者唐德剛就評價袁世凱為「亂世之奸雄」、「治世之能臣」,不過,他同時認為,袁世凱做事時不免「以小人之心,做流氓之行」。

「瘋癲」大師章太炎

　　章太炎，既是滿腹經綸的國學大師，又是締造民國的革命元勳。他是光復會的領袖，中華民國名號的首倡者之一，素有「革命之文豪」、「新中國之盧騷」與「民國禰衡」之美譽，黃侃、魯迅、周作人、錢玄同等章門弟子更是天下聞名。但是，就是這樣一個充滿故事的傳奇人物，卻經常被人稱作「章瘋子」，並且成為民國文人中最著名的三個「瘋子」之一[14]。

章太炎

　　章太炎，名炳麟，浙江余杭人，特立獨行的國學大師，辛亥革命時期的革命元勳。就是這樣一位近代歷史上的風雲人物，其行為卻常常與「瘋癲」二字相聯繫[15]。

　　早在民國成立之前，章太炎就因為宣傳革命，被視為「瘋癲」。而章太炎對此評價並不反感，反而十分自豪。1906 年 7 月 15 日，章太炎在東京留學生歡迎會上發表演說，一開始就說：

> 兄弟少小的時候，因讀蔣氏《東華錄》，其中有戴名世、曾靜、查嗣庭諸人的案件，便就胸中發憤，覺得異種亂華，是我們心裡第一恨事。後來讀鄭所南、王船山兩先生的書，全是那些保衛漢種的話，民族思想漸漸發達。但兩先生的話，卻沒有什麼學理。自從甲午以後，略看東西各國的書籍，才有學理收拾進來，當時對著朋友，說這逐滿獨立的話，總是搖頭，也有說是瘋癲的，也有說是叛逆的，也有說是自取殺身之禍的。但兄弟是憑他說個瘋癲，我還守我瘋癲的

---

14 章太炎、辜鴻銘、吳稚暉並稱民國三「瘋子」，也有五「瘋子」一說，指章太炎、辜鴻銘、吳稚暉、黃侃、劉師培。

15 對於章太炎的學問，梁啟超曾經高度評價說：「在此清學蛻分與衰落期，有一人焉能為正統派大張其軍者，曰：余杭章炳麟。」對於章太炎的革命貢獻，許壽裳認為：「其於民國艱難締造之功，國父之外，實為第一，所以稱之曰革命元勳。」魯迅也說過：「我以為先生的業績，留在革命史上的，實在比在學術史上還要大。」

念頭。

隨後，章太炎又說道：

只是兄弟今日還有一件要說的事，大概爲人在世，被他人說個瘋癲，斷然不肯承認，除那笑傲山水詩豪畫伯的一流人，又作別論，其餘總是一樣。獨有兄弟卻承認我是瘋癲，我是有神經病，而且聽見說我瘋癲，說我有神經病的話，倒反格外高興。爲什麼緣故呢？大凡非常可怪的議論，不是神經病人，斷不能想，就能想也不敢說。說了以後，遇著艱難困苦的時候，不是神經病人，斷不能百折不回，孤行己意。所以古來有大學問成大事業的，必得有神經病才能做到。……爲這緣故，兄弟承認自己有神經病；也願諸位同志，人人個個，都有一兩分的神經病。

顯然，章太炎在 1906 年就稱自己爲「瘋癲」，因爲他知道，在當時冒著生命危險投身「逐滿獨立」事業，須要具有「瘋癲」者那樣非同尋常的勇氣。

這就難怪章太炎的「瘋癲」不僅沒有爲人們所反感，反而引起了他的學生們的敬意。1918 年，魯迅在寫作《狂人日記》的時候，恐怕腦子裡想到的，除了他自己承認的果戈理的《狂人日記》外，就是章太炎的影子。而在《藥》中，魯迅更進一步揭示，所謂「瘋子」的稱謂，往往是愚昧的庸眾加之於革命的先行者的。隨後，傅斯年也宣稱：「我們最當敬重的是瘋子，最當親愛的是孩子。」他因此大聲疾呼：「我們帶著孩子，跟著瘋子走，——走進光明去。」像是在回應《狂人日記》的題旨。

不過，如果說在革命未成之際，章太炎的「瘋癲」，顯示了一個革命先驅的勇氣，並且爲眾人敬佩，那麼，在民國建立之後，章太炎應該享受革命元老的待遇才對。但事實卻是，在 1912 年的中國，章太炎再次被時人視作「章瘋子」，而給予這個並不恭敬的綽號的，居然是他昔日的革命同仁。

實際上，在武昌起義之後，章太炎也的確短暫地擁有一些光榮的稱號。1911 年 10 月 11 日晨，遠在日本的章太炎從報紙上看到武昌起義的消息，喜出望外。下午，他本來要給學生講莊子，這個時候就只談革命了。一個月後，章太炎帶領一眾門下弟子，自日本神戶坐船回國，從此結束了長達五年的流

亡生活。

對於章太炎的歸來，代表同盟會立場的《民立報》不僅於 11 月 16 日發表了章太炎「回國返滬」的消息，而且專門刊載《歡迎鼓吹革命之文豪》社論，極為友好地宣稱：

> 　　章太炎，中國近代之大文豪，而亦革命家之鉅子也。正氣不滅，發為國光，文字成功日，全球革命潮，嗚呼盛已。一國之亡，不亡於愛國男兒，文人學士之心，以發揮大義，存系統於書簡，則其國必有光復之一日，故英雄可間世而無，文豪不可間世而無……今章太炎已回國返滬矣……唯望我同胞奉之為新中國之盧騷。

不過，因為革命觀念不同，同盟會和章太炎很快就反目成仇，而對章太炎的讚揚也隨即為謾罵所替代。

1912 年 5 月 20 日，上海的《民權報》發表了一篇不同尋常的短論《殺》：「熊希齡賣國，殺！唐紹儀愚民，殺！袁世凱專橫，殺！章炳麟阿權，殺！此四人者中華民國國民之公敵也。」

短論只有二十四個字，卻一連用了四個「殺」字，讓人觸目驚心。這個短論的作者就是孫中山的忠實追隨者、以激進著名的同盟會成員戴天仇（戴季陶）[16]。從 1912 年 5 月到 6 月，二十三歲的戴天仇在《民權報》上發表一系列文章，從《哀章炳麟》、《該死的章炳麟》、《殺》[17] 到《章炳麟非人》、《水性楊花之人妖》等，持續不斷地對章太炎破口大罵。

戴天仇

同盟會成員之所以對革命元老章太炎恨之入骨，其中主要的原因有兩條：其一，就是章太炎「運動各界排斥同盟會」，這也是同盟會認定的章太炎最大的罪過；其二，認為章太炎投靠袁世凱，並且在袁世凱面前「力詆孫、黃」、要求取消南京留守府等行為，是「阿權」、「朝東暮西」和「偽詐百出」。

---

16 戴季陶，名傳賢，字季陶，筆名天仇。國民黨元老、理論家，曾任孫中山秘書，1949 年 2 月在廣州自殺。戴季陶生前曾經在給日本好友梅屋莊吉的信中說蔣緯國並非蔣介石之子，而是他的兒子。

17 短論《殺》刊登後，租界巡捕房以「鼓吹殺人」為由，拘捕戴季陶入獄。當晚，戴妻探監，勉勵他說：「主筆不入獄，不是好主筆。」翌日上午，此案開庭審理，戴季陶被交保釋放。

　　實際上，章太炎和同盟會的分歧，早在辛亥革命成功前已經出現。1907年，因爲《民報》的費用問題，章太炎和孫中山二人關係就開始交惡。當年日本政府應清政府的要求，促令孫中山離開日本。孫中山在被驅逐出境前，接受了日本政府送的五千元旅費以及股票商鈴木久五郎饋贈的一萬元。當時孫中山正在策劃新的革命起義，因此只留下二千元給《民報》，其他的用作起義軍費，這招致了不明內情的章太炎等人的不滿。當時《民報》經費困難，章太炎幾次電告孫中山，希望能夠接濟，都沒有得到回應。他因此認定孫中山企圖私吞革命經費，以爲有違革命道德，便氣憤地把掛在《民報》社牆上的孫中山照片取了下來，寄給同盟會香港分會，並附言說：「出賣《民報》之孫文，應即撕去。」之後，章太炎和孫中山之間的矛盾不斷激化，章太炎發表《僞民報檢舉狀》，指責孫中山：「孫文本一少年無賴……恃《民報》鼓吹之文，借同志擁戴之意，乘時自利，聚斂萬端。」1910年，章太炎和陶成章等人在東京重新成立光復會，分別任正、副會長，並在南洋各地設分會，與同盟會分庭抗禮。在此前後，光復會在江浙皖等地的活動，如徐錫麟、熊成基在安徽，秋瑾在浙江打的都是光復會的旗號。幾乎就在同時，孫中山也在三藩市將同盟會分會改名爲中華革命黨。今天看來，章太炎和孫中山之間的矛盾，不僅因爲具體瑣事的摩擦，也有雙方在處理問題上的彼此誤解、情緒化以及性格上的問題，更重要的卻是彼此對革命在思想認識上的分歧結果。而在雙方的背後，都有一部分支持勢力，這就導致了革命派內部的不斷分化。

　　章太炎回到上海的時候，孫中山還沒有從歐洲回來。而國內，革命黨的領導者已經開始考慮中華民國臨時大總統的候選人了。由於章、孫之間隔閡已深，章太炎極力排斥遠在國外的孫中山，認爲孫中山只不過是「長於論議」的「元老之才」，主張總統從黃興、宋教仁、汪精衛三人之間選取。

　　不過，黃興自己卻並無做總統的念頭，而其他革命黨的領導者則因爲威望不足難以勝任。不久，孫中山回國。因爲獨一無二的革命威望，他仍然被推爲臨時大總統。臨時政府成立後，有傳言說章太炎要當教育總長。但不知什麼原因，在孫中山提出的南京臨時政府內閣名單上，教育總長的名字卻是蔡元培。

　　在此之前，在關於中華民國的國旗選定上，章太炎和孫中山等人也出現了分歧。章太炎提議用五色旗，寓意五族共和。但是，孫中山卻認爲五色旗

「其分配代色，取義不確，如以黃代滿之類；既言五族平等，而上下排列，仍有階級」，因此堅決反對。即使在此後臨時參議院通過以五色旗為國旗並諮請總統頒行的時候，臨時大總統孫中山仍然堅持國旗一事需「經由國民公開表決」，沒有頒行。

國旗之爭並未就此結束。孫中山辭去臨時大總統職後，參議院正式議決以五色旗為國旗，隨後由袁世凱公布施行。但在 1921 年孫中山在廣州就任非常大總統的時候，他再次提出以青天白日旗替代五色旗為國旗。1928 年，國民政府建立，青天白日旗開始通行於全國各地。而章太炎則聞訊怒罵：「今之拔去五色旗，宣言以黨治國者，皆背叛民國之賊也！」並從此自稱是「中華民國的遺民」。而在章太炎 1936 年逝世時，作為中華民國的革命元勳，卻拒絕以青天白日旗覆身，而是置辦紅、黃、藍、白、黑五色緞子，以五色旗序排列在棺內，以表達對國民黨以黨治踐踏憲法的抗議和對民主共和的忠誠。

今天我們無法斷言國旗之爭是否夾雜個人恩怨，但可以肯定，即使在政治觀念上，章太炎和孫中山領導的同盟會也顯然存在諸多分歧。章太炎因此也就從受人尊敬的革命元勳變成了同盟會攻擊和謾罵的物件。這就難怪直到 1925 年，章太炎最著名的一位學生——魯迅，回憶這段往事的時候仍然為自己的老師忿忿不平。在《華蓋集‧補白》裡，魯迅用自己獨特的幽默語氣寫道：

> 民國元年章太炎先生在北京，好發議論，而且毫無顧忌地褒貶。常常被貶的一群人於是給他起了一個綽號，曰「章瘋子」。其人既是瘋子，議論當然是瘋話，沒有價值的了，但每有言論，也仍在他們報章上登出來，不過題目特別，道：《章瘋子大發其瘋》。有一回，他可是罵到他們的反對黨頭上去了。那怎麼辦呢？第二天報上登出來的時候，那題目是：《章瘋子居然不瘋》。

1912 年 1 月 13 日夜，光復會領袖陶成章在上海法租界被暗殺，真相很快大白，兇手是蔣介石，而背後指使者居然是革命黨都督陳其美 [18]。這讓作為光復會會長的章太炎感到難以接受，也讓他與同盟會的關係進一步惡化。1912 年 2 月，孫中山任命章太炎為樞密顧問，邀請他去南京，被章太炎謝絕。

18　陳其美，浙江吳興人，被孫中山稱作「革命首功之臣」。1916 年 5 月，在上海被袁世凱收買的張宗昌派刺客所殺。其結拜兄弟蔣介石，侄兒陳果夫、陳立夫都是民國的風雲人物。

3月，章太炎爲四川烈士追悼會寫下對聯：「群盜鼠竊狗偷，死者不瞑目；此地龍盤虎踞，古人之言虛。」強烈地表達了他對南京臨時政府的不滿。3月2日，章太炎將聯合會與張謇、程德全、趙鳳昌等領導的預備立憲公會合組爲統一黨。隨後，章太炎在北京統一黨歡迎會上發表演說，再次激烈地聲稱：「並無正當政見，惟以詈罵同盟會、毀誣同盟會爲最得意之事。」

回頭來看，革命元勳章太炎在民國元年之所以被冠以「瘋子」之名，行「瘋癲」之事，實際上是以光復會和同盟會爲代表的革命隊伍內部日益走向分裂的表現。因爲分裂，昔日的戰友與同志變成了互相攻擊與詆毀的物件，甚至變成了不共戴天的敵人。分裂的結果是，削弱了革命者的力量，助長了反對者的氣焰。而隨著袁世凱的篡權，這一切都將變得更加明顯。

1912年2月12日，隆裕太后頒布了清帝溥儀的退位詔。隨後，袁世凱宣布承認「共和爲最良國體」，保證「永不使君主政體再行於中國」。15日，南京臨時參議院以十七票全票通過袁世凱爲中華民國臨時大總統。此前，章太炎曾經主張北伐，現在，他也被袁世凱的慷慨激昂所迷惑。章太炎認爲中國需要華盛頓那樣的領袖人物，袁世凱既然擁護共和，又擁有北洋軍這樣的軍事勢力和豐富的政治經驗，應該是實現南北統一的最佳人選。從此，他開始支持袁世凱。4月29日，章太炎被袁世凱任命爲總統府高級顧問。

當然，革命黨人推舉袁世凱當中華民國的總統，很快被證明是一個錯誤。章太炎在1913年宋教仁被刺殺後也終於意識到這一點。1913年初，宋教仁路經湖南、湖北、安徽、江蘇到達上海，沿途發表演說，反對袁世凱專權，主張成立責任內閣，制定民主憲法，爲袁世凱所忌恨。3月20日，宋教仁在滬寧路上海站被袁世凱所派刺客以槍擊傷，22日不治而死。

宋教仁在全國積極活動的時候，章太炎已經被袁世凱派到了長春。此前，他雖然被袁世凱任命爲總統府高級顧問，但這只是一個虛職，並不能使躊躇滿志要大幹一番事業的章太炎感到滿足。袁世凱理解章太炎的意思，同時也嫌他在北京礙事，遂於1912年11月爲他專門設立了「東

遇刺後的宋教仁

三省籌邊公署」，把他派到長春。在東三省籌邊使的位置上，章太炎發現自己仍然是處處受到限制，這才知道是被袁世凱愚弄。宋教仁被刺殺後，章太炎十分震驚，他憤慨地辭去東三省籌邊使的職務，匆匆南下上海，而他與袁世凱政治上的「蜜月」也至此基本結束。

　　隨後，大量證據證明「宋案」的主使人正是袁世凱，一切真相大白，讓革命者不再對袁世凱抱有幻想。章太炎更明確指出：「項城瀆職違法之事，已為全國所周知」，「項城不去，中國必亡」。孫中山首先覺悟，力主武力討袁。他在日本得悉宋教仁被刺的噩耗後，立即於 1913 年 3 月 26 日返回上海，當晚便在黃興寓所召開緊急會議，商討對策。孫中山在會上堅決主張武力解決，先發制人，推翻袁世凱的反動統治，並反覆勸說黃興、章太炎等人放棄「法律解決」的錯誤主張，說：「總統指示暗殺，則斷非法律所能解決，所能解決者只有武力。」7 月，二次革命爆發，但是不久即宣告失敗。孫中山、黃興、李烈鈞等人先後逃亡日本。章太炎不甘心再次流亡國外，就冒險留在了上海。

　　這個時候，一部分國民黨和新共和黨議員還在北京，他們幻想通過憲法和選舉繼續同袁世凱較量。8 月初，新共和黨本部急電章太炎到北京，希望他主持鬥爭的事宜。「時危挺劍入長安，流血先爭五步看。」章太炎明知道北上的危險，但是為了共和的前途，他仍然懷著決死的鬥志，於 8 月 11 日趕到北京。

　　隨後，章太炎再次「瘋癲」發作，譏笑袁世凱，大鬧總統府。而這一時期，章太炎所幹的諸多瘋事之一，就是魯迅在《因太炎先生而想起的二三事》中記敘的「以大勳章作扇墜，臨總統之門，大詬袁世凱之包藏禍心」，以及大鬧總統府，砸毀物品。1914 年 1 月 14 日，《申報》也曾經作過如此報導：「章手執團扇一柄，團扇之下系以勳章，足穿破官靴一，在院內瘋言瘋語，大鬧不休。」章太炎的「瘋子」行為再次引起北京城內人們的擔憂，以至於當時的《時報》警告說，如果不把章太炎放出北京，恐怕北京人都將傳染瘋氣。之後，章太炎被袁世凱幽禁於京城。為了表達胸中的憤怒，章太炎在案幾上寫滿「袁世凱」三字，每天都要用木杖擊打數次，並美其名曰「鞭屍」。而在其堂屋內，也曾高懸八尺宣紙，上面只有「速死」兩個大字，再次盡顯其「瘋癲」性情。而袁世凱憚於背負殺害「民國禰衡」的惡名，又無計可施，只好自慰不必與一瘋子計較。

　　1916 年，袁世凱在眾叛親離中死去，章太炎恢復自由。此後，章太炎在政治和社會活動上更多的只是敲邊鼓。「護法運動」失敗後，章太炎回到上海，提出「聯省自治」的口號，結果回應者寥寥。「五四」運動後，章太炎主張復古，反對白話文，魯迅寫了《趨時和復古》等文章，感歎自己所敬重的老師「原是拉車的好身手」，現在卻「拉車屁股向後」了，對章太炎進行了尖銳的批評。政治上的失意，讓章太炎被迫把注意力的重心轉移到了治學和講學上，他「終日宴坐，兼治宋明儒學，藉以懲忿」。

　　「九一八」事變以後，國難當頭，章太炎再次為挽救民族危亡奔走呼號。他怒斥蔣介石的不抵抗政策：「且令全國養兵近二百萬，國家危急至此，猶不奮力向前以圖恢復，平日整兵治戎，所為何事？應即督促前進，自謀靖獻。如猶逍遙河上，坐視淪胥，此真自絕於國人，甘心於奴隸者矣！」言辭犀利，再現其「瘋癲」本色。臨終前十天，章太炎還致書蔣介石，勸其聯共抗日，拳拳愛國之心，躍然紙上。1936 年 6 月 14 日，章太炎於蘇州病逝，終年六十八歲 [19]。

　　「籠中何所有，四顧吐長舌」，這是章太炎用以自嘲的一句小詩。回頭來看，章太炎的這幾次「瘋癲」行為，原因各異，但都反映了章太炎狂狷 [20]、率性、愛國憂民的名士風骨。章太炎曾有遺囑雲：「凡人總以立身為貴，學問尚是其次。不得因富貴而驕矜，因貧困而屈節。」這不僅是他留給後人的遺訓，也是他一生的真實寫照。

---

[19]　章太炎生前敬慕南明抗清英雄張煌言（號蒼水），表示「生不同辰，死當鄰穴」。但去世後卻被安葬在蘇州，直到 1955 年，江浙兩地人民政府才將章太炎靈柩從蘇州遷出，葬於杭州西湖畔張蒼水墓側。

[20]　中國名士自古有「狂狷」的傳統，比如李白的「我本楚狂人，鳳歌笑孔丘」，辛棄疾的「不恨古人吾不見，恨古人、不見吾狂耳」。從某種意義上，「狂狷」是瞭解傳統士人風骨與精神境界的一個關鍵字。

楊度：從「帝王師」到共產黨員

楊度 [21]，中國近代史上極富爭議性的人物。他曾經跟隨王闓運學習帝王之學，又東渡日本研究君主立憲政體；他是汪精衛的同學，蔡鍔的知音，與梁啟超曾經志同道合後又各走一方；他是清廷的「憲政專家」，袁世凱的「帝王之師」，杜月笙的門下「清客」；他曾經是孫中山高度重視的國民黨人，後來又是周恩來親自領導的共產黨員；他既是傳統色彩明顯的文人，又是具有現代知識與獨立思想的專家與學者，還是游走於不同派別勢力的政治家；他是中國的憲政先驅，又是推動「五族共和」與中華民族形成的關鍵人物之一。在近代歷史上，沒有幾人像楊度那樣經歷複雜、立場多變，欣賞者稱其為「曠代逸才」，批判者斥之為「漢奸」、「帝制餘孽」、「下賤無恥、蠕蠕而動的嬖人」，而考察他的傳奇一生，人們卻最終發現，他的諸多行為最終都萬變不離其宗，那就是「醫民救國」，為建立一個依法治國的現代中國而奔走呼號。

楊度，原名承瓚，字皙子，湖南湘潭人。其祖先世代務農，直到祖父楊禮堂與大伯楊瑞生先後參加赫赫有名的湘軍後家族的命運才有所改變。

楊度的父親楊懿生常年在家務農，兼做吹鼓手，在楊度十歲時去世。楊度被過繼給伯父楊瑞生後改名楊度，後來考取秀才、舉人，在會試期間曾經附和公車上書，並且因此結交了梁啓超、袁世凱、徐世昌等人。會試數次落第後，楊度還鄉，與弟弟楊鈞、妹妹楊莊一同師從隱遁船山書院的大儒王闓運 [22]，學習帝王之術，並且深受老師的喜愛，稱之為「楊賢子」。三年學成之後，楊度曾對友人說：「余誠不足為帝王師，然有王者起，必來取法，道或然與？」

---

21 楊度《湖南少年歌》雲：「我家數世皆武夫，只知霸道不知儒。」

22 王闓運，字壬秋，號湘綺。湖南人。晚清經學家、文學家。為人狂傲。早年懷抱帝王之學不售，遂絕意仕進，歸而著述授徒，學生達數千人，「以布衣笑傲王侯，與曾文正（曾國藩）分庭抗禮」。王門弟子與章門弟子一樣，雖無四千萬身家的富豪，卻藏龍臥虎，除楊度之外，還有經學大師廖平，「戊戌六君子」中的楊銳、劉光第，中華佛教會第一任會長八指頭陀，同盟會元老劉揆一，國畫大師齊白石等。

　　此後，隨著時局變化，譚嗣同、熊希齡、唐才常、梁啓超在長沙興辦時務學堂，湖南成爲傳播新政的中心。楊度也開始對新學產生興趣，與劉揆一等一同到時務學堂聽課，並且在這裡與同學蔡鍔結識。1902 年，楊度不顧老師王闓運的勸阻，自費留學日本，與黃興同入東京弘文書院師範速成班學習。不久和湖南留日同鄉楊篤生等創辦《遊學譯編》，強調通過新式教育提高國民素質救國。《遊學譯編》是中國留日學生團體的第一個刊物，其主張深得張之洞、梁啓超等人的贊許。

　　1903 年，楊度回國被保薦入京參加新開的經濟特科進士考試，初取一等第二名。一等一名是後來曾經擔任北洋政府總理的舊交通系[23]首領，素有「梁財神」之稱的梁士詒。不過，由於梁士詒與戊戌變法的領袖梁啓超同姓，而康有爲字祖詒，又與梁士詒名字中的「詒」字相同，所以梁士詒這個名字被說成是「梁頭康尾」，而梁士詒也因此被慈禧太后除名。具有「湖南師範生」背景，並且與唐才常、梁啓超等新派人士交往密切的楊度也一同受到牽連，不僅被除名，並且受到通緝，只好回家鄉避居。但橫遭禍端的楊度也因此意外名滿天下，當時因《蘇報》案被囚禁於上海租界的章太炎曾經據此寫過《獄中聞湘人某被捕有感》詩二首，感喟時賢的坎坷命運。

　　不久，楊度再赴日本留學，與梁啓超在橫濱相遇之後，成爲至交。在梁啓超《少年中國說》的啓發下，楊度寫下慷慨激昂的《湖南少年歌》，發表於梁啓超主辦的《新民叢報》，其中「若道中華國果亡，除非湖南人盡死」一句，更是天下聞名。

　　1904 年，楊度轉入日本法政大學速成科，與汪精衛同學，專心研究各國憲政。此時在日留學生中分爲保皇派、排滿革命派兩個完全相反的政治陣營。唯獨主張憲政的楊度游離於兩大陣營之外，但其特立獨行的政治思想也獲得了不同政見者的尊重。革命陣營的蔡鍔在留日期間「與楊度最善」，休假日必到楊度家吃飯。而朝廷大員張之洞也對楊度非常欣賞。

　　楊度性格倔強，頗有湘人大膽執著的精神氣質，因此曾經被他的恩師王

---

23 交通系是北洋政府時期以梁士詒爲首的「舊交通系」和以曹汝霖爲首的「新交通系」的總稱，除掌控中國的鐵路、輪船航運、電話電報、郵政等部門外，同時還控制著諸多銀行和企業。其中梁士詒更是被稱爲「梁財神」、「五路財神」，擔任袁世凱總統府秘書長之時，又有「二總統」之稱。

闓運評價爲「憨直」。在感到君主立憲是當時最適合中國的制度之後，楊度便「不談革命，只言憲政」。據章士釗在《與黃克強相交始末》中回憶，楊度曾經在東京和孫中山就中國革命問題辯論數次，「聚議三日夜不歇，滿漢中外，靡不備論；革保利弊，暢言無隱」。不過，儘管楊度與孫中山在政治主張上各執一詞，彼此無法說服，但兩人也同時有英雄相惜之感。隨後，楊度將自己的湖南老鄉及同學黃興介紹給孫中山，稱其爲「當今奇男子也」，從此「孫黃」並舉，才有了以後革命的成功。但當孫中山力邀楊度參加同盟會的時

張之洞

候，楊度卻拒絕參加 [24]，表示：「吾主君主立憲，吾事成，願先生助我；先生號召民族革命，先生成，度當盡棄其主張，以助先生。努力國事，斯在今日，勿相妨也。」

　　1906 年，清政府派出鎮國公載澤等五大臣出訪歐美各國，最後一站來到日本，考察憲政事宜。隨後，清政府正式下詔預備立憲，而作爲憲政派代表的楊度和梁啓超隨後被委任捉刀起草相關的憲政檔。1907 年，楊度在東京創立《中國新報》月刊，陸續發表《金鐵主義》等文章，宣傳君主立憲思想，主張由自由人民組成政黨，產生國會，監督政府，從而建立君主、國會、責任內閣三位一體的政治制度。不過，楊度並沒有寄希望於清廷立憲，他認爲清廷是無法信任的政府，中國的前途只能寄望於人民，但他反對暴力革命，宣導政治革命，認爲清廷是最容易推翻的，只要國民自己負起立憲責任，通過國會表決與社會輿論的方式就可以促成它的倒臺，組建新的憲政政府。同時楊度還提出「五族合一」、「國民統一」等思想，成爲日後孫中山「五族共和」思想的一個重要來源。而宣傳君主立憲的《中國新報》，與梁啓超主

24　1922 年，楊度看到立憲無望後加入國民黨，並且幫助孫中山度過陳炯明叛亂的政治危機，兌現昔日的東京承諾。孫中山讚賞説：「楊度可人，能履行政治家諾言。」

辦的資產階級改良派報紙《新民叢報》以及章太炎負責的中國同盟會機關報《民報》三足鼎立，成為中國不同力量在日本發表政治思想的陣地。

1907 年，楊度回國，擔任湖南憲政公會會長。次年春，一直對其讚賞有加的袁世凱、張之洞聯合保薦楊度，說他「精通憲法，才堪大用」。楊度因此被委以重任，在頤和園向王公大臣們講授法治，成為人們心目中的「憲政專家」。而楊度也因此對袁世凱心存好感。此後，當攝政王載灃擔憂袁世凱權大壓主要下詔誅殺他時，楊度竟敢置君命於不顧，拒絕起草詔書。最終在群臣的反對下，載灃只好後退一步，接受了張之洞的意見，讓袁世凱「開缺回籍養屙」，希望袁世凱這個亂世梟雄能夠就此在老家終其一生。但是隨後爆發的武昌起義讓載灃的如意算盤完全落空，看到時機已至，袁世凱的「軍師」徐世昌就運動奕劻、那桐幾個軍機大臣一齊向攝政王保舉袁世凱重歸朝廷。而與此同時，一心想成為袁世凱「帝王師」的楊度也來到袁世凱的故鄉，成為袁世凱的核心智囊。1911 年 10 月 30 日，由於革命來勢兇猛，清廷被迫下「罪己詔」，宣布解散「皇族」內閣，次日，清廷正式授袁世凱為內閣總理大臣和統制全部兵權的欽差大臣，節制派往湖北的陸海軍。至此，袁世凱已集政權與軍權於一身，成為左右政局的操控者。此後，袁世凱採納了楊度的建議，公開宣揚效忠於君主立憲制度，贏得了清廷的信任。同時他故意拖延對革命軍的攻擊，並且與革命派進行談判，索要政治籌碼。

隨後，楊度以君主立憲黨領袖名義向資政院上書，建議南北即日停戰，召集臨時國民議會來解決君主民主問題。但這一建議遭到雲南都督蔡鍔等革命黨人的激烈反對而不被採納。楊度後來自述這段經歷說：「然其時全國鼎沸，選舉難行，國會無由成立。」

在各種力量的合力下，革命黨人答應，如果清帝退位、袁世凱贊成共和，可以把政權讓給袁世凱。孫中山、黃興等人也紛紛表示只要共和實現，國泰民安，自己做不做元首並不重要。而此刻的袁世凱，也已經看出了共和是民心所在，大勢所趨，自己堅持立憲的立場，不過是一方面向朝廷製造效忠君主的假像，索取更多的權益，另外一方面也可以借此向革命黨討價還價。現在既然目標已經達到，袁世凱就迅速地轉變了自己的政治立場，從支持立憲變成贊同共和。他授意駐俄公使陸徵祥聯合各駐外公使致電清室，要求皇帝

退位，同時以全體國務員名義密奏隆裕太后，說是除了實行共和，別無出路。

　　清帝被迫退位之後，孫中山舉薦袁世凱為臨時大總統。1913年，國會選舉袁世凱為中華民國第一任大總統。此後，袁世凱開始獨攬大權，為復辟帝制創造條件。而楊度也因為向袁世凱呈送《君憲救國論》，組織籌安會等復辟帝制的行為，被世人視作袁世凱的幫兇，成為臭名昭著的「帝制餘孽」。

身穿「洪憲」禮服的楊度

　　1916年4月，洪憲帝制即將謝幕之際，楊度備受各方聲討，迫不得已，他向袁世凱請求辭去參政院參政一職。在辭呈中，楊度說：「世情翻覆，等於瀚海之波；此身分明，總似中天之月。以畢士麥之霸才，治墨西哥之亂國，即令有心救世，終於無力回天。流言恐懼，竊自比于周公；歸志浩然，頗同情於孟子。」

　　將自己比為「中天之月」，又以畢士麥（即俾斯麥）和周公、孟子自況，顯示了楊度卓越的政治抱負。隨後，楊度發表通電，宣布「君憲有罪，罪在度身」，顯示了其敢於承擔的政治勇氣。不過，即使如此，楊度仍然不改其政治初衷，他對《京津泰晤士報》記者說：「政治運動雖然失敗，政治主張絕不變更。我現在仍是徹頭徹尾主張『君憲救國』之一人，一字不能增，一字不能減。⋯⋯國體問題，我應負首責，既不委過於人，亦不逃罪于遠方。⋯⋯且退一步言，政見不同，亦共和國民應有之權利。」

　　對於楊度在洪憲帝制中的活動[25]，其時惡評如潮，其後則飽受爭議。他在革命勢力鼎盛的湖南家鄉被罵為漢奸。昔日的好友梁啟超更是憤怒地稱其為「下賤無恥、蠕蠕而動的變人」。另據陶菊隱在《北洋軍閥統治時期史話》中稱，袁世凱在事敗後曾經罵楊度是「蔣幹」，認為他雖然出力很多，卻成事不足，敗事有餘。而楊度的恩師王闓運對於自己的弟子表示惋惜，認為「弟

25　「洪憲」一詞從字面上講也含有弘揚憲法的意思。

子楊度，書癡自謂不癡，徒挨一頓罵耳」。意思是楊度本是一癡呆書生，自己卻不承認，偏要涉足政治，做什麼「帝王師」，結果白白被天下人罵了一頓。王闓運還曾將楊度與其昔日好友蔡鍔比較，認為楊度才高氣傲，卻往往做事考慮不周，急於求成；而蔡鍔卻善於韜光養晦，深謀遠慮，胸懷大志卻潛藏鋒芒；並且假設二人如果能夠合作，則必定前途無量。不過，王闓運的假設終未實現，為反袁活動積勞成疾的蔡鍔於 1916 年英年早逝，年僅三十四歲。但是，曾經為楊度知音的蔡鍔即使在遺囑中也忘不了為楊度說情，認為「湘人楊度，曩倡《君憲救國論》，附袁以行其志，實具苦衷，較之攀附尊榮者，究不可同日語。望政府為國惜才，俾邀寬典」。

袁世凱死後，黎元洪繼任總統，發布懲辦通緝帝制禍首令，楊度列第一名。此刻的楊度心灰意冷，遁入空門，一心向佛。他認為禪的基本精神就是無我，提出「無我主義」的「新佛教論」，並以「虎禪師」為名寫下大量與佛教相關的雜文和偈語。其中有：「隨偈入世，滿目瘡痍，除救世外無事，除慈悲外無心。願做醫生，偏醫眾疾。」有人據此說，楊度的佛學還是追求救世的思想，因此是一種入世的佛學 [26]。

1917 年，張勳再次復辟帝制，邀請楊度加入，楊度通電拒絕，表示「所可痛者，神聖之君憲主義，經此犧牲，永無再見之日。度傷心絕望，更無救國之方。從此披髮入山，不願再聞世事。」

不過，民國社會滄海桑田，滿懷救國抱負的楊度最終無法徹底與世隔絕。被特赦之後，楊度重返京城，在看到君主立憲無法實現之後，其政治主張也逐漸轉向民主共和。1919 年在北京親歷了「五四」運動之後，楊度更是深受震撼，遂去上海面見孫中山，表示願為民主革命奔走效力。隨後，經孫中山介紹，又結識了李大釗。

1922 年，陳炯明反叛革命，楊度受孫中山委託，作為特使，通過王闓運弟子，時任直系軍閥曹錕秘書的夏壽田的幫助，遊說曹錕制止吳佩孚援助陳炯明，幫助南方革命派度過政治危機。孫中山因此對楊度非常感激，1922 年楊度在上海加入中國國民黨後，孫中山特電告全黨，稱楊度「此次來歸，志堅

---

26 洪憲帝制失敗後，楊度與同為王闓運弟子的齊白石來往密切，常在一起研究詩詞繪畫藝術。齊白石善治印，曾為楊度治印多枚，如「湘潭楊氏」、「虎頭陀」、「虎禪師」等，均為其印中精品。

金石，幸勿以往見疑」。而楊度也竭力幫助孫中山，在
1923 年 7 月給曹錕的電文中明確表示：「半年以來，
度受孫中山先生委託，北來接洽和平統一事宜。」
不過，楊度勸說曹錕先迎請孫中山北上主持國是，
然後邀各方領袖協商統一善後事宜，因吳佩孚反對
而最終未成。

李大釗

　　1925 年孫中山去世之後，楊度在政治上又陷入
無明主可以輔助的困境。迫不得已，楊度投到山東軍
務督辦張宗昌處，任總參議。讓人驚訝的是，素有「狗
肉將軍」之稱的張宗昌居然與楊度感情甚洽，對其言
聽計從。張宗昌在楊度的力勸下重刻《十三經》，有
人說，這是其一生做過的唯一一件善事。1926 年，宣導說真話的報界先驅林
白水[27]因在社論中屢次抨擊張宗昌，被其殺害。楊度聞訊後為其求情，但為時
已晚，讓他難過不已。

　　1927 年，楊度獲悉張作霖企圖去蘇聯使館搜捕李大釗等中國共產黨人的
消息，立即通知章士釗轉告李大釗離開蘇聯使館，可惜這個消息卻被李大釗
等人忽視。李大釗被捕後，楊度為了營救他，當即賣掉他在北京的住房「悅
廬」公館，並且面見張作霖為李大釗求情。但最終營救失敗，李大釗還是被
張作霖施以絞刑。

　　李大釗遇害後，悲痛不已的楊度決心絕不為反動軍閥做事。而賣掉房子
的楊度，只能把妻女送往蘇州，投親租房暫住。自己也來到上海，以賣字和
為人撰寫碑文及墓誌銘為生。楊度一系列追求進步的行動，都為中共上海地
下黨所知曉，於是由陳賡介紹楊度加入中共特科，做搜集情況工作，結果頗
有成績。1929 年秋，在白色恐怖肆虐之時，楊度毅然申請加入中國共產黨，
由潘漢年介紹，周恩來（當時化名伍豪）批准，秘密入黨，並且與周恩來單
線聯繫。周恩來離開上海後，由夏衍同他單線聯繫。當時，曾有人譏諷楊度

---

27 林白水，福建閩侯人。1916 年起從事新聞事業，主張「新聞記者應該說人話，不說鬼話；應該說真話，
　不說假話！」1926 年與另一著名記者邵飄萍先後為奉系軍閥所殺害，兩人遇害時間相差不到百天，時有
　「萍水相逢百日間」一說。

政治投機，楊度卻回答道：「方今白色恐怖，云何投機？」楊度的黨員身分一直鮮有人知，直到周恩來去世前才公之於世。

　　在上海窮困潦倒之際，楊度與黑幫大亨杜月笙結識。杜月笙對傾家蕩產營救朋友的楊度非常敬重，看到他生活困難，就提供了法租界的一套小洋房讓其居住。而楊度也對幫助自己的杜月笙非常感激，1931 年杜月笙家祠落成，楊度特撰《杜氏家祠記》，請鄭孝胥書寫，作為他們兩人的賀禮。當時上海小報據此說楊度已經拜入杜月笙門下，成為青幫弟子。對此楊度斷然否認說：「我一沒遞過帖子，二沒點過香燭，我稱他杜先生，他叫我皙子兄，老實說，我不是青幫，只是清客而已。」

　　晚年的楊度曾經根據孫中山生前的建議，準備撰寫《中國通史》，但在寫好大綱之後，卻因勞累過度，舊病復發，於 1931 年在上海租界去世，終年五十七歲。周恩來、潘漢年等共產黨人都前往弔唁。

　　綜觀楊度一生，雖然是一介書生，卻位卑未敢忘憂國，始終抱有「醫民救國」的宏圖大志。民國之初，當他認定君主立憲可以富國強民之際，便一心堅持，即使被目為「帝制餘孽」也無怨無悔；「五四」之後，當他看到共和是人心所向的時候，面對軍閥混戰，便加入國民黨，為「和平統一」而奮鬥；而到了晚年，他相信共產主義可以救國的時候，便加入共產黨，雖然置身「白色恐怖」也毫不畏懼。對於楊度複雜多變的政治立場，不解者說其政治投機，而理解者則能體會到他依法治國的良苦用心，所以無論是孫中山、黃興、蔡鍔，還是李大釗、周恩來，雖然大家政治見解不同，卻都同楊度關係密切，甚至連綠林軍閥張宗昌和黑幫大亨杜月笙也對楊度尊崇有加。

　　可以說，楊度傳奇與爭議並舉的一生，正如他在去世前自題挽聯中所寫的那樣：「帝道真知，如今都成過去事；醫民救國，繼起自有後來人。」

民國四公子

在民國上層社會中，素有四公子之說。這些公子皆出身名門，或為軍閥政要之子，或為商界名流之後，或為清朝皇族宗室。但究竟所指何人，卻說法各異，而這些公子們的事業發展、興趣愛好與個人命運，也都存在巨大的差異。

坊間一直流傳有民國四公子的說法，但具體指何人，卻有不同版本。張伯駒曾在《續洪憲紀事詩補注》說：

> 人謂近代四公子，一為寒雲（按：袁克文），二為余，三為張學良，四、一說為盧永祥之子小嘉，一說為張謇之子張孝若。又有謂：一為紅豆館主溥侗，二為寒雲，三為余，四為張學良。此說盛傳於上海，後傳至北京。前十年余居海甸，人亦指余曰：此四公子之一也。

根據張伯駒所記，民國四公子應為：袁克文、張伯駒、張學良、盧小嘉（或張孝若）。或：溥侗、袁克文、張伯駒、張學良。

其中張學良家喻戶曉，但是其他民國時期大名鼎鼎的公子，今人就不是那麼瞭解了。

袁克文，字豹岑，又字抱存、抱公，號寒雲。其父為民國第一位大總統袁世凱，其母則是朝鮮人，即袁世凱的三姨太金氏。當年袁世凱幾次鄉試下來都名落孫山，氣憤之餘，從此棄筆從戎，投奔與自己家有世交的慶軍統帥吳長慶。1882年，朝鮮發生兵變，清廷派吳長慶率六營慶軍赴朝，袁世凱也隨軍前往。時勢造英雄。兩年後吳長慶回國，二十五歲的袁世凱實際上成了駐朝鮮清軍的最高統帥，從此開啟了自己一生的事業。甲午戰前，袁世凱託辭回

袁克文戲裝照

國，不僅帶回了政治上的聲名，也帶回了幾房洋姨太太。史載，袁世凱的二姨太白氏、三姨太金氏、四姨太季氏均爲朝鮮人，但具體出自朝鮮哪個家族則沒有明確記載，因此坊間有諸多版本的傳說，甚至有人認爲她們是朝鮮國王饋贈的王室公主，而日後袁克文在《洹上私乘》一書中也極力渲染自己母親的朝鮮名門背景。

袁克文是袁世凱的二公子，自幼聰明過人，據說有「過目不忘」的本領，因此被視作「神童」。袁世凱不太喜歡長子袁克定，對袁克文偏愛有加，甚至一度想立他爲「太子」。袁克文自己卻對政治不感興趣，常以三國曹子建自比。在袁世凱稱帝期間，他與父兄意見相左，其反對帝制的詩在當時更是傳誦一時：「乍著微綿強自勝，陰晴向晚未分明。南回寒雁掩孤月，西去驕風黯九城。隙駒留身爭一瞬，蜇聲催夢欲三更。絕憐高處多風雨，莫上瓊樓最上層。」

不過，集萬千寵愛於一身的袁克文也養成了驕縱、揮霍、任性的花花公子性格，除了做詩、填詞、寫文章件件皆精之外，吃、喝、嫖、賭、抽（鴉片）也樣樣都幹。袁世凱去世後，袁克文分得十幾萬銀元的遺產，但因爲他花錢如流水，很快就用光了，不得不靠賣字、賣文來維持生活。後來加入「青幫」，成爲津北青幫幫主。時有「南有杜月笙、黃金榮，北有津北幫主袁寒雲」一說。

袁克文又雅嗜京劇、昆曲，爲京津最著名的票友之一。他不但長於戲劇理論，還能粉墨登場，曾與歐陽予倩、梅蘭芳、馬連良等人同台演出，論者評爲字正腔圓，不讓名伶。

袁克文晚年窮困潦倒，1931年病死於天津。其喪事由「幫」裡的徒子徒孫幫辦。據說出殯時，除了「幫」裡的人，以及天津的和尚、道士、尼姑、喇嘛外，甚至有些妓女也紮了白頭繩前來哭奠。

袁克文有四子三女。三子袁家騮爲著名華裔美國物理學家，其夫人吳健雄也有「東方居里夫人」之稱。

張伯駒，河南項城人，字家騏，號叢碧，別號游春主人，民國第一收藏家。張伯駒自幼被過繼給伯父張鎭芳。其生父張錦芳雖曾經擔任民國眾議院

議員，卻一生熱愛詩文，淡漠名利；其伯父張鎮芳不論在晚清還是在民國，都是炙手可熱的人物，曾經擔任直隸總督、河南督軍等要職。張伯駒一生醉心於文物收藏，為了保護重要文物不外流，他不惜變賣家產或借貸。張伯駒在《叢碧書畫錄序》中自述：「予生逢離亂，恨少讀書，三十以後嗜書畫成癖，見名跡巨制雖節用舉債猶事收蓄，人或有訾笑焉，不悔。」

張伯駒一生藏寶無數，且件件大有來頭，包括中國傳世最古墨蹟《平復帖》[28]、傳世最古畫跡《遊春圖》等。據張伯駒在《叢碧書畫錄》中的記載，他收藏的中國歷代頂級書畫便有一百一十八件之多，被稱為「天下第一藏」。

張伯駒不僅是民國頭號的收藏家和藝術鑒定家，他在詩詞、書法、戲曲等領域造詣也頗深。藝術大師劉海粟曾評價張伯駒說：「他是當代文化高原上的一座峻峰。從他那廣袤的心胸湧出四條河流，那便是書畫鑒藏、詩詞、戲曲和書法。四種姊妹藝術互相溝通，又各具性格，堪稱京華老名士，藝苑真學人。」

張伯駒

1941 年，上海發生了一起轟動一時的綁架案，被綁者正是張伯駒。綁架者是汪偽特工總部的「七十六號」特務組織，他們向張伯駒夫人潘素索要巨額錢財，否則撕票。但張家的錢其實大部分都變成那些珍貴的字畫了。為了保護藏品，張伯駒對家人說：「不要以為賣掉字畫換錢來贖我，這樣的話我不出去。」如是僵持了近八個月，張伯駒寧可冒著隨時被「撕票」的危險，卻始終不肯答應變賣一件藏品。最後綁匪妥協，將贖金降低，張伯駒才重獲自由。而張伯駒「甯死魔窟，決不許變賣家藏」的傳奇故事，也成為收藏界久傳不衰的佳話。

張伯駒夫人潘素的學生章詒和在回憶錄《往事並不如煙》裡記下了張伯駒當年發自肺腑的一句話：「不知情者，謂我搜羅唐宋精品，不惜一擲千金，

---

28 西晉陸機的《平復帖》，是現今傳世墨蹟中的「開山鼻祖」。雖長不足一尺，只有九行字，卻蓋滿了歷代名家的收藏章記，被收藏界尊為「中華第一帖」。隋代畫家展子虔的《遊春圖》，被認為是中國現存最早的一幅畫作。畫卷長二尺有餘，運筆精到，意趣無限，素有「天下第一畫卷」的美稱。

張伯駒收藏的《平復帖》

魄力過人。其實，我是歷盡辛苦，也不能盡如人意。因為黃金易得，國寶無二。我買它們不是賣錢，是怕它們流入外國 [29]。」

　　鮮為人知的是，張伯駒家族與袁世凱家族同為河南項城名門望族，且有親戚關係。因此，在袁世凱的大公子袁克定晚年落魄之後，是張伯駒將其接到家中居住十多年，直到去世。對於此事，當代紅學家周汝昌在《承澤園軼事》一文裡曾這樣寫道：「承澤園位於海澱暢春苑的稍西北，本是果親王胤禮的賜園，故名『承澤』。我在燕京大學讀書時（其址即今北京大學），它是張伯駒先生的居處。其內有小樓二重，樓上住的是袁大公子——即世凱洪憲稱帝后的『大太子』。袁張兩家是至親，此時大公子孤身無依，故張先生養之。」

　　張孝若，名怡祖，字孝若，又字潛廬。清末狀元、著名實業家和立憲派領袖張謇之子。張孝若曾經留學美國學習商業，歸國後襄助其父辦理各項事業。1926 年張謇去世後，主持南通各項事業。1935 年，張孝若在上海寓所突遭手下刺殺，時年三十八歲。其被害原因至今不詳。

　　溥侗，別號紅豆館主，因排行老五，人皆尊稱其為「侗五爺」而不呼其名。溥侗是四公子中唯一的皇族，其父載治是清末輔國公，兼理民政部總理大臣。溥侗為戲曲名票，被戲曲界盛讚為「票界大王」。他曾與袁克文共組

29　中華人民共和國成立後，張伯駒夫婦陸續將收藏三十年之久的書畫名跡捐獻國家，其中《平復帖》、
　　《遊春圖》等古代書畫極品如今都是故宮博物院的鎮院之寶。

「言樂會」，經常組織戲曲演出，其會員不乏梅蘭芳等伶界大腕。1952 年，溥侗病故於上海，家人遵其遺囑，將其安葬在昆曲發源地蘇州的靈岩山。

盧小嘉，浙江督軍盧永祥之子，在民國史上曾幹過兩件轟動上海灘的事情。其一，雇兇殺死上海員警廳廳長徐國梁。其時，正是直皖軍閥爭奪上海之際，直系江蘇督軍齊燮元垂涎上海之豐腴，派遣親信徐國梁為上海員警廳長。皖系浙江督軍盧永祥也不甘示弱，設立上海護軍署，派他的妹夫何豐林任護軍使，駐軍上海。雙方矛盾愈演愈烈。盧小嘉為了幫助父親解決心腹之患，遂找到以暗殺聞名的王亞樵，希望能借王亞樵之手除掉仇敵。王亞樵於是派遣門徒鄭益庵在法租界溫泉浴室門口成功地刺殺了徐國梁。徐國梁之死，成為之後江浙戰爭爆發的導火線。而王亞樵也因此一舉成名，成為民國著名的暗殺大王。

其二，綁架上海灘流氓大亨黃金榮。1921 年，盧小嘉與黃金榮為了一個京劇女演員露蘭春爭風吃醋，盧小嘉依仗其父的權勢，指使人把黃金榮綁架，最後在虞洽卿、杜月笙等人的斡旋下才將其釋放。這件事在當年極其轟動，被媒體評為 1921 年十大娛樂新聞之首。盧小嘉也因此聲名遠揚。不過，這件事也給盧小嘉帶來很大的壓力。特別是在其父盧永祥下臺後，他怕黃金榮找他的麻煩，就離開上海去了台灣，於 1960 年代末去世。

除了張伯駒版本的「民國四公子」之外，還有另外一種版本的「民國四公子」也流傳甚廣，四人為：孫科、張學良、段宏業、盧小嘉。其中孫科是孫中山的獨子，自幼接受西式教育，學識淵博，風流倜儻。曾任南京政府行政院院長、立法院院長等職，1973 年於臺北去世。段宏業則是北洋軍閥、國務總理段祺瑞的長子。和父親一樣，段宏業也酷愛圍棋，是當時圍棋界有名的高手。他一生沒有參與他父親的任何軍旅或政治事務，只在 1920 年代擔任過山西一家煤礦的經理，1949 年去世。

張學良

張自忠：從「千夫所指」到「抗戰英雄」

1940 年 5 月 16 日，抗日名將張自忠陣亡。作為二戰時期同盟國犧牲的最高將領，張自忠以死報國為自己贏得了一世英名 [30]。不過，就是這樣一個抗戰英雄，卻在生前遭受到了國人的強烈誤解，甚至成為千夫所指的「華北特號漢奸」。這到底是怎麼回事呢？張自忠又是如何實現從「千夫所指」到「抗戰英雄」的轉變的？作為一個集團軍總司令，他本不必冒險親臨前線，但他卻抱定要以死報國，是什麼原因，讓他下定「只求一死」的決心呢？

張自忠，字藎忱，山東臨清人。1916 年，二十五歲的張自忠投奔馮玉祥，開始了自己的戎馬生涯。1930年中原大戰 [31] 後，馮玉祥軍事集團瓦解，張自忠被蔣介石收編，擔任宋哲元統領的二十九軍的三十八師師長。

張自忠

1935 年，二十九軍入主冀察平津。之後，日本為了拉攏二十九軍，邀請冀察當局派員訪日。1937 年 4月，張自忠率冀察國外旅行團訪問日本，這件事引起輿論很大的誤解，成為他被汙為漢奸的起因。

據張自忠部屬張宗衡在《回憶張自忠將軍》一文中講述，張自忠赴日考察期間，原計劃三十日後返回。還未滿三十日，日本在津駐屯軍田代司令請宋哲元赴宴，把事先準備好的中日經濟提攜條約拿出請宋簽字，因之鬧成僵局。宋哲元乃電張自忠迅速回國，張接電後，便終止參觀，馬上踏上歸途。宋哲元隨即回山東原籍修墓，以避免再與日方交涉，田代司令因事事不得要領，便一氣而病，一病而死。當時這一段真實情形，外界

30　張自忠以中華民國上將銜陸軍中將之職殉國，犧牲後追授為陸軍二級上將軍銜。

31　中原大戰系蔣介石與晉綏軍閻錫山、西北軍馮玉祥和桂系李宗仁之間的軍閥戰爭，共投入兵力達一百三十萬人，是民國時期最大的軍閥混戰。因為戰爭主要發生在地處中原的河南省及其鄰地，所以稱為中原大戰。後來，由於獲得張學良的東北軍支持，中原大戰最後以蔣介石一方的勝利結束。

不明眞相，便任意造謠，說張將軍同日方訂有什麼密約，日方送他多少錢，還送他一個日本美人。迨他歸來，聞知此情，義憤塡膺。在一次宴會席上，他借酒吐情說：「把我張自忠骨頭砸碎，看看哪裡會有一點漢奸氣味！」

1937 年 7 月 7 日，盧溝橋事變爆發後，日本開始全面侵華，中國人民的抗日情緒空前高漲。但當時南京政府卻制定了「應戰而不求戰」的保守方針，統領北平事務的宋哲元也認爲「目前日本還不至於對中國發動全面戰爭，只要我們表示一些讓步，局部解決仍有可能」。實際上，日本政府已經做出了擴大戰爭的決策，華北日軍與冀察當局的交涉只是緩兵之計，而此時的宋哲元對於日軍意圖缺乏清醒判斷，仍致力於通過交涉解決事變，並與日方簽訂了停戰協定，同時讓張自忠留守北平，緩衝中日關係。

但是，北平的局勢很快陷入危急之中。7 月 26 日，日軍企圖經廣安門沖進北平城，由於中國軍隊奮勇抵抗，未能得逞。7 月 28 日，南苑失守，二十九軍副軍長、北平南苑駐地指揮官佟麟閣，一三二師師長趙登禹陣亡。

7 月 29 日，北平淪陷，留守北平的張自忠頓時成爲眾矢之的。報紙上稱他爲「張逆自忠」、「自以爲忠」、「張邦昌之後」，並說「張自忠接見松井後，北平城門大開」，甚至稱他是「華北特號漢奸」。

此後，在南京街頭上陸續貼出了攻擊、侮辱張自忠的標語。而在北平，張自忠發出的「各安生業，勿相驚擾」的布告也成爲人們洩憤的對象。張自忠的女兒張廉雲後來談起這段歷史的時候說：「老百姓一看出布告有張自忠的名字就撕。」

1937 年 8 月，張自忠通過《北平晨報》等媒體發表聲明，宣布辭去代理冀察政務委員會委員長及北平市長等所有代理職務。不久，在愛國商人的幫助下，張自忠逃離日軍占領的北平，南下準備參加抗戰。但此時的南京國民政府以張自忠「放棄責任，迭失守地」，將張自忠撤職查辦。

1937 年 12 月，由於戰事趨緊及李宗仁、馮玉祥等人的力薦，張自忠在河南任五十九軍代理軍長，1938 年 3 月調赴徐州。當時，日軍投入七八萬兵力，分兩路向徐州東北的台兒莊進發，在臨沂與中國軍隊發生了激烈的戰鬥。張自忠奉調率第五十九軍以一晝夜一百八十里的速度趕來增援，最終及

時趕到，以「拼死殺敵」、「報祖國于萬一」的決心，與敵激戰。經過數天
鏖戰，敵軍受到重創，向台兒莊前線增援的戰略企圖被完全粉碎。

由於張自忠率領的五十九軍將士在臨沂戰役中作戰勇敢，將日軍號稱
「鐵軍」的板垣師團擊潰，粉碎了敵第五、第
十師團會師台兒莊的計畫，從而為台兒莊大捷
立下頭功。隨後，軍令部致電第五戰區司令長
官李宗仁，稱：「張軍堅忍抗戰，斃敵累累，
希傳諭慰勉。」同日，國民政府頒令撤銷張自
忠「撤職查辦」處分，張自忠升為第二十七軍
團司令官兼五十九軍軍長。

不久之後，張自忠又率部參加了「武漢會
戰」。在這場抗戰時期最大規模的會戰中，超
過一百萬國民革命軍在蔣介石的領導下防守武
漢，以抗擊由畑俊六指揮的日本帝國陸軍。

李宗仁在台兒莊

1938 年 6 月，日軍波田支隊占領安慶，「武漢會戰」³²正式開始。隨後，
曾經在臨沂一役中遭受重創的第十師團再次氣勢洶洶，直撲潢川。張自忠接
到防守潢川的命令後，即率部以強行軍開向潢川。當時豫南一帶陰霾潮濕，
五十九軍官兵多為北方人，不少人水土不服，很多士兵患上了惡性瘧疾。由
於藥品匱乏，每天都有數十名官兵死亡。張自忠本人也染上了瘧疾，但始終
堅持在第一線，在他發給全軍的手諭中要求：「各部隊長必須親自督促所部
搶築工事，不惜一切犧牲，與陣地共存亡！」隨即又親赴潢川城內，給守城
的三十九旅安克敏旅長下達了死命令：「你要死守潢川，潢川就是你們的棺
材！」

此次作戰，張自忠一直堅持到 9 月 19 日，直到完成了白崇禧的作戰部
署，才安全撤退。之後，李宗仁致電蔣介石，為張自忠請功：「張軍團長奉
令防守潢川。與敵激戰五晝夜，其在城內部隊，被優勢之敵包圍，與毒氣之

---

32 武漢會戰，又稱為武漢保衛戰。會戰從 1938 年 6 月日軍進攻安慶起，至 10 月中國軍隊主動撤出武漢
止，歷時四個半月，是整個抗日戰爭期間時間最長、規模最大和最出名的戰役。戰場以武漢為核心沿長
江南北兩岸展開，遍及安徽、河南、江西、湖北等地。

攻擊，猶能艱苦奮戰，不求增援，巧日始因傷亡過重，退出該城。該軍團長遵守命令，恪盡厥職，殊堪佩慰，擬請鈞座特予嘉獎。該軍所缺兵額武器，並請准其提前補充，以資鼓勵。」

10月，李宗仁電告張自忠，他已升任第三十三集團軍總司令。11月，張自忠又被任命為第五戰區右翼兵團總司令，下轄第三十三集團軍、王瓚緒之第二十九集團軍、劉汝明之第二十八軍團、郭仟之江防軍及蕭之楚第二十六軍等部，總兵力達十五萬餘人。張自忠由此從一位將領升任為一方統帥。

從1938年11月到1939年4月初，短短四個月裡，張自忠指揮所部接連進行了四次中小規模的戰役，殲敵不下四千人。1939年5月，國民政府頒布命令，為張自忠加授上將軍銜。

1939年5月，中日兩軍在鄂北地區展開了第一次大交鋒——隨棗會戰。自5月1日起，日軍就向襄河以東張自忠右翼兵團一八〇師和三十七師發起了猛烈進攻。中國軍隊連續打退敵人的三次進攻，在日軍發起第四次進攻時，獅子山、楊家崗、長壽店、普門沖、黃起庵相繼失守。張自忠率總部官兵冒雨渡河，於5月10日在田家集以西之大家畈伏擊日軍輜重聯隊，一舉殲滅一千餘人，並繳獲軍馬數十匹、運輸艇三十餘艘、軍用地圖、彈藥給養和藥品一大批，打破了日軍渡河攻擊襄樊的計畫。隨棗會戰中國軍隊共殲敵一萬餘人，其中張自忠右翼兵團殲敵四千五百餘人。

1939年12月，張自忠又率領右翼兵團參加了冬季攻勢。這次全國性冬季攻勢，是抗日戰爭期間正面戰場國民黨軍發動的惟一一次戰略性進攻戰役。據統計，冬季攻勢中第五戰區戰績最大，而第五戰區又以張自忠之右翼兵團戰績居首。在後來召開的一次軍事會議上，蔣介石說：「冬季攻勢以張自忠主持之襄東戰場收穫最為可貴，實為各戰場之模範。」

1940年5月，日軍為了控制長江交通、切斷通往重慶運輸線，集結三十萬大軍發動棗宜會戰。當時中國軍隊的第三十三集團軍只有兩個團駐守襄河西岸。作為集團軍總司令，張自忠不顧部下的再三勸阻，堅持由副總司令留守，他自己則親自率領二千多人渡河作戰。

張自忠率部東渡襄河後，發起猛烈攻勢，將日軍第十三師攔腰斬斷。不

幸的是，由於張自忠的電報密碼被日軍截獲破譯，他的軍事部署已完全被敵方掌握。日軍當即調集兩個師團另加四個大隊對張自忠進行夾攻，此後，雙方發生遭遇戰。

1940 年 5 月 16 日下午 4 時，張自忠陣亡。

當天深夜，日軍設在漢口的廣播電臺中斷正常廣播，插播了張自忠陣亡的消息，並稱：「我皇軍第三十九師團官兵在荒涼的戰場上，對壯烈戰死的絕代勇將，奉上了最虔誠的崇敬的默禱，並將遺骸莊重收殮入棺，擬用專機運送漢口。」

蔣介石驚聞張自忠犧牲後，立即下令第五戰區不惜任何代價奪回張自忠的遺體。經檢視，張自忠身有八處傷口，其中炮彈傷二處，刺刀傷一處，槍彈傷五處，可見張自忠死事之慘烈。當張自忠靈柩經過宜昌時，全市下半旗，冒著被敵機轟炸的危險前往弔祭者超過十萬人。1940 年 5 月 28 日晨，靈柩運至重慶朝天門碼頭，蔣介石、馮玉祥等政府軍政要員俱臂戴黑紗，肅立碼頭迎靈，並登輪繞棺志哀。

28 日下午，蔣介石與軍政要員和各界群眾爲張自忠舉行了盛大隆重的祭奠儀式。蔣介石親自主祭，同時以軍事委員會委員長的名義通電全軍，表彰了張自忠一生的勳績。隨後，國民政府在重慶雨臺山爲張自忠舉行國葬。蔣介石題詞「勳烈常昭」，李宗仁題詞「英風不泯」，馮玉祥題詞「藎忱不死」。

張自忠殉國後，其夫人李敏慧十分悲痛，三個月後就病故了，與張自忠合葬在一起 [33]。馮玉祥親自爲墓碑題字：張上將自忠將軍之墓。後來，馮玉祥在墓畔種植梅花，並仿效明代史可法所葬的揚州梅花嶺，將雨臺山改名爲梅花山。張自忠因此也被稱爲「梅花上將」。

中國共產黨對於張自忠的犧牲也深爲痛惜。毛澤東、朱德、周恩來分別爲張自忠題寫了「精忠報國」、「取義成仁」、「爲國捐軀」的挽詞。三年後，周恩來又作《追念張藎忱上將》，再次稱讚張自忠「其忠義之志，壯烈之氣，直可以爲中國抗戰軍人之魂」。

33　有人説李敏慧女士在張自忠殉國後絕食七日而死，這不符合史實。張自忠的女兒張廉雲曾經專門澄清過此事。

不過，人們在紀念張自忠精忠報國、爲國捐軀的同時，也會有一些不解，作爲一個有上將軍衛的集團軍總司令，他本不必親臨前線作戰，那麼，張自忠爲何要主動選擇以死報國呢？

有一種廣泛流傳的說法就是他決定以戰死來洗清自己的漢奸罪名。

這種說法認爲，張自忠戎馬三十餘載，但在抗戰初期，卻被汙爲漢奸，一時間千夫所指。爲了洗清漢奸罪名，他遂抱定「只求一死」之決心，「一戰于淝水，再戰於臨沂，三戰於徐州，四戰於隨棗，終換得馬革裹屍還，以集團軍總司令之位殉國」，換得了「抗戰英雄」的一世英名。這種說法的合理性在於，作爲一個愛國軍人，

張自忠墓

被汙爲漢奸，的確會激發他更大的鬥志。但這種說法也有可以質疑之處。比如，張自忠被汙爲漢奸是在 1937 年北平淪陷時期，而此後張自忠在多次戰事中英勇抗敵，早已經洗刷了民眾的懷疑，也贏得了南京政府的高度信任，其在短短三年時間裡從師長升遷爲集團軍總司令就是明證。這種情況下，他又何須非要通過戰死來證明自己呢？而更重要的，也許是張自忠的女兒張廉雲所指出的，父親本來就不是漢奸，無罪之有，又何談洗清罪名呢？

也有一種說法是張自忠戰死疆場是軍人天職。

在張自忠決定親征前線前，他曾經於 5 月 6 日晚致書副總司令兼七十七軍軍長馮治安，內容如下：「仰之吾弟如晤：因爲戰區全面戰爭之關係，及本身之責任，均須過河與敵一拼，現已決定於今晚往襄河東岸進發，到河東後，如能與三十八師、一七九師取得聯絡，即率兩部與馬師不顧一切，向北進之敵死拼。若與一七九師、三十八師取不上聯絡，即帶馬師之三個團，奔著我們最終之目標往北邁進。無論作好作壞，一定求良心得到安慰，以後公私均得請我弟負責。由現在起，以後或暫別，永離，不得而知，專此布達。」在寫完信後，張自忠就親自率領二千多人渡河作戰，從此「壯士一去不復返」。而評論者就遺函中「因爲戰區全面戰爭之關係，及本身之責任，均須過河與

敵一拼」與「無論作好作壞，一定求良心得到安慰」等字句，認定張自忠戰死疆場是承擔了軍人「本身之責任」，也就是軍人的天職。

還有一種說法是張自忠選擇戰死是對國家戰局不滿，以死喚醒國人。

持這種觀點者提及張自忠犧牲前不久，曾經親筆昭告各部隊、各將領雲：「國家到了如此地步，除我等為其死，毫無其他辦法。更相信，只要我等能本此決心，我們國家及我五千年歷史之民族，決不致亡於區區三島倭奴之手。為國家民族死之決心，海不清，石不爛，決不半點改變。」論者因此認為，在痛感「國家到了如此地步」的時候，張自忠已經決意要「為國家民族死」。

也有人認為張自忠一生精忠報國、最終為國捐軀是因為成長環境的長期影響，潛移默化使然。

張自忠生於山東，而齊魯為孔孟故地。張自忠從懂事起，就開始接受傳統文化的薰陶，因此，忠、孝、仁、義從小便在他的內心深深紮下了根。張自忠曾經對手下的將領說：「我有個外號，叫做張扒皮，可別給我來扒了你們的皮」，「要是我做了對不起國家的事情，也請你們來扒了我的皮。」由此可見其精忠報國的思想早已有之。張自忠的女兒張廉雲就是持這種說法的代表人物。她說：「我們老家是孔孟之鄉，我們家裡面受傳統道德的教育影響很深，所以父親受這個影響，武官不怕死，文官不愛財，武將誓死報國身先士卒。」

其實，張自忠為國捐軀，上述原因可能都起了作用。或者說，它是多種因素共同促成的結果。

無論如何，英雄已逝，英名長存。1947 年，北平市政府頒令將鐵獅子胡同改為張自忠路，而此後在上海、天津、武漢、徐州、濟南等城市，也均有街道被命名為張自忠路，以表達人們對這位抗戰英雄的由衷紀念。

漢奸末日
——汪精衛死因之謎

　　1944 年，一代奸雄汪精衛死於日本。這個曾經叱吒風雲、權傾一時的人物，最終在千夫所指、眾叛親離中死去。當了漢奸的汪精衛國人皆曰可殺，但是其死因卻眾說紛紜。一般的歷史記載，都說他是 1944 年病死於日本。但是有人卻認為那是一場假戲，從日本空運來的其實是一具空棺，汪精衛實際上死於上海，是蔣介石命令戴笠派人毒死的。還有人雖然也承認汪精衛死於日本，卻斷然否定死因起於「舊創復發」和治療失敗，而是認為他為日方所害，在醫治過程中做了日軍的實驗品，最終慘死在日方的手術刀下。那麼真實的情況到底如何呢？

汪精衛

　　汪精衛本名兆銘，字季新，號精衛。祖籍安徽婺源，今屬於江西。元代末年其祖先從婺源遷至浙江的山陰（今紹興）[34]。紹興在明清是個出「師爺」的地方。汪精衛的父親即是其中一個。汪精衛在汪父十個孩子中排行第十，在四個男孩子中排行第四，所以汪精衛又被人喚作「四哥」。1904 年留日後投身革命，成為孫中山得力的助手。曾謀刺清攝政王載灃，留下「引刀成一快，不負少年頭」的慷慨詩句，成為許多革命青年的偶像。由於才貌出眾，又被列入民國四大美男之一[35]。

　　1925 年孫中山去世後，汪精衛、胡漢民和廖仲愷成為最有望擔任孫中山接班人的三個人。同年，中華民

---

34 據說，由於汪精衛叛國後為國人痛恨，抗戰勝利後，許多「汪」姓中國人都去掉三點水，變成了「王」姓。就連汪精衛是何方人士，各地也相互推託，爭相否認。

35 民國四大美男有多種說法，一說指：蔣介石、汪精衛、周恩來、張學良。另有一說指：孫中山、汪精衛、周恩來、梅蘭芳。

國國民政府成立，汪精衛全票當選國民政府主席（汪精衛本人也參與投票），並兼任中央軍事委員會主席，集黨、政、軍大權於一身。

1925 年 8 月 20 日，廖仲愷被刺殺。汪精衛緊急召集軍政部長、粵軍總司令許崇智和粵軍參謀長、黃埔軍校校長蔣介石組成特別委員會，調查廖仲愷被刺案。調查的結果表明，廖案系右派領袖胡漢民背後策劃。許崇智、蔣介石主張除掉胡漢民，汪精衛卻念及與胡漢民在同盟會時代的交誼，讓胡漢民以赴莫斯科考察為名，出了國門。不久，蔣介石利用汪精衛與許崇智之間的矛盾，借汪精衛的勢力把許崇智趕到了香港，蔣介石自己則由參謀長爬上了粵軍總司令的位置。此時，汪精衛雖然仍是軍委主席，但軍權實際上卻由蔣介石掌握。隨後，蔣介石又借「中山艦事件」打擊汪精衛，汪精衛被迫於 1926 年 4 月出走香港，後又轉赴歐洲。蔣介石乘此時機，召開國民黨中央黨部和國民政府聯席會議，選自己為國民黨主席、軍事委員會主席，徹底取代了汪的位置。汪精衛幾次反蔣失敗後，只好於 1932 年春與蔣介石再次合作。

在汪精衛的一生中，曾經遭遇多次暗殺，而最終導致他死亡的原因之一，也是殘留在他背上的一顆刺客的子彈。造化弄人的是，這顆子彈，原來是打算送給蔣介石的。

1935 年 11 月 1 日，國民黨四屆六中全會在南京丁家橋中央黨部開會。按照慣例，中央全會開幕式之後，全體委員要照一張集體照，同時允許各國記者搶拍新聞照片。那一天，開會的時候司儀看錯了程式單，把「默念總理遺囑」這一項給遺漏了，為此秩序有些混亂。開幕式結束，蔣介石很不高興地走進了自己的休息室。全體中央委員在禮堂門口就座以後，蔣介石竟不肯出來照相。汪精衛親自去請，蔣介石卻直言「今天秩序太亂，恐怕要出事」，還勸汪精衛也不要出去。但汪精衛不聽勸阻，還是出來照了合影。

照完了相，大家正在起立的工夫，突然從記者席中竄出一個身材高大的人，向汪精衛連開了三槍，分別擊中汪精衛的左頰、左臂和後背。刺客旋即負傷被捕。

槍聲響後，蔣介石和汪精衛的妻子陳璧君相繼從禮堂內奔出，蔣介石從血泊中扶起汪精衛，陳璧君見照相時蔣介石未到場，疑心此事是蔣所策劃，頓時大哭道：「蔣先生，你不叫兆銘幹就講明好了，何必下此毒手？」蔣介

石無言以對，十分尷尬。

　　事後詳查，證實此事確實與蔣介石沒有任何關係。刺殺活動是由上海暗殺大王王亞樵精心策劃的。王亞樵受託於李濟深、陳銘樞，準備在會議期間暗殺蔣介石。在國民黨六中全會的前十天，就部署了這次刺殺活動，由曾任十九路軍排長的孫鳳鳴自願執行任務。在暗殺的前一天晚上，大家於晨光通訊社的小閣樓上爲孫鳳鳴擺酒餞行。11月1日，孫鳳鳴胸前掛著記者出入證進入會場，他見蔣介石未出場，就按第二方案，衝出槍擊汪精衛。因此時人說，汪精衛是替蔣介石挨了這三槍。

　　汪精衛後來總算保住了命，臉上和手臂上的子彈也都取了出來，但第三顆彈頭夾在五、六兩肋骨間，並傷及脊椎骨，經過多方努力也沒能取出。從此，這顆子彈就留在汪精衛的身上，時時發炎，引起陣痛，並成了最終導致汪精衛死亡的主因之一。

　　在和死神擦肩而過後的第三年，汪精衛又一次成爲被暗殺的對象。而這次下暗殺令的正是蔣介石。

　　1938年，日本決定撇開蔣介石，誘降汪精衛，日汪勾結越來越密切。12月19日，汪精衛率陳璧君、曾仲鳴、周佛海、陶希聖等十餘人乘飛機逃離昆明，飛抵越南河內。十天後，汪精衛在香港發表臭名昭著的「豔電」，希望以蔣介石爲首的國民政府與日和談。翌日，汪精衛建議日本對重慶施以致命的轟炸。

　　蔣介石因此對汪精衛恨之入骨，遂下令追殺他。軍統局局長戴笠奉蔣介石之命，馬上行動，派刺客潛入河內，但由於情報不確，最終只殺死了汪精衛的隨從曾仲鳴。之後，戴笠又接連策劃暗殺行動，但連續五次殺汪皆以失敗告終。

　　1939年3月，日本政府決定派人前往河內，將汪精衛轉移到「安全」的地方。3月25日晚，汪精衛一行登上了租借的法國貨輪「芳·福林哈芬」號，後轉移到日本貨輪「北光丸」上，於5月6日抵達上海。同月，汪精衛赴東京，與日本首相平沼騏一郎會談。1940年3月30日，汪精衛正式成立僞國民政府。

　　1943 年 11 月，日軍在太平洋戰爭中接連戰敗，汪精衛也陷入精神惶恐之中。一次倉促失足，他從樓梯上滾了下來，從此舊創復發，背上的舊傷時時發作，疼痛不已。12 月，汪精衛住進南京日本陸軍醫院，由外科軍醫後藤做手術取出了留在後肋的那顆子彈。彈頭取出後，陳璧君破涕為笑。汪精衛自己也強打精神，一連幾次發表「臥床演說」。誰知好景不長，手術後，汪精衛的雙腿變得不聽使喚，而且出現大小便失禁的症狀。

　　病急亂求醫，陳璧君托人四處求醫問診，終於在無錫探訪到一位劉姓名醫，外號「劉一帖」。據說再難治的傷，只要他的一帖藥，立馬就可好。「劉一帖」是位愛國之士，借給汪精衛看病之機，在膏藥中摻了虎狼之藥。結果汪精衛貼了膏藥之後，不僅沒有消災納福，病情反而趨於惡化，不僅脊椎骨和胸骨疼痛難耐，麻痺狀態還從兩腿蔓延到了整個骨盆，而且高燒的次數一天比一天增多。

　　1944 年 2 月，日本名古屋大學神經外科齋藤正教授來南京為汪精衛診治，當即決定帶他到日本治療。隨後，汪精衛住進名古屋帝國大學附屬醫院四樓的一間特別室裡，對外叫做「梅號」。一周後，X 光檢查，汪精衛手術的地方非但沒有癒合，反而開始萎縮。他的體溫持續高至三十八點五度始終降不下來。因為極度貧血，醫院每天早晚兩次為他輸血。後來，醫院血庫的血用完了。這時，日本本土不時遭到盟軍飛機轟炸，名古屋與四周城市的交通中斷，無法從別處運來血液，只好由同血型的汪精衛長子汪孟晉、二女兒汪文彬、三女兒汪文悌為他輸血。但這也只是權宜之計，汪精衛的病情日益

1942 年 12 月，汪精衛赴東京參加「大東亞戰爭一周年紀念會」。
圖為汪氏與東條英機會見時的情形

嚴重。汪精衛也自知來日不多，於是，由他口授，夫人陳璧君記錄，留下了《最後之心情》的遺書。汪精衛在遺書中，極力為自己叛國投敵進行辯護，宣稱自己是「曲線救國」。

11月9日上午9時，盟軍出動一百五十架轟炸機空襲名古屋，陳璧君和子女們在一聲聲巨響和火光中，將奄奄一息的汪精衛連人帶床送進地下室。這時，日本的天氣已十分寒冷，地下室又無暖氣設備。盟軍的轟炸從上午一直持續到下午，汪精衛在地下室裡熬過了難捱的一天，又驚又嚇，再加上寒氣侵襲，汪精衛的病情急劇惡化。到了第二天清晨，汪的體溫上升至四十一度，心跳每分鐘一百二十八次，呼吸極為困難。雖經搶救治療，但最終回天乏術，於當天病故 [36]。

但是，對上述汪精衛病死日本的說法，多年來一直有人質疑。上海市政協文史資料工作委員會編輯出版的《抗戰風雲錄》中就刊有戴笠買通虹橋醫院某護士，每日在汪吃的藥中摻入一點玻璃粉，最終將其毒死在虹橋醫院的說法。

1983年9月16日，香港《廣角鏡》第一、二、三期刊載的霍實子著的《太平洋戰爭時期幾樁史實的大揭露》一文，也認為汪精衛不是病死日本，而是被國民黨毒死在上海虹橋醫院。

霍實子認為，1944年3月，汪精衛飛往日本治療傷病，經日本名醫小黑親自動手術，安全地取出了子彈。術後汪精衛不顧身體虛弱，就急忙乘飛機返回上海。隨後，日本方面打了一份密電給汪精衛，請他回國後靜養三個月再起床活動。這份密電當即由國民黨情報機關破譯出來，送給蔣介石。蔣介石就命令戴笠趁機暗殺。戴笠派人潛入虹橋醫院，買通醫生、護士，每次給汪送藥的時候，秘密摻進適量無色無味的慢性毒藥，到了同年10月，汪精衛終於毒發死去。

這一突然的變化，讓日本方面措手不及。經過斟酌，選定陳公博繼任南京偽國民政府主席之後，又把「移屍」的細節作了妥當的安排，通知陳璧君急速趕到日本充當演員，這才在11月12日由南京偽國民政府成立一個「喪典委員會」，發出訃告，並於當天由專機將「靈柩」從日本空運到南京。用不

---

36 汪精衛1935年遇刺後，醫生就說過，他只能再活十年，果然應驗。

汪精衛工作照

著多說，從日本空運來的，當然是一具空棺。

關於汪精衛之死，除了以上兩種說法以外，還有一種說法流傳甚廣。這種說法認為，汪精衛是被日本人殺死的。

1987 年《福建青年》雜誌刊文《汪精衛死亡之謎》，對這種流傳已久的說法進行了詳細的說明。文章認為，汪精衛在日本治療期間，日軍為了搶救病情相似的陸軍一一七部渡邊大佐，決定將汪精衛當成試驗品，在其身上進行新手術的試探性治療，結果導致汪精衛的死亡。文章還披露了日軍給負責汪精衛治療醫生上野博子的指令。

上野博士：

　　陸軍一一七部渡邊大佐，因早年槍創復發，患胸椎骨鉛毒症，現住東京皇室醫院，欲轉去你院做自然癒合療法。為確保削骨去毒手術的成功，限你們於一二天內，先做一名病理試驗，無論何人，均可列為試驗物件。注意，這是軍部和首相府的最新指令。

於是，汪精衛成為日軍的試驗品，院方想在他的身上撈一點「自然癒合」的經驗，但事與願違，手術後汪精衛的胸椎骨仍在繼續變形，只好苟延殘喘，掙扎等死了。後來，不僅汪精衛的胸椎骨隨時可能折斷，頸椎骨也漸漸變形，連頭顱的重量也支撐不住了。

為此，日方又想出了一個絕妙的主意。他們用一個特製的鋼圈，套住汪的下頜，將他的頭顱凌空吊起來，用機械的方法，將頭顱與頸椎骨拉直，就像投環自盡一般。1944 年 11 月 11 日，被任意擺佈的汪精衛終於死在日本人設下的「絞刑架」上。

不過，後兩種說法也受到一些學者的批駁。反對者認為，在汪精衛集團成員金雄白洋洋六大冊的回憶資料《汪政權的開場和收場》上明確寫道：「汪氏以舊創新愁而病逝日本。」而同為漢奸的汪氏集團核心成員陳公博在其自白書《八年來的回憶》中，也認為汪精衛是「不治逝世」。據此認為汪精衛是被害死的說法是「無稽之言」和「不經的傳說」，因此不足為信。

汪精衛死後，陳公博、周佛海決定在梅花山[37]上為汪精衛舉行葬禮，並決定 11 月 23 日淪陷區放假一天，凡願參加送葬的南京市民，每人可領取二十元的中儲券，這個數字相當於當時職工月收入的四分之三。之所以將汪精衛葬在梅花山，是因為 1942 年清明節汪精衛祭掃中山陵時曾許下心願：死後葬在孫中山陵園旁的梅花山上，為孫中山守陵。

陳璧君自知汪精衛日後難免有被人毀棺鞭屍的一天，便親自布置，用了五噸堅硬的碎鋼塊摻在混凝土裡，然後澆灌成厚厚的墓殼。但她沒有想到這一天來得這麼快。汪精衛死後不到一年，抗戰勝利。在舉國歡慶之中，國人對汪精衛葬在梅花山紛紛表示不滿。在輿論的壓力下，蔣介石決定派何應欽扒掉汪墓。

何應欽派陸軍總部工兵指揮部馬崇六和七十四軍軍長張靈甫，找到當年建墓的專家，經過認真研究，命南京某部工兵營將汪墓炸毀。炸墓開棺時，南京市長馬超俊親自檢查，發現棺內的屍體經防腐處理，依然保存完好，上覆青天白日滿地紅國旗。另外，除了陳璧君親手蓋上的「魂兮歸來」的白幡外，還發現一本汪精衛手抄的詩稿，雖已發黴，但字跡還可辨認。稿本中的多數詩作，先前都曾在一些報刊上發表過，只有最後一首《自嘲》，字跡歪歪斜斜，不具年月，估計是汪精衛死前的絕命詩。詩中寫道：「心字將滅萬事休，天涯無處不怨尤。縱有先輩嘗炎涼，諒無後人續春秋。」

汪精衛的屍體隨後連同棺材被運往清涼山火化，骨灰被丟棄於路邊的一個水坑裡。工兵營當夜平整好墳地，在墳地上建了一座小亭，兩邊修建了長廊，隨後又種上花草樹木，使這裡成為一處風景點，與中山陵遙相映襯。時過境遷，誰又能想到這裡曾經埋葬過一代奸雄汪精衛呢？

南京梅花山麓的汪精衛墓（抗戰勝利後，此墓被炸毀）

---

37 梅花山是紫金山（又稱鐘山）的一小部分，因宋代在此種過梅樹而得名。紫金山上有孫權、朱元璋、孫中山的陵墓，梅花山剛好在明孝陵與中山陵之間。

諜影重重——川島芳子與李香蘭

　　她們曾經是兩個大名鼎鼎的女子。一個叫川島芳子，一個叫李香蘭；一個是中國人卻起日本名，一個是日本人卻起中國名；一個是圖謀復辟的前清格格，一個是靠演藝謀生的平民之女；一個是號稱「東方魔女」的神秘間諜，一個是為粉飾侵略製造的「超級巨星」；她們曾經是以兄妹相稱的朋友，卻經常被誤認為是同一個人；她們曾經風光無限，卻最終都被押上法庭面臨「漢奸」的指控；不同的是，她們一個人被作為第一號女漢奸處決，另外一個卻無罪釋放；而在她們的生前身後，則是充滿爭議的評價與撲朔迷離的歷史傳說。

川島芳子男裝照

　　川島芳子，又名金璧輝，原名顯紓，字東珍。出生於 1906 年，是肅親王善耆的第十四位格格 [38]。辛亥革命後，為了實現「匡複清室」的心願，肅親王善耆將自己的幾個兒子分遣滿洲、蒙古和日本，讓他們為滿洲獨立伺機而動；甚至不惜將自己最鍾愛的小女兒顯紓送給日本浪人川島浪速做養女，易名川島芳子，以圖日後「有所作為」。

　　在日本，川島芳子開始接受有關政治事務、軍事技能、情報與資料等方面的專門訓練。為了全身心投入到那種令她癡迷的「男人的運動」中去，川島芳子剪去一頭青絲，女扮男裝，用她的話來說，這是「永遠清算了女性」。接著，這位喜歡身穿黑色禮服，頭戴太陽帽並戴著墨鏡的女子，便開始和養父的徒弟們一道，學習騎馬、擊劍、柔道、射擊。據說川島芳子的騎術精湛，槍法超群，她策馬疾馳中連續擊落百步開外的蘋果的故事被廣為流傳。很快，一個如鮮花般嬌豔美麗的少女就用纖嫩的雙手敲開了

---

[38] 肅親王家在清王朝的八大世襲皇族中地位舉足輕重，第一代肅親王是皇太極長子豪格。

日本諜報機關的大門。

其時，奉系軍閥張作霖同日本關東軍屢屢發生摩擦，日本軍部遂派員到東北集結，著手準備暗殺張作霖。而川島芳子則奉命協助關東軍完成這一項「秘密任務」。於是，川島芳子以「省親」爲名到達東北，四處活動，搜集有關張作霖的消息。

1928 年，在蔣、馮、閻、桂四大集團軍的攻擊下，張作霖的軍隊受到重創，已無法在關內存身。於是，關東軍稽查處命令川島芳子盡快弄清張作霖自京返遼的具體路線和排程，準備實施刺殺。

隨後，川島芳子隻身來到奉天張作霖的私邸，要求與少帥張學良密談，但沒有成功，卻與張學良的貼身副官鄭某借機相識。在幾次接觸之後，拜倒在川島芳子石榴裙下的鄭某，就將自己瞭解到的關於張作霖返遼的絕密消息和盤托出。雖然在收到川島芳子的情報之前，日軍已通過其他路徑先一步獲悉了消息，但還是對川島芳子的諜報才能大加讚賞，稱她爲「東方的瑪塔·哈麗」[39]。

不久，日本密謀策劃擁立清遜帝溥儀建立僞滿洲國，並設法把他從天津靜園弄到旅順大和旅館。但由於太過匆忙，「皇后」婉容被留在天津。當婉容知道溥儀離開後，一定要追趕前去，鬧得天翻地覆，終於患了歇斯底里症。消息傳到旅順，溥儀愧疚不已，連夜派人懇求日方將婉容接到滿洲來。

爲了建立僞滿洲國，日本軍方決定把婉容接到滿洲來，於是川島芳子成爲非常合適的人選[40]。

很快，川島芳子帶著一個男扮女裝的「病人朋友」來到天津靜園。幾天以後，靜園裡放出風來，說是肅親王十四格格帶來的朋友不幸病逝。按照中國的傳統習慣，人死了要運回老家，於是裝著婉容的棺材便堂而皇之地運出了靜園。婉容「對這次可怕的成功的冒險」深感滿意，把母親遺留下來的翡翠耳墜贈給了川島芳子，以示感謝和紀念。日本關東軍也對川島芳子進行了

39 瑪塔·哈麗，一戰期間周旋於法、德兩國之間的「美女雙料間諜」，躋身歷史上「最著名的十大超級間諜」之列，1917 年被法國以「叛國罪」的名義處死。

40 1932 年 3 月 1 日，日本扶持清朝末代皇帝溥儀在長春成立傀儡政權——「滿洲帝國」。通過這一傀儡政權，日本在中國東北實行了十四年之久的殖民統治。

特別嘉獎，授予她陸軍少佐軍銜。

婉容在天津

1932 年 1 月，日本授意上海的特務總長田中隆吉在上海挑起事端，吸引各國注意，屆時趁機實現滿洲獨立。於是，田中命令川島芳子用金錢誘使上海三友實業公司的工人去襲擊日本山妙法寺的僧侶和信徒等五人。之後，川島芳子又委任重藤千春憲兵大尉指揮僑居上海的日本人組成的「支那義勇軍團」，到三友實業公司進行回擊，雙方都有死傷。這樣一來，日中兩國在上海的對立，已達到一觸即發的危險狀態，各國的注意力均被轉移到上海。

隨即，日本第一外遣艦隊司令官鹽澤幸一少將在 1 月 28 日當夜給陸戰隊下達了戰鬥命令，開進日本警備區域外的上海閘北區，並與當地守軍——滿懷抗日鬥志的桂系精銳部隊第十九路軍——展開了激烈的戰鬥。這就是中國歷史上著名的「一二八事變」。

在「一二八事變」發生之時，川島芳子每夜都在上海百老匯的俱樂部狂歡亂舞。通過這種表面的燈紅酒綠生活，川島芳子完成了一項「額外但卻十分重要」的任務，即通過舞會得以接觸到孫中山的長子、行政院院長孫科，搶先捕捉到蔣介石下野的消息。而這對於日本軍部制訂對華侵略政策、調整戰略部署意義十分重大，川島芳子也因此越來越博得日本軍方的信任。

此外，為了摸清中國方面的抗戰動向，第九師團的植田謙吉少將還派川島芳子設法到十九路軍摸底。川島芳子受命後，秘密地來到第十九路軍軍長蔡廷鍇住所與之攀談，結果弄清了蔡的抗日意向非常堅決，並把這一情況報告給植田師團長。日軍因此主動地採取迂迴戰術，避免了更大的傷亡。事後，植田謙吉對川島芳子的諜報才能讚不絕口，說她「可抵一個精銳的裝甲師團」。

日本建立偽滿洲國後，很快於 1933 年以「熱河省為滿洲國一部分」的名義同張學良部隊開戰。熱河戰役爆發不久，川島芳子就聯合各路土匪，組織

一支「安國軍」，並且以「安國軍總司令」身分參加了熱河作戰。《朝日新聞》據此用了兩個版面刊出了一篇「男裝麗人川島芳子小姐，被任命為熱河自衛團總司令，威風凜凜地站在討匪的第一線」的報導。

在這篇報導的正中，還登載了一張川島芳子身穿軍服馬褲，頭戴軍帽的全身照片。這張照片後來常被各方面所引用。此時，川島芳子自稱金壁輝，據說此名的來由是因思念她遠在日本的二哥憲立而順其化名金壁東所起的。以金壁輝為總司令的「滿洲國」安國軍的名聲，就像一陣風似地在前線及日本本土傳開了。一時間，川島芳子成為日軍廣為宣傳的女性偶像。

在偽滿洲國活動期間，川島芳子還認識了一個好朋友，一個說著一口流利漢語的日本小姑娘，她的中國名字叫李香蘭。

李香蘭

李香蘭，本名山口淑子，1920年生於遼寧省撫順市。父親叫山口文雄，出生在日本一個漢學世家，對中國的歷史文化頗有研究，後到中國學習，任職於「滿鐵」公司。十三歲時，山口淑子認父親的中國朋友、瀋陽銀行總裁李際春為養父，從此改名李香蘭。十四歲那年，李香蘭又依靠她的另一個義父，時任天津市長的潘政聲的幫助，來到北平，以「潘淑華」的名字在北平翊教女中讀書。後來，李香蘭在《我的前半生——李香蘭傳》中解釋說：「潘」是她義父的姓，「淑」源於她的本名山口淑子，而「華」，則是出生於中國之意，因此，這個名字也包含了希望中日友好之意。

不過，山口淑子的「李香蘭時代」卻正值日本侵華時期，殘酷的現實與她中日友好的幻想背道而馳。而作為一個一直生活在中國的日本人，天生麗質且頗具藝術天分的李香蘭也不得不接受命運的捉弄。

很快，日軍控制的「滿洲電影協會」就發現了李香蘭獨特的利用價值。他們動員李香蘭入會，並且下大力氣將她包裝成一個粉飾侵略政策的「中國歌星」。而隨著演唱《漁家女》、《昭君怨》、《孟薑女》、《何日君再

來》、《蘇州夜曲》和《夜來香》等中國歌曲，「歌星李香蘭」幾乎一夜成名，成爲家喻戶曉的「超級巨星」。1937 年，「滿洲映畫協會」（簡稱「滿映」）成立。走紅後的李香蘭以「懂日語的中國少女影星」的名義進入滿洲電影界，並成爲「滿映」乃至僞滿洲國的頭號女星。她陸續演了一些替日軍侵略宣傳的電影，包括《蜜月快車》、《支那之夜》、《熱砂的誓言》和《白蘭之歌》等。

　　也是在這一時期，李香蘭和川島芳子成爲日軍操縱的僞滿洲國的兩個重要王牌，而她們兩人也一度成爲走得很近的好友。因爲川島芳子酷愛女扮男裝，並且公開宣告自己已經「永遠清算了女性」，所以李香蘭叫川島芳子爲哥哥。不過，由於二人興趣大相徑庭，隨著李香蘭的演藝活動日益頻繁，她們的關係也逐漸冷卻。

　　太平洋戰爭爆發後，日軍在戰事上捉襟見肘，因此希望與國民黨政府締結和約。於是，日軍再次將川島芳子派到北京，搜集有關和談動向的情報。

　　川島芳子來到北京之後，便有條不紊地開始著手進行「和談」事宜。首先，川島芳子利用自己過生日的機會大事鋪張，遍請在京朝野名流。緊接著，川島芳子又通過大漢奸周佛海、陳公博等人，與軍統特務頭子戴笠搭上了線，希望戴笠能助她一臂之力。

　　但是，川島芳子的社交手腕和「美女政策」最終沒有取得成功。隨著日軍在太平洋戰場的節節敗退，這位「東方魔女」已經漸漸失去了表演的舞臺。

　　而與此同時，李香蘭則參演了描寫林則徐禁鴉片的歷史劇《萬世流芳》[41]，她在劇中扮演了一位飽受鴉片之害的賣糖少女，並且演唱了著名的《賣糖歌》，轟動一時。不過，由於李香蘭一直以中國女子的面目出現和進行宣傳，她的親日行爲也遭到了中國愛國民眾的不滿。據說，在北平的一次記者招待會後，有位年輕記者追上來問她：「李香蘭，你不是中國人嗎？爲什麼演出《支那之夜》、《白蘭之歌》那樣侮辱中國的電影？你中國人的自豪感到哪裡去了？」這讓李香蘭頗爲尷尬和內疚。在輿論與內心的雙重壓力

---

41 電影《萬世流芳》拍攝於 1943 年，導演爲卜萬蒼、馬徐維邦、朱石麟三人組。另外還有兩部美國電影也被翻譯爲《萬世流芳》。但這三部同名電影內容完全不同。

之下，她旋即從「滿映」辭職，移居上海。

李香蘭在回憶錄《我的前半生》中說，她當年最受聽眾歡迎的三首歌是《何日君再來》、《蘇州夜曲》和《夜來香》。其中《夜來香》最為人們熟知，這首歌是當年百代唱片公司特邀作曲家黎錦光譜寫的，李香蘭一經演唱[42]，就迅速在燈紅酒綠的淪陷區走紅：

> 那南風吹來清涼
> 那夜鶯啼聲悽愴
> 月下的花兒都入夢
> 只有那夜來香
> 吐露著芬芳
> ……

1945 年 6 月，李香蘭在上海進行了她最後一次公開演出，在演唱《夜來香》時，全場瘋狂。

1945 年 8 月 15 日，日本正式宣布投降。李香蘭在上海、川島芳子在北平相繼被捕。

不久，李香蘭被押上法庭。面對「漢奸」的指控，李香蘭在法庭上出具了證實她真實身分的憑據。在證明她的日本移民身分後，李香蘭被法庭無罪釋放，並於 1946 年 2 月被遣送回日本。1947 年，李香蘭改回原名山口淑子，繼續其演藝事業。1958 年冠夫姓成為大鷹淑子，轉而從政，後當選為參議院議員。2008 年，還與音樂劇《李香蘭》的演員一起出現在東京的舞臺上。

而川島芳子卻沒有如此幸運。

1946 年 7 月 3 日，南京《中央日報》刊登了對川島芳子的起訴書，主要內容如下：

> 金璧輝，即川島芳子，亡清肅親王之女，成長於日本；九一八事
> 變後返國，往來于平、津及敵國、滿洲之間，從事間諜活動；曾任偽
> 滿皇宮女長官及偽滿留日學生會總裁，溥儀游東京時負責接待；組織

---

42 《夜來香》曾被認為是日本侵略者麻醉占領區國民的「漢奸歌曲」之一，因此長期成為禁歌。解禁後為鄧麗君、張學友等幾十位知名歌手演唱，在全世界先後有八十多種版本問世，成為中國流行歌曲的代表作。據黎錦光的兒子說，該歌演唱者甚多，其父認為鄧麗君唱得最好。

川島芳子被處決

偽安國軍；七七事變後，向敵建議利用汪精衛組織偽南京政府，反抗祖國，延長戰禍；在日本用文字和廣播，發表我軍政內情；圖謀復興滿族，統一中國，唆使偽帝溥儀遷都北平。

為了不以漢奸罪被處死，川島芳子開始否認自己的中國人身分。她不斷給養父川島浪速和秘書小方八郎寫信，要求他們盡快為自己搞到日本國籍的有效證明。這樣她就可以通過律師的辯護，把自己從審判漢奸的法庭轉到審判日本戰犯的法庭。

對於川島芳子的求援，川島浪速等人也做了一些努力。川島家鄉長野縣的村民們甚至還寫了「請願書」，以證明川島芳子自小就和他們生活在一起，希望能夠給她重新審理的機會。但是，他們一直沒能拿出證明其日本國籍的有效證明。川島浪速在給川島芳子辯護律師的信中進行了解釋，並說：「親王與我情勝手足，因為同情我家中無子，所以親王才在 1912 年將當時僅有六歲的幼女芳子送至東京，從此芳子就成為了我家的孩子。」

實際上，也正是因為這份由其養父提供的材料，成為川島芳子是一個中國人的有力憑據。因此，即便她曾委託律師提起上訴，請求再審，她的上訴最終還是被駁回了。

1947 年 10 月 22 日，河北省高等法院對川島芳子進行宣判：「金璧輝通謀敵國，圖謀反抗本國，處以死刑，剝奪公權終身，全部財產除酌留家屬必需生活費外全部沒收。」據說，當川島芳子聽到了對她的判決後，「面容陡變，眼淚盈眶，然猶故作鎮靜，低頭乾咳不已。」

　　槍決川島芳子的時間被定在 1948 年 3 月 25 日 6 點 45 分。儘管當局百般遮掩，還是被不少消息靈通的記者打探到了，說死刑屆時將在德勝門外的第二監獄進行。然而，當記者到達後，監獄大門卻緊緊關閉，除了允許兩名美聯社的記者進入外，其他記者全被拒之門外。

　　大門關上後，行刑便開始了。槍響過後，監獄的大門突然大開，在外等候多時的記者們蜂擁而入。記者們在地上看到了一具剛被執行了死刑的女屍。有記者描述道：「該屍頭南腳北，彈由後腦射入，由鼻樑骨上射出，頭髮蓬亂，滿臉血污，已不能辨認。」

　　因此，有一些記者認為，槍決選擇在監獄內秘密進行，並且不讓記者觀看行刑過程實在可疑，再加上屍體已經面目全非，根本無法判斷是否是川島芳子的正身，很難相信川島芳子真的死了。

　　《大公報》隨即刊發報道，對川島芳子是否已死做出了大膽猜測。他們認為，川島芳子的死刑實際上並沒有執行，被處死的只是她的一個替身。報紙上刊登的女屍照片留著女士長髮，而據川島芳子的秘書小方八郎說，川島芳子歷來剪的都是男士短髮，所以被處決的絕不是川島芳子本人。

　　新聞界對各種傳說進行了大肆渲染。一家報紙甚至發表某人聲明說自己的姐姐被買來替死，後來因為錢款未付足，所以才把這件事情公布。還有人說川島芳子本人早已潛回東瀛。甚至還有傳聞說某國民黨權貴因迷戀川島芳子的絕代風華，不惜違犯國法，用偷龍換鳳手法，耗費重金買通獄吏將川島芳子救出，將川島芳子秘密納為外寵……諸多傳言，不脛而走。

　　半個多世紀過去了。今天，我們已經很難得知川島芳子被行刑時的真相。無論是以漢奸罪被處死，還是被秘密營救後苟且偷生，這個往昔呼風喚雨的「東方魔女」都已經不存在了。

暗殺大王王亞樵

　　提到民國政壇上的暗殺事件，人們第一個想到的就是中國頭號政治殺手——國民黨軍統頭子戴笠。但是鮮為人知的是，在民間，同樣活躍著一個特立獨行的「暗殺大王」，他一手策劃了民國歷史上諸多驚天大案，包括：蔣介石廬山遇刺案、汪精衛國會遇刺案、宋子文槍案、日本駐華最高司令官白川義則被殺案、淞滬員警廳長徐國梁遇刺案等。因此有人說：「蔣介石一提這個人，假牙就發酸。」他曾經是威震上海灘的斧頭幫的領袖，連黃金榮、杜月笙看見他也得繞著道兒走。他還是當年讓漢奸賣國賊無不聞風喪膽、噤若寒蟬的愛國組織「鐵血鋤奸團」的團長。他的一生驚心動魄，極富傳奇色彩，他的為人卻神秘莫測。他，就是素有「民國第一殺手」之稱的亂世英雄王亞樵 [43]。

盧永祥

　　王亞樵，安徽合肥人，字九光，江湖人稱王老九，或尊稱其為「九爺」。1912 年參加社會黨，任社會黨安徽支部長。後為北洋軍閥通緝，1913 年出亡上海。王亞樵性情剛烈，常以荊軻、聶政等俠義人物自許，在上海期間，結識了在國內宣導安那其主義（無政府主義）的北京大學教授景梅九，受其影響，開始鑽研克魯泡特金的無政府主義學說，嚮往通過個人英雄主義的暴力實踐打倒社會上一切強權。1921年，王亞樵組織了一支腰別利斧的安徽勞工敢死隊，在上海打出一片天地，這就是威震一時的斧頭幫，又稱「斧頭黨」。當時就連黃金榮、杜月笙這些上海大佬提起「斧頭黨」，也無不為之色變，告誡門徒說：

43　2010 年，曾經擔任八十三版電視劇《射雕英雄傳》導演的鞠覺亮，拍攝了《第一殺手王亞樵》，又名《風雲黃浦江》。這是一部以王亞樵刺殺蔣介石的真實歷史為題材，藝術再現王亞樵與徒弟戴笠之間的江湖恩怨的電視劇。

「斧頭黨的事，多一件不如少一件，能躲就躲。」

　　其時正是直、皖軍閥爭奪上海之際，直系軍閥江蘇督軍齊燮元垂涎上海之豐腴，派遣親信徐國梁為上海淞滬員警廳長。皖系軍閥浙江督軍盧永祥也不甘示弱，設立上海護軍署，派親信何豐林任護軍使，駐軍上海。雙方矛盾愈演愈烈。盧永祥的兒子——「民國四公子」之一的盧小嘉一向交友廣泛，遂找到以暗殺聞名的王亞樵，希望能借王亞樵之手除掉仇敵。王亞樵於是派遣門徒鄭益庵於1923年秋，在法租界溫泉浴室門口成功地刺殺了徐國梁。徐國梁之死，也成為之後齊盧交戰的導火線。而王亞樵也因此一舉成名，成為民國著名的暗殺大王。

　　王亞樵刺殺徐國梁得手之後，盧永祥對其非常器重，便委派他為浙江縱隊司令，在湖州一帶招兵買馬。正是在這一時期，後來鼎鼎大名的民國大佬胡宗南、戴笠等都先後投靠其門下。

　　1924年9月，齊燮元部隊率先向盧永祥軍隊開火，江浙戰爭爆發。不久，同為直系軍閥的孫傳芳由福建率軍進入浙江，吳佩孚也派兵從滬寧線上直撲吳淞，盧永祥腹背受敵，最終戰敗。王亞樵的浙江縱隊隨即瓦解，本人開始游走於民國各政治勢力之間。

　　1927年4月12日，蔣介石在上海發動政變。王亞樵目睹無數革命志士遭無辜殺害，國共合作中道而廢，對南京政府的不滿情緒油然而生，遂發表演說，要求當局「保障人權，停止屠殺」。由於王亞樵公開反對清共政策，旋即為蔣介石密令抓捕，王亞樵成功逃脫。自此，王亞樵與蔣介石勢成水火，並在以後多次策劃刺殺蔣介石。

　　1931年6月14日，蔣介石在盧山遭刺客狙擊，刺客朝蔣連開三槍不中後被蔣介石衛隊擊斃。蔣介石下令不要聲張，就地掩埋殺手。

　　1931年7月23日，宋子文由南京乘車抵達上海火車北站，下車時，刹那間槍聲四起，其秘書唐腴廬身中數槍後殞命。這就是轟動全國的上海北站刺宋案。

　　在一個多月的時間接連發生兩起行刺案，但人們一時卻不知道是誰布置暗殺，直到李頓被刺案的發生。九一八事變後，日本公然出兵侵占中國東北，

國際輿論一片譁然，國際聯盟遂派英國人李頓率領調查團來到中國調查。李頓一行先至東北再到上海，在言辭之間偏袒日本，激起了中國人的憤恨。1932 年 11 月 10 日，王亞樵決定派部下在上海市華懋飯店暗殺李頓，結果行動失敗。殺手被上海四馬路捕房擒獲，經刑訊拷打，將之前的刺宋、刺蔣等案全盤托出。人們才知道此前的系列刺殺案均為王亞樵策劃。

　　1932 年 1 月 28 日，日軍進犯上海，一二八事變爆發。當時駐守上海的十九路軍在蔡廷鍇、蔣光鼐的帶領下奮起抵抗，這就是歷史上有名的淞滬抗戰。王亞樵也將自己領導的「安徽旅滬學會」改編為淞滬抗日義勇軍，親任司令，集合三千餘人開赴太倉戰場。後義勇軍在蔣介石的反對下改為救國決死軍，由余立奎任司令，王亞樵退居幕後主持。

　　淞滬停戰後，日軍決定於 4 月 29 日「天長節」（日本天皇生日）當天，在上海虹口公園（現魯迅公園）召開「中日淞滬戰爭勝利慶祝大會」。王亞樵得悉後異常氣憤，決意要在現場刺殺當時日本駐華最高指揮官──上海派遣軍司令官陸軍大將白川義則，搗毀此會。

　　由於日軍規定「天長節」慶祝大會只准日本、中國、台灣和朝鮮人參加，王亞樵便與朝鮮愛國志士安昌浩商議合作抗日，決定用定時炸彈爆炸會場，定時炸彈由安昌浩負責，而一應經費則由王亞樵負擔。安昌浩與王亞樵商定後，即在其霞飛路（今淮海中路）寓所召集朝鮮志士尹奉吉、安昌傑、金天山等商議刺殺方案。4 月 29 日上午，尹奉吉、安昌傑、金天山等均著日人服裝前往虹口公園進入會場，隨即由尹奉吉引爆手提熱水瓶炸彈。結果白川義則被炸重傷，於 5 月 26 日不治身亡，與此同時日軍還有多名要員被炸死或受傷。

　　在此期間，王亞樵還將自己領導的「安徽籍勞工總會」改組為秘密社團「鐵血鋤奸團」[44]，在上海等地開展抗日除奸活動。

　　白川義則被炸死後，蔣介石對王亞樵的策劃也頗為欣賞，特命上海特務頭目胡抱一轉贈鉅款給王亞樵，並宣布取消對其的通緝。

　　但是王亞樵並不買帳，仍繼續反對蔣介石的獨裁專制統治。1933 年 11

44　鐵血鋤奸團是抗戰期間由中國民眾自發組成的抗日組織。王亞樵被刺殺後，鐵血鋤奸團繼續運行，並且分布國各地。

月，王亞樵參與了李濟深、陳銘樞、蔡廷鍇等發動的「福建事變」。「福建事變」失敗後，李濟深、陳銘樞、蔡廷鍇等人又在香港成立「中華民族革命大同盟」，主張抗日反蔣擁共，王亞樵又積極參加，並且主動要求承擔暗殺蔣介石、汪精衛的任務。後來，王亞樵派部下華克之、鄭抱眞、孫鳳鳴等在南京設立「晨光通訊社」，作爲暗殺活動的專門機構。

1935 年 11 月 1 日，國民黨四屆六中全會在南京召開，孫鳳鳴以記者身分藏槍進入中央黨部大禮堂。按照慣例，中央全會開幕式之後，全體委員要照一張集體照，同時允許各國記者搶拍新聞照片。但那一天秩序有些混亂，開幕式結束後，蔣介石就進了自己的休息室，不肯出來照相。孫鳳鳴見狀，即按原計畫刺殺第二目標汪精衛。9 時 35 分合影完畢，中委們正擬返身上樓進入會場，孫鳳鳴突然從記者群中閃出，向汪精衛連擊三槍，分別擊中汪精衛的左頰、左臂和後背。

孫鳳鳴受傷被捕後次日身亡。汪精衛雖然經過搶救保住了命，臉上和手臂上的子彈也都取了出來，但第三顆彈頭夾在五、六兩肋骨間，並傷及脊椎骨，經過多方努力也沒能取出。從此，這顆子彈就留在汪精衛的身上，時時發炎，引起陣痛，並成了最終導致汪精衛死亡的主因之一。

汪精衛被刺案發生後，舉國皆驚。汪派人物均懷疑此乃蔣介石指使，民間也議論紛紛，這讓蔣介石十分惱火，於是嚴令戴笠限期破案。戴笠從孫鳳鳴的記者證追查，將晨光通訊社張玉華等人員抓獲，才查清爲王亞樵指使。蔣介石獲知後，嚴令戴笠必須除掉王亞樵，並且要求活要見人，死要見屍。

1936 年春，王亞樵偕部下鄭抱眞、許志遠等人逃到李濟深居住的廣西梧州，並且密派余亞農、張獻廷前往延安與中國共產黨接頭，希望投奔延安。後來，其行蹤爲戴笠所偵知。1936 年 12 月 20 日，民國第一殺手王亞樵，終於被自己昔日門下弟子戴笠所派特工刺殺身死。

王亞樵墓

王亞樵被殺身亡後，蔣介石如釋重負，欣喜若狂。而坊間對這位高舉抗日反蔣鋤奸旗幟，卻以極端手段行事的江湖英雄褒貶不一。據說時在延安的毛澤東聽到這個消息後，曾高度評價王亞樵「殺敵無罪，抗日有功。小節欠檢點，大事不糊塗」。

而曾任國民黨陸軍中將、長期服務於國民黨軍統局的沈醉也說過：「世人都怕魔鬼，但魔鬼怕王亞樵。蔣介石一提這個人，假牙就發酸。戴笠若是聽說這個人又露面了，第一個反應就是檢查門窗是否關好。而汪精衛的肋巴骨硬是被王亞樵這三個字活活敲斷的。連上海灘黑幫大亨黃金榮、杜月笙一類只要遇上王亞樵，也得繞著道兒走。」他還說：「這個人的行動的確使蔣介石感到害怕。那個時候連蔣介石、戴笠都怕的人，是值得寫入歷史的。」

當年王亞樵的重要助手之一華克之後來則這樣評價王亞樵：「王亞樵既未通讀『馬克思列寧主義』，也不相信『神與國家』。他有平等思想，同情勞動人民，否認一切權威。為了救人一難，不惜傾家蕩產，千金一擲；聽人家幾句恭維，也可拔刀相助，不計後果。他是一個精神曠達，亂七八糟的好漢……」。

杜月笙：「三百年幫會第一人」

民國的上海灘，素有「東方樂園」之稱。這裡的十里洋場，風雲變幻，機會與風險並存，不僅是冒險家施展自己才華的理想平臺，也是暗黑勢力縱橫馳騁的絕佳場所。一些善於投機的流氓頭子，利用幫會勢力，網羅門徒，成為上海灘秘密勢力的霸主，在當時的社會橫行霸道，無惡不作，被惟恐躲閃不及的老百姓稱為「流氓大亨」、「上海灘教父」。這其中，以黃金榮、杜月笙、張嘯林最為知名。而杜月笙更是後來居上，被稱作「厚黑教主」、「三百年幫會第一人」。

提到杜月笙，必須先說到黃金榮，正是他的一手提拔，才有了最終屬於杜月笙的一片江湖。黃金榮，字錦鏞，小名「和尚」，綽號「麻皮金榮」，祖籍浙江余姚，生於江蘇蘇州。早年只是一個默默無聞的裱畫行學徒，後來卻成為舊上海顯赫一時的風雲人物 **45**。

黃金榮的家族沒有一點顯赫的地方，他們世代居住在浙江余姚，父親黃炳泉年輕的時候是余姚衙門的捕快，後來來到上海的漕河涇種地。1881 年，黃金榮十四歲時，父親因病去世，留下母親鄒氏和姐弟四人，只能依靠母親給人洗衣服勉強維持生活。於是，鄒氏就把黃金榮送到附近的廟宇內做些零碎事情，混口飯吃，因此周圍的人都叫他「和尚」。後來上海流行一種傳染病，黃金榮也被感染，雖然僥倖活了下來，臉上卻生出麻皮，因此後來就有了「麻皮金榮」的綽號。

黃金榮在廟宇內做雜活，僅僅勉強維持自己的溫飽。後來，鄒氏又托人把他送到城隍廟一家裱畫店當學徒。滿師後，黃金榮又站了兩年櫃檯，因為不肯吃苦，沒多長時間就不幹了，從此在法租界和一群地痞流氓鬼混，成為上海灘的一個小混混。

---

45 黃金榮曾經威風八面，連蔣介石都拜他為師；也曾經無法無天，敢於抽軍閥盧永祥的公子——「民國四公子」之一的盧小嘉兩個嘴巴。

　　1890 年，爲了加強租界內的治安，當時的法國駐滬總領事決定招募一百二十名華人巡捕。結果二十二歲的黃金榮被看中，從此成爲法租界捕房的三等華捕，後提升爲巡捕房便衣員警，俗稱「包打聽」。由於表現卓越，黃金榮又接連獲得提升，擔任探目，後又升爲督察員。在破獲了一件法國天主教神父被綁架的大案後，他被授予一枚頭等金質獎章，法國巡捕房還破例提升他爲警務處唯一的一個華人督察長，委派了八名安南巡捕給他當保鏢。從此以後，黃金榮平步青雲，成爲上海聞人。

　　黃金榮初到上海，僅僅是一個不入流的街頭混混，並沒有加入當時有名的黑幫幫派，後來勢力壯大以後，爲了今後更好地發展，他就拜當時的青幫「大」字輩張仁奎爲師，列「通」字輩。黃金榮一生涉足賭、娼、盜，大發不義橫財，只要能掙錢，他從不問黑白，下三濫的手段無所不用其極。他憑藉勢力聲威，廣收門徒，靠販煙土、設賭場、開戲園和敲詐勒索等手段聚斂財物。黃金榮對金錢貪得無厭，他曾經不無得意地宣稱，自己的人生嗜好是「賺銀子睡女人」，也對金錢的法力充滿迷信，認爲有錢能讓鬼推磨，因此，狂妄地叫囂：「天大官司，磨盤大的銀子。」在黃金榮的勢力更加強大之後，目空一切的他開始自稱爲「天字輩」青幫老大，意思是比當時上海灘青幫最高輩分「大」字輩還高，並建立忠信社、榮社等幫派組織，收徒上萬人，其中就包括蔣介石。

　　1920 年代初期，當時名叫蔣志清的蔣介石正在上海灘四處投機。爲了掙錢，他和周駿彥等人在上海開辦證券物品交易所「恒泰號」，幻想因此實現自己的發財美夢。初期交易所的業務還算可以，孰料 1921 年上海爆發金融危機，交易所紛紛倒閉。蔣介石勉強支撐到 1922 年，「恒泰號」澈底倒閉，眾多股東拿著股票要求兌現。走投無路之下，經過當時上海商界大亨虞洽卿的介紹，蔣介石來到當時正如日中天的黃金榮門下尋求「保護」。

　　蔣介石拜黃金榮爲師後，黃金榮在酒店招待「恒泰號」的債主們。酒席中，他指著蔣介石說：「現在志清是我的徒弟了，志清的債，大家可以來找我要。」債主們聞聽後面面相覷，眼看著錢要不回來，只好順水推舟，給黃金榮一個面子。

　　在黃金榮的一生裡，除了幫助過蔣介石之外，他還一手提拔了杜月笙。

　　沒有想到的是，後者的勢力卻一天一天地超越了他，成爲後來居上的「上海灘教父」。

　　杜月笙，原名月生，發跡後改名鏞，號月笙 [46]。1888 年 8 月 22 日出生於江蘇川沙（今屬上海市浦東新區）高橋南杜家宅，這一天，正好是民間俗稱的鬼節。杜月笙的父親杜文卿，曾在茶館當過跑堂，在碼頭做過丁役，後又與人合作在楊樹浦開過一家米店，慘澹經營。母親朱氏則時常幫人漿洗衣物，補貼家用。

杜月笙

　　1890 年夏天，上海霍亂流行，朱氏卻在此時又生下了一個女兒。產後，朱氏由於極度的衰弱而死亡。杜文卿悲痛萬分，無奈之下，他把杜月笙和女兒一同抱回楊樹浦，三人相依爲命，最終無法支撐，把女兒送給了別人。多年以後，杜月笙成爲名聞全國的上海灘大亨之後，曾高價懸賞、千方百計尋找這位早年送人的妹妹，結果一無所獲。

　　1892 年冬天，上海一帶天降大雪，氣溫陡降，杜文卿突然染病，很快離開人世。這個時候杜月笙還不到四歲。此後，杜月笙由繼母張氏撫養。張氏性格堅強，視杜月笙如己出，她起早貪黑爲人洗衣服，聊以度日。不料，災難再次降臨，1895 年，張氏突然神秘失蹤，從此活不見人、死不見屍。杜月笙也從此澈底成了孤兒，流落街頭，整天在茶館賭棚流連，撈到什麼便吃什麼。十四歲的時候，杜月笙到上海十六鋪鴻元盛水果行當學徒，整天與當地的一些流氓痞子鬼混，又因爲嗜賭成性，不久便被水果行開除。後來，杜月笙爲了在上海灘立足，便拜在青幫「通」字輩的流氓頭子陳世昌門下，按輩分排在「悟」字輩。由於陳世昌等人的關係，杜月笙獲得機會進入黃金榮公館。

　　黃金榮第一次見到杜月笙就非常欣賞，他覺得這個人有點氣派，於是就收容了他。從此，杜月笙成爲黃金榮的隨從。黃金榮每天早晨要到「聚寶」茶樓，以喝早茶爲名，處理各種官司，杜月笙總是拿著大衣、皮包，隨侍在旁。

　　杜月笙是個很有心計的人，他不動聲色地觀察著周圍的一切，暗地裡卻

---

46 據說杜月笙改名是由國學大師章太炎建議的，典出《周禮太司樂疏》：西方之樂爲鏞，東方之樂爲笙。

把上自黃金榮，下至一般聽差，每個人的生活習慣，脾氣性格，揣摩得清清楚楚，並且針對不同的人投其所好，見機行事。

當時，黃金榮的夫人是林桂生，人稱桂生姐。她雖然身材矮小，相貌平平，卻精明能幹，是黃金榮的得力助手和高參，平日裡深得黃金榮的喜愛。杜月笙對這一切心知肚明，因此也處處找機會討桂生姐歡心。

1921 年，黃金榮與軍閥公子盧小嘉為了一個京劇女演員露蘭春爭風吃醋，黃金榮還抽了盧小嘉兩個嘴巴。於是盧小嘉依仗其父的權勢，指使人把黃金榮綁架，最後在虞洽卿、杜月笙等人的斡旋下才將其釋放。

隨後，杜月笙又抓住機會幹了幾件讓林桂生和黃金榮讚賞的事情。漸漸地，他就成了林桂生的心腹，並參與了黃金榮最機密的工作——搶奪鴉片。

杜月笙招兵買馬，網羅亡命之徒，很快就建立起一支搶劫鴉片的隊伍。從此，伴隨著一次次布置周密的搶劫鴉片事件的發生，大量財富流進了黃金榮和杜月笙的腰包。1925 年，黃金榮、杜月笙又聯合另外一個流氓頭子張嘯林，在租界與軍閥當局庇護下，成立了主要做鴉片生意的三鑫公司，由杜月笙擔任三鑫公司的主要負責人。同年，杜月笙擔任法租界商會總聯合會主席，兼納稅華人會監察，勢力日大，地位逐漸與黃金榮、張嘯林並列，成為上海灘上顯赫一時的「流氓大亨」。

1927 年 4 月，杜月笙與黃金榮、張嘯林組織中華共進會，充當鎮壓革命運動的打手。4 月 11 日晚，杜月笙設計騙殺了上海工人運動領袖汪壽華。南京政府成立後，他與黃金榮、張嘯林一起，擔任陸海空總司令部顧問、軍事委員會少將參議和行政院參議。

在上海灘三大「流氓大亨」中，素有「黃金榮貪財，張嘯林善打，杜月笙會做人」的說法。

上海青幫三大亨（右起：黃金榮、張嘯林、杜月笙）

　　老牌教父黃金榮一向只管賺錢，對政治興趣不大，且年紀逐漸老邁，作風也日益保守，其勢力僅局限於法租界之內，並且從不允許自己的子女進入公共租界，擔心被其他黑暗勢力綁票，在上海灘的江湖爭鬥中也逐漸隱退幕後。

　　而自幼習武的張嘯林則剛愎自用，做事張揚，缺乏足夠的隱忍和變通。據說他的兒子從法國留學歸來，希望能夠從蔣介石那裡謀個一官半職，結果被拒絕，張嘯林從此對蔣介石心懷怨恨。日本全面侵華後，上海失陷，張嘯林不聽黃金榮、杜月笙的勸告，執意投靠日本，籌建偽浙江省政府，擬出任偽省長，結果在 1940 年被軍統收買的貼身保鏢林懷部刺殺。

　　和黃金榮、張嘯林相比，杜月笙更善於協調黑白兩道各派勢力之間的關係。他一生做事謹慎，常說：「小心得天下，大意失荊州」，並對一個有文化的朋友說：「你原來是一條鯉魚，修行了五百年跳了龍門變成龍了，而我呢，原來是條泥鰍，先修煉了一千年變成了鯉魚，然後再修煉五百年才跳了龍門，倘若我們倆一起失敗，那你還是一條鯉魚，而我可就變成泥鰍啦，你說我做事情怎麼能不謹慎呢？」

　　杜月笙通過販賣鴉片、開設賭場等活動，大肆聚斂錢財，然後，又用這些不義之財，籠絡社會上各種人物，從政治要人、文人墨客到幫會骨幹。並且到處宣揚：「不要怕被別人利用，人家利用你說明你還有用。」

　　杜月笙經常說：「做人有三碗面最難吃：人面、場面、情面」，「錢財用的完，交情吃不光。所以別人存錢，我存交情。存錢再多不過金山銀海，交情用起來好比天地難量。」他結交的對象不分在朝在野，資格深淺，品位高低，一律來者不拒。對於顯赫政要如孔祥熙、宋子文等，他不惜代價，主動結交；對於地位和他相當的如上海警備司令、國民黨陸軍中將楊虎等，則結拜金蘭；對於初出茅廬的年輕政客黨棍，則收入門下；對於老牌失意的政客，則按月給錢，加以供養。由於杜月笙在上海善待當時已經下臺的北洋軍閥黎元洪，黎元洪的秘書長特地撰寫了一副對聯贈予他，寫有「春申門下三千客；小杜城南五尺天」的字句。杜月笙將這副對聯愛如拱璧，專門請名家雕刻為黑底金字，懸在他家客廳的兩楹，杜月笙因此被其黨羽吹捧為「當代春申君」。

1934年，上海灘的顯赫
人物。左起：杜月笙、
蘇聯大使鮑氏、外交官
蔣廷黻、上海市長吳鐵
城、上海保安處長楊虎

　　杜月笙自幼家境貧寒，唯讀了五個月書就失學在家，這讓他對文化非常
看重，對子女的教育也高度重視。在他的嚴格要求下，其八子三女都學有所
成。他也一直努力提高自身文化修養，經常說：「頭等人，有本事，沒脾氣；
二等人，有本事，有脾氣；末等人，沒本事，大脾氣。」他還在門廳高懸對聯
「友天下士；讀古人書」，用來告誡自己。但苦於識字太少無法去「讀」，
他就請說書藝人為他長期講《三國》等古典名著改編的評書，從而學習古人
的處世方式，達到潛移默化的修養效果。據說他因此形成了講義氣和誠信的
江湖作風，上海灘上有人找他擺平事情時，杜月笙經常是看似漫不經心地說
道：「閒話一句」，卻一諾千金。

　　杜月笙還癡迷書法，雖然識字不多，但簽名還是寫得相當漂亮。同時，
以風流雅士自居的他也非常注重儀表，無論天氣多熱，他都衣冠整齊，長衫
最上面一顆紐扣也從不解開。另外，杜月笙還附庸風雅，廣結名流，大學者
章太炎、名士楊度、黃炎培、名律師秦聯奎等都是他的座上客[47]。

　　1937年，「盧溝橋事變」和上海「八一三事變」相繼爆發。上海人民
與全國人民一樣，投入到英勇悲壯的抗日鬥爭中。在全國人民抗日要求的推
動下，杜月笙參加了上海各界抗敵後援會，任主席團成員，兼籌募委員會主

47　杜月笙身材瘦小，舉止斯文卻蘊含霸氣。有人說，在眾多關於杜月笙的影視作品中，《建黨大業》中由
　　知名導演馮小剛扮演的杜月笙最為形象。

任。他參與勞軍活動，籌集大量毛巾、香煙、罐頭食品，送到抗敵後援會。他還通過自己的關係，弄到一些軍中急需的通訊器材、裝甲保險車送給抗日將領。為了阻止日本海軍大規模進犯，杜月笙率先指令自己的大達輪船公司[48]鑿船沉江，阻塞了長江航道，遲滯了日軍的進攻。上海淪陷後，杜月笙拒絕日本人的拉攏，鄭重宣稱：「我是一個中國老百姓，礙於國家民族主義，未敢從命。」並於 1937 年 11 月遷居香港。在香港，他利用幫會的關係，繼續活動，擔任中國紅十字會副會長[49]、賑濟委員會常務委員和上海黨政統一工作委員會主任委員，從事情報、策劃暗殺漢奸等愛國抗日活動，包括協助軍統特務刀劈大漢奸、偽上海市長傅筱庵，勸阻黃金榮出任偽職，以及策反高宗武、陶希聖脫離汪精衛漢奸集團等。1940 年人民行動委員會成立，這是在國民黨支持下的中國各幫會的聯合機構，杜月笙為主要負責人，由此成為中國幫會的總龍頭。

事實上，早在黃金榮日漸隱退、張嘯林投日被殺之後，杜月笙的勢力已經是一枝獨秀。杜月笙運用高超的手段廣交天下名流，織成了一張盤根錯節、無所不在的龐大勢力網，被人們稱為上海灘的「厚黑教主」，其勢力發展到巔峰時期，甚至已經超越了曾經一手提拔他的黃金榮，被西方人稱為「世界上最大的、最有勢力的非法組織」。杜月笙本人也成為上海灘唯一能夠控制十萬幫會成員的黑社會老大，被時人稱為中國幫會歷史上空前的「三百年幫會第一人」。

1986 年大陸引進出版《宋家王朝》一書，該書詳細描述了杜月笙鴉片銷售的「全球網路」。當時，杜月笙的很多海洛因都是通過官方管道進入法國的。由於上海法租界是由越南人直接管理，這就構成了一個由上海到河內、西貢再到馬賽的黑社會鴉片流通網，而這個網路的控制者則是來自於義大利科西嘉島的「科西嘉聯合會」，也就是舉世聞名的「黑手黨」。按照作者西格雷夫的說法，當時全世界的八包海洛因中，就有七包出自杜月笙之手。

西格雷夫還在《宋家王朝》中將杜月笙視作整個南京國民政府的後臺，

---

48 大達輪船公司本是近代狀元商人張謇所創建，後來杜月笙通過黑勢力的脅迫，將其控制，並擔任董事長。

49 杜月笙熱心公益與慈善，在擔任中國紅十字會副會長期間，捐資創辦醫院、學校無數，並且對困難者費用全免，其公益之心即使在今天也會讓一些人汗顏。

認為杜月笙參與了當時幾乎所有的重大政治活動，蔣介石也幾乎對其言聽計從。甚至說1931年宋子文遇刺事件也是杜月笙策劃所為，是對其不聽話的警告。但這一說法很快就遭到了駁斥。一個明顯的歷史事實就是，1931年宋子文遇刺事件，已經被確認為「暗殺大王」王亞樵所為（參見本書《暗殺大王王亞樵》）。而《宋家王朝》出版當年，宋美齡就撰寫專文反駁，多位台灣學者也聯名在美國各大報紙刊發文章反擊，不過這些舉措反而刺激了該書銷量。

　　但無論如何，杜月笙在勢力鼎盛之際對南京國民政府具有很大的影響，這點不容置疑。抗日戰爭勝利以後，杜月笙於1945年9月初返回上海，收拾舊部，重整旗鼓。這時，由於租界已被收回，國民黨勢力可以公開活動，幫會的作用不再像以前那麼重要。1946年12月，上海參議會選舉議長，杜月笙經過多方活動，雖然以最高票當選議長，但因得不到國民黨的支持，所以，他當選後馬上就被迫辭職了。此後，杜月笙與蔣介石矛盾日益加深，並在晚年抱怨說：「蔣介石拿我當夜壺，用過了就塞到床底下。」用來發洩對蔣介石的不滿。

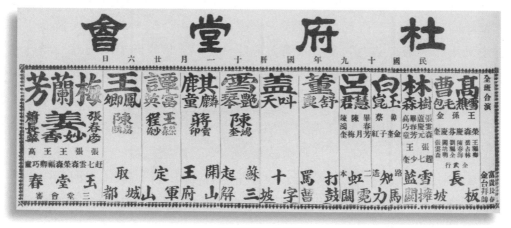

「杜府堂會」節目單

　　1947年，南方多地發生水災。於是，正值六十歲大壽的杜月笙決定來個祝壽賑災義演。義演名角如雲，其中就有在抗戰期間蓄須明志、輟演多年的梅蘭芳和已經成為杜月笙第五房夫人的一代名伶孟小冬。由此也可見杜月笙在文藝界的號召力。

不過，「流氓大亨」縱橫馳騁的幫會時代很快就一去不返了。

1949 年 4 月，在中國人民解放軍的攻勢下，杜月笙不安於上海，他拒絕了蔣介石提出的遷居台灣的建議，乘坐荷蘭「寶樹雲」號客輪匆匆離開上海，駛向香港。據說，在離開上海前，杜月笙曾經來到黃金榮家辭行，勸他也去香港，但是被拒絕了 [50]。

流落異鄉的杜月笙心情憂鬱，朋友甚少，幾乎整日在家裡喝茶、聽收音機、看報紙，不久，就患了嚴重的神經衰弱和心臟病。1951 年 7 月，杜月笙中風偏癱，他拒絕進醫院治療，對家人說：「苦難流離，備受刺激，生不如死。再說中風後遺症難愈，不要讓我過手足不能動的活死人日子了。」8 月 7 日，杜月笙口述了遺囑，將所有財產，包括不動產、債券、現金分配給各房夫人及子女。杜月笙還拿出多年來別人寫給他的各種欠條，全部予以燒毀，並告戒後人不得追討餘債。杜月笙去世時，只留下十萬現金，每個夫人拿一萬，兒子一萬，未嫁的女兒六千，已經出嫁的四千。而在杜月笙燒毀的欠條中，據說光是王新衡一人就欠杜月笙五百根金條，這還不算是最多的。

1951 年 8 月 16 日，一代黑幫教父杜月笙在香港撒手西去，終年六十三歲 [51]。

---

50 在杜月笙離開大陸前，中國共產黨方面曾委託黃炎培等人，勸杜月笙留在上海。但杜月笙考慮到自己曾經參與殺害上海工人運動領袖汪壽華等人，自知血債累累，所以不敢留下來。

51 兩年後，另外一個「流氓大亨」黃金榮在上海去世，享年八十六歲。

神秘的戴笠之死

1946 年 3 月 21 日，一條震驚中外的特大消息從多家報紙同時傳出：中國頭號政治殺手——國民黨軍統頭子戴笠，在從青島飛往上海途中，因為惡劣天氣影響，飛機撞山墜毀，戴笠及機上人員共十三人全部遇難。消息傳出，輿論譁然，很多人對戴笠的死因表示懷疑。戴笠的情婦認為，戴笠的死亡並非簡單的事故，而是他刻意自殺，但更多的人認為他是被謀殺。那麼，究竟又是誰謀殺了這個素以暗殺聞名的戴老闆呢？是誰有這麼大的本事製造了這起天衣無縫的墜機陰謀？又是誰把這場彌天大案掩蓋得如此巧妙呢？這個背後的元兇，有人說是戴笠的上司蔣介石，有人說是他的下屬馬漢三，還有人說是美國人，更有人說戴笠其實並沒有死。事隔多年，各種各樣的猜測越來越多，戴笠的死因變得越發撲朔迷離。

1946 年 3 月 17 日，雷雨剛過後的天空顯得格外陰沉壓抑。午飯後不久，岱山的村民們聽見低得罕見的飛機引擎聲響盤旋在長滿了三丈高的大樹的地面上。不久，就有人遠遠看見一架飛機撞在一個山頂上，一聲爆炸巨響後便是萬丈火焰。

幾天以後，一條重磅新聞被國民黨多家報紙爆出：國家軍事委員會調查統計局局長戴笠將軍乘飛機從北平途經青島飛往上海，因飛機在南京西南郊外撞到馬鞍山山頭墜毀而死亡。

消息傳出，中外震驚。儘管在媒體的對外報導中，明確指出，因為惡劣天氣影響，戴笠死於飛機失事，但是在民間，卻存在各種各樣的傳聞：一些人認為，戴笠並非死於飛行事故，而是被人謀殺的；而另外一些人則相信，那天戴笠根本就沒有上那架飛機，而是假造自己的死來迷惑他的敵人。

多年以後，圍繞著這個特工王神秘的結局，仍然流傳著形形色色的傳說。

戴笠，字雨農，1897 年出生於浙江江山縣。早年浪跡上海灘，在這裡，他與大佬杜月笙結拜爲兄弟，又認識了當時也在十里洋場混跡的蔣介石。

戴笠

1928 年，已經在上海站穩腳跟的戴笠毅然南下廣州，投奔昔日上海灘的舊交，此時已經成爲黃埔軍校校長的蔣介石，成爲黃埔軍校第六期學生。

後來，爲了對抗所有敵對的勢力，蔣介石決定成立一個特務機構。於是，國民黨軍事委員會下面又出現了一個新的機構——調查統計局，這就是在民國歷史上赫赫有名的軍統[52]，而戴笠是實際上的負責人。從此，戴笠也搖身一變成爲中國頭號特務頭子，號稱「蔣介石的佩劍」、「中國的希姆萊」。

在二十多年的特務生涯裡，戴笠作惡無數，包括策劃和製造了很多社會影響很大的案件，例如暗殺楊杏佛、史量才、吉鴻昌等，因此被民間稱呼爲「殺人魔王」。當然，在抗戰時期，軍統在日僞區對敵軍和漢奸的破壞誅鋤工作，也是非常積極的。

1945 年，抗戰勝利，對大部分中國人是一個絕好的消息，對戴笠和他的特務組織卻是一個絕壞的消息。這年 8 月，蔣介石力邀毛澤東到重慶共商「和平建國大事」。雙方簽定的「和平建國」協議明確提出，要取消國民黨特務機關。

由於作惡多端，在重慶談判的提議發出後，戴笠和他的軍統組織成了人人喊打的過街老鼠。殺人如麻的戴笠此刻心中也不禁恐懼萬分，那種恐懼並不僅僅來自於全國民眾對自己的抗議，還有國民黨各派的政敵，更有順水推舟，想把自己當替罪羊推出來應付國民的蔣介石。「伴君如伴虎。」這個時候，已經失去利用價值且不止一次幾乎被蔣介石「允許」自殺的戴笠陷入了深深的憂鬱和沮喪之中，他不得不絞盡腦汁地籌畫自己的後路。

---

52 軍統，全稱「國民黨軍事委員會調查統計局」，1932 年 9 月成立，下轄二處，一處為黨務，二處為情報。其前身為 1932 年 3 月蔣介石在南京秘密成立的「中華復興社」（又名「藍衣社」）特務處。1938 年，軍統重組，一處獨立成為國民黨中央執行委員會調查統計局（即中統）。

　　表面上，戴笠以不變應萬變，假裝淡定，尋機觀望。剛好抗戰勝利以後，一些漢奸案件、敵偽財產案件需要處理，所以他以此為由，在全國各地巡視檢查情況，遲遲不回重慶。

　　1946 年 3 月，蔣介石親自發電，催促戴笠速回重慶，以解決軍統特務組織的問題。看完電報，已如喪家之犬的戴笠心底越發不安，他決定鋌而走險，進行最後一搏。3 月 16 日，戴笠從北平乘專機出發，不過，目的地並不是重慶，而是青島。

　　戴笠為什麼不回重慶，先去青島呢？這是因為那裡有他要見的美國海軍客人。當時，美國海軍是戴笠在國外的主要支持者。美國海軍的一些高級將領，如美國第七艦隊的柯克上將等甚至希望戴笠擔任中國海軍總司令。顯然，戴笠覺得要是真的幹不成特務頭子了，能夠當中國的海軍司令也很好。

　　十分不巧，青島的美國客人已於當日飛往上海，戴笠撲了一個空。於是，戴笠決定在青島休息一夜，第二天再飛往上海。與此同時，他給上海的軍統參謀長李崇詩發電報，叫他次日下午 2 點，趕到上海龍華機場接機[53]。

　　「屋漏偏逢連陰雨」。3 月 17 日上午，戴笠踏上青島飛往上海的飛機。但倒楣的是，飛機剛剛從青島起飛，天氣就開始變壞。不久，通訊員接到了上海機場發來的消息，因為大雨，飛機無法在上海機場降落。戴笠無奈，只好臨時決定，改飛南京。

　　當天下午，戴笠的專機飛抵南京上空。然而，南京同樣也是烏雲密佈，雷電交加，大雨如注，無法降落。

　　飛行員向地面發出了兩次信號：第一次，二二二號專機準備返回；第二次，仍擬在南京降落。13 點 13 分，該機最後一次發出信號說「二二二號飛機正在降落」後，再無音訊。

　　在上海接機的李崇詩一直等到下午 4 點，飛機卻音訊全無。他感覺不妙，就向重慶軍統總部發出一封絕密電報：「戴笠和他的專機神秘失蹤。」

　　軍統總部接到電報後，馬上命令重慶電訊總台向上海、青島、南京等地的軍統特務發出緊急指令，盡全力尋找戴笠和他專機的下落。

---

53 沈醉則認為戴笠之所以急於回上海，是想看看情人蝴蝶的離婚證書是否已經報到法院，好跟這位影星結婚。

但尋找的結果表明，戴笠真的失蹤了。

很快，蔣介石知道了消息，他立即命令毛人鳳迅速擴大搜索範圍，並且一再強調，「活要見人，死要見屍」。

3月19日凌晨，人們在南京西南江寧縣板橋鎮附近，一座海拔只有二百米的小山上面，發現了一架失事的飛機。軍統一幫人馬趕到以後，發現現場慘不忍睹，飛機、物品、屍骸散亂地分布在半徑百米的範圍之內，燒得面目全非，但是通過驗證，可以確定這架飛機就是戴笠乘坐的飛機。

戴笠專機墜毀岱山，緊急電報迅速發到重慶軍統總部。毛人鳳得到消息，再一次趕到蔣介石官邸，把戴笠的死訊稟告蔣介石。蔣介石聞訊後半晌沉默不語，良久吐出了一句話：「戴笠生也為國家，死也為國家。」

1946年3月21日，國民黨《中央日報》、《大公報》、《申報》等多家報紙同時刊出消息：國民黨軍事委員會調查統計局局長戴笠，乘坐二二二號專機從青島飛往上海途中，在南京上空因遇大雨，飛機撞山墜毀，戴笠及機上人員共十三人全部遇難 [54]。

在當時媒體的對外報導中，明確指出，因為惡劣天氣原因，戴笠死於飛機失事，但是在民間，卻始終存在著各種各樣的傳聞，很多人對戴笠的死因表示懷疑。

戴笠當年乘坐的是一架美制DC-47飛機，它是美國道格拉斯公司生產的DC-3民用運輸機的改進型，也可以作為客機來使用。DC-47飛機先後有七十多種改進型，是歷史上生產製造最多，使用範圍最廣的運輸機。第二次世界大戰初期，美國在戰場上廣泛運用DC-47運輸機。它也是第二次世界大戰歐洲盟軍的主要運輸機。因此，它的品質應該是當時世界一流的，它的機體、發動機以及無線電通訊系統等等，在當時也都是性能卓越。所以從飛機的本

---

54 戴笠墜機前飛機從何處起飛，目前也有兩種說法。根據當時報紙報導，戴笠飛機是從青島起飛。但沈醉的《我所知道的戴笠》在敘述戴笠墜機經過時，則說：「1946年3月16日，他由北平乘航委會撥給他使用的一架DC47型二二二號專用機，當天到天津住了一夜，第二天由天津起飛，準備經上海再轉重慶。」魏斐德在《間諜王——戴笠與中國特工》中的敘述也和沈醉的說法相似，認為是「3月16日，戴笠攜二二二號專機的機組人員從北平飛往天津，在那裡過夜。但次日天氣惡化。戴笠不理會飛行員的擔心，堅持讓他們在青島加足了燃料向上海飛去。」但《我所知道的戴笠》是在事發多年後的回憶錄（1962年由群眾出版社出版），魏斐德的著作更晚，從時間上判斷，其準確性要比當時的新聞報導差。且沈、魏之說在邏輯上也有牽強之處，平津比鄰，何須乘專機在此中轉逗留一夜；飛往上海，亦無須繞遠到青島加油。

身來說，因爲 DC-47 飛機的性能故障，而造成戴笠機毀人亡的可能性極小。

那麼，是不是因爲天氣惡劣，或者是因爲駕駛操作失誤，從而導致戴笠乘坐的飛機墜毀呢？

專家認爲，一般來講，這兩種情況同樣不會發生。一個就是當時的飛機已經具備了在惡劣氣象條件下飛行的能力，另外一個就是事先有地面的調度和指揮人員，他們可以告訴飛行員如何在複雜條件下飛行、起飛或降落。

而且，戴笠事先就有因天氣不好，飛往其它地方的思想準備。因此，飛機在青島起飛前，他就叫飛行員多加了油，如果南京天氣不好的話，飛機完全可以轉到別的地方去降落，根本不需要在南京複雜的氣象條件下強行降落，所以這也是人們認爲飛機失事不是天氣原因造成的依據之一。

另外，當時國民黨的空軍人員，都是經過選拔的優秀人員，完全是在美國接受的全面技能訓練，似乎也不可能犯操作失誤那麼低級的錯誤。而駕駛戴笠專機的飛行員更應該是經過嚴格篩選的，具備各種氣候條件下飛行的能力，一般不會發生操作失誤，導致飛機墜毀的情況。

如果把天氣惡劣，飛行員的駕駛技術，飛機的性能，這些所有的客觀原因都排除在外，那麼又會是什麼原因，導致 DC-47 飛機的墜毀呢？難道，正像很多人猜測的那樣，戴笠的死亡並非簡單的飛行事故，而是有人謀殺？

戴笠長期從事特務工作，殺人無數，仇家自然大有人在。那麼，究竟又是誰謀殺了這個素以暗殺聞名的戴老闆呢？又是誰有這麼大的本事製造了這起天衣無縫的墜機陰謀，並把這椿彌天大案掩蓋得如此巧妙呢？

一種說法認爲，最有可能對戴笠下手的人，正是他的頂頭上司蔣介石。

「飛鳥盡、良弓藏；狡兔死，走狗烹。」戴笠生前就預言：「如果不死在共產黨的手裡，早晚會死在委員長手中。」

持這種說法的人認爲，戴笠的勢力越來越大，引來了蔣介石對他的猜忌。蔣介石對戴笠始終心存防範，戴笠至死也不過是個軍事委員會下屬的調查統計局局長，在國民黨眾多高級官員和高級將領之中，僅僅獲得一個區區的少將軍銜。

蔣介石和戴笠的矛盾在抗戰勝利以後開始激化。當時，蔣介石爲了迎合

興論，要取消特務組織。戴笠為了個人前途，先謀求警政部長這個位置，但是蔣介石沒同意，後又想當海軍司令，這更引起蔣介石的不滿。而戴笠利用私人關係去跟美國拉關係，更增加了蔣介石對戴笠的猜忌。蔣介石擔心戴笠會採取強硬的反擊措施，所以先下手為強[55]。

當時，戴笠的勢力的確非常強大。他的軍統特務們眼裡，只有戴老闆，沒有委員長。而這個時候戴笠的隊伍人數已達到數十萬之眾，而且清一色美式裝備，所向披靡。除了擁有特務武裝數十萬人，戴笠還掌握著國民黨高層統治集團的黑幕。戴笠呼風喚雨的能量在蔣介石政府中，沒有誰能與他相比。而戴笠和美國人的關係，更是蔣介石的一塊心病。蔣介石很擔心，如果真有一天，戴笠想要和他對抗，美國人會支持戴笠。

蔣介石與戴笠

也許是蔣介石擔心養虎遺患，於是乾脆製造一起天衣無縫的飛機墜毀事故，讓戴笠永遠消失。這看起來的確是一種非常合理的解釋。

戴笠死後，戴笠的兒子多次上書，要求追查謀殺戴笠的兇手，每次被蔣介石擋了回去。莫非蔣介石真的是做賊心虛？

事情的真相是否如此呢？就目前而言，以上說法僅限於坊間流傳，雖然繪聲繪色，卻無確鑿證據。於是，人們又出現了新的說法。

沈醉在《我所知道的戴笠》中說，在戴笠墜機現場，曾經發現一把寶劍。有人據此認為，戴笠死因和這把寶劍有關。

1988 年，香港《廣角鏡》第十期刊發《戴笠墜機之謎》一文。文中對戴笠死因提出新的看法：戴笠是被北平軍統站站長馬漢三所謀殺，其證據就是戴笠墜機現場的那把寶劍。此後，這一說法被廣為流傳，甚至進入地方誌等正史資料之中。

---

55 戴笠死後，終於被追認為陸軍中將。蔣介石親送題有「碧血千秋」的花圈，還親筆寫下「雄才冠群英，山河澄清仗汝跡；奇禍從天降，風雲變幻痛予心」的挽聯。

抗戰勝利後，中國軍隊凱旋回到南京

　　馬漢三，軍統幹將，長期在北方搞情報工作，成績卓著，因此深得戴笠的信任，地位也越來越高，擔任過蘭州工作站站長，寧夏緝私處處長，抗戰勝利以後，又被戴笠任命爲北平站站長。

　　多次受到戴笠提拔重用的馬漢三，爲什麼要恩將仇報謀殺他的頂頭上司戴笠呢？這還要從一把九龍寶劍說起。

　　1946 年 3 月，戴笠來到北平，他特意來到北平第一監獄，提審大名鼎鼎的東洋魔女川島芳子，結果在獄中的川島芳子爲了挽救自己的生命，說出了一個令戴笠震驚的秘密：原來，軍統北平站站長馬漢三在抗戰的時候曾經被捕叛變，前不久，馬漢三還從川島芳子家中搜走了一把叛變時獻出的九龍寶劍。

　　這把九龍寶劍可是大有來頭。

　　據說，當年東陵大盜孫殿英所盜得的寶物中，有一柄乾隆墓中的九龍寶劍。這柄劍長五尺，劍柄特長，上雕九條紫金龍，象徵「九九歸一」。1937年抗戰爆發後，蔣介石任命孫殿英爲冀察遊擊隊總司令。但由於他出身於雜牌軍，因而始終難得蔣介石的青睞。於是，孫殿英通過關係與當時蔣介石身邊的紅人戴笠成了拜把子兄弟。

　　1939 年春，孫殿英將從乾隆墓中盜得的九龍寶劍交給戴笠，請戴轉獻給蔣介石。但是由於當時戰亂，戴笠就托馬漢三替他暫時保管。

　　馬漢三深知這把九龍寶劍價值連城，所以他想利用戰亂的形勢，尋覓機會據爲己有。意想不到的是，1940 年，馬漢三在張家口活動的時候，被日

軍逮捕。馬漢三落到日本特務機關手裡以後，爲了活命，不僅供出了所有知道的情報，而且獻出了價值連城的九龍寶劍，於是他被日本特務機關秘密釋放，重新回到國民黨軍統工作。日本人投降後，時刻關注寶劍下落的馬漢三，得知寶劍藏在川島芳子在北平的家裡以後，迅速逮捕了川島芳子，並從她家中搜出了寶劍。

戴笠提審川島芳子後立即對馬漢三進行了秘密調查，他發現這位一直頗受自己重用的下屬，對自己並不忠心，而且還有貪污的劣跡。

馬漢三發現事情敗露以後，也很聰明，主動把寶劍交出了，還給戴笠送了好多金銀財寶、古董、字畫。

爲了穩住馬漢三，戴笠將計就計，故意把自己寫給馬漢三上司的一封信，托馬漢三轉交，以表示繼續信任馬漢三。

但是，馬漢三在特務機關混跡多年，十分狡猾，他看出戴笠使的是欲擒故縱的緩兵之計。爲了不被殺死，馬漢三決定先下手爲強，殺死戴笠。

3 月 16 日上午，戴笠從北平出發，登機趕往青島，隨行還特意帶上了那把價值連城的九龍寶劍。曾經實施過無數次暗殺行動的戴笠，此時竟然毫無覺察，死亡的陰影正一步步向他走來。

馬漢三和戴笠共事多年，知道戴笠風流成性，於是將自己的機要秘書，年輕漂亮的軍統特務人員劉玉珠送給戴笠，美其名曰照料戴笠的生活。戴笠一看劉玉珠漂亮的樣子馬上就非常喜歡，認爲是馬漢三想戴罪立功才這麼做的，再加上劉玉珠也是軍統的人，戴笠覺得比較可靠，就帶著她從北平到青島去了。

不巧的是，戴笠在青島沒有遇到他約見的美國客人，於是決定在青島過夜，次日趕往上海。但是，事後有人發現，戴笠在青島乘機的時候，劉玉珠沒上飛機。因此，就有人懷疑，很有可能劉玉珠在青島機場上，對戴笠飛機動了手腳。

人們推測，戴笠啓程當天，劉玉珠一大早就悄悄來到機場，以她軍統華北督導員的身分作掩護，以檢查「安全」爲藉口，很容易地登上了戴笠的專機。乘周圍無人之際，劉玉珠迅速將一顆高爆力定時炸彈隱秘地安置在戴笠

的專機上，隨後，便悄無聲息地消失在晨曦裡。

3月17日，二二二號專機在南京空中飛行時，空中傳來一聲爆炸的巨響。但這聲爆炸不是飛機撞山的聲音，而是炸彈爆炸的聲音。

當天下午，接到重慶發出的「戴笠和他的專機神秘失蹤」的查詢電報後，馬漢三知道，一個無比強大的對手已經永遠消失了。

戴笠死後，蔣介石並沒有撤銷軍統特務組織，只是把國民黨軍事委員會調查統計局改名爲保密局。

1948年9月，馬漢三、劉玉珠在南京被秘密處死。處死的罪名不是謀殺，而是貪污。

對於這種說法，2009年第十期《文史精華》刊文進行了反駁，作者華清，自稱是馬漢三的家屬。文中認爲，關於馬漢三獻劍投敵之說，據說出自川島芳子之口。但華清質問：「在當時錯綜複雜的歷史時刻，一個日特漢奸的單獨供詞能爲憑嗎？想必戴笠也不會那麼幼稚。」至於在這個說法中扮演關鍵角色的女特工劉玉珠，華清更是予以澄清：「劉玉珠（1910-1948，又名劉貴清）實有其人，是男性，在重慶就是馬的秘書，當時已近四十歲，1948年在南京與馬一起被蔣介石處死，葬於京西萬安公墓。」

如果華清所言屬實，那麼馬漢三利用美人計殺死戴笠的說法便不攻自破。

關於戴笠的死因，還存在這樣一種說法，戴笠是被美國特工謀殺的。美國歷史學家魏斐德在《間諜王——戴笠與中國特工》一書中提到，1945年，日本投降後，美國戰略情報局探聽到，戴笠要對過去所有與日本人合作過的中國人進行一場屠殺大清洗，情報局所有的人都認爲，這將是一場毫無意義的大流血，必須制止這場愚蠢的屠殺大行動。美國戰略情報局得到戴笠將在青島過夜，次日飛往上海的情報後，迅速指示在青島的美國特工，秘密在戴笠乘坐的專機氣壓計的保險絲上做了手腳。戴笠墜機摔死後，一位美國間諜用品發明專家斯坦利‧拉維爾（Stanley Lovell）認爲，戴笠乘坐的飛機裡有一種氣壓計的保險絲被做了手腳，這位美國專家堅信，戴笠是這麼被謀殺的。他說：「在蔣介石政府中最招人恨的是戴笠將軍，這位殘酷的秘密員警頭子，連中國人都管他叫中國的希姆萊。暗殺與處決是家常便飯，以至於人

們只能耳語他的名字。日本人投降後，戴笠及其部下在重慶上了他的飛機飛往北平，去組織一場對所有據說與日本人合作過的中國人進行的大清洗。所有的人都感到這將是一場沒有正義的大流血。有人告訴我，戴笠的飛機在飛到五千英尺高度時尾部爆炸了。」

1946 年 3 月，戴笠出殯，下葬于南京中山陵烈士陵園

另外，還有更加離奇的說法。這種說法認為剛被國民黨釋放的重要共產黨領導人葉挺將軍也在戴笠失事時的飛機上。在飛行中，據說葉挺和戴笠爭執起來，並拔出了各自的手槍，隨即而起的射擊導致了飛機著火。

這個說法顯然不足為信。事實上，葉挺死於 1946 年 4 月 8 日。當天葉挺自重慶飛返延安，途中飛機失事，於山西省興縣黑茶山附近不幸遇難；同機的遇難者還包括葉挺的妻子和孩子以及王若飛、博古、鄧發等中國共產黨的重要領導人。

更為荒唐的說法是，那天戴笠根本就沒有上那架飛機，而是假造了自己的死來迷惑他的敵人。

這個說法仍然來自魏斐德。他在《間諜王——戴笠與中國特工》中提到，萊司特・沃克（Lester Walker）在《哈珀斯》雜誌撰文，把戴笠作為「中國的間諜王」介紹給美國公眾。關於戴笠的死亡，他寫道：「這個故事天衣無縫，但沒人相信。新聞簡報是 4 月 1 日發出的，也就是愚人節。那天你只要問任何一個中國人他今天的看法，他只會笑，說『這不可能』，也就是說，中國人認為這不可能，相反，他們相信，這位世界上最大的『間諜王』仍在享受著迷人的生活，而不可能被殺死。」

但沃克的文章顯然娛樂大於史實。大量的證據表明，在殘骸中發現的那個渾身燒焦、失去右手和右腿的遺體，就是軍統頭子戴笠的屍體。軍統自己的調查人員根據特別的牙板、羊毛內衣殘片以及梅樂斯四年前在重慶送給他的三十八口徑的短管自動手槍，已經確定了他們上司的身分。

　　1988 年，戴笠的情婦陳華在台灣出版了《陳華女士回憶錄》，對戴笠的死因提出了自己獨特的觀點。陳華回憶說，戴笠乘坐的飛機爆炸後，軍統局的調查人員拿出十三張遺留的殘骸照片要陳華辨認。她一眼就認出了戴笠，除了她熟悉的那幾顆金牙以外，那高高舉著的右手，右拳呈捏著的狀態，她可以想像到戴笠臨死前的情形，那是他開槍射擊後的習慣，子彈發出後，總是挺帥氣地將手往上一揚……陳華因此認為，戴笠是自殺求死的。他開槍打死了駕駛員，導致飛機失控，撞山爆炸。陳華還說，戴笠死前曾經和她有過最後的一夜情。就在那一夜，戴笠曾經嚴肅地對她說道：「華妹，我老實告訴你聽，老頭子不要我，我就死。」這句話讓她終生難以忘懷。

　　除了以上說法外，還有人將戴笠的死因解釋為天意和命中註定。沈醉在《我所知道的戴笠》中提到，戴笠一生迷信，而算命先生測他為火旺之相，命中缺水忌土，於是軍統局本部使用的化名一律都要有水，如江漢清、塗清波、汪濤、沈沛霖、洪淼等。但戴笠墜機那年，重慶一個偏不信邪的助理秘書故意給他擬了一個缺水而多山的化名叫「高崇岳」，結果戴笠當年摔死。而飛機撞上的這山叫「戴山」，殘骸掉進去的山溝叫「困雨溝」，山下還有一個廟叫戴家廟。

　　時至今日，關於殺人王戴笠的死因之謎，仍然是個未解的懸案。不過，熱鬧的僅是世人不盡的傳說，而真相或許是最沒有想像力的，正如沈醉對聽信謠傳的胡宗南說的那樣：「經過多方調查，證實沒有什麼人對他進行謀害，的確是由於氣候關係，駕駛員不慎撞在山上失事。」

林琴南：不懂外語的曠世譯才

　　一個曾經因為捍衛古文而被新文學界斥為「選學妖孽，桐城謬種」的老夫子，一生沒有走出國門一步，外語更是一種也不懂，卻對舶來的西方小說產生了興趣。他的第一部譯作《茶花女遺事》曾經風靡海內，被稱為中西合璧的文學絕唱。此後，在近三十年的時間裡，他一發而不可收，翻譯了近二百部文學作品，成為中國近代文學翻譯第一人。精通英、法、拉丁、德、意、西文的錢鐘書甚至認為這種古文風格的「林譯小說」比其所譯的西洋文學原著還好。他因此被稱為「譯界之王」，不懂外文的「曠世譯才」。他，就是民國文壇的傳奇人物林琴南。

　　林琴南，名紓，字琴南，號畏廬，別署冷紅生。1852 年出生在福建閩縣（今福州），與嚴複、辜鴻銘並稱為近代中西文化交流史上最著名的三個福建人。

　　林琴南自幼學習十分刻苦，曾在居室的牆上畫了一口棺材，旁書：「讀書則生，不則入棺。」以此「棺」銘激勵自己發憤苦學。十一歲時，林琴南開始跟隨「能顛倒誦七經」卻無科舉功名的落魄文人薛則柯讀書。或許是因為科舉失敗且一生鬱鬱不得志的緣故，薛則柯不僅性格「鯁直好忤人」，在教學上也鄙棄八股文，偏好唐宋八大家的古文和詩聖杜甫的詩。林琴南受薛則柯先生的影響巨大，一生癡迷古文。後為桐城派大師、「曾門四弟子」之一[56]，時任京師大學堂[57]教習的吳汝綸賞識，擔任京師大學堂經文教員，從此聲名益著，終於成為一代古文大家。據說，民國初年，袁世凱、段祺瑞都想聘請林琴南當自己的顧問，時任國務總理的段祺瑞甚至紆尊降貴親自登門拜訪，結果都為蔑視權貴的林琴南拒絕。

　　那麼，這樣一位聲名遠揚的古文大家，為什麼卻要另闢蹊徑，勞力費神，

---

56 桐城派即桐城文派，又稱桐城古文派、桐城散文派，創始人為方苞。桐城派在晚清時期受到曾國藩的大力推崇，演變為湘鄉派，其主要代表人物為曾門四弟子：吳汝綸、張裕釗、黎庶昌、薛福成。

57 京師大學堂，1898 年維新變法時成立，是當時中國最高學府和第一所國立綜合性大學。1912 年改名為北京大學。

去翻譯自己根本無法閱讀的西洋小說呢？

　　簡單的答覆是這事純屬偶然。如果要詳述事情的由來，還要從他的第一部譯作《茶花女遺事》說起。

　　1897 年，林琴南四十六歲那年，夫人劉瓊去世。林琴南十八歲與劉瓊成婚，婚後夫妻感情和好。喪妻後，林琴南一直鬱鬱寡歡。一天，適值朋友相聚，偶然聊起法國小說。在座的馬江船政局法文教習王壽昌精通法語，便聲情並茂地講起小仲馬筆下的茶花女的故事。文人氣十足的林琴南在一旁不僅聽得如癡如醉，而且被感動得一塌糊塗，以至於朋友講完仍然意猶未盡。看到林琴南這個樣子，朋友便勸他用自己的如花妙筆把《茶花女遺事》翻譯爲中文，以慰心緒。由於林琴南古文造詣雖深，卻不識外文，遂由王壽昌口述，林琴南筆錄。林琴南憑藉他深厚的古文功底，以及對愛情這種人類共通情感的理解，以文

林琴南（右）與林白水（1894 年）

言意譯，不僅文筆典雅優美，更融入自己的情感體會。他曾言「餘既譯《茶花女遺事》擲筆哭者三數，以爲天下女子性情，堅比士大夫」，由此可見其中傾注了譯者的一腔情感。

　　1899 年，《巴黎茶花女遺事》付梓印行，署「冷紅生」譯。結果譯書一出，人們爭相一睹爲快，一時洛陽紙貴，好評如潮。時人點評道：「中國近有譯者，署名冷紅生，以華文之典料，寫歐人之性情，曲曲以赴，煞費匠心，好語穿珠，哀感頑豔，讀者但見瑪格之花魂，阿爾芒之淚漬，小仲馬之文心，冷紅生之筆意，一時都活，爲之欲歎觀止。」

　　《茶花女遺事》一書出版後，賺盡了癡情男女的眼淚。據說八大胡同一位名妓謝蝶仙讀了以後，深爲林琴南纏綿悱惻的文筆所傾倒。而老年喪妻的林琴南爲了排遣心情，在僕人的建議之下，也經常出入燈紅酒綠的八大胡同。謝蝶仙三番五次地向林琴南表白癡情，欲結爲秦晉之好，結果都爲林琴南拒絕。謝蝶仙一氣之下答應了一位茶商的婚約，出京遠嫁嶺南，終因爲心

緒落寞，一病不起，就此辭世。林琴南聞訊十分傷感，特別寫了一首詩來紀念謝蝶仙。詩雲：「水榭當時別謝娘，夢中仿佛想啼妝。魂來若過西江道，好忍臨川玉茗堂。」

　　一本譯作雖然沒有成就一段美好姻緣，不過，這種國人競相爭讀的情景卻讓正處於喪妻之痛的林琴南重新振作起來，於是一發而不可收，從此走上了翻譯外國小說的道路。

　　《巴黎茶花女遺事》問世後兩年，林琴南又與朋友魏易合作翻譯了美國斯土活氏所著的小說《黑奴籲天錄》[58]，隨即以「武林魏氏」的譯名刻本印行。《黑奴籲天錄》是林琴南翻譯的第二本小說，同時也是第一本翻譯成為中文的美國小說。出版後，激起了正處於國家危亡之際的中國人的強烈共鳴。1904年，遠在日本求學的魯迅，讀了友人寄來的中文本《黑奴籲天錄》後，就曾經感慨地說：「漫思故國，來日方長，載悲黑奴前車如是，彌益感喟。」

《茶花女遺事》（民國版）

　　1907 年，《黑奴籲天錄》由春柳社[59]改編為話劇演出。演出陣容空前強大，包括李叔同、曾孝谷、謝抗白、吳尊、歐陽予倩等。後來，中國話劇的奠基人歐陽予倩曾經深情地說：「（《黑奴籲天錄》）這個戲，雖然是根據小說改編的，我認為可以看做中國話劇第一個創作的劇本。」從這個意義上，《黑奴籲天錄》標誌著中國現代話劇的開端。

　　因為林琴南本人不懂外文，無法閱讀原著，全憑聽別人口述之後意譯，因此難免有與原著失實相悖之處。但或許林琴南的成功也正因為此，他道聽塗說之後的轉譯和意譯，也同時是一個再想像和再創造過程。

　　而林琴南通過翻譯，將西方的小說技巧與文學理念引進中國，打破了傳統舊小說的格局與模式，讓後來的文學大師，當時正是文學青年的魯迅、郭

58　《黑奴籲天錄》今譯為《湯姆叔叔的小屋》，作者斯托夫人。

59　春柳社，中國早期戲劇團體，1906 年冬由中國留日學生創建於日本東京，成員包括李叔同、曾孝谷、歐陽予倩、陸鏡若等。

沫若、茅盾、郁達夫、周作人、鄭振鐸等人眼前一亮，看到了完全不同的新天地。可以說，林琴南對中國新文學的發展具有重要的推動作用。而林琴南同時也創造了自己的文壇傳奇，不懂外文而成為中國翻譯西方小說的開山鼻祖是一個奇跡；其譯作產量之大、品質之高、影響之廣，更是在中國現代文學史上絕無僅有，堪稱第一。

對於林琴南的翻譯功績，即使是曾與其敵對的胡適，後來在《五十年來中國之文學》中也不得不承認：「平心而論，林紓用古文做翻譯小說的試驗，總算是很有成績的了。古文不曾做過長篇的小說，林紓居然用古文譯了一百多種長篇的小說。古文裡很少有滑稽的風味，林紓居然用古文譯了歐文和狄更斯的作品。古文不長於寫情，林紓居然用古文譯了《茶花女》與《迦因小傳》等書。古文的應用，自司馬遷以來，從沒有這種大的成績。」

蘇雪林在《林琴南先生》一文中也說：「在五四前，我完全是一個林琴南的崇拜和模仿者，到北京後，才知道他所譯小說，十九出於西洋第二流作家之手。而且他又不懂原文，工作靠朋友幫忙，所以譯錯的地方很不少。不過我總覺得琴南先生對於中國文學裡的陰柔之美，似乎曾下過一番研究功夫，古文的造詣，也有獨到處，其譯筆或哀感頑豔，沁人心脾，或質樸古健，逼似史漢，與原文雖略有出入，卻很能傳出原文的精神。」這段話不僅切中林氏譯著的好處和不足，也道出了人們崇拜林琴南的緣由。

而對褒貶不一的「林譯小說」的文學價值，錢鐘書也曾專作《林紓的翻譯》一文為之辯護，認為「林譯小說」比他翻譯的西洋原著還好，詼諧者留之，囉嗦者去之，既傳達原著風格韻味，又以古文義法來解構西洋小說，對原著中之弱筆處加工、改造和潤色，把語感和文體分開，融會貫通，使古文「不古、不純、不雅」，因勢因境因時而變，擴展了桐城派古文之空間。

不過，雖然因「林譯小說」而路人皆知，但林琴南並不喜歡別人稱他為翻譯家。實際上，他還是一個書畫家、詩人和真正的原創作家。林琴南去世後，吳昌碩、張菊人等近代名畫家曾經舉辦過畏廬遺畫展覽會。其畫作被觀摩者稱讚為「已入神化，無往而不精警也」，「落筆弗俗，且無一點煙火氣，嘆觀止矣！」林琴南還寫過長篇小說《京華碧血錄》、《金陵秋》、《劫外曇花》、《冤海靈光》、《巾幗陽秋》，傳奇小說《蜀鵑啼》，影射新文

運動的諷刺小說《荊生》、《妖夢》等。而且林琴南年輕時候還曾經跟高人學習武術，後來又寫過一本《技擊余聞》，可謂文武雙全之人。

但在諸多愛好與成就之中，作為中國最後一代古文大家，林琴南一生最癡迷的是古文，最引以為豪的成就也是古文。據說年輕時在故鄉福州，他就說過：「我的一支筆靠在南門城牆上，沒有人搬得動。」而後來他更以古文自負，認為自從明代歸有光之後，六百年來沒一個人的古文可與他相提並論。1910 年，林琴南選自己歷年所作的古文一百零九篇，命名《畏廬文集》付梓，一時購者達六千人，這在當時實屬罕見。

的確，林琴南一生都沉浸在他的古文世界裡。即使他的「林譯小說」，也不過是他向世人展示和炫耀自己古文功力的另外一種形式。林琴南自幼熟讀《孝經》，後又受崇尚宋明理學的岳父劉有棻的影響，在青年時代就堅定了「忠孝之道一也，知行孝而複母仇，則必知矢忠以報國恥」的處事原則。而常年浸淫古文，又深受傳統儒學的影響，這也讓林琴南的文化觀念漸趨保守，並最終導致了那場他和新文化運動諸多幹將之間的著名論戰。

可以說，在近代文壇上，談到林琴南，盡人皆知的除了「譯界之王」的美名之外，就是那場曾經讓他狼狽不堪，事後評論褒貶不一，毀譽參半的「文白之爭」。

1917 年，《新青年》相繼發表胡適的《文學改良芻議》和陳獨秀的《文學革命論》，提倡白話文和新文學，反對文言文和舊文學，文學革命的大幕就此拉開。而就在《新青年》發表《文學革命論》的同時，還刊載了錢玄同的一封信，在這封信裡，錢玄同首次使用了「選學妖孽，桐城謬種」的說法，將矛頭直指作為古文代表的桐城和文選兩派。作為古文大家，林琴南對這種提倡白話文而反對文言文的倡議自然不滿，於是憤而作《論古文之不當廢》一文，針鋒相對，以表抗議。

對於林琴南誓死捍衛古文的態度，新文化運動者認為必須進行澈底地還擊。而為了讓論戰更加充滿火藥味，兩位新文化運動的幹將錢玄同和劉半農乾脆合演了一場「雙簧戲」。1918 年 3 月，錢玄同化名王敬軒，以捍衛舊文學的衛道士面目出現，在《新青年》發文貶低白話文學，並且故意把林琴南推為反對白話文學的領袖。隨後，劉半農則以《新青年》記者的身分發表《複王

敬軒書》，除了抨擊林琴南外，還把「林譯小說」的毛病也挑出來進行嘲笑。

　　林琴南看後深受刺激，果然上當，於是在隨後的文章中也對白話文語出刻薄。1919 年 3 月，林琴南更是在報刊刊登公開信，指責北京大學校長蔡元培庇護反對孔教、懷疑孔教、欣賞白話文學的教授，並在《答大學堂校長蔡鶴卿太史書》中稱：「若盡廢古書，行用土語為文字，則都下引車賣漿之徒所操之語，按之皆有文法」，「凡京津之稗販，均可用為教授矣。」

　　同時，上海《新申報》還為林琴南開設專門發表短篇小說的專欄「蠡叟叢談」，並發表其影射時人的短篇小說《荊生》。小說中虛構了三個既要「去孔子滅倫常」又要「廢文字以白話行之」的叛逆人物「皖人田其美」、「浙人金心異」和「不知其何許人」的「狄莫」。當三個人聚集在陶然亭大罵孔丘時，隔壁走出名叫「荊生」的「偉丈夫」，施展拳腳將其打跑。熟知者一目了然，三個叛逆人物影射的就是當時文學革命的主將陳獨秀、錢玄同、胡適三個人，而荊生顯然就是練過武術的林琴南自比。

　　隨後，林琴南又發表了第二篇影射小說《妖夢》。小說描寫一個叫鄭思康的人，夢遊陰曹地府時見到一個白話學堂，門口的楹聯是：「白話通神，《紅樓夢》《水滸》真不可思議；古文討厭，歐陽修韓愈是什麼東西。」學堂裡還有一間「斃孔堂」，堂前也有一副楹聯：「禽獸真自由，要這倫常何用？仁義太壞事，須從根本打消。」學堂裡的「校長元緒，教務長田恒，副教務長秦二世」，則分別影射支持文學革命的蔡元培與革命的主將陳獨秀、胡適。小說結尾，林琴南放出陰曹地府中的「阿修羅王」，吃掉白話學堂裡的人，以泄私憤。

　　林琴南的小說和文章，招致了新文化運動陣營的猛烈回擊。李大釗隨即以守常為筆名，在《晨報》發表《新舊思潮之激戰》，對林琴南進行毫不留情的討伐。陳獨秀也寫了《林紓的留聲機》、《婢學夫人》等文章，與魯迅的《現在的屠殺者》、《我們現在怎樣做父親》等雜文一起從四面八方向林琴南開砲。在

林琴南信件

《現在的屠殺者》裡，一向喜歡「林譯小說」的魯迅批評林琴南道：「明明是現代人，吸著現在的空氣，卻偏要勒派朽腐的名教，僵死的語言，晦蔑盡現在，這都是『現在的屠殺者』。」

今天看來，當年的「文白之爭」除了突顯林琴南的意氣用事之外，更像是一種革新者有意而為之的論戰策略。這從《新青年》的那場「雙簧戲」中即可見端倪。而革命幹將斥責林琴南為「選學妖孽，桐城謬種」，就如同陳獨秀提出的「打倒孔家店」，以及在《文學革命論》中將明清文壇領袖斥責為「十八妖魔」一樣，更是一種刻意的偏激。正如魯迅所言：矯枉必須過正。其目的是用激進的大聲「吶喊」來驚醒在「鐵屋子」裡沉睡的國民，並寄希望用「拿來」的文化拯救尚存希望的青年。

偏巧鶴顏童心的老夫子林琴南一激之下果然上當，單槍匹馬地代表古文陣營與諸多血氣方剛的白話文幹將相互攻訐，結果正如楊聯芬在《林紓與新文化》一文中所說的那樣，「一位器量狹窄的老者與一群明知故犯的頑童的對罵」，而在論戰中，雙方也都因對方的存在而常常「被迫」有些非理性。其實，就連白話文陣營自己也承認林琴南並非絕對反對白話文，因為林琴南本人也曾寫過一些白話詩，甚至印行過白話詩集《閩中新樂府》。所以，就在林琴南逝世兩年後的1926年，曾經是林琴南主要對手之一的胡適就在《林琴南先生的白話詩》一文中坦承：「我們這一輩的少年人只認得守舊的林琴南，而不知道當日的維新黨林琴南。只聽得林琴南老年反對白話文學，而不知道林琴南壯年時曾做很通俗的白話詩，——這算不得公平的輿論。」

不過，這都是後話了。無論如何，在和新文化陣營的這場轟轟烈烈的「文白之爭」中，林琴南最終鎩羽而歸，只得退居書房，除「賣文譯書之外，肆力作畫」，終日以譯書、作畫為樂。

1924年，林琴南在北京的家中病逝，享年七十三歲。統領一代風流的「曠世譯才」並毀譽參半的末代古文鉅子就此成為傳說。

文化怪傑辜鴻銘

　　他，生在南洋，學在西洋，婚在東洋[60]，仕在北洋；他，精通九種語言，
獲得過十三個博士學位；他，能夠倒讀英文報紙，卻畢生熱愛中國文化；他，
第一個將《論語》、《中庸》用英文和德文翻譯到西方，被印度聖雄甘地稱
為「最尊貴的中國人」。他一生擁有數十個褒貶不一的頭銜，推崇他的人，
贊他為「中國文化之代表」，「中國在世界惟一之宣傳員」；反對他的人，
卻嘲笑他是位「很可笑」、「復古向後退」的文化怪物。無論如何，他都是
中國幾千年歷史中最獨特的一個文化人物。即使在生前，他的故事也已經成
為傳奇，流傳四海。他，就是清末民初的文化怪傑辜鴻銘。

　　辜鴻銘，名 Thomson（湯生）。1857 年生於南洋馬來
半島西北檳榔嶼一個英國人的橡膠園內。父親辜紫雲是
福建惠安[61]的移民後代，是英國人經營的橡膠園的總管，
母親則是金髮碧眼的葡萄牙人。所以，辜鴻銘只有一
半的華人血統，而高鼻樑、深眼窩、黃頭髮則成為
辜鴻銘的相貌特徵。

　　辜鴻銘自幼聰慧好學，深得沒有子女的橡膠園
主布朗先生的喜愛，遂將他收為義子。1867 年布
朗夫婦回國時，辜鴻銘也被帶到了英國。之後，
辜鴻銘以超常的能力，很快掌握了英文、德文、法

辜鴻銘

文、拉丁文、希臘文等多種語言，並以優異的成績被愛丁堡大學錄取，並得
到校長、著名學者湯瑪斯·卡萊爾的賞識。1877 年，已經獲得文學碩士學位
的辜鴻銘又赴德國萊比錫大學等著名學府研究文學、哲學。長達十四年的歐
洲遊學使他深諳歐美文化的精髓，共獲得十三個博士學位。此時的辜鴻銘從

60　婚在東洋，是指 1886 年辜鴻銘在妻子淑姑的撮合下，納流落在中國的日本姑娘吉田貞子為妾。

61　台灣的辜振甫家族祖籍也是福建惠安，並且和辜鴻銘有血緣關係。論輩分，辜鴻銘是辜振甫的伯父。
　　1924 年，辜鴻銘曾應堂弟、辜振甫的父親辜顯榮的邀請去台灣講學。

學問到外表，看起來已經完全西化，可他卻始終認爲自己是一個中國人。

　　1883 年，辜鴻銘在新加坡邂逅了中國學者馬健忠 [62]，在其勸說下，辜鴻銘決定回到他陌生的祖國進行文化尋根。1885 年，辜鴻銘到張之洞幕府中任職，從此一過就是二十年。當時，儘管辜鴻銘通曉九門語言，英語更是出眾，但其國學素養卻並不深厚。一次，辜鴻銘與一代名儒沈曾植共同赴宴，席間，年輕氣盛的辜鴻銘大談西學，一旁的沈曾植卻沉默不言。辜鴻銘便問其何故，沈曾植歎道：「你說的話，我都懂。你要懂我的話，還得讀二十年中國書。」辜鴻銘對此深受刺激。此後，他一邊幫助張之洞統籌洋務，一邊精研國學，自號「漢濱讀易者」。

　　辜鴻銘曾說：「謂歐美主強權，騖外者也；中國主禮教，修內者也。言一時強盛，似優於中國，而圖長治久安，則中國之道盛矣、美矣！」這番論述深得以宣導「中學爲體，西學爲用」而名揚海內外的張之洞的賞識，因此他對辜鴻銘頗爲看重，贊其「經綸滿腹，確是傑出之才」[63]。張之洞不但幫辜鴻銘物色一流學者教他國學，而且還親自教他查《康熙字典》。而辜鴻銘也時常感懷張之洞的知遇之恩，曾曰：「余爲張文襄（即張之洞）屬吏，粵鄂相隨二十餘年，雖未敢雲以國士相待，然始終禮遇不少衰。」因此在 1909 年張之洞死後，辜鴻銘非常哀傷，特意送了一副挽聯到靈堂，上書：「邪說誣民，孫卿子勸學崇儒以保名教；中原多故，武鄉侯鞠躬盡瘁獨矢孤忠。」將張之洞比作荀子、諸葛亮，足見其評價之高。

　　1907 年，張之洞奉旨進京出任體仁閣大學士兼軍機大臣，辜鴻銘隨同北上，任外務部員外郎，後升任郎中。不過，清廷將傾，辜鴻銘的仕途不過是一場短暫的插曲。而當中國最後一個王朝曲終人散之際，古怪猖狂的辜鴻銘卻以一個拖著辮子、戴著一頂瓜皮小帽、身穿長袍馬褂的遺老形象固執地出現在北京街頭。他還曾經引用蘇東坡的詩句贈給自己的辮子同道「辮帥」張勳一副壽聯，驕傲地宣稱：「荷盡已無擎雨蓋（指清朝官帽），菊殘猶有傲

62　馬建忠，字眉叔。江蘇丹徒（今鎮江）人。馬建忠學貫中西，是中國第一部系統語法著作《馬氏文通》的作者，其兄長馬相伯是復旦大學的創辦者。

63　孫中山認爲，在中國有三個半英語人才，其中第一個便是辜鴻銘，其二是伍朝樞，其三是陳友仁，還有半個他沒說，有人猜是他自喻，有人則說指王寵惠，但他將辜鴻銘譽爲第一，可見辜鴻銘英語造詣之高。

霜枝（指辮子）。」

　　不過，與其說辜鴻銘一生忠於清王朝，不如說是中國的傳統文化。辜鴻銘曾說：「許多外人笑我癡心忠於清室。但我之忠於清室非僅忠於吾家世受皇恩之王室——乃忠於中國之政教，即系忠於中國之文明。」

　　因此，辜鴻銘雖然主張皇權，可是當慈禧太后過生日時，他卻對朋友梁鼎芬說：「現在滿街都在唱《愛國歌》，卻沒有人唱《愛民歌》的！」並且當眾脫口而出「愛民歌」一首：「天子萬年，百姓花錢。萬壽無疆，百姓遭殃。」袁世凱死後，宣布全國舉哀三天，辜鴻銘卻特意請來一個戲班，在家裡大開三天堂會，熱鬧非凡，並且說：「我只知道總統為僕人，國民為主人。公僕死了，關主人屁事？」

　　看到許多中國知識份子片面地否定傳統文化，希望通過全盤西化來改造中國落後的現狀，辜鴻銘深感痛惜。辜鴻銘曾撰文說：「洋人絕不會因為我們割去髮辮，穿上西裝，就會對我們稍加尊敬的。我完全可以肯定，當我們中國人變成西化者洋鬼子時，歐美人只能對我們更加蔑視。……中國目前最迫切的改革並非改頭換面，而是派出最優秀的中國人，去向歐洲人民展示我們的真相。」因此他不惜用偏執的態度來表達自己對中華文化的熱愛。他學在西洋，卻喜歡中國姑娘的小腳，對於他的小腳夫人淑姑更是一見鍾情。據說，他的許多文章，都是在聞了夫人脫掉裹腳布後的小腳才寫出來的。

　　辜鴻銘的文化保守主義態度，招致了陳獨秀、魯迅、胡適等新文化運動旗手的嘲笑與批評，甚至一度成為眾矢之的。他們把辜鴻銘看作「很可笑」、「復古向後退」的怪物，並且給他起了很多並不恭敬的綽號如：「老頑固」、「老古董」、「腐儒」。而辜鴻銘也以他慣有的犀利言辭反唇相譏，他常常說：「胡適之，那個懂點美國『通俗英語』的人，居然能當上北大英文系主任，真乃滑天下之大稽也！」而胡適也在《每週評論》上撰文，指出辜鴻銘的言行舉止是譁眾取寵。胡適寫道：「現在的人看見辜鴻銘拖著辮子，談著『尊王大義』，一定以為他是向來頑固的。卻不知當初辜鴻銘是最先剪辮子的人；當他壯年時，衙門裡拜萬壽，他坐著不動。後來人家談革命了，他才把辮子留起來。辛亥革命時，他的辮子還沒有養全，他戴著假髮結的辮子，坐著馬車亂跑，很出風頭。這種心理很可研究。當初他是『立異以為高』，

如今竟是『久假而不歸』了。」

　　不過，在新文化運動中也有對這位文化怪傑表示欣賞者。新文化運動領導人之一李大釗就曾經說過：「愚以為中國二千五百餘年文化所鐘出一辜鴻銘先生，已足以揚眉吐氣於二十世紀之世界。」而曾經擔任清華國學院主任的吳宓也認為：「辜氏實中國文化之代表，而中國在世界惟一之宣傳員。」

　　無論如何，在新文化運動不斷高漲、批判傳統文化的聲音此起彼伏之際，辜鴻銘捍衛傳統的行為顯得那麼滑稽且不合時宜，而他近乎單槍匹馬的抗爭更顯得無望而悲壯。這也讓辜鴻銘在註定失敗的戰鬥中變得怪戾起來，他不斷地以特立獨行的怪異行為挑戰人們的觀念，並且用更加極端的言論為中國傳統文化辯護。到了後來，辜鴻銘甚至把納妾、纏足、貞節牌坊等中國傳統文化的糟粕，都拿來當做寶貝。

　　辜鴻銘鄭重其事地說，中國女人纏足，如同歐洲女人「束腰」，都是為了追求美感。中國女子用的長長的裹腳布，就是西方女子用來捆腰的細細長長的鯨須。他還認為納妾有理，宣揚男人和女人的關係，就像茶壺和茶碗的關係，只有一個茶壺配四個茶碗，沒有四把茶壺配一個茶碗的。不過，辜鴻銘的這種男權話語也遭到了當時女權主義者的解構，據說民國才女陸小曼和詩人徐志摩結婚後，就曾經對徐志摩說過：「志摩，你可不能拿辜老先生的譬喻來做風流的藉口。你要知道，你不是我的茶壺，乃是我的牙刷；茶壺可以數人公用，牙刷只允許個人私使。我今後只用你這只牙刷來刷牙，你也不能再拿別的茶杯來解渴呢！」而當時報紙上立即據此刊登了一幅有關陸、徐的漫畫，上面畫的正是「茶壺」和「牙刷」。

　　或許是因為當年去萊比錫大學學習心理學和美學時，聽過當年辜鴻銘在那裡的傳奇故事，因此蔡元培對辜鴻銘始終敬佩有加。蔡元培在擔任北京大學校長後，雖然力挺新派人物陳獨秀、李大釗、胡適等在北大任教，但同時在「思想自由，相容並包」的辦學方針之下，力排眾議，聘請「老頑固」辜鴻銘到北大任教。據說，在有人表示反對的時候，蔡元培說：「我請辜鴻銘，因為他是一位學者、智者和賢者，絕不是一個物議飛騰的怪物，更不是政治上極端保守的頑固派。」

　　而辜鴻銘對此也心存感激，他雖然與蔡元培立場迥異，卻仍然在課堂上

對學生們大肆宣講：「好人的標準是什麼？好人就是有原則，講氣節。」「中國只有兩個好人，一個是蔡元培先生，一個是我。因為蔡先生點了翰林之後不肯做官就去革命，到現在還是革命，可謂真革命；我呢？自從跟張文襄做了前清的官員以後，到現在還是保皇。此可謂真保皇。這樣的人，當今世界哪還有第三個？」

蔡元培擔任北京大學校長的「任命狀」

　　此後，裝束怪異的辜鴻銘便成為北大一道移動的風景。周作人曾這樣描寫道：「北大頂古怪的人物，恐怕眾口一詞的要推辜鴻銘了吧。……他生得一副深眼睛高鼻子的洋人相貌，頭上一撮黃頭毛，卻編了一條小辮子，冬天穿棗紅寧綢的大袖方馬褂，上戴瓜皮小帽……。」

　　據說，當拖著辮子、穿方馬褂的辜鴻銘第一次走進北大課堂時，學生們哄堂大笑。他卻平靜地說：「我頭上的辮子是有形的，你們心中的辮子卻是無形的。」頓時，狂傲的北大學生鴉雀無聲。隨後，辜鴻銘正式對學生宣告：「我有約法三章，你們受得了就來上我的課，受不了就早退出。第一章，我進來的時候，你們要站起來，上完課要我先出去你們才能出去；第二章，我問你們和你們問我話時都得站起來；第三章，我指定你們要背的書，你們都要背，背不出來就不能坐下。」聞聽此言，學生們都面面相覷。後來，羅家倫[64]在《回憶辜鴻銘先生》中說：「我們全班的同學都認為第一第二都容易辦到，第三卻有點困難，可是大家都懾於辜先生的大名，也就不敢提出異議。」

　　辜鴻銘也和中國許多文人墨客一樣，有著狎妓的嗜好，並且以此彰顯所謂的名士風流。他在北京大學授課之餘，經常光顧當時京城最有名的煙花柳巷八大胡同。1918 年，蔡元培在北大建立進德會，並將「進德會」的會員分為三種：

　　　　甲種會員：不嫖，不賭，不納妾。三戒。

　　　　乙種會員：不嫖，不賭，不納妾，不做官吏，不做議員。五戒。

64 羅家倫，浙江紹興人，近代教育家、思想家。1917 年進入北京大學，曾經參加「五四運動」，並且在1917 年 5 月 26 日的《每週評論》上第一次提出「五四運動」這個名詞，一直沿用至今。後來曾經擔任清華大學校長、中央大學校長等職務。

　　丙種會員：不嫖，不賭，不納妾，不做官吏，不做議員，不吸
煙，不飲酒，不食肉。八戒。

　　進德會的創建不僅吸引了國內新聞媒體爭相報導，就連日本報紙也高度
評價，稱該會爲「中國對於現代道德及政治上自覺之一機運，且由北大校長
所發起，其意義更深遠」。不過，對於這種舉世讚譽的創舉，辜鴻銘卻以其
和中國傳統的名士精神相悖而並不贊同。他振振有詞地說：「蔡校長搞進德
會我不反對，因爲他是好人，但我堅決反對另一位好人加入進德會，他就是
辜鴻銘，因爲我是名士，自古名士哪一位不風流？」

　　1923 年，蔡元培因教育部克扣教育經費等問題，憤而辭去北京大學校長
一職，重赴歐洲。辜鴻銘也與蔡元培同進退，隨即也辭去北大教職，並說：
「蔡元培和我，是現在中國僅有的兩個好人，我不跟他同進退，中國的好人
不就要各自陷入孤掌難鳴的絕境嗎？」其理由讓人在失笑之餘又心生感謂。

　　辜鴻銘離開北大後，曾多次前往日本講學，並在日本引起了轟動一時的
「辜鴻銘熱」。對此，日本報紙《時事新聞》曾報導說：「辜先生的文章使
得世界各國人民站在了中國政府和文明的一邊。辜先生太有名了，以致任何
過分的讚譽都顯得多餘。」

　　1928 年 4 月，辜鴻銘感染了感冒，後病情加重不見好轉。4 月 30 日，辜
鴻銘無奈地看著兩個女兒，說：「名望、地位都不過是泡泡，轉瞬即逝。」
辜鴻銘死後，他的兩個學貫中西的女兒都到蘇州削髮爲尼，不問世事。

　　關於對這位文化怪傑的評價，多年來國人始終褒貶不一，充滿爭論。而
在西方，即使在生前，辜鴻銘也已經獲得了近乎神化的一致讚美，甚至一度
成了中國文化和中華文明的代名詞。

　　辜鴻銘生平喜歡痛罵西方人，反以此受到西方人的推崇，因爲他罵的看
起來似乎總是很有道理。很多西方人崇信辜鴻銘的學問和智慧，幾乎到了癡
迷的地步。20 世紀初，西方人曾流傳一句話：到中國可以不看三大殿（紫禁
城），不可不看辜鴻銘。當年，辜鴻銘在六國飯店用英語講演《中國人的精
神》，不但要售票，而且票價要高於京劇大師梅蘭芳，足見他在外國人心目
中的地位。辜鴻銘在北京大學教書時，北大請來的外國一流教授見到他都敬
而遠之，而辜鴻銘走近了，看見英國人，用英文罵英國不好，看到德國人，

用德文罵德國不好，看到法國人，則用法文罵法國不好，而這些洋教授被罵後卻往往點頭表示心服口服。1920 年，辜鴻銘還寫了一篇題為《沒有文化的美國》（The Uncivilized United States）的文章，結果在美國最具影響力的報紙《紐約時報》上發表。

辜鴻銘是第一個將《論語》、《中庸》用英文和德文翻譯到西方的人。1898 年辜鴻銘在上海出版了他的第一本譯著《論語》。林語堂這樣評價他：「英文文字超越出眾，二百年來，未見其右。造詞、用字，皆屬上乘。總而言之，有辜先生之超越思想，始有其異人之文采。鴻銘亦可謂出類拔萃，人中錚錚之怪傑。」1909 年，辜鴻銘的英文著本《中國的牛津運動》[65]（德文譯本名《為中國反對歐洲觀念而辯護：批判論文》）出版，在歐洲尤其是德國產生很大的影響，一些大學哲學系將其列為必讀參考書。1915 年，辜鴻銘在北京出版了《中國人的精神》

辜鴻銘（湯生）名刺

（Spirit of Chinese People）一書，漢語題名「春秋大義」。在該書裡，辜鴻銘認為，要估價一種文明，必須看它「能夠生產什麼樣子的人，什麼樣的男人和女人」，而那些「被稱作中國文明研究權威」的傳教士和漢學家們「實際上並不真正懂得中國人和中國語言」，因為「要懂得真正的中國人和中國文明，那個人必須是深沉的、博大的和純樸的」，因為「中國人的性格和中國文明的三大特徵，正是深沉、博大和純樸，此外還有『靈敏』。中國人的精神是中國的『良民宗教』長期教化的結果。所謂『良民宗教』，即指孔孟之道，其『精華』是義與禮，特別是禮，更為中國文明的精髓」。《中國人的精神》出版不久即被譯成德、法、日等多種文字出版，在一戰時期的西方引起了巨大的共鳴，他們把辜鴻銘視為「把歐洲文明從毀滅中拯救出來」的「希望的使者」，紛紛組織「辜鴻銘研究會」，成立「辜鴻銘俱樂部」，從此在西方掀起了持續十幾年的「辜鴻銘熱」。美國著名學者，當代漢學家艾愷因此評價說：「在戰時和戰後歐洲悲觀與幻滅的氛圍中，與泰戈爾、岡倉等成為東方著名聖賢者的，是辜鴻銘，而不是梁漱溟或梁啟超。」

65　《中國的牛津運動》為紀念張之洞而作。書中將張之洞比作英國 19 世紀的紅衣主教紐曼，認為張之洞的清流運動和紐曼的牛津運動都是對現代歐洲物質文明的反抗。

新文化運動中的「三隻兔子」

　　蔡元培、陳獨秀、胡適，是新文化運動中的三個領袖人物。1917 年，當新文化運動蓬勃發展的時候，蔡元培五十歲，是北京大學校長；陳獨秀三十八歲，是北京大學文科學長和《新青年》主編；胡適二十六歲，剛從哥倫比亞大學畢業到北京大學任教，是學生心目中的「青年導師」。巧合的是，他們都屬兔，因此被後人形象地稱作新文化運動中的「三隻兔子」。

　　在談到新文化運動的時候，陳獨秀曾經撰文指出：「蔡先生、適之和我，乃是當時在思想言論上負主要責任的人。」這裡的「蔡先生」，即當時的教育界泰斗蔡元培。

　　蔡元培，字鶴卿，又字仲申、民友、子民，1868 年 1 月 11 日出生於浙江紹興。近代傑出的革命家、教育家、美學家。這個被辜鴻銘稱作「點了翰林之後不肯做官就去革命」的人，在其七十三年的人生歷程中，先後經歷了清政府時代、南京臨時政府時代、北洋政府時代和國民黨政府時代。在清朝，他是光緒進士，後補翰林院編修，看起來仕途一片光明，但他卻偏偏選擇了弄不好要掉腦袋的革命。他曾經擔任光復會會長，隸屬這一革命組織的會員有大名鼎鼎的章太炎、陶成章、龔寶銓、徐錫麟、秋瑾和魯迅；後來又加入同盟會，成為中華民國的革命元勳。

蔡元培

　　中華民國成立後，蔡元培曾任教育總長。在任期間，他主張採用西方教育制度，廢止祀孔讀經，實行男女同校等改革措施，確立了一系列現代民主教育體制。也正是在這期間，魯迅應蔡元培的邀請，在中華民國臨時政府教

育部任職。

二次革命[66]失敗後，蔡元培攜眷赴法。1915 年，《青年雜誌》在上海創刊的時候，蔡元培正在法國與吳玉章等創辦留法勤工儉學會[67]。1916 年，《青年雜誌》改名爲《新青年》。蔡元培也在這一年從法國啓程回國。

1917 年，蔡元培出任北京大學校長，求才若渴，書法家沈尹默便向他推薦了正在上海編輯《新青年》的陳獨秀。蔡元培和陳獨秀都曾在 1905 年在上海加入愛國協社，是從事反清活動的革命戰友。現在又看到陳獨秀主編的《新青年》，感覺十分合意，於是決意聘請陳獨秀爲北京大學文科學長。

適值陳獨秀從上海來到北京爲《新青年》籌措資金，蔡元培便親自來到陳獨秀的住處拜訪。陳獨秀起初不想受聘，表示要回上海辦《新青年》，但看到蔡元培如此禮賢下士，又同意把《新青年》搬到北京辦，便答應回滬稍稍整理即來北京。

不過，此時的陳獨秀在學界資歷尚淺。因此在去北京任教之前，他就對朋友說：「我從沒在大學教過書，又沒有什麼學位頭銜，能否勝任，不得而知，我試幹三個月，如勝任即繼續幹下去，如不勝任即返滬。」

而在北京大學，陳獨秀即將出任文科學長的消息傳出後，雖然受到了青年學生的熱烈歡迎，卻爲一些舊派教師不滿，說他只會寫幾篇策論式的時文，並無眞才實學，到北京大學任教尚嫌不夠，更不要說出任文科學長了。蔡元培對這些攻擊進行了有力駁斥。他說：「仲甫先生精通訓詁音韻學，學有專長，過去連章太炎先生也把他視爲畏友。」隨後正式宣布：「本校文科學長夏錫祺已辭職，茲奉令派陳獨秀爲北京大學文科學長。」

北京大學是全國的最高學府，文科學長相當於後來的文學院院長，這顯然爲陳獨秀開展新文化運動提供了極爲有利的活動平臺。

不久，胡適畢業回國，陳獨秀立即向蔡元培推薦他到北大任教，講授英文學、英文修辭學和中國古代哲學。

---

66 二次革命發生在 1913 年，是孫中山等革命黨人發動的討伐袁世凱的戰爭，又稱「討袁之役」、「癸醜之役」、「贛寧之役」，最終革命失敗，參與者大多逃亡海外。

67 留法勤工儉學會人數最多時達一千七百餘人，先後參與的名人有蔡和森、周恩來、趙世炎、李富春、聶榮臻、王若飛、徐特立、陳延年、陳喬年、鄧小平、陳毅、蔡暢、李維漢等。

與此同時，陳獨秀的好友，《新青年》的主要撰稿人和編輯李大釗也來到北京大學任教。

而在這一時期，在教育部任職的魯迅又向蔡元培推薦了從日本回國的二弟周作人。後來，周作人果然成了北京大學的教授，他不負眾望，寫出了中國第一部系統的西方文學史專著《歐洲文學史》。

可以說，在蔡元培主導教育部和北京大學期間，魯迅、陳獨秀、胡適、李大釗、周作人等新文化運動的主將，都先後受到他的賞識、幫助和提攜。特別是他提出的「思想自由、相容並包」主張，使北京大學成為新文化運動的發祥地。或許因此，陳獨秀將蔡元培的功績列為新文化運動之首。

不過，蔡元培雖然為新文化運動的發生提供了有利的條件，但真正在思想觀念上引領新文化運動的，則是陳獨秀和胡適。對此梁漱溟早有公論：「當時發生最大作用的人，第一要數陳獨秀，次則胡適之先生。」這個評論大概更符合當時的實際。

陳獨秀，字仲甫，安徽懷寧（今屬安慶市）人。生於 1879 年，1897 年入杭州求是書院[68]學習，開始接受近代西方思想文化。1905 年組織反清秘密革命組織岳王會[69]，任總會長。後到日本留學，1914 年在日本幫助章士釗創辦《甲寅》雜誌。1915 年 9 月，陳獨秀回上海創辦並主編《青年雜誌》（後改名為《新青年》），以進化論觀點和個性解放思想為主要武器，大力提倡新道德、反對舊道德，提倡新文學、反對舊文學，因此被稱為新文化運動的主帥。

1917 年初，陳獨秀受聘為北京大學文科學長。次年，他又與李大釗等創辦了《每週評論》。陳獨秀以《新青年》、《每週評論》和北京大學

陳獨秀

---

68 求是書院，系杭州知府林啟于 1897 年（清光緒 23 年）創辦，為浙江大學前身。

69 岳王會是清末安徽的第一個革命團體，因仰慕民族英雄岳飛的精忠報國精神而得名。其成員還有劉師培等。

爲主要陣地，積極提倡民主與科學，提倡文學革命，反對封建的舊思想、舊文化、舊禮教，成爲新文化運動的宣導者和主要領導人。

陳獨秀在新文化運動中的貢獻主要有：

創辦《新青年》，使其成爲傳播新文化運動的主要平臺。

高舉「民主」與「科學」這兩面旗幟，認爲「德先生」（democracy，即民主）與「賽先生」（science，即科學）這兩位先生是引導中國走向光明的車輪。

反對舊道德，提出「打倒孔家店」的口號。

發表《文學革命論》，明確提出「三大主義」作爲新文學的征戰目標，主張以革新文學作爲革新政治、改造社會之途。

因此，陳獨秀被許多人認爲是新文化運動和五四運動的總司令，與李大釗並稱「南陳北李」。因爲陳獨秀在對待新舊文化中強硬的態度，被認爲是激進派的代表。

不過，也有人認爲胡適在新文化運動時期發揮的作用更大，視其爲當時的「主帥」。在台灣版的《五四研究論文集》卷首語中，汪榮祖寫道：「至於說誰領導了五四新文化運動，卻是不易回答的問題，不過我們至少知道不曾有一個所謂『單一』的領導。在新文化運動『領袖群』中，胡適無疑是聲名最洋溢的一個。」

胡適，字適之，安徽績溪人。1891 年生，自幼受私塾教育，打下一定的古文基礎。後在上海求學，接觸了西方的思想文化，自此改名，其名與字皆取「物競天擇，適者生存」之意。1910 年考取「庚子賠款」第二期官費生赴美國留學，於康乃爾大學先讀農科，後改讀文科。1915 年，胡適入哥倫比亞大學研究院，在這裡接受了杜威的實用主義哲學。

1917 年畢業回國後，在陳獨秀的推薦下到北京大學任教，隨後加入《新青年》編輯部，撰文

胡適

反對封建主義，宣傳個性自由、民主和科學，積極提倡「文學改良」和白話文學，成為當時新文化運動的主將之一。

人們都熟知胡適一生中曾經擁有三十六個博士頭銜，堪稱「中國第一」，舉世罕見。不過，鮮為人知的是，在胡適剛到北京大學任職的時候，卻一個博士帽也沒有。他雖然是哥倫比亞大學的「博士候選人」，卻並沒有拿到正式文憑。

原來，1916 年 11 月，胡適順利取得了哥倫比亞大學的「博士候選人」資格，而他長達九萬多字的博士論文——《中國古代哲學方法之進化史》也在隨後寫完，但是，按照哥倫比亞大學的規定，每位「博士候選人」都必須向校方呈送論文副本一百本。為拿到博士學位，胡適開始忙著安排起自己的論文出版事宜來。然而就在此時，他的安徽老鄉和知己陳獨秀卻發來了一封電報，催促他盡快回國。

之前，作為心系祖國的留美才俊，胡適曾經給《新青年》雜誌投稿，宣導文學改良，因此成了陳獨秀心目中的一員新文化運動幹將。而此時，陳獨秀剛剛被蔡元培聘為北京大學文科學長，自然想盡快配置自己的人馬，於是他立即向蔡元培推薦聘請胡適到北大任教。胡適接到陳獨秀的電報後，欣喜不已，立即決定回國。

不過，因為啓程匆忙，胡適的博士論文沒有來得及出版，博士學位自然也還沒有拿到手。這對此後在國內學界日漸知名的胡適，也不免有些遺憾。直到 1927 年，胡適將亞東書店出版的自己的一百本論文交給了哥倫比亞大學，才總算戴上了自己的第一頂博士帽——哥倫比亞大學哲學博士 [70]。

據說胡適剛到北京大學時，學生們對這個新來的「海歸」教師並不信任。他們讓傅斯年專程去聽胡適上課，以決定要不要將這個初來乍到的留學生從北大趕走。但是傅斯年聽了幾次課以後，就回復說：「這個人，書雖然讀得不多，但他走的這一條路是對的，你們不能鬧。」而當時追求進步的毛澤東也深受胡適影響，他創辦的《湘江評論》每期都要送胡適一份。

---

70 哥倫比亞大學哲學博士是胡適獲得的唯一的正式博士學位。在胡適成名之後，他又陸續獲得三十五個榮譽博士學位。因此，以為胡適諸多博士頭銜都是自己苦讀得來，甚至將其尊為「考霸」始祖的想法，實際上是一種流傳甚廣的誤解。

　　1917 年，胡適才二十六歲，比陳獨秀小整整十二歲，卻已經逐漸成為許多年輕人心目中的「青年導師」。他宣揚自由主義，提倡懷疑主義，並以《新青年》月刊為陣地，宣傳民主、科學。他倡言「大膽的假設，小心的求證」的治學方法。又在《新青年》上發表《文學改良芻議》等文章，主張以白話文代替文言文，且提出寫文章「不作無病之呻吟」，「須言之有物」等主張，為新文學形式作出初步設想。他所寫的《嘗試集》則是中國第一部白話詩集。

　　1919 年，杜威訪問中國，受到年輕學生的熱烈歡迎。杜威因此將自己的歸程一再拖延，最後居然在中國逗留兩年零兩個月之久。而這期間，作為杜威弟子的胡適自然全程陪伴並充當翻譯，其聲望也隨著導師在華的足跡不斷擴展。

　　五四運動爆發後，胡適與李大釗等展開「問題與主義」的辯論。1920 年代，胡適又參與了「科玄論戰」。從此，胡適成為中國現代學術界影響最大的學者之一。

國學院四大導師
——清華園裡的學術名片

　　清華國學研究院從 1925 年設立，到 1929 年停辦，只存在了短短的四年，不過其影響卻相當深遠。而梁啟超、王國維、陳寅恪、趙元任這四位國學研究院教授，更是以自己卓越的才學，被冠以四大導師的稱謂，成為清華園裡名揚四海的學術名片。今天，人們緬懷他們，不僅是因為其豐富的學識，傳奇的人生，更是因為一代大師對「獨立之精神，自由之思想」的執著追求。

　　清華大學的歷史，當源自 20 世紀初清政府利用美國「退還」的庚子賠款創辦「遊美學務處」，負責選派留美學生和籌建游美肄業館。1909 年，經外務部與學務部奏請，內務部將北京西北郊一處荒蕪的皇家花園———清華園撥給遊美學務處，並撥款修建館舍。1911 年 2 月，遊美學務處與籌建中的遊美肄業館遷入清華園辦公，由於留學規模擴大和人數增多，校名又先後改為「留美預備學校」、「清華學堂」。

　　辛亥革命後，「清華學堂」改為「清華學校」。1925 年又改為清華大學，設有留美預備部、大學部、國學研究院。其中國學研究院存在的時間極為短暫，從 1925 年創立，到 1929 年停辦，不過四年，但其影響卻相當深遠。可以說，今天我們懷念清華人文傳統，不能不談國學研究院；而談國學院，則必須從著名的四大導師談起 [71]。

　　清華學堂在創立之初，不過是一所普通的留美預備學校，教學也以英文與歐美文化知識為主，對中國傳統文化則相對忽視，這也引起了社會上對清華教育過於洋化的批評。1922 年，北京大學成立研究所國學門，這是中國大學設立的第一個國學研究所。時任北京大學研究所國學門委員的胡適，向當

---

[71] 據趙元任夫人楊步偉在《四年的清華園》中回憶，「四大導師」當時在清華校內的正式名稱是「四位導師」，後來者感於「四位導師」傑出的學術成就與社會影響，故在流播過程中將「位」易為「大」字，並逐漸為社會所接納。

時的清華校長曹雲祥灌輸國學研究的重要性，說：「中國辦大學，國學是主要的。」並表示如果清華創辦國學研究機構，自己可以推薦優秀的人選。胡適的建議最終爲曹雲祥採納。

1925 年 4 月，清華國學研究院正式創立。在第一期學生開學典禮上，曹雲祥在講話中吸納了胡適以科學方法「整理國故」的建議，表示：「現在中國所謂新教育，大都抄襲歐美各國之教育，預謀自動，必須本中國文化精神，悉心研究。

昔日清華園

所以本校同時組織研究院，研究中國高深之經史哲學。其研究方法可以利用科學方法，並參加中國考據之法，希望從研究中尋出中國之國魂。」

爲了達到創辦目的，清華大學校長曹雲祥和國學研究院主任吳宓在選拔教師方面，強調不看資歷和論文數量，而以實際學術水準爲唯一標準，希望能夠選到具有世界眼光的國學名師。也正是在這個時候，國內的學術大師梁啓超、王國維與剛從美國哈佛大學歸來的語言學家趙元任，以及尙在德國學習的青年才俊陳寅恪先後走進國學院，被正式聘爲教授。正是他們，以自己卓越的才學，被冠以清華國學研究院四大導師的稱謂，成爲了清華園裡名揚四海的學術名片。

國學研究院創辦伊始，曹雲祥希望胡適能夠來擔任導師並且主持工作，但是胡適堅稱自己不夠資格。他說：「非一流學者，不配做研究院導師。我實在不敢當。你最好去請梁任公、王靜安、章太炎三位大師，方能把研究院辦好。」在胡適推薦的人選中，除章太炎堅辭不就，梁啓超、王國維都欣然表示同意。

1925 年 2 月，吳宓帶著校長曹雲祥簽發的聘書，來到北京城內織染局十號，拜見聲名遠播的學術泰斗王國維。

王國維，字靜安，又字伯隅，號禮堂，晚年改號永觀、觀堂，浙江海寧

人[72]。堪稱集史學家、文學家、美學家、考古學家、詞學家、金石學家和翻譯理論家於一身的學術鉅子，在諸多學術領域具有集大成和開拓者的地位，被譽爲「中國近三百年來學術的結束人，最近八十年來學術的開創者」。

王國維在武昌起義爆發後不久，就與他的學術伯樂與知己——著名的金石學家、文物收藏家羅振玉攜帶各自家眷，東渡日本，從此以清遺民處世，僑居達五年之久，直到 1916 年才回國。

在日本，王國維開始了他學術上的又一次轉向，「盡棄前學，專治經史」。他希望通過自己「專研國學」的努力，挽救正在衰敗的中國文化精神。1914 年夏，《學術叢刊》在日本京都創刊。王國維以「代羅叔言參事」的名義寫了復刊序。在序言中，王國維議論辛亥革命後的學術趨勢，感歎道：「自頃孟陬失紀，海水橫流，大道多歧，小雅盡廢。番番良士，劣免儒硎。莘莘胄子，翻從城闕。或乃舍我熊掌，食彼馬肝。」曾經主張學問「無中西，無新舊，無有用無用」的王國維，此時卻強調中學爲「熊掌」，而將自己曾經熱情研究過

1916 年春，王國維（左）與羅振玉在日本京都

的西學視爲「馬肝」，其學術立場發生了明顯的變化。而在王國維強調中學的背後，則寄託了一份宏大的社會理想，即以國學的振興實現中國的復興。

在學術上轉向國學的同時，王國維在政治上也趨於保守，並以保留他腦袋後面拖的那條長辮子，作爲忠於清朝的一個標誌。而他和北京大學教授辜鴻銘，也成爲民國文化界最著名的兩個留辮者。

1923 年 4 月，身在故宮的遜帝溥儀下「詔旨」，招王國維進京充任南書房行走，賞「紫禁城騎馬」。不過，時代變遷，就連紫禁城中的「皇帝」、「皇后」都開始學習騎自行車，「皇帝」本人則在掛懷錶，裝電話之外，坐上了汽車。在「紫禁城騎馬」早已經失去了昔日的榮耀，變成一個無人關注的虛名。不久，馮玉祥就派兵將溥儀趕出故宮。據說，在馮玉祥逼迫溥儀出

---

72 浙江海甯近代以來文人輩出，除王國維之外，還有新月派詩人徐志摩、現代派詩人穆旦、武俠作家金庸等。

宮的時候，王國維曾經抱著「君辱臣死」的念頭，與羅振玉等人相約在神武門前投河，結果被家人阻攔未成。不過，王國維的情緒卻從此一落千丈，歎息「艱難困苦，僅而不死」。

正在這時，接到吳宓帶來的清華國學院的聘書，對於正無路可走的王國維來說，無疑是一個開始新生活的機會。不過，在來清華之前，他還是專程去天津請示溥儀，最終「面奉諭旨命就清華學校研究院之聘」。

此後，王國維在清華度過了他一生的最後三年歲月。由於學識淵博，在清華園深受尊敬。其弟子徐中舒在《追憶王靜安先生》一文中曾經回憶說：「梁任公先生極服先生之學，凡有疑難，皆曰：『可問王先生』，同學輩對於先生，亦備敬愛，故先生居研究院至為愜適。」

在聘請王國維的同時，吳宓又趕赴天津，請求另外一位學術大師梁啓超出山。

梁啓超，字卓如，一字任甫，號任公、飲冰子，別署飲冰室主人，廣東新會人。中國近代維新派代表人物，戊戌變法領袖之一，「中華民族」稱號的首推者。作為近代中國的思想啓蒙者，他曾宣導「詩界革命」、「小說界革命」和「文界革命」，發動「戲劇改良」和新史學革命，宣傳「新民」思想。作為「百科全書」式的思想巨人，他和章太炎被並稱為南北兩大學術泰斗。

梁啓超是清華人文傳統的奠基者之一。早在成為國學院導師之前，他於1911年到清華講演，就引用《易經》裡的話來勉勵清華學子要做君子，培養「天行健，君子以自強不息；地勢坤，君子以厚德載物」的「完整人格」。此後，「自強不息」、「厚德載物」成為清華的校訓，並沿用至今。

1914年，因為對袁世凱政權不滿，梁啓超便躲到幽靜的清華園專心著述，並且寫下了《歐洲戰役史論》一書。為了表示自己已經無心官場，專心治學，梁啓超還將自己在清華的住處取名「還讀軒」。

此後，梁啓超更是頻繁在清華講學，表示與清華師生「感情既深又厚」，自覺「無限愉快」。因此，當清華國學研究院聘請他時，他欣然接受，表示「極樂意前來」。

在清華國學院的四大導師中，陳寅恪的聘任最有傳奇色彩。

陳寅恪，江西義甯（今修水）人。清湖南巡撫陳寶
箴之孫，爲「清末四公子」[73]之一的著名詩人陳三立之
子。陳寅恪年輕時即留學日本、歐美，遍訪名校名師。
他博聞強記，能夠閱讀蒙、藏、滿、日、梵、英、法、
德、巴厘、波斯、突厥、西夏、拉丁、希臘等十幾種語
言，尤以梵文和巴厘文最精。

陳寅恪

1920 年，留學美國的吳宓在哈佛大學結識了陳寅
恪，「當時即驚其博學，而服其卓識，馳書國內諸友
謂：『合中西新舊各種學問而統論之，吾必以寅恪爲全
中國最博學之人。』」多年後，吳宓再次肯定了自己當初對陳寅恪的評價，
說：「今時閱十五六載，行曆三洲，廣交當世之士，吾仍堅持此言，且喜眾
之同於吾言。寅恪雖系吾友而實吾師。」

不過，陳寅恪雖然遊學四海，卻不在意文憑這些虛名，所以沒有拿一個
文憑。後來，吳宓擔任國學研究院籌委會主任之後，便積極向校長曹雲祥推
薦正在德國柏林大學攻研梵文、巴厘文的陳寅恪。不久，梁啓超應聘到校後，
又向曹雲祥推薦陳寅恪。據說，當時曹雲祥曾經故意問梁啓超：「他是哪一國
博士？」回答：「他不是博士，也不是學士！」又問：「他有沒有著作？」又
答：「也沒有著作！」曹雲祥於是開玩笑說：「既不是博士，又沒有著作，
這就難辦了。」結果梁啓超生氣了，說：「我梁某也沒有博士學位，著作算
是等身了，但總共還不如陳先生寥寥數百字有價值。好吧！你不請，就讓他
在國外吧！」

實際上，陳寅恪的聘書早已發出，校方還匯去預發薪金二千元，又給予
購書款二千元，爲他回國提供了方便。1926 年，陳寅恪回國，與梁啓超、王
國維一同成爲研究院的導師，是年只有三十六歲。

陳寅恪在清華證明了自己並非浪得虛名。他有著名的四不講，即：「前人
講過的，我不講；近人講過的，我不講；外國人講過的，我不講；我自己過去
講過的，也不講。現在只講未曾有人講過的。」可見其在學問上的自負。後

---

73 譚嗣同、陳三立、吳保初、丁惠康被合稱為「清末四公子」，他們均出身官宦家庭，分別是湖廣總督譚
　繼洵、湖南巡撫陳寶箴、浙江提督吳長慶和福建巡撫丁日昌之子。

來，陳寅恪上課時果然學生雲集，甚至許多教師如朱自清、馮友蘭、吳宓、德國漢學家鋼和泰等都風雨無阻地來聽他的課。陳寅恪也因此獲得「公子中的公子，教授中的教授」的美譽。而傅斯年對陳寅恪的評價則是：「陳先生的學問，近三百年來一人而已！」

在四大導師中，只有趙元任有美國哈佛大學的博士學位。

趙元任，原籍江蘇常州，1892 年生於天津，著名詩句「江山代有才人出，各領風騷數百年」的作者趙翼之後。1910 年後留學美國，在康乃爾大學主修數學，選修物理、音樂。1915 年進入哈佛大學主修哲學，1918 年在哈佛獲哲學博士學位。1925 年趙元任回清華大學教授數學、物理學、音韻學、普通語言學、中國現代方言、中國樂譜樂調和西洋音樂欣賞等課程，年方三十三歲，是清華「四大導師」中最年輕的一個。

趙元任

這位被稱爲「中國語言學之父」的語言奇才，會說三十三種漢語方言，並精通多國語言。據說，1920年，英國哲學家羅素來華巡迴講演，趙元任擔任翻譯。每到一個地方，趙元任都用當地的方言來翻譯，因此在一些方言地區羅素的講演比同時期杜威的講演效果要好得多。

趙元任還是一個文藝通才，被稱爲「文藝復興式的智者」。他既是數學家，又是物理學家、哲學家，還是一個傑出的翻譯家和音樂家，曾經翻譯過《阿麗絲漫遊奇境記》，並爲《勞動歌》、《廈門大學校歌》等一百多首作品譜曲。1926 年，趙元任爲劉半農[74]的白話詩《教我如何不想她》譜上曲子，從此傳唱至今。

「大學者，非謂有大樓之謂也。有大師之謂也。」曾經被譽爲清華大學「終身校長」的梅貽琦如是說。這句話用來評價國學研究院時期的清華，最爲合適。在 20 世紀初期中國社會劇烈動盪、新舊思想交匯之際，清華國學研究院以其四年的短暫歷史，不足十人的教師隊伍，共招收四屆七十餘名學

---

74 劉半農，江蘇江陰人。五四新文化運動先驅，近代傑出的語言學家、詩人、小說家、翻譯家，漢字中第三人稱代詞「她」字的創造者。

生，在完成學業的六十八人中，除十一人出國深造外，其餘五十多人均爲中國各著名大學的學術帶頭人，其中不乏姚明達、吳其昌、王力、薑亮夫等一大批海內外知名學者，成爲 20 世紀中國學術界最重要的一環。可以說，清華國學院的四大導師在這個學術奇跡的創造過程中功不可沒。而其時中國思潮激蕩的社會氛圍，相對自由寬鬆的學術環境也爲他們提供了良好的平臺。

在清華國學院中，一直強調自由獨立的學術追求。王國維在談及政治與學術的關係時曾說：「中國歷來的知識份子都以做官爲最大目的，所謂『學而優則仕』是也。而思想家更沒有一個不談政治思想的。其實治學與做官是兩途而不是一途。做官要到處活動。治學要專心研究。二者很難兼長。大政治家多，大學問家少，大學問家兼政治家則更少。究竟最可貴的是哪一種人呢？多一份努力就多一份心得，這是做學問的人所必須首先知道的。我希望年少力富的人，能專心一意地治學。」而陳寅恪更以「獨立之精神，自由之思想」聞名於世。

遺憾的是，清華國學研究院創辦不久，中國社會的政治氛圍開始變得日益壓抑，學術環境也日漸惡化。這也讓四大導師平靜的治學生活變得困難甚至兇險起來。

1927 年 6 月，王國維留下一張寫有「五十之年，只欠一死，經此世變，義無再辱」的遺書，自沉昆明湖，結束了自己五十一歲的生命。

1929 年 1 月，身心疲憊的一代大師梁啓超病逝於北京協和醫院，是年五十六歲。

外有社會動盪，時局多變，內有大師凋謝，難以爲繼。1929 年 6 月，清華大學最終決定國學研究院停辦，曾經的輝煌終成歷史。

國學研究院停辦後，陳寅恪曾任清華大學歷史、中文、哲學三系教授兼中央研究院理事、故宮博物院理事等職。中華人民共和國成立後，長期任中山大學教授。1969 年，陳寅恪在廣州淒然長逝。臨終詩雲：「涕泣對牛衣，冊載都成腸斷史。廢殘難豹隱，九泉稍待眼枯人。」

趙元任則被南京的中央研究院聘用，同時兼任清華中國文學系講師。1938 年後，趙元任先後任教於夏威夷大學、耶魯大學、哈佛大學等，其間加入了美國國籍。1982 年，趙元任在麻省劍橋因病離開了人世，享年九十歲。

南社二僧：蘇曼殊與李叔同

　　他們曾經多情風流，一個是放浪形骸的「天生情種」，一個是「翩翩濁世佳公子」；他們曾經才華絕代，一個是「亙古未見的稀世之才」，一個是「二十文章驚海內」的大師；他們曾經是南社同仁，卻都看破紅塵，剃度出家；他們在傳奇的一生中有著驚人的相似，卻又在諸多方面有著本質的不同；他們，就是南社二僧：「淒絕南朝第一僧」蘇曼殊與一代律宗高僧李叔同。

　　蘇曼殊，學名元瑛（亦作玄瑛），法名博經，法號曼殊，筆名印禪、蘇湜。其身世至今撲朔迷離。比較通行的說法是，蘇曼殊的生父蘇傑生是廣東香山的大商人，長年在日本橫濱經商，並在這裡娶了第四房太太——日本女子河合仙，之後又與河合仙的妹妹河合若子私通，生下了私生子蘇曼殊。因為蘇曼殊上面還有兩個哥哥，所以蘇曼殊乳名三郎。蘇曼殊的母親若子生下他三個月後就離開了他，交由姐姐河合仙撫養。而父親蘇傑生則忙於生意且納妾不斷，對蘇曼殊極其冷淡。

　　也有說法說若子是日本一名女傭，生下蘇曼殊三個月以後便不辭而別，不知所終。但是蘇曼殊的長兄蘇焯堅決否認蘇曼殊不是河合仙親生，認為這是別人造謠。河合仙也從未否認自己是蘇曼殊的親生母親，而蘇曼殊自己則多次去日本「尋根」，但一直到死，都無法知道自己身世的真相。而這一無從揭曉的謎案也導致在關於蘇曼殊的諸多傳記裡經常存在彼此抵牾之處。

　　這種離奇的身世成為蘇曼殊一生無法排解的精神傷痛，也為其多愁善感的性格和日後的悲慘命運埋下伏筆。

　　後來蘇傑生因為在日本的生意經營不善，決定回國發展。於是將年幼的蘇曼殊帶到廣東老家。結果，在這裡蘇曼殊卻備受冷落，家人對這個身分不明的孩子非常歧視，視其為家族的「雜種」。河合仙無法承受這種壓力，將蘇曼殊留在蘇家，獨自返回了日本。

　　蘇曼殊十二歲時，蘇傑生去上海經商。不久，蘇曼殊得了瘧疾，高燒臥

床達一月之久，氣息奄奄之際，卻被家人扔在柴房裡無人過問。後來，蘇曼殊雖然奇跡般地活了下來，卻一生身體羸弱，性情也愈見孤僻。

病癒後的蘇曼殊離家出走，結果遇到廣州寺廟的贊初法師，小小年紀已經飽嘗世態炎涼的蘇曼殊遂決定由贊初法師剃度出家。這是蘇曼殊的第一次出家。但幾個月後，蘇曼殊在外出化緣時偷吃鴿肉被發現，被逐出佛門，只好又回了蘇家。

十五歲時，蘇曼殊隨表兄去日本橫濱求學，就讀大同學校。次年，與日本姑娘菊子一見鍾情。然而，他們的戀情卻遭到雙方家長的強烈反對。後來菊子投海而死，蘇曼殊萬念俱灰。回到廣州後，蘇曼殊便去白雲山蒲澗寺當了「門徒僧」，過著「山齋飯罷渾無事，滿缽擎來盡落花」的寺院生活。

蘇曼殊書法

不過，當時的中國正值社會巨變、革命活動風起雲湧之際，於是蘇曼殊再次走出佛門。不久，蘇曼殊再次留學日本，在東京早稻田大學預科等處就讀，並參加了中國留學生的革命團體青年會和拒俄義勇隊，慷慨激昂，一時獲得「革命和尚」的稱號。但他參加革命的行動卻遭到家族反對，並斷絕了對他的經濟支持。蘇曼殊不得不中途輟學回國，後到上海任《國民日報》翻譯，與陳獨秀同事。任翻譯期間，蘇曼殊用文言翻譯了雨果的《悲慘世界》（當時譯名為《慘社會》），是第一個把雨果的小說介紹到中國來的翻譯家。他還翻譯過《拜倫詩選》，被認為是最早介紹拜倫、雪萊等詩人到中國來的人之一。這一時期，蘇曼殊曾醉心於無政府主義的救國思想，贊同暗殺活動，甚至打算去刺殺保皇黨首領康有為，後來經陳少白相勸才作罷。

1903 年，章太炎、鄒容二人被清政府「永遠監禁」，蘇曼殊聞訊後「憂憤彷徨」，於是返回廣東再次出家，在海雲寺修禪受戒。這是他第三次出家。然而，牽掛世事的蘇曼殊終究耐不住青燈古佛的寂寞，旋即又到香港《中國日報》社任職。不久，蘇傑生去世，蘇曼殊便與蘇家斷絕往來。此後，二十歲的蘇曼殊以「和尚」自居，開始了半僧半俗、亦情亦禪的傳奇生涯。

　　蘇曼殊一生多愁善感、體弱多病，命運坎坷多變，卻風流倜儻、多才多藝，他通曉日文、英文、梵文等多種文字，且在詩畫、小說等方面造詣頗高。有人因此說蘇曼殊是「詩僧」、「畫僧」、「情僧」、「革命僧」。甚至在他去世前後文壇出現了一股「蘇曼殊熱」（魯迅語）。

　　其畫多取材古寺閑僧或荒江孤舟，被黃賓虹[75]等人認為「畫格頗高」。據說，蘇曼殊每次作畫時，總是身著襌衣，卻讓年輕美豔的女子侍立在旁，研墨鋪紙。當他畫三月桃花的時候，則蘸取侍女唇上的胭脂入畫，結果其畫「綺豔逼人」。

　　他的詩歌多是感懷之作，不用典故，別具一格，卻在當時影響甚大。柳亞子稱蘇曼殊為「一代的天才」，章太炎稱之為「亙古未見的稀世之才」。

　　此外，蘇曼殊還寫小說，陸續創作的小說有《斷鴻零雁記》、《絳紗記》、《焚劍記》、《碎簪記》、《非夢記》等，另外有《天涯紅淚記》僅寫成兩章，未完。其中，《斷鴻零雁記》被認為是蘇曼殊最重要的自傳體小說。蘇曼殊的小說都用文言寫成，在當時非常流行而今天的讀者閱讀則會有些困難。其內容多以愛情悲劇為主，展示了男女主人公的個性追求與社會之間的矛盾衝突，有濃重的感傷色彩。其敘事與行文對後來流行的「鴛鴦蝴蝶派小說」影響巨大，因此蘇曼殊又被稱作「鴛鴦蝴蝶派」的鼻祖。

　　蘇曼殊生性放蕩不羈，被認為是民國初期最得魏晉風度的天真之士，就連革命鉅子孫中山也非常欣賞他，認為「曼殊率真」。蘇曼殊在短暫的生命中，在紅塵與佛襌之間三進三出，自稱「天生情種」、「多愁多病」，他曾月夜泛舟，「歌已哭，哭複歌」；而無論是登高憑弔，還是思念朋友，都會讓感情豐富的他「凄然淚下」，「涕泗橫流」。

　　他曾賦詩一首描述自己：

> 契闊死生君莫問，行雲流水一孤僧。
> 無端狂笑無端哭，縱有歡腸已似冰。

75　黃賓虹，國畫大師，原籍安徽歙縣，出生於浙江金華。有「再舉新安畫派大旗，終成一代宗師」之譽。新安畫派指明末清初之際以徽州畫家群為代表的一個畫派，他們善於借景抒情，強調畫家的人品和氣節，畫作具有鮮明的士人隱逸格調。

蘇曼殊一生放浪形骸，他時而修禪受戒、看破
紅塵，時而出入青樓、大吃「花酒」，並且曾經留
下「懺盡情禪空色相，是色是空本無殊」，「偷嘗
天女唇中露，幾度臨風拭淚痕」等豔句。不過，蘇
曼殊每當為情所困之際總是或為他人阻撓、或自己
脫身而去，如此反覆多次，因而其所有的愛情故事
的結局都是有緣無分的「鏡花緣」。對此，曾有外國
學者猜測，蘇曼殊「熱于戀愛而冷於性愛婚姻」，
可能是他有生理上的缺陷。但這種猜測最終無證可
取。也有人從精神分析上解釋，認為蘇曼殊一生都

蘇曼殊《曼殊大師譯作集》

有一種刻骨的身世悲涼，所以對天下美好女子的動情實際上是一種對母愛缺
失的補償。還有人認為蘇曼殊雖然多情，本質上卻是一個看透紅塵的高僧。
因而他追求的愛情雖然浪漫唯美卻註定像托爾斯泰所說的那樣，「愛情是天
上的」，於是，在靈與肉的臨界處，肉體被澈底淨身 [76]。這註定了蘇曼殊的每
段愛情都是鏡花水月，沒有結局。正如《般若波羅蜜心經》所言：「色即是
空，空即是色。」因此，蘇曼殊既是一個愛情理想主義者，也是一個愛情逃
避主義者，正如他詩中所言：「雨笠煙蓑歸去也，與人無愛亦無嗔。」更有
人認為蘇曼殊是一個至情至性卻洞穿世事的大孤獨者，所謂「阮籍之孤獨，
逃於酒；嵇康之孤獨，逃於琴；曼殊之孤獨，逃於情。」

由於蘇曼殊一生極其放縱，且暴飲暴食，最喜甜點和酒肉，喜歡在各種
感官刺激中尋找快感，或者麻醉痛苦，結果年紀輕輕就身患肝病、肺病、胃
病、肺癆、輕度精神分裂病等多種疾病。1918 年，蘇曼殊身體每況愈下，但
他依然放縱無度，終於在該年 5 月去世，年僅三十五歲。身後留下八個字的
偈語：「一切有情，皆無掛礙。」蘇曼殊死後被葬於杭州西湖之孤山，與江
南名妓蘇小小墓南北相對，任幾多遊人唏噓不已。

1918 年 8 月，在蘇曼殊死後的三個月，已經「斷食」靜修兩年的李叔同
自稱「塵緣已盡」，在杭州虎跑寺正式出家為僧，法名演音，號弘一。從此，

---

76 陳獨秀與書法家沈尹默都是蘇曼殊的朋友，他們留日歸來後曾經常在一起詩酒風流。陳獨秀對蘇曼殊具
　有相當獨到的見解，認為蘇曼殊瘋癲憨傻、佯狂風流都是於人情世故看得過於透澈而不肯俯就罷了。

俗世少了一個「二十文章驚海內」的大師，而佛教界則多了一個傳奇高僧。

李叔同，法號弘一，晚號晚晴老人。浙江平湖人，生於天津。其父李世珍，字筱樓，同治進士，當過吏部主事，後辭官經商，成爲天津巨富，平日樂善好施，人稱「李善人」。

李叔同出生時，父親已經六十七歲高齡。巧合的是，和蘇曼殊一樣，李叔同在家中也排行第三。由於父親晚年喜好佛經，李叔同很早就對誦經拜懺的場面非常熟悉，且與玩伴經常以假扮和尙遊戲爲樂。1884 年，李叔同五歲，父親去世，母親成爲他的啓蒙老師，她常教李叔同背誦《名賢集》中的格言詩，如「高頭白馬萬兩金，不是親來強求親。一朝馬死黃金盡，親者如同陌路人」。這讓年幼的李叔同很早就有了世態炎涼的體驗。1898 年百日維新之際，十九歲的李叔同私刻一印：「南海康君是吾師」，表示擁護變法。不久即攜眷奉母，遷居上海。

1901 年，李叔同入南洋公學，受業於蔡元培。同學有黃炎培、邵力子、謝無量等。次年，由於對校內舊思想不滿，南洋公學發生學生罷課風潮。蔡元培站在學生一邊據理力爭，但無效果，於是憤而辭職，李叔同等也相繼退學。1905 年，二十六歲的李叔同東渡日本留學，在東京美術學校攻油畫，同時學習音樂，並與留日的曾孝谷、歐陽予倩、謝杭白等創辦春柳劇社，演出話劇《茶花女》、《黑奴籲天錄》、《新蝶夢》等，成爲中國話劇運動創始人之一。

1910 年，李叔同回國任教員，後加入南社，任柳亞子等人主辦的《太平洋報》文藝編輯，也正是在這一時期，李叔同與同爲南社《太平洋報》主筆的蘇曼殊短暫共事。但不久《太平洋報》停刊，蘇曼殊應陳獨秀之邀赴安慶，任安徽高等學堂教授。李叔同則應聘任浙江兩級師範學校音樂圖畫教師。1914 年，李叔同加入西泠印社，與金石書畫大家吳昌碩來往密切。1915 年，李叔同任南京高等師範美術主任教習，在教學中他提倡寫生，開始使用人體模特，宣導美育。1916 年，三十七歲的李叔同看到日本雜誌介紹的「斷食修養身心法，遂生入山斷食之念」。該年冬，他來到杭州虎跑定慧寺，試驗斷食十七日，並寫有《斷食日誌》。入寺前，他作詞曰：「一花一葉，孤芳致潔。昏波不染，成就慧業。」從此李叔同開始素食，並受馬一浮之薰陶，於

佛教「漸有所悟」。

1918 年，李叔同在虎跑寺度過自己人生的第三十九個春節，並拜了悟和尚為師，法名演音，號弘一。1918 年 8 月，自稱「塵緣已盡」的李叔同正式剃度為僧。

李叔同是近代中國文化界的一個通才和奇才，集詩、詞、書畫、篆刻、音樂、戲劇、文學於一身，在多個領域都有開創之功。

他是中國話劇的奠基人之一，中國第一個話劇團體春柳社的主要成員。1907 年，春柳社演出《茶花女》，這是中國人演出的第一部話劇，李叔同在劇中男扮女裝，扮演女主角瑪格麗特。

在音樂方面，李叔同是西方樂理傳入中國的第一人。他第一個用五線譜作曲，最早推廣鋼琴，主編了中國第一本音樂期刊《音樂小雜誌》。由李叔同作詞譜曲的歌曲大多曲調動人，歌詞優美，流行廣遠。例如其代表作《送別》[77]：

> 長亭外，古道邊，芳草碧連天。
> 晚風拂柳笛聲殘，夕陽山外山。
> 天之涯，地之角，知交半零落。
> 一壺濁酒盡餘歡，今宵別夢寒。

先後被電影《早春二月》、《城南舊事》選作插曲或主題歌，一直傳唱至今。

在美術方面，李叔同是中國最早介紹西洋畫知識的人，也是第一個聘用裸體模特教學的人。他還是中國現代版畫藝術的最早創作者和宣導者，曾經同夏丏尊共同編輯了《木刻版畫集》。作為音樂和美術方面的教育家，他培養的學生也人才輩出，如豐子愷、潘天壽、劉質平、吳夢非等在日後都是鼎鼎大名。

在書法藝術上，李叔同的書法早期脫胎魏碑，後期則自成一體，特別是出家後的作品，更是「朴拙圓滿，渾然天成」，將中國古代的書法藝術推向

---

77 《送別》曲調取自約翰・P・奧德威（John Pond Ordway）作曲的美國歌曲《夢見家和母親》，是李叔同寫來送給摯友許幻園的。

了極致，魯迅、郭沫若等都以得到弘一法師的一幅字爲無尙榮耀。

　　對於李叔同的驚人才華與卓越貢獻，人們給予了極高的評價。文化巨匠林語堂說：「李叔同是我們時代裡最有才華的幾位天才之一，也是最奇特的一個人，最遺世而獨立的一個人。」而一代才女張愛玲更是用充滿崇拜的語氣說：「不要認爲我是個高傲的人，我從來不是的，至少，在弘一法師寺院圍牆外面，我是如此的謙卑。」

　　作爲民國文化史上最有名的兩個高僧，李叔同和蘇曼殊同爲南社同仁，又曾在《太平洋報》短暫共事，因此被後人並稱爲「南社二僧」。甚至有人認爲蘇曼殊的傳記體小說《斷鴻零雁記》在《太平洋報》連載時曾由李叔同幫助潤色加工。不過這一說法遭到了他們共同的朋友柳亞子的否定。柳亞子在《弘一大師文鈔序》中談及此事時認爲：「有言曼殊此書，弘一爲之潤飾之，此語謬甚。曼殊譯拜倫詩時，乞余杭師弟商榷，尙近事實。若《斷鴻零雁記》，則何關弘一哉！」

　　蘇曼殊小李叔同四歲，儘管兩人生前來往不多，卻在各自的傳奇生涯中有著驚人的相似。兩人都出生於富商家庭，都排行第三，幼年又缺少關愛，李叔同五歲喪父，蘇曼殊從小被生父和族人冷落，以至於父親病重時也不肯歸家，過早遭遇家庭變故也讓二人很早就體驗了世態炎涼人情冷暖。青年時候二人又都是風流才子。蘇曼殊號稱「情僧」，李叔同也有「翩翩濁世佳公子」之稱，除了原配俞氏之外，在日本留學

李叔同《行楷七言聯》

期間也以多情風流著稱，不僅留下了說法各異的愛情故事，還帶著一位日本女子歸國。此外，二人都是才華卓越的一代奇才，在詩詞、繪畫等方面造詣頗高。

　　不過，二人在諸多相似之外，卻也存在很大的區別，甚至是本質的不同。這或許是二人一生都疏於來往的原因之一。

　　因為同為「南社二僧」，李叔同和蘇曼殊的性情詩風在生前身後都常為他人比較。一般認為，蘇曼殊性格張揚，感情浪漫，情緒奔放外露，而李叔同則近乎相反，性格恬淡、穩重，感情內斂凝重。1943年，大雄書店出版的《弘一大師永懷錄》中，曾經收錄陳祥耀的《紀念晚晴老人》一文。文中說：「我把老人看為超越的藝術家，典型的高僧，把曼殊看為浪漫的才人……曼殊才情的奔放，為世人所共知……唯有晚晴老人，他的才思，他的一貫為人的態度，都是向內收斂……從兩人早年的文學作品中，就可知道。老人的舊詩詞，雖也多近綺豔，但風格很異曼殊。說水，曼殊的使我想起春波的嫩綠，老人的使我想起秋潭的空碧；說花，曼殊的使我想起帶著清明煙雨樓角的梨樹，老人的使我想起夏日清池中的蓮蕊；曼殊的較有濃烈的感情，較有動人的風韻，較為容易引起讀者的共鳴，論文學的，也較為偏取這一種。老人的綺豔詩，慢慢地想收斂於芳潔的一途，想洗淨到司空表聖所說的『體素儲潔，乘月返眞』的一途，就詩的『品』言，我們或許還更有取於老人的。」

　　該書同時收錄了《太平洋報》同人孤芳的《憶弘一法師》一文。孤芳回憶，當時在《太平洋報》報社裡，已做了和尚的蘇曼殊和未來的和尚李叔同是兩位出色的畫家，但這兩位畫家的為人與畫風截然不同：蘇曼殊畫山水，取材多古寺閑僧或荒江孤舟，頗具一種蕭瑟孤僻的意味，這與他那種「浪漫和尚」、「情僧」的性情反差很大。而性格清淡、穩重的李叔同則用筆雄健遒勁，也與其內斂性情不符。另外，《太平洋報》編輯多為南社同人，他們在編輯之餘，經常出入於歌廊酒肆之間，「或使酒罵座，或題詩品伎」，出家人蘇曼殊也混跡其中，而曾有「風流公子」之稱的李叔同卻孤高自恃，絕不參與。

　　兩相對比，蘇曼殊一生失意，命運悲慘，因此其放浪形骸與剃度為僧都是一種對紅塵煩惱的逃避，是故其人與文皆消極頹廢，但蘇曼殊又生性風流，不甘受青燈古佛的寂寞，於是輾轉糾結在「情」與「僧」之間。而李叔同一生經歷豐富，在經過事業輝煌又醉生風月的青年時代以後，已經超然物外，清心寡欲，其藝術追求也悠然淡遠。而他中年歸佛，也是「絢爛之極，歸於平淡」，因此他一出家即澹定自然地完成從塵世向方外的轉化，並發誓：「非佛經不書，非佛事不做，非佛語不說。」最後成為律宗的一代高僧。對

此，趙朴初評價為：「無盡奇珍供世眼，一輪圓月耀天心。」

　　這正應了柳亞子對於「南社二僧」的評價。作為他們的好朋友，柳亞子可謂一語中的，他說：「以方外而列入南社籍者……逃釋歸儒之曼殊，與逃儒歸釋之弘一。」

　　1942 年，一代高僧弘一法師在泉州不二祠晚晴室圓寂，之前寫下他生命中最後的四個字「悲欣交集」。與蘇曼殊一樣，弘一法師也被葬於杭州。後人為了紀念他們，分別在杭州孤山北麓、虎跑後山建立了「曼殊大師之塔」和「弘一大師之塔」[78]。從此「南社二僧」隔湖相對，讓人生出無限的遐想。

弘一法師（1937 年）

78　「曼殊大師之塔」建於孤山北麓西泠橋畔，與六朝名妓蘇小小墓隔橋相望，所謂「情僧名妓，結伴長眠」，但該塔在今天已不復存在，只立了象徵性的小墓塔和文字說明牌。

「東有啟明，西有長庚」
——魯迅周作人失和始末

　　在中國新文學史上，魯迅與周作人無疑是兩顆耀眼的明星。他們曾經兄弟友愛，共同出資買下北京八道灣的一處住宅，一起和睦居住；也曾經是事業上的夥伴，甚至合用一個筆名發表作品。但令人意外的是，原本相親相愛的兄弟卻突然反目成仇，最終公然決裂。關於此事，有人認為是經濟糾紛導致矛盾激化，有人懷疑是魯迅偷窺弟媳洗澡所致，更有人提出一個非常大膽的說法，說周作人的日本太太羽太信子原本就是魯迅的妻子。數十年來，於此公案眾說紛紜，激起世人猜測無數。

魯迅（1909 年）

　　魯迅 1881 年出生於浙江紹興的一個周姓大家族裡。原本有三個弟弟和一個妹妹，但是最小的弟弟和妹妹早夭，只剩下他和周作人、周建人[79]兄弟三人。在魯迅 12 歲那年，由於祖父行賄入獄，耗盡家產，周家迅速敗落下來。1898 年，十八歲的魯迅離開家鄉赴南京求學，留下年僅十三歲的二弟周作人在杭州監獄服侍祖父。1902 年，魯迅獲得公費留學機會，於是漂洋過海，遠赴日本東京。在這裡，魯迅接受了激進的革命思想，他剪掉辮子，慷慨激昂地寫下了著名的詩句：「靈台無計逃神矢，風雨如磐暗故園。寄意寒星荃不察，我以我血薦軒轅。」激昂之餘，獨自在異國他鄉漂泊的魯迅更加思念兩個弟弟，他給在南京讀書的二弟周作人寄去自己的照片，還給在紹興老家侍奉母親的三弟周建人購買了大量的書籍。也是在這個時候，作為周家長子的魯迅暗暗在心中許

下誓言：日後一定要實現大團圓，有錢同花，有福同享，有難同當，兄弟三人一同贍養辛苦了一輩子的老母親。

在日留學期間，魯迅的母親魯瑞風聞魯迅與一位日本女子攜手散步，於是立即將魯迅召回家鄉成婚，新娘是母親選中的紹興女子朱安。但是，婚後的第四天，魯迅就帶著剛剛通過公費考試的周作人啓程，再次東渡日本，一走又是三年。不過，兄弟二人對於留日的感覺並不一樣。魯迅覺得充滿屈辱，而在周作人的回憶裡，卻充滿了對日本文化的讚美和嚮往，特別是在和日本侍女羽太信子兩情相許之後，周作人更覺得日本是自己的第二故鄉。可以說，周作人後來當了漢奸，這和早年留學生活的感覺多少有些關聯。

周作人留學的開銷主要來自公費，一旦成親，官費根本不夠。1909 年，爲了成全弟弟的學業和家庭幸福，魯迅毅然決定回國，到浙江兩級師範學堂做生理和化學教師[80]。在這裡，雖然魯迅每月收入甚微，不足自養，但他還是節衣縮食，給周作人寄錢。

1912 年，魯迅應教育總長蔡元培的邀請，到中華民國臨時政府教育部任職，不久隨臨時政府遷往北京。在魯迅北上的同時，周作人夫婦也從日本回到紹興。這個時期，魯迅和周作人在事業上開始合作，一起以「周綽」的筆名發表作品。1917 年，蔡元培出任北京大學校長，魯迅便向他推薦周作人。後來，周作人成爲北京大學教授，寫出了中國第一部系統的西方文學史專著——《歐洲文學史》。

1919 年冬天，周氏兄弟終於結束了長期的寄居生活，共同出資買下北京八道灣十一號，實現了魯迅全家團圓的夙願。此時，三弟周建人雖無收入，魯迅和周作人卻已是思想界日漸璀璨的明星，一切都顯得那麼美好。但是，出人意料的是，1923 年夏天，魯迅、周作人卻忽然宣布決裂，並且從此斷絕來往。消息傳出，親朋皆驚。

《詩經·小雅》云：「東有啓明，西有長庚。」魯迅的母親魯瑞也曾經說過，魯迅與周作人在小的時候都曾經由家鄉的法師給取過法名：「龍師父給

---

80 浙江兩級師範學堂，即今天的杭州高級中學，中國最早的六大著名高等師範學校之一。沈鈞儒曾任浙江兩級師範學堂校長，李叔同、夏丏尊、馬敍倫、魯迅等曾在此任教，潘天壽、豐子愷、錢學森等曾在此就讀。

魯迅取了個法名——長庚，原是星名，紹興叫『黃昏肖』。周作人叫啓明，也是星名，叫『五更肖』，兩星永遠不相見。」如此說來，魯迅兄弟失和，竟然似乎是冥冥中早已註定。

　　查魯迅與周作人日記，直到「失和」事件發生前夕，他們兄弟二人的感情都比較融洽。1923 年 1 月，他們還共同邀請沈尹默、孫伏園等朋友吃雜煮汁粉。3 月 8 日，周作人在《晨報副鐫》上發表《綠洲七·兒童劇》，文章憶及童年時代與魯迅一起在桂花樹下自編自演兒童劇的情景，頗顯手足情深。此後，他們還曾經共遊中山公園，一起出席北大學生許欽文、董秋芳等組織的文藝社團春光社集會，並共同擔任該社指導。6 月，二人合譯的《現代日本小說集》由商務印書館初版發行，署周作人譯，內收魯迅譯作十一篇，周作人譯作十九篇。7 月 3 日，周作人與魯迅還同游東安市場，又至東交民巷書店，購買佛像寫真。

　　但是在 1923 年 7 月 19 日，周作人卻突然給魯迅寫了一封絕交信。這封信很短，是這樣寫的：

　　　　魯迅先生：我昨天才知道，——但過去的事不必再說了。我不是基督徒，卻幸而尚能擔受得起，也不想責誰，——大家都是可憐的人間。我以前的薔薇的夢原來都是虛幻，現在所見的或者才是真的人

1922 年 5 月 23 日，魯迅（前排右三）、周作人（前排左三）與俄國盲詩人愛羅先珂（前排右四）等在北京世界語學會

生。我想訂正我的思想，重新入新的生活。以後請不要再到後邊院子
裡來，沒有別的話。願你安心，自重。　　　　　七月十八日，作人。

是夜，細雨霏霏。周作人曾經在《苦雨》裡訴過深夜聽雨之苦：「北京
除了偶然有人高興放幾個爆仗以外，夜裡總還安靜，那樣嘩啦嘩啦的雨聲在
我的耳朵已經不很習慣，所以時常被它驚醒，就是睡著也仿佛覺得耳邊黏著
麵條似的東西，睡得很不痛快。」那麼，這一夜，周作人是否也幾度被雨聲
驚醒呢？我們不得而知。有關這一天發生的事情，後人找不到更多的記載。
周作人當天的日記中有「寄喬風、鳳舉函，魯迅函」一句，只有三字與此事
關聯。魯迅日記中也只有簡單的一句話提到此事：「上午啓孟自持信來，後
邀欲問之，不至。」啓孟即周作人。通過魯迅日記，我們可以瞭解到，魯迅
曾試圖和周作人溝通，但是被拒絕了。

不久魯迅就搬出了八道灣，並把朱安和母親一塊接到新家[81]。8月2日，
周作人在日記裡記載：「下午L夫婦移住磚塔胡同。」L即指魯迅。顯然，在
周作人的日記裡，已經不願再提到魯迅的名字。同日，魯迅也在日記裡寫下：
「雨，午後霽。下午攜婦遷居磚塔胡同六十一號。」簡單的一語帶過，讓人
們今天已經無法知曉，當年魯迅從八道灣裡搬出去的時候，心裡在想什麼。

魯迅與周作人的關係在這樣近乎冷戰的狀態下維持了將近一年，不但沒
有緩解，反而愈演愈烈。1924年6月11日，魯迅到八道灣取自己的東西，
結果受到了周作人的粗暴對待，他們的關係也惡化到了極點。當天魯迅在日
記裡憤怒地記下了這樣幾句話：「下午往八道灣宅取書及什器，比進西廂，
啓孟及其妻突出罵詈毆打，又以電話招重久及張鳳舉、徐耀辰來，其妻向之
述我罪狀，多穢語，凡捏造未圓處，則啓孟救正之。然後取書、器而出。」
據說，當時周作人曾經拿起一尺高的獅形銅香爐向魯迅頭上打去，幸虧被別
人攔住。而周建人後來也曾經聽母親說過，魯迅在西廂隨手拿起一個陶瓦枕
向周作人擲去，周作人夫婦才退下了。

魯迅、周作人兄弟一場，竟發展至「罵詈毆打」。人們不禁要問：他們

---

81 從1912年隨中華民國臨時政府教育部遷到北京，到1926年南下廈門大學任教，魯迅在北京旅居十四
年，先後住過四個地方。第一處是宣武門外的紹興會館，第二處是西直門八道灣十一號，第三處是西四
南大街磚塔胡同六十一號，第四處是阜成門內宮門口西三條二十一號。

之間到底發生了什麼事情？

　　但是對於這件事，作為當事人的魯迅和周作人卻一致保持沉默。魯迅本人在他生前沒有隻言片語對此加以解釋。周作人也一再表示：「不辯解。」他在《知堂回想錄・不辯解說（上）》裡表白說：「大凡要說明我的不錯，勢必先說對方的錯。不然也總要舉出些隱秘的事來做材料，這都是不容易說得好，或者不大想說的，那麼即使辯解得有效，但是說了這些寒傖話，也就夠好笑，豈不是前門驅虎而後門進了狼嗎？」

　　於是，當年在八道灣發生過的事情，就蒙上了一層神秘的色彩，這也引發了人們的諸多猜測。有人說是魯迅偷看羽太信子洗澡被發現，造成兄弟之間的矛盾無法調和；也有人說周氏兄弟因為觀念不同，再加上羽太信子從中挑撥，才造成兄弟失和；更有人以佛洛德的性心理學說來套魯迅，說他與妻子朱安關係冷淡，對弟媳羽太信子垂涎已久，性壓抑得不到釋放，所以試圖勾引羽太信子，被拒絕後惱羞成怒，與周作人夫婦大打一架後便離開了八道灣。諸如此類，讓世人好奇不已。

　　上述猜測，版本頗多。而學者們在考察有關材料之後，雖然沒有得出清晰的結論，但多傾向認為魯迅與周作人的斷交，主要是因為一些家庭矛盾所致。

　　周建人在《魯迅與周作人》一文中明確指出，自己的兩個哥哥之所以決裂，「不是表現在政見的不同，觀點的分歧，而是起源於家庭間的糾紛」。但是，這所謂的家庭糾紛又是些什麼事呢？

　　圍繞這一問題，人們的目光開始聚焦到一個人的身上，她就是周作人的妻子羽太信子，那個在失和事件中扮演重要角色的女人。

　　許壽裳是魯迅的好友，與周作人也有在日本同住的情誼，與周氏兄弟均交往密切。他在《亡友魯迅印象記》中說：「作人的妻羽太信子是有歇斯底里性的。她對於魯迅，外貌恭順，內懷忮忌。作人則心地糊塗，輕信婦人之言，不加體察。我雖竭力解釋開導，竟無效果。致魯迅不得已移居外客廳而他總不覺悟，魯迅遣工役傳言來談，他又不出來；於是魯迅又搬出而至磚塔胡同。從此兩人不和，成為參商，一變從前『兄弟怡怡』的情態。」

　　周氏兄弟的學生俞芳也曾經回憶說，魯迅的夫人朱安曾很氣憤地向人說

1929 年元旦，周作人（後排左三）與友人

過：「她（信子）大聲告誡她的孩子們，不要親近我們，不要去找這兩個『孤老頭』，不要吃他們的東西，讓這兩個『孤老頭』冷清死。」

顯然，在知情人看來，羽太信子對魯迅和他的元配夫人朱安是非常不滿的。關於這點，魯迅、周作人雖聲明「不說」，但暗示卻是有的。1924 年，魯迅輯成《俟堂專文雜集》，署名「宴之敖」；1927 年，魯迅在《鑄劍》中又用「宴之敖」命名復仇者「黑的人」。據許廣平回憶，魯迅對「宴之敖」有過一個解釋：「宴」從宀（家），從日，從女；「敖」從出，從放，也就是說「我是被家裡的日本女人逐出的」。這個日本女人自然就是羽太信子。

關於這一點，周作人在晚年也有所承認。1964 年 10 月 17 日，周作人在寫給香港友人鮑耀明的信中曾明確表示：1964 年香港友聯出版公司出版的趙聰的《五四文壇點滴》，「大體可以說是公平翔實，甚是難得。關於我與魯迅的問題，亦去事實不遠，因為我當初寫字條給他，原是只請他不再進我們的院子裡就是了」。同年 11 月 16 日，他在給鮑耀明的信裡又說：「魯迅事件無從具體說明，惟參照《五四點滴》中所說及前次去信約略已可以明白。」但是，翻閱趙聰《五四文壇點滴》中有關周氏兄弟失和的文字，除引用魯迅日記中有關兄弟失和的記載外，也僅有如下幾句：「許壽裳說過，他們兄弟不和，壞在周作人那位日本太太身上，據說她很討厭她這位大伯哥，不願同他一道住。」看來，周作人肯定了一點：兄弟失和的原因是他的夫人羽太信

子不願同魯迅一道住。那麼，為什麼不願呢？周作人卻沒有說。這就激發了人們的進一步猜測。

一種說法認為，魯迅兄弟失和，起因於經濟上的糾紛。周建人回憶說：「在紹興，是由我母親當家，到北京後，就由周作人之妻當家。日本婦女素有溫順節儉的美稱，卻不料周作人碰到的是個例外。她並非出身富家，可是派頭極闊，架子很大，揮金如土。家中有僕人十幾個，即使祖父在前清做京官，也沒有這樣眾多的男女傭工。更奇怪的是，她經常心血來潮，有時飯菜燒好了，忽然想起要吃餃子，就把一桌飯菜退回廚房，廚房裡趕緊另包餃子；被褥用了一兩年，還是新的，卻不要了，賞給男女傭人，自己全部換過。這種種花樣，層出不窮。魯迅不僅把自己每月的全部收入交出，還把多年的積蓄賠了進去，有時還到處借貸，自己甚至弄得夜裡寫文章時沒有錢買香煙和點心。魯迅曾感歎地對我說，他從外面步行回家，只見汽車從八道灣出來或進去，急馳而過，濺起他一身泥漿，或撲上滿面塵土，他只得在內心感歎一聲，因為他知道，這是孩子有病，哪怕是小病，請的都是外國醫生，這一下又至少得十多塊錢花掉了。」

俞芳在《我記憶中的魯迅先生》一文中也提到，魯迅的母親曾對人說：「這樣要好的弟兄都忽然不和，弄得不能在一幢房子裡住下去，這真出於我意料之外。我想來想去，也想不出個道理來。我只記得：你們大先生對二太太（信子）當家，是有意見的，因為她排場太大，用錢沒有計畫，常常弄得家裡入不敷出，要向別人去借，是不好的。」

許廣平則在《魯迅回憶錄》「所謂兄弟」一節中說：「魯迅在八道灣住的時候，起初每月工資不欠，不夠時，就由他向朋友告貸，這樣的人，在家庭收入方面是一個得力的助手」，這時，家庭關係是好的，「後來，由於欠薪，加以干涉別的人事方面」，就妨礙了周作人夫人羽太信子的權威，「『討厭起來了』，於是就開始排擠魯迅」。根據許廣平的回憶，魯迅曾對她說過，「我總以為不計較自己，總該家庭和睦了吧，在八道灣的時候，我的薪水，全部交給二太太，連同周作人的在內，每月約有六百元，然而大小病都要請日本醫生來，過日子又不節約，所以總是不夠用，要四處向朋友借，有時候借到手連忙持回家，就看見醫生的汽車從家裡開出來了，我就想：我用

黃包車運來，怎敵得過用汽車運走的呢」？魯迅還說，周作人「曾經和信子吵過，信子一裝死他就屈服了，他曾經說：『要天天創造新生活，則只好權其輕重，犧牲與長兄友好，換取家庭安靜。』」許廣平還寫道，周作人「惟整日捧著書本，其餘一切事情都可列入浪費精力之內，不聞不問。魯迅曾經提到過，像周作人時常在孩子大哭於旁而能無動於衷依然看書的本領，我無論如何是做不到的」。

魯迅之子周海嬰在《魯迅與我七十年》一書裡也曾說：

　　房子整理安定之後，父親爲全家著想，以自己和弟弟作人的收入供養全家。他們兄弟還約定，從此經濟合併，永不分離，母親年輕守寡辛苦了一輩子，該享受清福。朱安大嫂不識字，能力不足以理家，這副擔子自然而然落到羽太信子的身上。父親自己除了留下香煙錢和零用花銷，絕大部分薪水都交給羽太信子掌管。

　　沒想到八道灣從此成爲羽太信子稱王享樂的一統天下。在生活上，她擺闊氣講排場，花錢如流水，毫無計畫。飯菜不合口味，就撤回廚房重做。她才生了兩個子女，全家僱用的男女僕人少說也有六七個，還不算接送孩子上學的黃包車夫。孩子偶有傷風感冒，馬上要請日本醫生出診。日常用品自然都得買日本貨。由於當時北平日本僑民很多，有日本人開的店鋪，市場上也日貨充斥，應該說想要什麼有什麼。但她仍不滿意，常常托親戚朋友在日本買了捎來。因爲在羽太信子眼裡，日本的任何東西都比中國貨要好。總之，錢的來源她不管，只圖花錢舒服痛快。對此，周作人至少是默許的。他要的只是飯來張口衣來伸手，還有「苦雨齋」裡書桌的平靜，別的一概不問不聞。當然他對信子本來也不敢說個「不」字。苦的只是父親，因爲他的經濟負擔更重了。

　　但這一切仍不能讓羽太信子稱心滿意。她的眞正目標是八道灣裡只能容留她自己的一家人。

　　就這樣，在建人叔叔被趕走十個月後，她向父親下手了。

作爲周氏兄弟共同的朋友，郁達夫在《回憶魯迅》中也說：「據鳳舉他們的判斷，以爲他們兄弟間的不睦，完全是兩人的誤解，周作人氏的那位日本

夫人，甚至說魯迅對她有失敬之處。但魯迅有時候對我說：『我對啓明，總老規勸他的，教他用錢應該節省一點，我們不得不想想將來。他對於經濟，總是進一個花一個的，尤其是他那位夫人。』從這些地方，會合起來，大約他們反目的眞因，也可以猜度到一二成了。」

除了經濟糾紛導致矛盾的說法以外，還有一種說法認爲是魯迅生活不檢點，偷窺弟婦沐浴，這種說法因爲迎合了一些人的窺私心態，故此也流傳很廣。

1930 年 1 月 4 日，魯迅、許廣平與百日幼子海嬰

對此，周海嬰在《魯迅與我七十年》一書裡進行了解釋：「對於這段歷史，某些魯迅研究者的推測，是他看了一眼弟婦沐浴，才導致兄弟失和的。但是據當時住在八道灣客房的章川島先生說，八道灣後院的房屋，窗戶外有土溝，還種著花卉，人是無法靠近的。」周海嬰還進一步反駁說：「不過，我以 20 世紀 90 年代的理念分析，卻有自己的看法，這裡不妨一談。我以爲，父親與周作人在東京求學的那個年代，日本的習俗，一般家庭沐浴，男子女子進進出出，相互都不回避。即是說，我們中國傳統道德觀念中的所謂『男女大防』，在日本並不那麼在乎。直到臨近世紀末這風俗似乎還保持著，以致連我這樣年齡的人也曾親眼目睹過。那是 70 年代，我去日本訪問，有一回上廁所，看見裡面有女工在打掃，她對男士進來小解並不回避。我反倒不好意思，找到一間有門的馬桶去方便。據上所述，再聯繫當時周氏兄弟同住一院，相互出入對方的住處原是尋常事，在這種情況之下，偶有所見什麼還值得大驚小怪嗎？退一步說，若父親存心要窺視，也毋需踏在花草雜陳的『窗臺外』吧？」

當時與魯迅、周作人雙方都有密切交往的章廷謙（章川島）也曾對魯迅博物館工作人員說：「魯迅後來和周作人吵架了。事情的起因可能是，周作人老婆造謠說魯迅調戲她。周作人老婆對我還說過：魯迅在他們的臥室窗下聽窗。這是根本不可能的事，因爲窗前種滿了鮮花。」說到周作人夫人與魯迅關係緊張的原因時，章廷謙則說：「主要是經濟問題。她（羽太信子）揮

霍得不痛快。」

　　近年來，還出現了一種更加大膽的說法，認爲魯迅與弟媳關係曖昧，甚至認爲羽太信子原本就是魯迅的妻子。1991 年，《明報月刊》第一期發表了千家駒的文章《魯迅與羽太信子的關係及其它》。文章認爲：周作人的日本太太羽太信子曾經是魯迅的妻子，證據是魯迅 1912 年 7 月 10 日的一則日記。原文是：「午前赴東交民巷日本郵局寄東京羽太家信並日銀十元。」千家駒解釋說，「羽太」即羽太信子，魯迅把寄羽太信子的信函稱爲「家信」，可知他們是夫妻關係。更有好事者據此解釋，「魯迅」這個筆名中的「魯」字取其母魯瑞的姓，而「迅」與「信」在南方是諧音字，系指羽太信子，所以「魯迅」這個筆名反映了魯迅內心深處母愛與性愛的衝突 [82]。

　　事實是，周作人和羽太信子於 1909 年在日本成婚。羽太信子家貧，人口多，有祖母、父母、一弟二妹。爲資助周作人及羽太一家的生活，魯迅毅然中斷了留學生活回國謀事。許壽裳在《亡友魯迅印象記》裡回憶，魯迅曾經對他說：「你回國很好，我也只好回國去，因爲啓孟（即周作人）將結婚，從此費用增多，我不能不去謀事，庶幾有所資助。」1911 年 5 月，周作人夫婦歸國。次年 5 月，羽太信子產下一子，其弟羽太重九攜妹羽太芳子 [83] 聞訊來紹興照顧產婦。魯迅 7 月 10 日赴東交民巷日本郵局寄的「羽太家信」，並不是寄給羽太信子的信，而是寄給日本羽太家的信。當時羽太信子在浙江紹興，6 月 12 日、6 月 29 日曾兩次給魯迅來函，估計是向魯迅要錢。魯迅「寄羽太家信並日銀十元」顯然與羽太信子來信有關。魯迅也曾複羽太信子信，日記寫明是「與二弟婦信」。由此可見，認爲羽太信子原本就是魯迅的妻子一說完全是望文生義和牽強附會的結果，不足爲信。

　　面對坊間種種傳聞，有人說「清官難斷家務事」，關於魯迅與周作人的恩怨是非，外人無需多加評判，更沒有必要進行捕風捉影、牽強附會的想像

82　魯迅曾經表明之所以以魯迅爲筆名，「理由是：（一）母親姓魯，（二）周魯是同姓之國，（三）取愚魯而迅速之意」。

83　羽太芳子爲羽太信子胞妹，1912 年到紹興後與周建人漸生情愫，於 1914 年結婚。婚後夫妻感情尚好，並育有三子一女。不過 1921 年周建人離京到上海商務印書館工作後，羽太芳子並沒有同往，而是帶著孩子留在了八道灣。而周建人赴上海後與王蘊如同居，又生了三個女兒，並與羽太芳子脫離了關係。此後，羽太芳子一直與孩子相依爲命，後來小兒子豐三自殺給了她很大的打擊。

與猜測。這裡的「家」很值得玩味與思考。

　　費孝通在《鄉土中國》中曾比較了中國和西方的家庭格局，他寫道：「在西洋家庭團體中，夫婦是主軸，夫婦共同經營生育事務，子女在這團體中是配角，他們長大了就離開這團體……在我們的鄉土社會中，家的性質在這方面有著顯著的差別……他的主軸是在父子之間、在婆媳之間，是縱的，不是橫的。夫婦成了配軸。」

　　民國時期是中國各種觀念的大轉變時期，包括婚姻家庭觀念。我們知道魯迅的家族觀念是很重的，他接受了母親為他包辦的婚姻，他的婚姻家庭觀念與他新文化運動先行者的形象頗顯差距。而周作人屬自由戀愛結婚，婚後夫妻關係也比較美滿。在給魯迅的信中，周作人寫道：「我以前的薔薇的夢原來都是虛幻，現在所見的或者才是真的人生。我想訂正我的思想，重新入新的生活。」由此可見，周作人以前也為大家族的美夢所迷醉，但是在現實生活中卻發現大家族聚居生活的各種不盡如人意之處，隨著家庭觀念的增強，與魯迅的家族觀念矛盾越來越大。就現代觀念看來，家庭中有這樣一個原則是不能忽視的，即家庭的第一關係是夫妻關係，其他任何關係都要以夫妻關係為中心來處理，包括與原生家庭的關係，這樣才能減少摩擦，避免矛盾，促進和諧。

月亮、星星和蘭花草
——胡適的情感世界

　　雖然在崇尚愛情自由的五四新文化時期暴得大名，胡適卻選擇了恪守傳統道德觀念，與原配妻子江冬秀白頭偕老。他因此被蔣介石稱作「新文化中舊道德的楷模，舊倫理中新思想的代表」。不過，名士風流，學貫中西、名滿天下的胡適博士自然也不乏浪漫傳奇的愛情與緋聞。因此有人將胡適比作太陽，而將他身邊的女子形容為繞其轉動的月亮和星星。也有人從其早年寫的白話詩《蘭花草》中心生靈感，形容胡適的情感世界是「拈了蘭花又惹蘭草，滿庭芳」。

　　五四時期，思想解放，個性彰顯，文化名人各盡風流。人物無論新舊，如辜鴻銘、黃侃、陳獨秀、郁達夫等都曾有過眠花宿柳之舉。而在《新青年》提出「打倒孔家店」的口號之後，父母之命媒妁之言的包辦婚姻更是被冠以傳統陋習和舊道德，從而被打得落花流水。郭沫若、徐志摩、郁達夫等新文化的弄潮兒，都採用各自的方式反抗強加在自己身上的舊式婚姻，勇敢地追求自己的自由愛情。在新文化運動的幹將們看來，人性自由解放首先是個性自由解放，個性自由解放首先是愛情自由解放。因此徐

胡適

志摩才會在《致梁啓超》中寫道：「我之甘冒世之不韙，竭全力以鬥者，非特求免凶慘之苦痛，實求良心之安頓，求人格之確立，求靈魂之救度耳。人誰不求庸德？人誰不安現成？人誰不畏艱難？然且有突圍而出者，大豈得已而然哉？……我將於茫茫人海中訪我唯一靈魂之伴侶，得之我幸；不得，我命。如此而已。」

　　不過，同為新文化主將，胡適在這一方面卻顯得低調和傳統許多。胡適

與原配妻子江冬秀的婚姻是 1904 年由雙方家長做主定下的，當時胡適十三歲，江冬秀十四歲，屬於典型的包辦婚姻。訂婚後，胡適到上海讀書，留學美國，一去十多年，直到 1917 年回國。此時的胡適已經是北京大學年輕有為的青年導師，新文化運動的主帥之一，而江冬秀則是一介舊式女子，受教育程度有限，既不會跳舞，也不會外語。但是讓所有新派人士大跌眼鏡的是，胡適卻奉母親之命回家和小腳女人江冬秀結婚。之後，在漫長的歲月中廝守終身，白頭偕老，人稱「胡適大名垂宇宙，夫人小腳亦隨之」。

那麼，是什麼原因，能夠讓大名鼎鼎的自由主義先驅胡適和他的看起來反差巨大的小腳太太江冬秀「走到一起來」呢？人們在疑惑與詫異之外，也在試圖尋找答案。

有人說是對母親的孝順使然。

胡適幼年喪父，是母親馮順弟把他一手撫養成人，胡適因此格外感激母親，稱其為「慈母兼任嚴父」，因此對於母親強加於自己的婚姻雖然心存不滿卻依然全盤接受。他曾經在給朋友的信中說：「在家庭關係上，我站在東方人這一邊，這主要是因為我有一個非常非常好的母親，她對我的深恩是無從報答的。我長時間離開她，已經使我深感愧疚，我再不能硬著心腸來違背她。」而對於自己的婚姻，胡適也在 1918 年寫的一封信中坦承：「吾之就此婚事，全為吾母起見，故從不曾挑剔為難……今既婚矣，吾力求遷就，以博吾母歡心。」顯然，胡適的婚姻，與其說是為他自己而結，不如說是為他母親而結。

據說當年胡適在美國讀書時的一些風流傳聞也曾漂洋過海傳到遠在安徽績溪的母親耳中。在遭到千里之外的母親來信責問後，胡適的答覆則是：「兒久已認江氏之婚約為不可毀，為不必毀，為不當毀。」

對於胡適這種沒有愛情的包辦結婚，張愛玲稱之為盲婚[84]。但當事人胡適卻對此有著完全不同的見解。他曾說：「豈不愛自由，此意無人曉。情願不自由，便是自由了。」

而胡適在婚姻上的付出也終有回報。母親去世後，胡適在信中說：「我

---

84 吊詭的是，胡適被張愛玲稱之為盲婚的包辦結婚卻善始善終，而張愛玲自己的婚姻卻極不如意。

唯一的安慰是在我離家十一年以後,從美國回家看到了母親。臨終前,她告訴病榻邊的人說:她很高興能活著看到我從海外回來,見到我和她所擇定的人結婚,又聽到我們即將得子的消息。」

　　顯然,讓母親在世時高興,是胡適的一大心願。而能夠讓母親最終滿意而去,也讓力求報恩的胡適有了如釋重負的解脫與輕鬆。

　　胡適的這種心態和魯迅頗有相似之處。魯迅也是早年喪父,並且終生對母親非常孝順。魯迅也曾經把自己的包辦妻子朱安稱為「母親的禮物」,他當年也順從母親之命從日本回國結婚,並且在此後很長時期保持了這種有名無實的婚姻。不過,魯迅的婚姻畢竟是有名無實,他在舉辦婚禮後當夜就選擇和新婚妻子分居,用能夠讓母親接受的方式表達了自己的抗爭,並最終選擇了一個自己心愛的女性許廣平成為事實上的妻子。那麼,同為有名的大孝子,胡適和魯迅對待「父母之命」的婚姻為何不同?

胡適夫婦

　　有人認為,這和胡適的個性與處世方式相關。

　　胡適個性溫和,很少主張激烈的變革。在陳獨秀主張激烈、澈底的「文學革命」的時候,他卻發表《文學改良芻議》。所謂「芻議」,即是商量的意思,「改良」尚且要「商量」,足見其態度之溫和。不過,在胡適的一生中也充滿矛盾與反覆,他曾經主張漸進式地改革中國文化;也曾經最早提出「全盤西化」一詞,希望全盤推翻中國傳統;他還是「整理國故」的提倡者。他的一生都充滿糾結。這種矛盾與反覆也同樣出現在胡適的情感世界之中。

　　無論如何,在胡適生前身後,這樁為人爭議卻穩定長久的婚姻為他贏得了良好的形象和名聲。因此在 1962 年胡適突發心臟病去世後,蔣介石為他題寫了有名的挽聯:「新文化中舊道德的楷模;舊倫理中新思想的代表。」胡適去世後十三年,江冬秀去世,享年八十五歲,與胡適合葬在一起。墓碑上刻著「中央研究院院長胡適先生暨德配江冬秀夫人墓」。在胡適墓的上方,刻著蔣介石的親筆題詞:「智德兼隆。」有人說,蔣介石的挽聯與題詞,很

好地總結了胡適的一生。

　　然而，一代文化巨匠胡適在情感世界裡，真的是這麼簡單和專一嗎？答案卻是否定的。

　　有人說，胡適雖然終生維繫一樁婚姻，卻是一個「吃過花酒逛過窯子的道德楷模」。實際上，胡適在《四十自述》裡，就通過自己之口講述了他年輕時候的這段荒唐歲月。

　　1908年9月，胡適念書的中國公學鬧學潮，多數學生退學。退學的學生，組織了一個中國新公學。這段期間，胡適跟幾個朋友經常聚在一起打麻將。他回憶說：「從打麻將到喝酒，從喝酒又到叫局，從叫局到吃花酒，不到兩個月，我都學會了。」「幸而我們都沒有錢，所以都只能玩一點窮開心的玩意兒：賭博到吃館子為止，逛窯子到吃『鑲邊』的花酒或打一場合股份的牌為止。」甚至有一天夜裡胡適在一個「堂子」酗酒之後，在街上跟一個巡捕發生了衝突，結果被關了一夜巡捕房。

　　不過，如果將胡適的以上行為理解為青蔥少年的意氣用事倒也並無不可，畢竟他那時只有十七歲，並且還沒有和江冬秀舉行婚禮。但在胡適去世後，隨著越來越多的資料浮出水面，人們也發現了這位文化巨匠更多鮮為人知的情感故事。

　　和胡適關係密切的著名學者唐德剛曾經說，胡適的一生「就像金魚缸裡的金魚，搖頭擺尾大家都看得很一清二楚」。言下之意是胡適作為公眾人物沒有隱私可言。而另外一名學者黃克武卻說，作為公眾關注的對象，胡適很注意保持自己在「大家心目中光鮮亮麗」的良好形象。因此，即使是他的自傳和日記也都是「他精心刻畫的模本」。不過，作為才華卓越的文化名人，胡適自然不屑將自己的真實經歷完全抹殺和掩蓋，而是很想跟後代歷史學家玩玩智力遊戲，將一些精彩的段落用縮寫簡稱或隱語來表達。所以黃克武說讀胡適日記就得有高度技巧，而這其中解讀得最好的則是新儒家大師余英時。余英時在讀完胡適四百萬字的日記後，「考證出胡適的一個女朋友，是隱藏在日記很隱秘的角落裡的」[85]。而近年來哈佛大學博士江勇振更是直言：「如

---

[85] 余英時考證出的這位很隱秘的胡適女友即羅慰慈。

果不能識破胡適的取捨、渲染和淡出，只有落得被他的《四十自述》牽著鼻子走的命運。」而江勇振自己則遍閱胡適相關書信，隨後寫了《星星、月亮、太陽——胡適的情感世界》一書，首次全面向人們展示了一個全新而隱秘的胡適的情感世界。

　　圍繞著胡適這顆明亮耀眼的太陽運行的首席月亮無疑是他的夫人江冬秀。江冬秀是胡適老家安徽的大家閨秀，其外祖父曾經官至翰林，但她本人沒有受過多少教育，僅僅讀了幾年私塾，初通文字而已。婚後，恪守傳統道德的江冬秀自然死心塌地地「相夫教子」，一切圍繞著如日中天的丈夫運行。不過，屬虎的江冬秀並不像一般的鄉村女子那樣怯懦，而是生性果斷、潑辣，其個性之大膽甚至連她那個屬兔的溫和夫君也常常望而生畏、敬而遠之。

　　江冬秀和胡適在北京生活的時候，風流名士梁實秋因為喜歡一個叫沉櫻的才女，要和自己好脾氣的舊式妻子何氏離婚。最恨負心郎的江冬秀路見不平拔刀相助，親自到法庭為何氏辯護，結果讓梁實秋不僅官司敗訴，而且名譽掃地，被迫離開他任職的北京大學，帶著女友沉櫻離家出走。這事在當時轟動了整個北京，時人皆曰胡適的小腳太太潑辣如虎。後來唐德剛說晚年的江冬秀最喜歡看武俠小說，對金庸的作品如數家珍，巾幗不讓鬚眉。

　　可見，雖然只是粗通文墨但性格強悍的江冬秀頗具心計與膽色，與胡適生活多年，將胡適的弱點也摸得一清二楚。因此，只要發現胡適有婚外情的跡象，她就立即大鬧，寧做潑婦與悍婦，絕不做怨婦與棄婦，鬧得性格溫和又專愛保持良好公眾形象的胡適噤若寒蟬。「忽聞河東獅子吼，拄杖落地心茫然」。有人將江冬秀比喻成傳言中的河東獅，但怕老婆的胡適晚年卻專門搜集各國怕老婆的故事，還說：「怕老婆的國度，將是更民主的國度。」

　　胡適周圍的另外一個月亮當是他的美國情人韋蓮司（Williams）。韋蓮司是胡適1914年在康乃爾大學讀書時結識的女友。韋蓮司出身名門，祖父是銀行家，父親是康奈爾大學考古生物學教授，她本人是「達達」藝術流派的畫家。在年輕的胡適剛到異國他鄉之際，年長五歲的韋蓮司對他曾經產生過深刻的影響，甚至可以稱得上是他精神的導師。胡適曾在日記中寫道：「吾自識韋女士以來，生平對於女子之見解為之大變……今始知女子教育之最上目的乃在造成一種能自由能獨立之女子」，並以「高潔幾近狂狷」來表達自己

對其人品與學識的欣賞。二人認識的時候胡適
已經定親，而受到清教影響的韋蓮司在道德上
也相對保守，於是這對分別來自東西方的年輕
男女雖然一見鍾情但在相當長的一段時間裡
都是發乎情止乎禮。不過，由於二人在精神層
面上的強烈共鳴，韋蓮司早已成為胡適的精神
情人，而韋蓮司更是說她和胡適「在靈魂上已
經結婚」。

韋蓮司

　　胡適回國與江冬秀完婚後，於 1920 年代
再次前往美國。這一次，他終於和韋蓮司有了
肌膚之親。不過，這時的胡適已經是聲名鵲
起的文化名流，身邊圍繞的女性與日俱增，對
韋蓮司的情感也有所冷淡，而韋蓮司卻仍然一心愛戀胡適。談及與胡適的感
情，韋蓮司曾經幽怨而無奈地說：「我唯一一個願意嫁的男人，我卻連想都
不能想。」最終，韋蓮司一生未嫁，直到 1971 年八十六歲的時候去世。1959
年，已步入老年的韋蓮司做出了一個重大的決定：把自己的房子全部租出去，
為胡適建立基金會。1962 年胡適去世後，韋蓮司把每一封胡適寫給她的信都
用打字機重新打過仔細校對，後來全部捐給胡適紀念館。有人說實際上她這
是在把關，很可能把一些不利於保持胡適美好形象的信件或言辭刪掉了。

　　圍繞著胡適的第三個月亮是他的表妹曹誠英。曹誠英，字佩聲，是胡適
三嫂的妹妹，小胡適十一歲。1917 年，胡適回鄉成親，曹誠英是婚禮上的四
個伴娘之一。曹誠英頗有才情，不時作些小詩請這位名冠京華的表哥評閱，
兩人通信頻繁，互有好感。

　　1923 年，正遭遇婚姻「七年之癢」的胡適到杭州休養，時在杭州讀書的
曹誠英趕來探望。當時曹誠英剛剛與自己的丈夫胡冠英離婚，情緒低落。久
別重逢，在西子湖畔無邊月色的映照下，他們的感情迅速升溫，成為胡適在
《秘魔崖月夜》一詩中所言的「驅不走的情魔」。也是在這一時期，他們經歷
了彼此一生中最為纏綿熱烈的一段戀情，以至於一生表「情」謹慎的胡適也
情不自禁地在日記裡興奮地寫下：「這三個月中在月光下過了我一生最快活

的日子；今當離別，月又來照我。自此一別，不知何日再續。我們蜜也似的相愛，心裡很滿足了。一想到離別，我們便偎著臉哭了。」而作為這場轟轟烈烈的愛情見證者，胡適的朋友徐志摩也在日記裡寫道：「適之在歡樂中，仿佛年輕了十來歲。」

這次突如其來的愛情結果是曹誠英懷孕了。這一次，一向溫和的胡適竟然也大著膽子對江冬秀提出離婚，結果可想而知。為了保衛自己的家庭完整，江冬秀不惜操起菜刀，指著兩個幼子對胡適說：「離婚可以！我先把兩個孩子殺掉，我再自殺。」嚇得胡適立刻偃旗息鼓，落荒而逃，離婚的事情至此絕口不提，而且自此在家庭中的地位急轉直下。

兩人一同墜入愛河，胡適卻率先上岸解脫，留在水中苦苦掙扎的曹誠英頓時從世界上最幸福的人變成最痛苦的那一個。正如胡適在著名的《蝴蝶》一詩中所言：「兩個黃蝴蝶，雙雙飛上天。不知為什麼，一個忽飛還。剩下那一個，孤身怪可憐。」

此後，孤苦無依的曹誠英被迫墮胎，後由胡適推薦於 1934 年赴美國就讀於康奈爾大學農學院，1937 年獲得碩士學位，回國後先後在安徽大學和復旦大學任教，成為中國第一位農學界女教授。曾經滄海難為水，曹誠英此後終身未嫁，而對胡適則一直癡情不改，長期在鴻雁往來中訴說自己的似水柔情[86]。

除了以上幾人之外，在胡適的情感世界裡，還有許多時隱時現的「星星」，因為相關資料的匱乏，她們長期沒有得到人們的足夠關注。

早在胡適留學美國期間，一位年長他八歲的女子瘦琴（Sergeant）就與他互生好感。此後，兩人書信不斷，胡適每次赴美，都與瘦琴小姐頻頻幽會。有人據此認為二人早已經「靈肉合一」。但唐德剛和江勇振卻都認為，胡適和瘦琴最終只是兩情相悅的朋友而已。

此外，人們還發現，在胡適擔任北京大學文學院院長期間，就有一個名叫徐芳的小女生，被青年導師胡適迷得神魂顛倒。徐芳 1931 年考入北京大

---

86 曹誠英在美國期間得到了韋蓮司的精心照顧，而在她們知道彼此與胡適的情感糾葛之後更是關係密切，讓人不免發出同病相憐的感歎。

學，時年十九歲，一起讀書的還有後來的著名學者張中行、楊向奎等。徐芳酷愛文學，特別喜歡白話詩創作，因此深得白話詩宣導者胡適的喜愛，不僅幫助她在《大公報》副刊等諸多報刊上發表作品，並且主動擔任她畢業論文的指導教師。之後，徐芳畢業後留校在文學院研究所做助理，主編刊物《歌謠週刊》。情竇初開的徐芳在信中稱胡適為「美先生」、「最愛的人」，稱自己是「你的孩子」，還給胡適寄去自己的一張照片，在背面寫道：「你看，她很遠很遠地跑來陪你，你喜歡她嗎？」而胡適則態度曖昧，在模棱兩可的回復中似乎頗感受用。不過，這一出浪漫故事並沒有維持幾年。1937年全面抗戰爆發，胡適臨危受命，出任駐美大使。兩人的關係逐漸冷卻。徐芳給遠洋彼岸的胡適寫信道：「你這人待我是太冷淡，冷得我不能忍受。我有時恨你、怨你；但末了還是愛你。反正還是那句話，我要永遠愛你，我永遠忘不了你。你在那邊的生活如何？大約是很快樂吧？說不定又有了新的朋友。不然，怎麼會不理我？我最美的先生，你要再跟別人好，我可饒不了你。等你回來了，咱們再算帳！你也許不愛聽這些話。可是我就這樣兒，你不愛聽也得聽。你的芳就是這脾氣。」語氣幽怨之中頗帶著一些撒嬌。

　　或許是被這個昔日女弟子的大膽與熱烈嚇壞了，一向愛惜羽毛的胡適再一次選擇了抽身而退。他給徐芳寫了一首詩，以「無心肝的月亮」為題，表明了自己的態度：「孩子，你可憐他／可憐他跳不出他的軌道／你應該學學他／看他無牽無掛得多麼好。」1941年，徐芳又給胡適寫信，請求他幫助自己到美國深造，結果被胡適拒絕。絕望的徐芳只好另擇夫君，於1943年和當時的陸軍參謀學校校長徐培根結婚，之後移居台灣。2006年，徐芳在台灣刊發了自己的詩集，並公開承認自己和胡適的這一段情。

出任駐美國大使的胡適

　　有人統計過，從1930年代末期胡適出任駐美大使到卸任後留居美國的十年，胡適身邊的「星星」最為密集。在這期間，他遇見了風情萬種的猶太少女羅慰慈（Lowitze），兩人以「小孩子」與「老頭子」相稱呼，並迅速發展為情人關係。不過在社交場中遊刃有餘的羅慰慈最終沒有成為韋蓮司第二，而是於

1939 年與一位叫羅伊‧格蘭特的男子結婚，不料次年丈夫即病逝。之後，羅慰慈於 1946 年與八十七歲的哲學家杜威結婚，成爲杜威的第二任夫人。由於杜威是胡適留學美國時期的導師，因此羅慰慈也就成了胡適的師母。而南伊利諾大學「杜威研究中心」保存的資料裡，至今仍保存著胡適寫給羅慰慈的一些態度親密的信。

在環繞胡適的眾多「星星」裡，大多是他的崇拜者。這其中，美國的哈德門太太或許是跟隨胡適「最久的一顆」。寡居的哈德門太太是一位比胡適小四歲的美國護士。1938 年，胡適因心臟病住院，哈德門太太是其特別護理。1942 年，胡適卸任駐美大使後，與哈德門太太在紐約同居，直至後來江冬秀赴美，兩人的同居生涯才宣告終結。

由對胡適崇拜而心生愛意的還有小胡適五歲的華僑白莎。白莎隨夫定居美國後，於 1933 年與胡適偶然相識，從此成爲其瘋狂崇拜者，她對胡適的感情連她的丈夫也看得一清二楚。而深陷感情困境的白莎也不斷「努力要使自己『不那麼眷戀』，不『過於五體投地』」。幾年後，白莎因病去世，不知其病因中究竟有沒有相思的因素。

不過，和另外一位胡適的崇拜者朱毅農的瘋狂相比，白莎對胡適的感情就顯得小巫見大巫了。朱毅農，胡適留學美國期間的摯友朱經農[87]的妹妹，一生一廂情願地苦戀胡適，最終陷入瘋狂，被家人隔離看護，一直到生命的最後一刻。胡適對此頗有些內疚，在他的日記裡把朱毅農住的屋子稱爲「她的瘋狂院」，並發出「我不殺伯仁，而伯仁因我而死」的歎息。值得一提的是，朱毅農曾經是胡適學生、著名物理學家饒毓泰的妻子，但婚後沒多久，朱毅農就因爲心頭有著「揮不去的人影」，而毅然與丈夫離婚。而頗具黑色幽默意味的是，1924 年朱毅農結婚的時候，證婚人正是胡適。

在胡適身邊的滿天群星裡，也有一些光彩奪目的「明星」。這其中包括陳衡哲、淩淑華、陸小曼。當然，才華橫溢、名聲顯赫的她們，似乎並不總是圍著胡適轉。

陳衡哲，筆名莎菲，中國第一位女教授，新文化運動的女先鋒。現代文

---

87 朱經農，現代教育家，歷任上海市教育局長、齊魯大學校長、湖南省教育廳廳長等職務。

學史名家司馬長風評價說：「首先響應拿起筆寫小說的作家，最先是魯迅，第二個就是陳衡哲。她實是新文學運動第一個女作家。」但事實上，陳衡哲1917年創作了白話短篇小說《一日》，以「莎菲」的筆名發表於《留美學生季報》，被認為是中國最早的白話小說，比魯迅的《狂人日記》還早了一年。而新文化運動的主將胡適對陳衡哲一直評價甚高，在給其短篇小說集《小雨點》作的序言中，稱之為「我的一個最早的同志」。

胡適與陳衡哲之間的緋聞，在二人生前已經為文化界津津樂道。1934年第二十六期《十日談》就曾刊發署名象恭的文章《文壇畫虎錄》，認為陳衡哲在留學美國時，與胡適「相見的機會甚多」，並曾要求與胡適「結為永久伴侶」，結果被胡適拒絕了，並介紹給自己的好朋友任鴻雋。

不過，這一傳聞遭到了當事人胡適的來函抗議，認為是憑空捏造的不實之詞。此後，無論是坊間，或者學界，關於胡適與陳衡哲之間的曖昧故事也似乎一直是傳說大於考證。

胡適在《四十自述》自序裡，曾經提到過「一位女朋友」毀稿的故事：「前幾年，我的一位女朋友忽然發憤寫了一部六千字的自傳，我讀了很感動，認為中國婦女的自傳的破天荒的寫實創作。但不幸她在一種精神病態中把這部稿本全燒了。當初她每寫成一篇寄給我看時，我因為尊重她的意願，不替她留一個副本，至今引為憾事。」美國學者夏志清在《小論陳衡哲》一文中推測這位焚稿的「女朋友」就是陳衡哲。但也有人認為，這個「女朋友」應該是朱毅農，因為陳衡哲從來沒有出現過「精神病態」。

事實是，胡適與陳衡哲在1917年才見了第一面，並且有任鴻雋相陪[88]。胡適在《藏暉室箚記》中記道：「4月7日與叔永去普濟佈施村（Poughkeepsie）訪陳衡哲女士，吾於去年10月始與女士通信，5月以來，論文論學之書以及遊戲酬答之片，蓋不下四十餘件。在不曾見面之朋友中，亦可謂不常見也。此次叔永邀余同往訪女士，始得見之。」

胡適與陳衡哲的通信「5月以來，論文論學之書以及遊戲酬答之片，蓋不

---

[88] 任鴻雋，字叔永，著名化學家、教育家，中國最早的綜合性科學團體——中國科學社、最早的綜合性科學雜誌——《科學》月刊的創建人之一。

下四十餘件」，的確「可謂不常見也」。

但二人也似乎僅此而已。1919 年，陳衡哲終於接受了多次向她求婚的任鴻雋，二人正式訂婚，次年受北京大學校長蔡元培邀請回國任教，成為北京大學也是中國第一位女教授。而胡適在寫給陳衡哲夫婦的詩歌《我們三個朋友》的結尾處寫道：

> 又是一種山川了，
> 依舊我們三個朋友。
> 此景無雙，
> 此日最難忘，
> 讓我們的新詩祝你們長壽！

除了陳衡哲以外，女作家淩淑華與社交名媛陸小曼也都被認為與胡適關係曖昧。淩淑華，曾就讀於燕京大學，與著名作家冰心同學，北京大學教授兼英文系主任陳西瀅的夫人，「珞珈山三傑」之一[89]。讀書期間即在《現代評論》發表小說，與胡適、徐志摩等文壇名流往來頻繁，畢業後嫁給以「閒話」著稱的才子陳西瀅。婚前，淩叔華在寫給胡適的信中特別談了對這樁婚姻的看法，信中寫道：「這原只是在生活上著了另一種色彩，或者有了安慰，有了同情與勉勵，在藝術道路上扶了根拐杖，雖然要跌跤也躲不了，不過心境少些恐懼而已。」

與陸小曼一樣，淩淑華也同時與胡適、徐志摩過從甚密。不過，淩叔華和徐志摩之間的感情糾葛雖然世人多相信確有其事，而她和胡適之間，目前僅存的證據也不過是一些言辭親密的書信而已。

陸小曼的情況和淩淑華相近，但也有不同。胡適不僅是浪漫才子徐志摩與風流才女陸小曼之間的「紅娘」，他本人與陸小曼之間的關係也十分親密[90]。

89　淩叔華隨夫到武漢大學任教期間，與另外兩名在武漢大學執教的女作家袁昌英和蘇雪林過從密切，人稱「珞珈山三傑」。

90　徐志摩生前曾將日記交由淩叔華保管。徐志摩因飛機失事去世後，胡適出面索取，淩叔華將日記交出，托他轉交陸小曼。後來淩叔華聽說胡適把日記交給了林徽因，而非陸小曼，十分不滿。不過，林徽因的兒子梁從誡否認他母親存有這些日記。

　　胡適與徐志摩關係密切，胡適不僅可以看徐志摩的日記，還曾經在上面做批註。而徐志摩也很瞭解胡適，他曾經說：「凡是胡適文章中有按語的地方都要好好考究，因為這些按語往往都是導引你往錯誤方向理解的」，胡適聽後則說：「知我者志摩。」

　　徐志摩到義大利去探望病中的泰戈爾之前，曾托自己的好朋友胡適照顧戀人陸小曼，並希望胡適能夠帶陸小曼到歐洲找自己。沒想到，就在這一時期胡適和陸小曼之間的感情迅速升溫，不僅沒去歐洲找徐志摩，反而留下了陸小曼寫給胡適的幾封英文情書。

陸小曼

　　陸小曼寫給胡適的英文情書，其中一部分已經被胡適研究者譯成中文：

> 　　我真是焦急，真希望我能這就去看你。真可惜我不能去看你。我真真很不開心。請你一定要好好照顧自己。

> 　　我非常急切地想要你來我家，但我不應該太自私。再見了，最親愛的，你永遠的眉娘（Mignon）。

> 　　我這幾天很擔心你。你真的不再來了嗎？我希望不是，因為我知道我是不會依你的。我會耐心地等待，總有那麼一天，你又可以像從前一樣來去自如。

> 　　熱得很，什麼事都做不了。只希望你很快地能來看我。別太認真，人生苦短，及時行樂吧。

隻言片語，也可見二人之情感非同一般。

　　凌淑華、陸小曼與胡適書信往來頻繁的時候，正是胡適遭遇家庭危機之時。當時，胡適因和表妹曹誠英雙雙墮入愛河，向妻子江冬秀提出離婚。不料江冬秀大發虎威，不僅斷然拒絕，並且以死威脅，並嚴格監視胡適的一切書信往來。與今時今日陷入婚姻保衛戰的妻子們嚴查丈夫的手機與郵件異曲同工，結果也因人而異，各不相同。面對江冬秀的嚴防緊守，凌淑華不敢再

給胡適寫信，而陸小曼則冒充男性，用江冬秀無法破解的英語給胡適寫信。

　　儘管陸小曼不惜採取諜戰中密碼傳信的方式，但江冬秀憑女人的直覺還是覺察到她和胡適之間不同尋常的關係，因此當著胡適朋友的面，斥責胡適和陸小曼關係不正常，並揚言有一天要揭開他的眞面目。

　　同前面的幾次情況一樣，這一次胡適再次選擇了息事寧人，急流勇退。當年即有傳言，說胡適喜歡陸小曼，卻苦於無法跟江冬秀離婚，迫不得已，陸小曼才轉而許身徐志摩。

　　「未見胡適已傾心，一見胡適誤終身。」隨著新資料的不斷挖掘，胡適，這位一向被認爲情感專一的「道德楷模」，日漸呈現出與前截然不同的大眾情人形象。有人將胡適比作光彩奪目的太陽，而將他身邊的癡情女子比喻爲繞其轉動的月亮和星星。也有人從胡適的名詩《蘭花草》中心生靈感，將他比喻爲一名「拈了蘭花又惹蘭草」的採花高手。是耶？非耶？浪漫也罷，苦情也罷，局中人均已作古，剩下多少情事不過成爲坊間的談資罷了。

張愛玲的「傾城之戀」

　　一個橫空出世的天才女子，書寫了無數亂世傾城之中的華麗、蒼涼與傳奇，其本人那驚世駭俗的戀情更是為世人爭議不休。圍繞著張愛玲與胡蘭成那段不堪的情史，無論是三毛筆下的《滾滾紅塵》，李安執導的《色，戒》，胡蘭成的情感回憶錄《今生今世》，還是張愛玲的「自白小說」《小團圓》，都站在各自立場進行了細膩的情感闡釋。直到今天，人們對於張愛玲的那段「傾城之戀」，仍然是眾說紛紜，各執一詞。

　　「生命是一襲華美的袍，爬滿了蝨子。」1938 年，一位十七歲的教會中學女生寫下了這句話，從此拉開了一段傳奇的序幕。

　　張愛玲，出身於官宦家庭的天才女作家。她的祖父是張佩綸，她的外曾祖父是李鴻章。但是，當她出生的時候，一切榮華富貴都已成為往事，留給她的，只是一個充滿壓抑並且日趨敗落的家庭。張愛玲本名張瑛，愛玲是她上學的時候母親按照英文名字的諧音給她重取的名字。在這個家庭裡，父親張廷重終日游走於鴉片館與妓院之間，是一個標準的紈絝子弟，母親黃逸梵則是一位崇尚西方生活、追求自由獨立的新女性[91]。在這樣的家庭裡，缺少的是溫馨與關愛，充斥的是爭吵和冷漠。在這樣一個家庭裡成長起來的孩子，不免在自憐自傷之餘經常懷念祖上的盛世繁華。於是，幼年的張愛玲最沮喪的事情是繁華的無可挽回，即使是因為睡覺耽誤了放鞭炮，她也會「覺得一切的繁華都已經成了過去，我沒有份了，躺在床上哭了又哭，不肯起來，最後被拉了，坐在小藤椅上，人家替我穿上新鞋的時候還是哭——即使穿上新鞋也趕不上了」。

　　或許是擔心繁華易逝，年輕的張愛玲充滿了成名的緊迫感：「出名要趁早呀！來得太晚的話，快樂也不那麼痛快。」剛剛九歲的張愛玲就學會了通

---

91 黃逸梵的祖父是清末水師提督，父親為道台，她本人深受五四新思潮的影響，多次出國，學過油畫，並結識了徐悲鴻等畫家，1957 年在英國病逝。

過投稿出名賺錢，她的第一筆稿費是五塊錢，這筆錢被她用來買了一支口紅，來塗畫自己的美麗。而張愛玲一生都對色彩亮麗的顏色癡迷不已，喜歡的服裝也是豔到極處的大紅大綠。這是對她灰色人生的掩飾，抑或是對五彩生活的嚮往？人們不得而知。不過有人說，1950年代初，看到滿街的灰藍色中山裝，身穿華麗旗袍的張愛玲立即感到格格不入，於是她謝絕了夏衍等人的挽留，從上海去了香港。

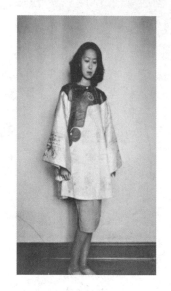

張愛玲

厭倦了爭吵的父母最終離婚，這個壓抑的家庭不僅更加敗落而且已經殘缺不全了。張愛玲自此跟著父親生活，而在父親腐朽的生活陰影裡，早熟的張愛玲深刻地體驗到了什麼樣的感覺是蒼涼。據說，在父親去妓院尋歡的時候，年幼的張愛玲也經常被帶去，交給妓院的人照看。然而父親不僅是浪蕩子，還是才子，父親靠在躺椅上吟哦舊體詩的情景已經與夕陽一樣深深印在張愛玲的腦海裡。有人說，單親家庭的張愛玲患上了一種終生無法擺脫的戀父情結。在她早期的小說《心經》裡面，女孩愛上父親其實就是她自己的內心獨白，而她晚年全力翻譯講述妓女生活的《海上花列傳》，也是出於一種對父親難以割捨的懷念。歷史人物的心理後人無從考證，但在現實生活中，張愛玲的確似乎更喜歡那些年長而滄桑的男人。1944年，張愛玲和胡蘭成結婚的時候，她二十四歲，胡蘭成三十八歲；1956年她和賴雅結婚的時候，張愛玲三十六歲，而賴雅已經六十五歲了。

後來，張愛玲從父親和繼母的家裡逃了出來，投奔住在一起的母親和姑姑[92]。母親給了她兩條路，讓她選擇：「要麼嫁人，用錢打扮自己；要麼用錢來讀書。」張愛玲選擇了後者。

然而張愛玲在香港大學的學業由於香港淪陷中斷了，她又回到了上海。在靜安寺附近的常德公寓裡，二十出頭的張愛玲文思如湧，新作不斷問世，

---

92 張愛玲的姑姑張茂淵，早年曾留學英國，個性十分獨立。年輕時愛上留學生李開弟，不過李開弟早有婚約在身。五十年後，李開弟的妻子去世，七十八歲的張茂淵與李開弟成婚。

一時名聲大噪。不過，成名之後的張愛玲似乎並不十分快樂。她仍然將自己封閉在房間裡，但房門並沒有被澈底關閉，而是虛掩著，並且和它的主人一樣，高度敏感地等待著那個期待已久的敲門聲。

來敲門的人是胡蘭成，其時三十八歲，已經有過兩次婚姻。

胡蘭成，1906 年出生於浙江嵊縣下北鄉的一個山村，曾經在家鄉的小學、廣西一中、柳州四中等學校擔任教員。1936 年，廣西軍閥白崇禧、李宗仁，聯合廣東軍閥陳濟棠發動了反對蔣介石的「兩廣事變」。當時正在廣西教書的胡蘭成，立即在《柳州日報》等報紙上發表文章，鼓吹兩廣與中央分裂。但不久李宗仁、白崇禧與蔣介石妥協，「兩廣事變」宣告平息，胡蘭成政治投機受挫。之後，胡蘭成開始頻頻為汪精衛系的《中華日報》撰稿，尋找新的政治機會。抗戰爆發之後，上海淪陷，胡蘭成寫了一篇賣國社論《戰難，和亦不易》，受到汪精衛妻子陳璧君的賞識，於是被提升為《中華日報》總主筆，從此成為汪派宣傳骨幹。1940 年，汪偽政府成立，胡蘭成任宣傳部政務次長，仍兼《中華日報》總主筆。但不久在汪偽內部鬥爭中失敗，被免去宣傳部次長職。1943 年末，胡蘭成被汪精衛下令逮捕，次年初被釋放。政治失意的胡蘭成困居上海，讀了張愛玲的小說《封鎖》後，百無聊賴之際忽然心血來潮，決定前去拜訪這位正向明星一樣名氣冉冉上升的天才少女。

胡蘭成第一次拜訪張愛玲的時候，並沒有見到人，就從門洞裡遞進了自己的名片和一張小紙條。沒有人知道他在紙條上寫了什麼內容，但一向高傲常拒人於千里之外的張愛玲居然在第二天便回訪了他。

兩人的第一次見面似乎是相見恨晚，一談就是好幾個小時。不過，在這漫長而私密的談話中，大部分時間是胡蘭成在說，張愛玲在聽。

據說胡蘭成第一次見到張愛玲的時候，就被她那種「豔亦不是那種豔法，驚亦不是那種驚法」的氣質所折服。他隨後給張愛玲寫了一封信，說傳說中高高在上的張愛玲其實很謙虛。但如果將此理解為胡蘭成對張愛玲一見鍾情，顯然就犯了張愛玲式的錯誤。更為合理的解釋是，這是一個閱人無數的中年男人對一個情竇初開的純情少女的一目了然。

多年以後，胡蘭成在他的回憶錄中寫道：「我一見張愛玲的人，只覺與我所想的全不對。她進客廳裡，似乎她的人太大，坐在那裡，又幼稚可憐相，

待說她是個女學生，又連女學生的成熟亦沒有」，「她又像十七八歲正在成長中，身體與衣裳彼此叛逆。她的神情，是小女孩放學回家，路上一人獨行，肚裡在想什麼心事，遇見小同學叫她，她亦不理，她臉上的那種正經樣子。」這樣的敘述，與其是說愛情使然，不如說是一個老於世故的男人對於一個涉世未深的少女的直覺感觸。

但生性孤僻、脆弱，集自卑、自戀與自傲於一身的張愛玲太渴望自己的知音了。而當胡蘭成一眼洞穿她的內心世界，並用父親般的慈愛去欣賞她之後，張愛玲就被澈底征服。於是，她給胡蘭成回信道：「因為懂得，所以慈悲。」

所以當胡蘭成向張愛玲要照片時，她在反面寫下了這樣的話：「見了他，她變得很低很低，低到塵埃裡，但她心裡是歡喜的，從塵埃裡開出花來。」

張愛玲

但這仍然不足以表達深陷情網的張愛玲對收穫愛情的驚喜。而最能夠代表她此時感受的，也許是她在散文《愛》中寫下的這樣一段經典的話：「於千萬人之中遇見你所要遇見的人，於千萬年之中，時間的無涯的荒野裡，沒有早一步，也沒有晚一步，剛巧趕上了，那也沒有別的話可說，惟有輕輕地問一聲：『噢，你也在這裡嗎？』」

一個是政治失意、寄情風月的文化漢奸，一個是涉世未深、情竇初開的懵懂少女，兩人的感情很快就一發而不可收。很快，張愛玲就和剛與第二任妻子離婚的胡蘭成在上海結婚。證婚人是張愛玲的好朋友炎櫻，並且留下一紙婚書：「胡蘭成與張愛玲簽訂終身，結為夫婦。願使歲月靜好，現世安穩。」其中前兩句出自張愛玲之手，後兩句則是胡蘭成所寫。對於渴望幸福的張愛玲來說，她希望就此能夠與心愛的人擁有一個「同住同修，同緣同相，同見同知」的美好生活。

然而急速變化的時局很快就證明了張愛玲幸福生活的虛幻。1944年，汪精衛死於日本，一眾漢奸均惶惶不可終日。胡蘭成說：「將來日本戰敗，我大概還是能逃脫這一劫的，就是開始一兩年恐怕要隱姓埋名躲藏起來，我們

不好再在一起的。」張愛玲笑答：「那時你變姓名，可叫張牽，或叫張招，天涯地角有我在牽你招你。」為了尋覓新的政治出路，胡蘭成來到武漢接編《大楚報》，但生性風流的他很快與漢陽醫院的護士周訓德談起戀愛。他向周訓德坦承自己已有家室，希望能娶她做妾。沒有想到，周訓德對此斷然拒絕，因為她的生母是妾，所以她說，不能娘是妾，女兒也是妾。於是胡蘭成又舉行了一次婚禮。獲悉此事，生性高傲的張愛玲備受打擊，她對好友炎櫻說：「當自己的丈夫喜歡另一個女人時，而這個女人是你完全看不起的，也是我們的自尊心所不能接受的。結果也許你不得不努力地在她裡面發現一些好處，使得你自己喜歡她。然而，喜歡了之後，只有更敵視，更心痛！」

1945 年 8 月，日本投降後，胡蘭成開始了隱名埋姓的逃亡生活，他輾轉逃竄來到溫州，化名張嘉儀，很快與當地一個名叫范秀美的寡婦同居。這讓隨後千里尋夫來到溫州的張愛玲不禁黯然神傷，她絕望地說道：「生命是殘酷的。看到我們縮小又縮小的、怯怯的願望，我總覺得有無限的慘傷。」她曾經執著地追求一份完整的感情，卻最終發現在這個世界上，「沒有一件情感不是千瘡百孔的」，於是心灰意冷的她最終獨自回到上海，不無傷悲地宣布自己「我將只是萎謝了！」

1965 年 6 月，胡蘭成在日本

1947 年 6 月，張愛玲給胡蘭成寫信宣布與其絕交，信上說：「我已經不喜歡你了。你是早已不喜歡我的了。這次的決心，我是經過一年半的長時間考慮的。彼惟時以小吉故，不欲增加你的困難。你不要來尋我，即或寫信來，我亦是不看的了。」不過，張愛玲隨信還給胡蘭成寄去自己的稿費三十萬金元券。這在當時是一大筆錢，大約相當於當時一個上海中學教師八十年工資的總和。

1950 年初，胡蘭成離開大陸來到香港。在香港，他恢復本名，再現風流本色，不久就結交了新歡佘愛珍。佘愛珍，前夫吳四寶，上海灘赫赫有名的黑道頭目，上海淪陷後，黃金榮、杜月笙等流氓大亨拒絕為日本利用，或隱居、或出走，而投靠日偽的吳四寶則在上海威風八面，並且還加入了臭名

昭著的汪僞特工組織「七十六號」，其上司就是《色，戒》中「易先生」的原型，「七十六號」負責人丁默邨。而作爲吳四寶壓寨夫人的佘愛珍，也是一個心狠手辣的女特工，「七十六號」很多女犯人，都由佘愛珍親自刑訊。1942 年 2 月，吳四寶被人毒死，佘愛珍也陷入困境，隨後逃亡香港。胡蘭成與佘愛珍相遇後，不免有同是天涯淪落人的惺惺相惜之感，於是很快結合在一起。不久，二人又從香港去了日本。

抗戰的勝利也使張愛玲處境尷尬，雖然一生遠離政治，並在《自己的文章》中宣稱：「一般所說『時代的紀念碑』那樣的作品，我是寫不出來的，也不打算嘗試……我的作品裡沒有戰爭，也沒有革命。我認爲人在戀愛的時候，是比在戰爭或革命的時候更素樸，也更放恣的。」但作爲大漢奸胡蘭成的前妻，面對外界的指責她也只有保持沉默了。

1952 年，張愛玲以到香港完成學業爲理由，離開上海，從此永遠告別了這座讓她五味雜陳的城市。1955 年，張愛玲又乘「克利夫蘭總統號」離港赴美。次年，三十六歲的張愛玲與六十五歲的美國劇作家賴雅結婚。但不久賴雅就中風癱瘓，張愛玲獨自挑起了支撐家庭的重擔，直到 1967 年賴雅去世。

晚年的張愛玲幾乎與世隔絕，她拒絕給所有的熟人回信、拒接電話、拒絕接見客人。1995 年 9 月 8 日，張愛玲一個人在紐約的公寓孤獨地離去。這一天，恰逢中國傳統的中秋節。但她身邊一個親人都沒有，最後還是房東發現她已經死去。

有人說：「只有張愛玲才可以同時承受燦爛奪目的喧鬧與極度的孤寂。」

張愛玲曾經說過：「個人即使等得及，時代是倉促的，已經在破壞中，還有更大的破壞要來……如果我最常用的字眼是蒼涼，那是因爲思想背景裡有這種惘惘的威脅。」這句話道明瞭個人與所處時代無法逃避的深刻關係。而反觀張愛玲的一生，雖然她極力試圖擺脫時代的束縛，卻最終就像如來佛手中的那只猴子，怎麼跳也無法擺脫時代翻手爲雲、覆手爲雨的手心。

在近代中國的風雲變幻中，無論是早期的「五四」啓蒙文學，之後的革命文學和抗戰救亡文學，文學的命運都與時代休戚相關。而自我的張愛玲註定只是一個異類。正如曾經成就過張愛玲的柯靈所言：「偌大的文壇，哪個

階段都安放不下一個張愛玲；上海淪陷，才給了她機會 93。日本侵略者和汪精衛政權把新文學傳統一刀切斷了」，「這就給張愛玲提供了大顯身手的舞臺」，「張愛玲的文學生涯輝煌鼎盛的時期只有兩年（1943-1944 年）是命中註定，千載一時，『過了這村，沒有那店』。」

　　不過，時代成就了張愛玲，時代也拋棄了張愛玲，當抗戰勝利後，淪陷的上海「孤島」重新回歸祖國懷抱，而善於在傾國傾城中書寫「華麗」與「蒼涼」的張愛玲卻從中心走到邊緣。此後，在漫長的文學敘述中，她已經為大陸學人日趨遺忘，直到遠在大洋彼岸的學者夏志清有些誇張地驚呼：「除了曹雪芹外」，「民國以前」和「五四以來最優秀的作家」，「實在都不能同張愛玲相比」！而正是在夏志清的一手挖掘下，伴隨著 1980 年代「重寫文學史」的呼聲，在大陸被隱沒多年的張愛玲重新浮出歷史的地表。

　　但這些也許都不是張愛玲所看重的。她曾經說：「有一天我們的文明，不論是昇華還是浮華，都要成為過去。然而現在還是清如水明如鏡的秋天，我應當是快樂的。」對於張愛玲這樣一個似乎很早就已經看破紅塵的天才女子來說，她更追求及時行樂的個人喜悅。因此，在張愛玲的文學裡，雖然生逢國破家亡的亂世之秋，但作為宏大敘事的國運民生始終是缺席的，看得見的只是風流男子與幽怨女子的纏綿悱惻、悲歡離合。不過，這種極端自我的追求快樂卻往往會被歡樂拋在後面。無論是張愛玲筆下的人物，還是她本人都概莫能外。在現實中，張愛玲並不介意愛上的是一個漢奸，因為她視自己的個人幸福重於國家民族的命運，但結果卻讓她徒留悲涼。

　　「『死生契闊，與子成悅；執子之手，與子偕老』是一首悲哀的詩，然而它的人生態度又是何等肯定。我不喜歡壯烈。我是喜歡悲壯，更喜歡蒼涼。壯烈只是力，沒有美，似乎缺少人性。悲哀則如大紅大綠的配色，是一種強烈的對照。」

　　這是張愛玲在散文《自己的文章》中的一段話，對於自己的人生，它像是讖語，也像是托詞。

　　當然，如果張愛玲愛上的也是一個癡情的漢奸，那也許也是一場難以言

---

93 抗戰時期，上海淪陷區的張愛玲和北平淪陷區的女作家梅娘被並稱為「南玲北梅」。

表的愛情傳奇，但現實卻是，那個曾經許諾要給她「現世安穩」的人不過是一個逢場作戲的情場老手。在胡蘭成的情感回憶錄《今生今世》中，他敘述了自己同八個女人的情感糾結，而張愛玲只不過是其中的八分之一。

　　張愛玲的愛情故事曾經被眾多影視作品演繹，其中最有名的就是由三毛編劇、林青霞主演的《滾滾紅塵》[94]。三毛曾經說過：「我不要聰明，我要愛。」但又說過：「無論你怎麼尋找愛，你永遠找不到，你只能找到孤獨。」有人因此說，三毛與張愛玲都屬於那種「情到深處人孤獨」的聰明女子，她是以《滾滾紅塵》向張愛玲致敬。也許，一同向張愛玲致敬的還有那首由羅大佑作曲，三毛作詞的同名主題曲：

> 起初不經意的你
> 和少年不經事的我
> 紅塵中的情緣只因那生命匆匆不語的膠著
> 想是人世間的錯
> 和前世流轉的因果
> 終生的所有也不惜換取剎那陰陽的交流
> ……

張愛玲畫像

　　2007 年，李安根據張愛玲同名小說改編的電影《色，戒》上映，轟動與爭議並舉[95]。

　　實際上，張愛玲早在 1950 年就寫出了小說《色，戒》的初稿，卻一直沒有拿出來發表，而是在抽屜裡放了將近三十年，期間「屢經澈底改寫」，直到 1978 年 4 月 11 日，才交由臺北的《中國時報》副刊《人間》發表。張愛玲在卷首語寫道：「這個小故事曾經讓我震動，因而甘心一遍遍修改多年，在改寫的過程中，絲毫也沒有意識到三十年過去了。愛就是不問值不值得，所謂『此情可待成追憶，只是當時已惘然。』」

94　《滾滾紅塵》是三毛最後一部作品也是唯一的一部劇本。在寫作過程中她曾經試圖與張愛玲本人聯繫，但一直沒有得到答覆。《滾滾紅塵》上映後雖然曾獲第二十七屆金馬獎最佳劇情片等多項大獎，卻因為美化漢奸而遭到批評，而三毛也在次年自殺身亡。其死因至今眾說紛紜。

95　電影《色，戒》雖有大量情色鏡頭，但最引人爭議的卻並非這一點，而是其政治立場。欣賞者稱之為在國家話語中凸顯個人情感，抨擊者稱其在美化漢奸的同時醜化了愛國志士。

一個約萬字的短篇小說居然被修改了三十年。有人說，這是因爲張愛玲希望以此對自己的那段愛情進行總結。當然，小說《色，戒》也有原型，這就是1939年的「丁默邨遇刺案」，主角是當年有名的美女特工鄭萍如[96]。不過，鄭萍如是爲國家民族犧牲，而《色，戒》中的王佳芝則是因爲動情而導致刺殺失敗同時搭上了自己的性命。這個區別也成爲臧否《色，戒》的一個焦點。

或許早已經料到這一局面的發生，張愛玲在《色，戒》的序言中寫道：「寫反面人物，是否不應當進入內心，只能站在外面罵，或加以醜化？……對敵人也需要知己知彼，不過知彼是否不能知道太多？因爲瞭解是原恕的初步？如果瞭解導向原宥，瞭解這種人也更可能導向鄙夷。缺乏瞭解，才會把罪惡神化……愛就是不問值不值得。」

2009年，在張愛玲去世十四年後，她遺留的一部頗有爭議的自傳體小說《小團圓》突兀問世。《小團圓》是張愛玲最爲神秘的作品，從1970年代開始創作至去世前一直未能完成，而張愛玲在遺囑中甚至要求將其銷毀，但最終由台灣皇冠出版社「違規」出版。相比胡蘭成的《今生今世》，《小團圓》提供了另一個版本的張胡之戀，並且引起巨大轟動與爭議。在書中，張愛玲眞實地記錄了深陷情網的女主人公在「渾身火燒火辣燙傷了一樣」的狀態中，矛盾掙扎、顚倒迷亂卻難以自拔的複雜情感。《小團圓》出版後，被認爲是張愛玲的「自白小說」，張迷們評價其「坦率得嚇人」，評論家稱之爲張愛玲的「自薦跳脫衣舞」，而「挺胡派」則認爲作品中的男女關係「很深入、誠懇」，是「中國所有談男女關係的文學中，所沒有達到的境界」。更讓人驚訝的是，小說還披露了女主人公及其好友、母親、姑姑的一些不爲人知的大膽戀情。可以說，隨著《小團圓》的出版，圍繞著張愛玲情感世界的爭論再起波瀾。

不過，正如張愛玲所言：「愛你值不值得，其實你應該知道，愛就是不問值得不值得。」可見，再聰明的女子，縱使看得破紅塵，也勘不過情字。而對於張愛玲的這一段意亂情迷的「傾城之戀」，儘管眾說紛紜，說的人終歸都只是旁人。

---

96 鄭萍如，父親鄭英伯，曾經追隨孫中山革命，爲同盟會元老，後任復旦大學教授，母親木村花子爲日本名門閨秀。抗戰爆發後，十九歲的鄭萍如加入中統，擔任抗日的地下工作，後因爲刺殺丁默邨失敗被殺。

從梅蘭芳夫人到杜月笙太太：
一代名伶孟小冬的兩次婚戀

2008 年，隨著電影《梅蘭芳》的上映，一段幾乎被湮沒的情感往事——京劇大師梅蘭芳與一代名伶孟小冬的愛情故事又一次成為人們茶餘飯後的談資。在電影裡，故事是這樣進行的：名滿京城的當紅鬚生[97]孟小冬與旦角[98]之王梅蘭芳一見鍾情，卻遭到了梅妻福芝芳和梅蘭芳摯友邱如白的反對。之後，一次突如其來的變故最終摧毀了梅、孟戀：有人冒充孟小冬的情人要報復梅蘭芳，結果卻誤殺了賓客，刺客本人也被聞訊趕來的軍警擊斃。事件發生後，輿論沸騰，而孟小冬也為了自己心上人的名譽與安全離開梅蘭芳。電影《梅蘭芳》由知名導演執導，並且被梅氏後人授權，因此被認為是真實再現這位藝術大師傳奇一生的傳記片，但是，電影一經問世，就叫好與質疑之聲並存，而其中關於梅、孟戀的敘述更是飽受爭議。在擺脫電影虛構與歷史真實之間的糾結之後，人們有理由追問：梅、孟戀到底是怎麼回事？二人為何分手？愛情受挫後，孟小冬最終情歸何處？

京劇大師梅蘭芳在遇到孟小冬之前，已經有過兩次婚姻。1910 年，梅蘭芳與名武生王毓樓的妹妹王明華結婚。王明華生過兩個孩子，可惜都早夭。之後，梅蘭芳以幼時過繼給伯父梅雨田，身兼雙祧，需繼承兩家香火為由，又迎娶了有「天橋梅蘭芳」之稱的旗人女子、坤旦福芝芳。福芝芳入門之後，王明華因為纏綿病榻，避居天津，逐漸從梅家淡出。福芝芳雖晚入門，卻成為梅蘭芳事實上的正妻。

孟小冬在認識梅蘭芳之前，在南方已經是聲名鵲起的後起之秀。1925年，十八歲的孟小冬離開上海初闖京城，在前門大柵欄有名的三慶園初次登臺，首演的劇碼是百餘年來傳唱不衰的經典名劇《四郎探母》，結果大獲成

97　鬚生，又叫老生，正生、或鬍子生。在京劇中主要扮演中年以上的男性角色。

98　旦角，指戲曲中的女性形象，可分為青衣、花旦、刀馬旦、武旦、老旦、彩旦等類別。

功。因此，當數月之後孟小冬再次上演《四郎探母》的時候，和她配戲的旦角即由一個趙姓無名坤旦變成了赫赫有名的「伶界大王」梅蘭芳。這一方面說明孟小冬在京城的影響與日俱增，同時也反映了一代宗師梅蘭芳對這位後起之秀的欣賞與扶植。而這也成為梅、孟之間有限的兩次合作中的第一次。

梅蘭芳

然而欣賞歸欣賞，梅、孟之間的愛情，卻並非是電影裡的一見鍾情，甚至很難稱之為自由戀愛，在很大程度上要源於好事戲迷與媒體的撮合。

1926 年，時任北洋政府財政總長的王克敏五十大壽，京城政要與藝術名流雲集，孟小冬與梅蘭芳均被邀出席。酒席筵前，在大家的熱烈提議下，孟小冬與梅蘭芳合演了一出《游龍戲鳳》，從此開啟彼此緣分。舞臺上，孟小冬是風流倜儻的正德皇帝，梅蘭芳是風情萬種的李鳳姐。現實中，皇帝原來是風華絕代的俏佳人，而佳人反是風度翩翩的男兒郎。這種戲裡戲外的身分錯位讓當時的新聞媒體和狂熱的戲迷不禁為之吟詠再三，讚歎不已，一些好事者還萌發了促成梅、孟姻緣的想法。這其中，就有馮耿光、齊如山等幾位在「梅黨」[99] 中舉足輕重的戲迷。

馮耿光（電影《梅蘭芳》中馮子光的原型），人稱「六爺」，曾是袁世凱政府的陸軍少將，後任中國銀行總裁，是當時中國金融界的高層人物。他是民國時期梅蘭芳在經濟上的主要支持者，人稱「梅黨」中的「錢口袋」。

齊如山（電影《梅蘭芳》中邱如白的原型），戲劇造詣深厚，人稱「梅黨」中的「戲口袋」。齊如山曾經追隨孫中山，並且長期資助辛亥革命。民國成立後，他全力投身京劇界，除擔任過梅蘭芳大部分作品的編劇、導演，還從古畫中尋找靈感為梅蘭芳設計了搖曳多姿的古裝打扮。不僅如此，精通三國外語的齊如山還主導策劃了梅蘭芳 1930 年的訪美演出活動，使梅蘭芳成為中西文化交流中中國文化的符號[100]。

---

99 「梅黨」是當時媒體對社會上那些支持、迷戀和追隨梅蘭芳的人的稱呼。「梅黨」之癡迷比諸今日演藝界明星的粉絲有過之而無不及。

100 梅蘭芳訪問美國時，《時代》說，只有兩個人曾成功宣傳過中國，一是宋美齡，一是梅蘭芳。

可以說，馮耿光、齊如山不僅是梅蘭芳京劇事業上的左膀右臂，而且在民國的藝術圈子裡都具有舉足輕重的影響。因此，面對以他們爲代表的幾位重量級戲迷的撮合，再加上媒體的推波助瀾，原本就互存好感的梅、孟二人自然就欣然接受婚嫁了。對於這一段具有浪漫傳奇色彩的愛情，當時的《北洋畫報》上有一篇文章評論說：「小冬聽從記者意見，決定嫁，新郎不是闊佬，也不是督軍省長之類，而是梅蘭芳。」報紙還刊發了梅蘭芳和孟小冬的照片各一張，照片下的文字則是「將娶孟小冬之梅蘭芳」和「將嫁梅蘭芳之孟小冬」。

倘依此言，梅、孟戀很大程度上是因爲「聽從記者意見」。但關於兩人的結合實際上還有多個說法，其中比較流行的一個說法是馮耿光、齊如山等人不滿意梅夫人福芝芳對丈夫的諸多干涉，希望通過引入孟小冬來消解福芝芳在梅家的控制權；也有人認爲是梅蘭芳的第一任妻子王明華因不甘心就此淡出梅家而暗中導演了梅、孟二人的相識。當時的《北洋畫報》就曾經刊登署名「傲翁」的文章《關於梅孟兩伶婚事之謠言》，文章猜測：「梅大奶奶現在因爲自己肺病甚重，已入第三期，奄奄一息，恐無生存希望，但她素來是不喜歡福芝芳的，所以決然使其夫預約孟小冬爲繼室，一則可以完成梅孟二人的夙

孟小冬

願，一則可以阻止福芝芳，使她再無扶正的機會。」不過，該文在題目上就已經承認是「謠言」，也缺乏足夠的歷史證據來支持。另外，近年來還有人提出一些新的說法，如翁思再就在《非常梅蘭芳》裡認爲梅、孟結合實際上另有隱衷，是孟小冬爲了逃避有「三不知將軍」之稱的奉系軍閥張宗昌的採花魔掌，而和戲曲界名流們一起想出來的應急策略。而梅蘭芳之娶孟小冬，則是「英雄救美」，是「冒了很大風險」的「一個義舉」。

和電影中有始無終的愛情不同，眞正的梅、孟戀實際上走進了婚姻的殿堂。雖然孟小冬的家人對這椿婚姻並不看好，並且以梅蘭芳已有兩房夫人在先，不願孟小冬作妾爲由一直反對。但是，齊如山等人百般撮合，並提議讓梅

蘭芳為孟小冬另購宅院，與福芝芳分開居住。最終，孟家人還是同意了梅、孟二人的結合。1927年的農曆正月24日，梅蘭芳與孟小冬在位於東城東四牌樓九條三十五號馮耿光的公館裡舉行了簡單的婚禮。

婚後，戲迷們期待的「王皇同場，乾坤絕配」並沒有出現在舞臺上。為人妻後，孟小冬深居簡出，洗盡鉛華，甘願隱藏在梅蘭芳的身後與夫君相依相守。然而，梅、孟戀雖然為戲迷們上演了一場美輪美奐的開場戲，卻難以避免以悲劇散場。這看起來安詳寧靜的日子，不過數月就被一起命案的槍聲徹底打破。

1927年9月14日，在馮耿光公館門口，一個二十歲左右的大學生執意要見梅蘭芳。這個年輕人名叫李志剛，是孟小冬的狂熱粉絲，因為自己的偶像婚後久不登臺，便遷怒於梅蘭芳。當時梅蘭芳和幾個朋友正在馮耿光的公館裡吃午飯，聞聽此事，當時在座的賓客之一、《大陸晚報》經理張漢舉便毛遂自薦，來到公館門口去處理此事。在交涉的過程中，情緒激動的李志剛突然從口袋裡掏出一把手槍對準毫無防備的張漢舉，將其挾為人質。見此情景，馮公館下人趕忙沖進公館內彙報，並且立刻報警。隨後，聞訊趕來的大量軍警便將馮公館團團圍住。李志剛發現自己已被軍警包圍後情緒失控，絕望之中將張漢舉開槍打死。見到人質被殺，軍警們紛紛開火，將李志剛當場擊斃。整個事件後來經過媒體極力渲染，成為當時轟動全國的「馮宅槍擊案」。2008年上映的電影《梅蘭芳》也涉及這一事件，但將經過講述為「梅黨」核心邱如白為了拆散梅、孟之間的戀情，暗地裡雇人上演的假刺殺行動。這與邏輯不符，因為邱如白的原型齊如山實際上是撮合梅、孟姻緣的關鍵人物之一，怎麼可能有如此激烈的反對行為呢？

槍擊案發生後，各家小報對於此事都非常熱衷，流言蜚語層出不窮，鬧得京城滿城風雨。坊間傳聞甚至說李志剛本來是孟小冬的未婚夫，梅蘭芳之娶孟小冬是奪人所愛的不道德行為。更有劇評家薛觀瀾寫文章為槍擊案的真相提供另外一個版本，認為兇犯不是李志剛，而是一個名叫王維琛的高幹子弟，是北京市長王達的兒子，並且進一步猜想是警方為了維護王達的名聲而故意隱瞞真相，編造出來一個名叫「李志剛」的替罪羊。無論真相如何，流言蜚語都危及到了梅蘭芳一向在世人面前的完美形象。而追蹤溯源，既然事

情是因孟小冬而起，孟小冬便難免成為眾矢之的。至此，原本被眾人看好的梅、孟戀的光環日趨黯淡，兩個人的關係也出現裂縫，並且在隨後的一場家庭衝突中澈底破裂。

令人唏噓的是，梅蘭芳1930年訪問美國，本來是要和孟小冬同行的，但是因為這次突然的變故而改變了計畫。否則，以孟小冬在京劇藝術上的高深造詣和強大表現力，或許也可以和梅蘭芳一樣震驚西方。果如此，當時的中國又增加了一個舉世聞名的藝術大師，而西方又多了一個瞭解東方文化的視窗。然而，歷史無法假設，雖然我們的推測在邏輯上可以成立，但往事終究不可再來。

1930年8月，梅蘭芳剛剛自美國載譽歸來，他的伯母兼祧母就去世了。作為梅蘭芳妻子之一的孟小冬去梅宅奔喪，卻被梅家的下人口稱「孟大小姐」攔在門外。身為「梅夫人」卻無法進入梅宅大門，這對生性高傲的孟小冬自然是毀滅性的打擊。「奔喪風波」之後，梅、孟戀的終結已經不可避免。

1931年夏秋之交，孟小冬南下上海，聘請鄭毓秀律師為法律顧問，在上海灘大亨杜月笙的調停下，梅蘭芳給了孟小冬四萬元（一說是二萬元）作為補償，兩人從此脫離關係。

梅、孟姻緣終結之後，心灰意冷的孟小冬長期遠離公眾視野，從舞臺上銷聲匿跡，甚至一度出家，在北平拈花寺拜住持量源大師為師皈依三寶，潛心向佛，以求身心清淨。不過當時的社會媒體卻並沒有因此而遺忘她。1932年，天津一家大報上刊發連載小說，以化名影射孟、梅之事，而對於曾經發生在馮公館的槍擊案以及此後的婚變，小說也解釋為是女方企圖向男方敲詐巨額錢財的結果。一時間孟小冬再次成為輿論聚焦的對象，流言蜚語接踵而來。

迫不得已，孟小冬寫下《孟小冬緊要啟事》，從1933年9月5日開始，在天津《大公報》頭版上連登三天，企圖反擊謠言，澄清真相。啟事全文如下：

啟者：

冬自幼習藝，謹守家規，雖未讀書，略聞禮教。蕩檢之行，素所不齒。邇來蜚語流傳，誹謗橫生，甚至有為冬所不堪忍受者。茲為社會明瞭真相起見，爰將冬之身世，略陳梗概，惟海內賢達鑒之。

竊冬甫屆八齡，先嚴即抱重病，迫於環境，始學皮黃。粗窺皮

毛，便出臺演唱，藉維生計，曆走津滬漢粵、菲律賓各埠。忽忽十
年，正事修養。旋經人介紹，與梅蘭芳結婚。冬當時年歲幼稚，世
故不熟，一切皆聽介紹人主持。名定兼祧，盡人皆知。乃蘭芳含糊其
事，於祧母去世之日，不能實踐前言，致名分頓失保障。雖經友人勸
導，本人辯論，蘭芳概置不理，足見毫無情義可言。

　　冬自歎身世苦惱，複遭打擊，遂毅然與蘭芳脫離家庭關係。是我
負人？抑人負我？世間自有公論，不待冬之贅言。

　　抑冬更有重要聲明者：數年前，九條胡同有李某，威迫蘭芳，致生
劇變。有人以爲冬與李某頗有關係，當日舉動，疑系因冬而發。並有好
事者，未經訪察，遽編說部，含沙射影，希圖敲詐，實屬侮辱太甚！

　　冬與李某素未謀面，且與蘭芳未結婚前，從未與任何人交際往
來。凡走一地，先嚴親自　率照料。冬秉承父訓，重視人格，耿耿此
懷惟天可鑒。今忽以李事涉及冬身，實堪痛恨！

　　自聲明後，如有故意毀壞本人名譽、妄造是非，淆惑視聽者，冬
惟有訴之法律之一途。勿謂冬爲孤弱女子，遂自甘放棄人權也。

　　特此聲明。

在短短五百多字的啓事裡，孟小冬有六處提及梅蘭芳，雖然言辭隱忍，
卻仍然運用了「含糊其事」、「足見毫無情義可言」等詞語，幽怨之情躍然
紙上。而關於梅、孟姻緣爲什麼走到了如此不堪的地步，孟小冬只是用了一
句話：「是我負人？抑人負我？世間自有公論，不待冬之贅言。」雖然沒有
明說，不過，從孟小冬「略陳梗概」的《啓事》中，今天的讀者也多少可以
管窺端倪。

熱鬧一時的梅、孟戀最終沒有等到花好月圓就曲終人散。關於其中經
過，在日後出版的諸多相關傳記中都有敘述，而關於其中原委，也許是爲大
師諱的原因，卻大多言辭含糊、語焉不詳。電影《梅蘭芳》將梅、孟分手演繹
爲孟小冬爲了心愛的梅蘭芳而主動離開，並且在留給梅蘭芳的最後一封信中
鼓勵他說：畹華，別怕。大約也是出於上述原因，卻與歷史事實大相徑庭。

關於梅、孟分手，還有一種說法，是將責任全部推到孟小冬身上，認爲梅
孟分手未必只有一個原因，但直接原因是梅蘭芳訪美期間，孟小冬身邊另有

感情介入。不過，卻無法找出這個「感情介入者」是誰，自然無法令人信服。

　　自古以來，梨園界就和今天的演藝界一樣，緋聞逸事甚多。如果能夠以客觀態度和理性分析出發，並且持有陳寅恪先生所主張的「瞭解之同情」之心，那麼許多事情即使不能夠完全澄清，也可以大致瞭解其中的是非和脈絡。但是如果一味地追求獵奇炒作，譁眾取寵，或者為當事者尋找托詞，則只會讓挖掘事情真相的過程更加複雜、曲折。即如梅、孟分手一事，筆者遍閱可能得到的資料，雖然發現存在各執一端甚或彼此抵牾的說法，但是對如下史實的記載卻是一致的：孟小冬在分手後數年裡身心俱疲幾欲出家，此後終其一生對梅蘭芳採取了避而不見的態度；而梅蘭芳在分手後一切如常，但時過境遷後卻對孟小冬時有牽掛，1950 年代訪問香港時，還曾提出：「我想見見孟小冬。」比較兩人在以後的言行，那麼當初孟小冬所問的「是我負人？抑人負我？」則答案似乎不言自明。

　　在刊登《緊要啟事》後，孟小冬漸漸走出了梅、孟戀失敗的陰影。1938 年，孟小冬正式拜鬚生大師余叔岩[101]為師，表演藝術臻於爐火純青。當時天津《天風報》的主筆沙大風對孟小冬推崇備至，自稱崇拜「荀孟」，說自己「置身乎名利之外，為學於荀孟之間」。該「荀孟」非荀子、孟子，而是指荀慧生[102]和孟小冬。沙大風同時在報紙副刊開闢「孟話」專欄，撰文稱呼孟小冬為老生行的「皇帝」，口呼「吾皇萬歲」。從此，孟小冬的「冬皇名號人人皆知」。

　　而孟小冬重登舞臺，也為她的第二次婚姻敲響前奏。冥冥之中，一個在她後半生最重要的男人正從遠方走來。而隨著由遠及近，他的模樣也逐漸清晰。但是，當他的面貌完全呈現在世人面前的時候，人們還是驚愕不已。

　　這個人就是杜月笙，一個被稱呼為「三百年幫會第一人」的上海灘流氓大亨。

杜月笙

101 余叔岩，與高慶奎、言菊朋、馬連良並稱京劇四大鬚生。出身京劇世家，師從譚鑫培，「新譚派」的代表人物，開創「餘派」。

102 荀慧生，與梅蘭芳、程硯秋、尚小雲並稱京劇四大名旦。「荀派」藝術的創始人，藝名白牡丹。

　　孟小冬再嫁杜月笙，雖然初看突兀，其實細究也不是無跡可尋。這中間大概有三個關鍵因素促成。

　　首先，孟小冬雖然自稱是北京人，卻於 1908 年生於上海。她在十八歲來京城演出之前，主要在上海發展，並且已經聲名鵲起。因此，上海對於孟小冬來說，不僅是她事業的根基所在，還是一個可以給她庇佑的地方。1931 年梅宅奔喪被拒，身心憔悴的孟小冬便曾南下上海療傷並尋求幫助。

　　其次，杜月笙一直對孟小冬懷有情意，梅、孟戀的失敗無疑給他提供了追求孟小冬的機會。從現存資料來看，杜月笙雖然妻妾成群，但對孟小冬也算情有獨鍾，始終呵護有加。而孟小冬和杜月笙的第四位太太姚玉蘭又有金蘭之交，姚玉蘭也是京劇演員出身，和孟小冬自小熟識，來往密切。素來與其他三位杜太太不睦的姚玉蘭也希望引入自己的好姐妹孟小冬來增加對付其他幾位太太的力量。

　　最重要的是，在民國這個風雲變幻、兵荒馬亂的時代，年紀輕輕就遭遇重大情感挫折的孟小冬迫切需要一個可以依靠的強大男人。演慣了戲文裡的英雄豪傑，脫下戲裝，面對現實中的明刀暗箭，孟小冬驀然發現自己終究不過是一弱女子。根據餘叔岩之女餘慧清的回憶，生性要強的孟小冬在同梅蘭芳離婚後，決心以後要麼再也不嫁人，要麼「就要嫁一位跺腳亂顫的人」。而權傾一時的上海灘聞人杜月笙無疑符合這個條件。梅、孟戀失敗後，正是在杜月笙的調停下，孟小冬與梅蘭芳脫離了關係。

　　也許是因為上述原因共同作用的結果，一代名伶孟小冬最終完成了從藝術大師梅蘭芳夫人到黑幫大亨杜月笙太太的身分轉換。

　　耐人尋味的是，在梅、孟姻緣終結之後，孟小冬與梅蘭芳還共同參加了一次盛大的演出活動，但讓滿心期待兩人就此再度合作的媒體和戲迷失望的是，演出一共進行了十天，兩人卻始終沒有見面。

　　1947 年，兩廣、四川、蘇北等地發生水災。而該年 8 月 30 日，正是杜月笙的六十歲大壽。於是，杜月笙決定來個祝壽賑災義演。這次祝壽賑災義演，名角如雲，觀者如堵，有不少外地戲迷更是不遠萬里乘坐飛機趕來。由於一票難求，連京劇四大鬚生之一馬連良要看戲，都只能請經理在過道里加個

凳子。而戲迷們最關注的還是已經在抗戰期間蓄鬚明志、輟演多年的梅蘭芳和曾經宣布自此只給杜月笙一個人唱戲的孟小冬。但或許是為了避免不必要的尷尬，義演的排程是梅蘭芳唱八天，孟小冬唱兩天，將二人的戲碼錯開，沒有合作的安排。

據說在孟小冬演出那兩天，很多參加演出的名角都站在後臺，屏息靜聽，但是人們沒有見到梅蘭芳的身影。而最後一天的全體合影，不知是否因有梅蘭芳參加，孟小冬也以身體疲勞為理由沒有到場。今天的人們已經無法得知，梅、孟的永不相見，是因為擔心難堪的局面出現，還是有著更為複雜的原因。

不過，讓廣大戲迷滿意的是，作為餘派嫡傳的孟小冬，在兩場《搜孤救孤》的演出中，表現得近乎完美。熱情的戲迷贈送給孟小冬的花籃排在戲院門前，足足綿延有一裡地長。然而出人意料的是，這次演出竟是孟小冬的最後一次公開演出，曲終人散，留下的是後會無期的「廣陵絕響」。

1949 年，孟小冬隨杜月笙一家乘坐荷蘭「寶樹雲」號客輪匆匆離開上海，駛向香港。次年，病重的杜月笙不顧家人反對，堅持要與孟小冬補行一次婚禮。自此，孟小冬正式成為杜月笙的第五房夫人。而不到一年，杜月笙就在香港去世了。

1977 年 5 月 26 日，孟小冬於寂寥中在台北逝世，享年七十歲。孟小冬死後葬在台北山佳佛教公墓，墓碑上是她的生前摯友、國畫大師張大千題寫的幾個字：「杜母孟太夫人墓」。比照梅宅奔喪被拒，「致名分頓失保障」，此時的孟小冬總算是得一安息之地了。

晚年孟小冬

蝴蝶和中國電影上的第一

在中國早期電影發展史上，是她主演了中國第一部電影系列長片《火燒紅蓮寺》和第一部有聲片《歌女紅牡丹》，她是中國第一位「電影皇后」，電影界最早的「萬人迷」，她還是中國第一位走出國門的女演員。她，就是被崇拜者稱為「獨步影壇無人敵」的蝴蝶。

中國電影事業發端於 1905 年。這一年，北京豐泰照相館的創辦人任景豐拍攝了由京劇大師譚鑫培[103]主演的無聲戲曲片京劇《定軍山》片斷，這是中國人自己攝製的第一部影片。《定軍山》長約半小時，沒有系統的故事情節，只是將《請纓》、《舞刀》等京劇表演的片斷用攝影的方式記錄下來。中國第一部有故事情節的短片要到 1913 年才出現。當時，美國人經營的亞細亞影戲公司拍攝了由鄭正秋編劇、張石川導演的《難夫難妻》，中國電影終於開始了用鏡頭講述故事的旅程。此後，中國電影開始迅速崛起，到 1925 年，僅僅上海就先後成立了一百四十多家電影公司，成為中國早期電影成長的搖籃。也正是在這一時期，電影明星開始成為公眾關注的人物，這其中最著名的明星之一，就是曾經和張學良、戴笠等民國政要傳出緋聞的蝴蝶。作為當時文藝界大名鼎鼎的公眾人物，蝴蝶佔據了中國電影史上的諸多第一。

蝴蝶

蝴蝶，原名胡瑞華。原籍廣東鶴山，生於上海。幼年跟隨在京奉鐵路任總稽查的父親奔波於天津、營口、北京等地。1924 年考入上海中華電影學校第一期演員訓練班，從此走上了電影表演的道路。

1928 年，已經在圈內聲名鵲起的蝴蝶加盟由中國電影創始者之一的鄭正秋、張石川組建的明星影片公司，並且

---

103 譚鑫培，工老生，曾演武生。出身梨園世家。京劇史上第一個老生流派——譚派創始人，有「無生不學譚」之說。

憑藉出色的演藝很快成為明星公司的當家花旦。同年,明星公司在武俠、古裝片等商業電影的探索中,推出了一部武俠神怪片《火燒紅蓮寺》,結果不出所料,立即獲得了觀眾的熱烈歡迎。

《火燒紅蓮寺》取材於平江不肖生[104]的武俠小說《江湖奇俠傳》,由鄭正秋編劇,張石川導演,影片以湖南省瀏陽、平江兩縣交界的鄉村械鬥復仇為背景,記敘兩地村民年年為爭奪碼頭發生械鬥,村民死傷不少,結果卻難分高下。後來,兩地的武裝勢力又各自邀請武林高手相助,致使械鬥愈演愈烈。有一年,瀏陽縣把頭陸鳳陽與平江縣把頭羅傳賢正在各自率眾械鬥,忽然從平江縣的村民中走出一華服少年,舉手一揚,不知施的什麼法術,瀏陽縣的村民頓時叫苦連天,節節敗退。為報此仇,陸鳳陽後來托人介紹,讓兒子陸小青拜到崑崙派大師金羅漢門下,終於學得高超武藝,返回家鄉。不料在回鄉途中,因時值中秋,信步賞月,迷失荒郊,誤入妖魔潛伏的紅蓮古寺,在無意中發現寺中機關重重,有美女出入。陸小青疑心頓起,卻不幸在探索中落入機關。適逢此時,崑崙派之甘聯珠、飛劍小俠陳繼志及總督卜文正的保鏢柳遲來寺中探訪落入淫僧知圓和尚手中的總督,於是在眾多武林高手及官兵的救助下,陸小青被救出,並會同官兵,攻下寺院,救出被囚禁的總督及被殘害的良家婦女,並將魔窟紅蓮寺一把火燒掉。

電影放映後,極為轟動,受到賺錢效應的鼓舞,明星公司一鼓作氣,連續推出該片的續集。而蝴蝶正是在這個時候加入影片的拍攝,飾演其中的女俠紅姑一角。由於當時科技的局限,電影特技並不發達,為了實現逼真的武俠奇效,明星公司在拍攝中進行了許多大膽創新。例如,為了表現紅姑在空中的徐徐飛行,演員被用粗鐵絲吊在十多丈高的半空中,做飛行狀,然後以巨型電風扇對著演員吹風,使演員衣袂飄飄,攝影時在鏡前加層紗,製造模糊的效果,再配上預先拍下來的寺院、林園景色,劇中人物看來好似真是在空中飛行一般。《火燒紅蓮寺》的電影創新取得了空前的成功。晚年蝴蝶在回憶錄中敘述,她曾在溫哥華碰到一位六十多歲的影迷,他對蝴蝶說的第一句話就是:「我看過您的《火燒紅蓮寺》,那時我也只有七、八歲,但是紅姑

---

[104] 平江不肖生,本名向愷然,湖南平江人。民國時期著名的武俠小說家,現代武俠小說的創始人之一。代表作有《江湖奇俠傳》、《近代俠義英雄傳》等。

蝴蝶的影迷

在銀幕上徐徐飛行的輕功，我至今也還記得。您那時演的紅姑眞夠瀟灑。」而蝴蝶也因此被認爲是中國最早吊鋼絲的女明星之一。

由於票房驕人，《火燒紅蓮寺》從 1928 年開始一直拍到 1931 年停止，共拍攝了十八集，由此成爲中國歷史上第一部電影系列長片。同時，由於影片加入了大量以「異技」鬥法及半人半魔的神怪內容，它又被認爲是中國第一部「武俠神怪片」。不過，由於《火燒紅蓮寺》在故事情節上的荒誕，也在社會上產生了不良的影響，報紙上不斷有新聞報導說，一些看完電影后信以爲眞的年輕人離家出走，尋仙訪道，求師學藝，從而引起了一系列社會問題。於是在 1931 年政府正式頒布禁拍、禁映此類影片的命令，《火燒紅蓮寺》的拍攝才告結束。此後，武俠片移師香港，再創輝煌。

在《火燒紅蓮寺》產生轟動效應之後，明星公司看到了技術創新的美妙「錢」景。1931 年，由洪深編劇、張石川導演、蝴蝶主演的電影《歌女紅牡丹》公開上映。這也是中國第一部有聲電影。影片描寫女歌手紅牡丹嫁給生活墮落的丈夫後，備受欺淩。但當丈夫賣掉女兒，又因失手殺人入獄後，紅牡丹卻忍辱負重，恪盡婦道，努力拯救自己的丈夫。影片宣揚「夫爲妻綱」的舊道德，在思想上極爲保守。

世界上第一部有聲片是 1926 年在美國上映的《唐•璜》。當時採用的是「臘盤發聲」技術，即將聲音燒錄在唱盤上，放映時與影片同步播放，爲電

影配音。這和今天普遍應用的「片上發聲」在技術上有所不同，後者是直接在膠片上錄製聲音。受成本和技術水準所限，《歌女紅牡丹》採用的正是成本低廉、製作簡單的臘盤發聲方法。所以，它更準確的稱呼應該是中國第一部「臘盤發聲」的有聲片。「臘盤發聲」的有聲片在技術上的最大問題是，唱片和放映的配合很難保證完全同步。而一旦膠片發生局部斷毀，劇情就會和聲音無法吻合，甚至會出現銀幕上是男人在說話，而觀眾聽到的卻是女聲的尷尬局面。不過，在當時由無聲片主導的中國，能夠不用字幕而用聲音說話的《歌女紅牡丹》已經領先一步了。而為了盡可能地利用「有聲」優勢，影片還穿插了由梅蘭芳代唱的《穆柯寨》、《玉堂春》、《四郎探母》等幾段京劇片段，更增加了影片的轟動效應 [105]。

　　結果，《歌女紅牡丹》公映時盛況空前，並在轟動全國之余，還發行到一些東南亞國家。

　　《火燒紅蓮寺》和《歌女紅牡丹》，讓主演蝴蝶聲名遠揚。一位署名文琴的粉絲在《蝶迷》一文中狂熱地寫道：「蝴蝶！蝴蝶！誰都不能敵，獨步影壇無人敵！……蝴蝶！蝴蝶！藝既無人敵，美更無人敵，願蝶永遠無人敵！」

　　1933 年，上海的《明星日報》以「鼓勵諸女明星之進取心，促成電影之發展」為宗旨，發起了一次評選「電影皇后」的活動。這也是中國電影史上第一次大規模的電影明星評選。而在參選的諸明星中，來自明星公司的蝴蝶、聯華公司的阮玲玉和來自天一公司的陳玉梅呼聲最高。結果，經過長達兩個月的評選之後，蝴蝶得票二萬一千三百四十四張，遠遠超過阮玲玉和陳玉梅的得票數，由此登上了中國第一位「電影皇后」的寶座。暢銷書作家張恨水讚譽蝴蝶「為人落落大方，性格深沉、機警、爽利兼而有之」，知名影評人凌鶴則稱：「中國電影將近二十年的成績，只是創造了一個

上海明星影片公司

蝴蝶，這話雖不免過火一點，但也頗有道理，事實上是如此。蝴蝶已經成爲觀眾的偶像，無論男女老幼，一提到電影便會聯想到她，差不多是沒有了她便沒有了中國電影似的。」

1935 年，由蔡楚生導演的影片《漁光曲》在莫斯科國際電影展覽會上被授予「榮譽獎」，這是中國製造的情節長片第一次在國際電影節上獲獎。值得一提的是，在中國派往蘇聯的代表團中，蝴蝶是唯一的一位女演員，並隨團赴德、法、英、意等國電影界考察。她也因此成爲第一位走出國門的女演員。

抗戰全面爆發後，蝴蝶移居香港。1941 年底，香港淪陷，蝴蝶爲了逃避替日本人拍電影返回中國，遭遇到軍統頭子戴笠強有力的追求，而丈夫潘有聲則由戴笠簽發了一張特別通行證，讓他在滇緬公路上運輸貨物。抗戰勝利後，戴笠因飛機失事摔死於南京近郊，蝴蝶終於徹底擺脫了戴笠，與丈夫潘有聲一起再度移居香港。在之後的漫長人生中，蝴蝶逐漸告別了自己的藝術黃金期。1967 年，蝴蝶宣布息影，定居加拿大，直到 1989 年去世。不過，作爲中國最早的「一代影后」，蝴蝶雖然「化蝶」飛去，但她身後留下的諸多第一，仍然成就了中國電影史上夢一般的傳奇。

「人言可畏」還是「入戲太深」

——阮玲玉為何自殺？

　　阮玲玉，中國默片時代最優秀的女演員，被稱為「中國的嘉寶」、「中國的英格麗·褒曼」。在九年的演藝生涯裡，共拍攝了二十九部電影，但是，1935 年 3 月 8 日，這位時年二十五歲的電影明星卻突然自殺身亡。一個正處於自己藝術巔峰期的當紅女星，卻突然用那樣決絕的方式匆匆終結了自己的生命，終止了自己的藝術生涯，這到底是為了什麼？在其自殺之後，她的遺書也出現了不同的版本，誰真誰偽？這些都給世人留下了無盡的猜測。

阮玲玉

　　民國時期，電影女星自殺者甚多，前有艾霞、阮玲玉，後有英茵、李綺年，很多都擺脫不了中國早期電影女星集體悲劇性命運。其中，最為當時及後世影迷所追憶的就是阮玲玉。

　　阮玲玉，原名阮玉英，祖籍廣東中山縣，1910 年生於上海，父親早逝，母親做傭工維持生計。1926 年，阮玲玉迫於生計從崇德女校退學。這一年，上海明星公司招考演員 [106]，十六歲的阮玲玉，由影星張慧沖介紹，到明星公司考影片《掛名夫妻》的女主角。據說，她從那條直通大門、兩旁桃花盛開的走道上，姍姍走向導演室時，所有人的精神都為之一振。助理導演要她做歡樂表情時，她便輕盈地把頭一側，薄唇輕啟，嫣然一笑，眼睛笑得很彎，也很嫵媚，在唇角邊還浮出一個迷人的淺酒窩。當助理導演要她做悲傷表情時，原來留在臉上的笑容突然消失，流麗的眸光頓時蒙上一層盈盈的淚花，從淚眼中露出哀怨的神情。導演卜萬蒼看見後，幾乎是不假思索地說

---

106 明星公司是中國早期最著名的電影企業之一，與聯華公司、天一公司等齊名。1922 年由張石川、鄭正秋等創辦於上海，1937 年抗戰爆發後停辦。

她考取了。他興奮地說：「你們看，她像永遠抒發不盡的悲傷，惹人憐愛。一定是個有希望的悲劇演員。」

卜萬蒼導演的話，在阮玲玉此後的演藝生涯中得到了印證。

1930 年 5 月，《影戲雜誌》舉辦「電影明星選舉」，阮玲玉以六千一百七十九票當選第一名，而當時的另外一個女明星蝴蝶僅得三千七百八十四票，位列第二。1934 年，阮玲玉主演的《人生》被評為當年「最佳國產無聲片」。而在另外一部代表作《神女》中，阮玲玉出色地塑造了一個飽受凌辱而品格高尚的下層婦女形象，被認為是中國無聲片時期表演藝術的高峰。

1935 年，阮玲玉主演的電影《新女性》[107] 公映後，轟動上海影壇，也觸怒了被影片鋒芒所指的惡勢力。從前和阮玲玉有過同居關係的張達民乘機誣告；一些黃色小報也製造流言，進行誹謗；而正在和她同居的唐季珊也背棄了她。1935 年三八婦女節，阮玲玉在日記中留下「人言可畏」四字後，服安眠藥自殺，時年二十五歲。

阮玲玉自殺身亡的消息傳出後，從 3 月 9 日清晨開始，前來瞻仰她遺容的人成群結隊，三日內達十餘萬人，把萬國殯儀館所在地膠州路擠得水泄不通。送葬當日，由於擁擠過甚，隊伍行進緩慢，到墓地的二十來裡路，足足走了三個小時還不到一半路程，只好中途叫來汽車，把靈柩和送葬的親友、同事運到墓地。人們在追悼風華絕倫的一代影后的同時，也不禁紛紛追問：為什麼會是這樣？帶著這個疑問，我們走進了阮玲玉的感情生涯。

青年時代的阮玲玉很喜歡畫眉，當年人們盛傳她在北平要畫一個小時，在哈爾濱要畫兩個小時，而且多以入鬢細眉示人。這體現了阮玲玉感情細膩卻又追求完美的特點。阮玲玉一直渴望自己能有幸福的歸宿，但她的感情生活卻十分坎坷。在她如流星一樣短暫卻美麗的生命裡，出現過三個男人，遺憾的是，這三個男人並沒有成為阮玲玉情感旅途中幸福的歸宿，相反，卻帶給她一次又一次的失望，甚至成為她選擇死亡的重要原因。

---

107 影片《新女性》以艾霞為原型。1934 年，年僅二十二歲的艾霞吞煙自殺，被認為是第一個自殺的中國電影明星。而艾霞的扮演者正是隨後自殺的阮玲玉。因此有人說，艾霞和阮玲玉，都是「新女性」的殉道者。

　　阮玲玉年幼時，便隨母親在一個姓張的大戶人家幫傭。也就是在這裡，阮玲玉認識了張家的四少爺張達民。1925 年，阮玲玉十六歲的時候，就和張達民在北四川路鴻慶坊同居。張達民非常喜歡跳舞，他也經常把阮玲玉帶到舞場去跳舞，於是阮玲玉也喜歡上了跳舞，並且跳得非常好。但張達民本是一個紈綺子弟，他遊手好閒、坐吃山空、嗜賭成癖，很快將其父的遺產揮霍殆盡。而此時阮玲玉因主演電影《掛名夫妻》名氣越來越大，張達民就一次次地向阮玲玉伸手要錢，用於賭博和玩女人，不給就跑到攝影棚去鬧。阮玲玉曾苦口婆心去勸他浪子回頭，但張達民並不為所動。這使阮玲玉陷入絕望的境地，甚至曾經服毒自殺未遂。

　　1932 年，「一二八」事變在上海爆發，已經成名的阮玲玉帶著自己的養女小玉和張達民一起來到香港。在這裡，阮玲玉遇到了她生命中的第二個男人唐季珊。

　　唐季珊是當時東南亞有名的茶葉大王，也是阮玲玉電影製片廠聯華公司的一個大股東。性喜玩弄女明星的唐季珊見到阮玲玉以後，對她十分著迷，就想方設法要追求她。而這個時候，唐季珊除了留在鄉下的原配妻子以外，身邊已經有了一個關係穩定的情人張織雲。她是阮玲玉的前輩，中國第一代女明星之一，當時已經脫離影壇。

　　唐季珊知道阮玲玉喜歡跳舞，就經常邀請阮玲玉跳舞，去高級的場所跳舞，去最豪華的場所跳舞。和張達民相比，唐季珊有事業，也更成熟，又非常懂女人，於是很快就俘獲了阮玲玉的芳心。1933 年，阮玲玉和張達民同往律師處簽訂了「脫離關係」的約據，之後不久，她就帶著母親何阿英及養女小玉與唐季珊同居。

　　張織雲被唐季珊拋棄後，曾經寫了一封信給阮玲玉，她對阮玲玉說：「你看到我，就

上海聯華影業公司

可以看到你的明天，唐季珊不是一個好男人。」但是那個時候，阮玲玉只是以為張織雲是在嫉妒她，是想把她和唐季珊拆開，所以並沒有相信。

　　而張達民看到阮玲玉居然公然和唐季珊同居，嫉妒心理油然而生。他開始用一種非常無賴的方式糾纏阮玲玉，並想敲詐一大筆錢財，結果沒有成功。於是，氣急敗壞的張達民就到法院遞了一張狀子，以「破壞家庭罪」將唐季珊告上法庭，並造謠說阮玲玉當時住在他們家的時候，偷走了他們家多少東西，然後把這些偷來的東西全部送給了唐季珊。

　　張達民的行為已經給阮玲玉造成了很大的傷害，然而唐季珊對此並不關心。他為了自己的名譽，也到法院告了一狀，說張達民對他是名譽誣陷。他還要阮玲玉出面在報紙上登一篇宣言，說自己沒有把張家的東西拿來送給唐季珊，我們彼此在經濟上是獨立的。阮玲玉儘管不情願，但是她還是答應下來，在報紙上發了一個公告說：自己和唐季珊同居，經濟是自立的，來證明唐季珊的清白。

　　不久，唐季珊又有了新的追求目標梁賽珍。梁賽珍是當時上海灘著名的舞女，舞跳得好，人也長得漂亮，所以也經常被邀請去拍電影。當阮玲玉發現唐季珊在外面和梁賽珍交往的時候，內心非常痛苦，但是自尊心極強的她並沒有說出來。

　　由於張達民的無賴和唐季珊的不忠，阮玲玉再次失去了感情的寄託。此時，阮玲玉唯有把心中的悲哀和痛苦融化在所扮演的角色當中。一次偶然的機會，另外一個男人闖入了她的生活。這就是後來非常著名的導演蔡楚生[108]。當時阮玲玉正在拍影片《新女性》，導演就是蔡楚生。當演到最後一場自殺戲時，阮玲玉扮演的女主人公躺在床上，對醫生說：「救救我，我要活。」這個鏡頭拍得相當出色，在場所有的人都被阮玲玉的表演所打動，全都潸然淚下。

　　這時導演蔡楚生就讓所有的工作人員退場，他一個人坐在床邊默默地陪著阮玲玉。阮玲玉的情緒平復下來以後，對蔡楚生說：「我多麼想成為這樣的一個新女性，能夠擺脫自己命運的新女性，可惜我太軟弱了，我沒有她堅強。」

　　蔡楚生和阮玲玉的感情完全是在片場建立起來的。與阮玲玉一樣，蔡楚

---

108 蔡楚生，中國早期電影代表人物之一。由他編導的影片《漁光曲》創下 1930 年代國產影片最高上座紀錄，並在 1935 年莫斯科電影節上獲得「榮譽獎」，成為中國第一部在國際上獲獎的情節長片。1947 年與鄭君裡合導《一江春水向東流》則創下 1940 年代國產影片最高上座紀錄。

生也是有自卑感的，因為當時很多導演都有留洋背景，都是科班出身，而蔡楚生則是學徒出身。正因為蔡楚生有這樣一個背景，所以阮玲玉和蔡楚生特別親近。再加上，他們對電影事業有著共同的追求，又都是廣東人，生活習性相近，所以兩個人越走越近。因此，外界一直傳聞她和蔡楚生在合作拍攝《新女性》的時候產生了一定情感。

所以，當阮玲玉對張達民和唐季珊都已經絕望的時候，曾經去向蔡楚生求助，想讓蔡楚生幫助她，並希望能和蔡楚生遠走高飛。但是蔡楚生出於種種考慮，並不願意承擔這一段感情，這也讓阮玲玉在感情上喪失了最後一根救命稻草。

就在阮玲玉陷入最嚴重的感情危機之時，她在事業上也遭遇了寒流的襲擊。1935 年，電影《新女性》公演後遭到了小報記者的瘋狂攻擊，他們把矛頭直接指向扮演女主角的阮玲玉，認為她人品和生活作風有問題，不配去演「新女性」。1935 年 3 月 8 日，在多重壓力之下，阮玲玉留下「人言可畏」的遺言，離開了這個令她心力交瘁的人世。

阮玲玉之死，真的是因為「人言可畏」嗎？

後人對此事的理解大多基於唐季珊提供的兩封遺書。其中一份遺書是給唐季珊的，內容如下：

> 季珊：
>
> 我真做夢也想不到這樣快，就和你死別，但是不要悲哀，因為天下無不散的宴席，請你千萬節哀為要。我很對不住你，令你為我受罪。現在他雖這樣百般的誣害你我，但終有水落石出的一日，天網恢恢，疏而不漏，我看他又怎樣活著。鳥之將死，其鳴也悲，人之將死，其言也善，我死而有靈，將永永遠遠保護你的。我死之後，請代拿我之餘資，來養活我母親和囡囡，如果不夠的話，那就請你費力罷！而且刻刻提防，免她老人家步我後塵，那是我所至望你的。你如果真的愛我，那就請你千萬不要負我之所望才好。好了，有緣來生再會！另有公司欠我之人工，請向之收回，用來供養阿媽和囡囡，共二千零五十元，至要至要。另有一封信，如果外界知我自殺，即登報發表，如不知請即不宣為要。
>
> 阮玲玉絕筆
> （民國）廿四，3 月 7 日午夜

　　第二封給報館的公開信《告社會書》，則怒斥了張達民的無恥。遺書上說：

阮玲玉明星照上的香皂廣告

> 　　我現在一死，人們一定以爲我是畏罪。
> 其是（實）我何罪可畏，因爲我對於張達民
> 沒有一樣有對他不住的地方，別的姑且勿
> 論，就拿我和他臨別脫離同居的時候，還每
> 月給他一百元。這不是空口說的話，是有憑
> 據和收條的。可是他恩將仇報，以冤（怨）
> 來報德，更加以外界不明，還以爲我對他不
> 住。唉，那有什麼法子想呢！想了又想，惟
> 有以一死了之罷。唉，我一死何足惜，不過，
> 還是怕人言可畏，人言可畏罷了。

　　唐季珊提供的這兩封遺書發表於 1935 年 4 月 1 日聯華影業公司出版的《聯華畫報》上，其「人言可畏」之說，引發了人們對當時小報不實言論的譴責。連當時處於重病中的魯迅，都激於義憤，寫了《論「人言可畏」》一文，爲阮玲玉鳴冤：「不過無拳無勇如阮玲玉，可就正做了吃苦的材料，她被額外的畫上了一臉花，沒法洗刷」，「她的自殺，和新聞記者有關，也是眞的。」一時之間，熱衷花邊新聞的小報成爲眾矢之的。

　　但是，從一開始，就有人對阮玲玉這兩封「遺書」的眞僞懷有疑問。他們認爲，阮玲玉雖然是著名影星，但在當時藝人的社會地位並不高，不太可能在自盡前書寫《告社會書》；另外，阮玲玉自殺前，唐季珊對其感情已經不專，還曾在電影界同仁面前公開辱打過阮玲玉，她不太可能留下「我很對不起你」的遺言。

　　後來，人們又發現了另外一個版本的阮玲玉遺書。這兩份遺書刊登於 1935 年 4 月 26 日香港出版的《思明商學報》上。由於《思明商學報》只是 1930 年代發行量很小的一份小報，所以一直爲人們所忽視。直到 1993 年，學者連文光在其編著的《中外電影史話》裡，才將新發現的阮玲玉遺書公布於眾。後來，上海的老電影研究專家沈寂，根據這兩份新發現的遺書寫了《眞實遺書揭開阮玲玉死亡眞相》一文。於是，阮玲玉之死再次成爲人們關注的話題。

新發現的阮玲玉遺書仍然是兩封。一封是寫給張達民的，對他的無恥行爲進行強烈地譴責，表示自己看清了他和唐季珊的醜惡，原文如下：

> 達民：
>
> 我是被你迫死的，哪個人肯相信呢？你不想想我和你分離後，每月又津貼你一百元嗎？你眞無良心，現在我死了，你大概心滿意足啊！人們一定以爲我畏罪？其實我何罪可畏，我不過很悔悟不應該做你們兩人的爭奪品，但是太遲了！不必哭啊！我不會活了！也不用悔改，因爲事情已到了這種地步。

另一封寫給唐季珊，講述自己爲何選擇這樣一條絕路，原文如下：

> 季珊：
>
> 沒有你迷戀「XX」，沒有你那晚打我，今晚又打我，我大約不會這樣做吧！
>
> 我死之後，將來一定會有人說你是玩弄女性的惡魔，更加要說我是沒有靈魂的女性，但，那時，我不在人世了，你自己去受吧！
>
> 過去的織雲，今日的我，明日是誰，我想你自己知道了就是。
>
> 我死了，我並不敢恨你，希望你好好待媽媽和小囡囡。還有聯華欠我的工資二千零五十元，請作撫養她們的費用，還請你細心看顧她們，因爲她們唯有你可以靠了！
>
> 沒有我，你可以做你喜歡的事了，我很快樂。
>
> 玲玉絕筆

後一封遺書中的「XX」，指的是唐季珊和阮玲玉同居之後又勾搭上的女明星梁賽珍。《思明商學報》同期還刊登了一篇文章，說明提供這兩封眞實遺書的正是梁賽珍姐妹[109]。文中揭露，阮玲玉自盡後，唐季珊畏於社會壓力，竟要梁賽珍的妹妹梁賽珊代筆，僞造了兩封阮玲玉「遺書」，並以「人言可畏」的託辭，將阮玲玉自殺的責任推向社會。而梁賽珍姐妹在捲入阮玲玉自殺風波後，也逐漸淡出影壇，後移居新加坡。

---

109 梁家一共姐妹四人，分別是梁賽珍、梁賽珠、梁賽珊、梁賽瑚。梁賽珍曾經主演《火燒紅蓮寺》等電影，在其帶動下，四姐妹陸續從影。因 1935 年共同主演聯華公司拍攝的《四姊妹》，被稱為「梁家四姐妹」。

　　多年來，始終有人質疑第二份遺書，說也許有人想陷害唐季珊，故意編造了第二份遺書。但是，今天，通過許多研究者的採訪和資料整理，人們發現許多細節都是可以和這第二份遺書對應起來的。

　　首先，阮玲玉的司機證明，阮玲玉自殺前那晚，在參加完一個宴會後回去的時候，唐季珊和阮玲玉坐在汽車上就發生過激烈的爭吵。其次，和阮玲玉住在同一條巷弄裡面的人，好幾次看到阮玲玉站在家門口哭，因為唐季珊不放她進家門，並且也不許阮玲玉的母親來開門。顯然，通過鄰居和司機的回憶，人們可以猜測，在阮玲玉和唐季珊同居的後期，「你昨天打了我，今天又打了我」，這樣的情況是經常發生的。

　　另外，人們發現，在阮玲玉吃了安眠藥後，唐季珊並沒有進行及時有效的搶救，反而耽誤了許多時間。根據醫學知識，吃安眠藥後，如果及早發現還是很容易救治的，可以通過洗胃吊鹽水，稀釋它的毒性，這個時候時間是最重要的。但是，當唐季珊發現阮玲玉吃了安眠藥的時候，並沒有及時把她送到醫院去，反而擔心事情會鬧得滿城風雨，自己又要承擔很多干係。所以，在發現阮玲玉服藥後，唐季珊沒有選擇最近的大醫院，反而開了一個多小時的車子，把阮玲玉送到一個偏僻的小醫院去，因為那裡會替病人保密。但是，那個醫院沒有急診，晚上沒有醫生，於是，唐季珊又把阮玲玉送到了一個私人醫生那裡。這個時候阮玲玉吞食安眠藥已經有六個小時了，情況非常危險。這個私人醫生很害怕，就提出要請醫生來會診，其實是為了找見證人，否則死在他的診所裡面，他怕講不清楚。後來，直到所有醫生都說一定要送到條件比較好的醫院裡的時候，阮玲玉才被送到中西醫院。阮玲玉是半夜兩點鐘左右吃的安眠藥，轉院的時候已經到了上午十點鐘了。阮玲玉的老闆黎民偉[110]是一個非常有頭腦的人，在阮玲玉轉院過程中，他抓拍了一張照片留做證據。阮玲玉在搶救過程中不斷地轉院，說明了唐季珊的冷酷。也許在他看來，搶救阮玲玉的生命並不是最重要的，而如何掩蓋住事情的真相才是最重要的。可以說，在阮玲玉走上絕路的過程當中，她還是有機會活過來的，但是由於沒有得到及時有效的救治，阮玲玉最終沒有被搶救過來，至晚

---

110 黎民偉，中國早期電影開拓者，編劇、導演，創辦過香港最早的電影製片公司華美影片公司，有「國片之父」、「香港電影之父」之稱。他的妻子則是中國第一個女演員嚴珊珊。

六時半與世長辭。

據此，今天的大部分研究專家認為，阮玲玉在自殺前和唐季珊的感情已經破裂，《思明商學報》上刊登的阮玲玉遺書才可能是真正的遺書。

不過，近年來，關於阮玲玉的死因，除了「人言可畏」和情感因素之外，也有人提出了一個新穎的觀點，即阮玲玉作為一個優秀的演員，她之所以選擇自殺是因為「入戲太深」。

阮玲玉自殺後，影院放映其影片的廣告

中國藝術研究院影視研究專家賈磊磊即持這種觀點。他認為，根據現在的史料記述，阮玲玉所在的聯華公司當時在整頓風氣，阮玲玉沒有拍完《國風》就被「冷藏」，當時已經進入有聲片時代，阮玲玉說不好普通話，壓力很大。此外，她作為聯華影業公司的一姐，面對黎莉莉和王仁美等後起之秀的崛起，壓力也不小。張達民此時卻控告阮玲玉與唐季珊「通姦」，還要求阮玲玉當堂作證，使得阮玲玉被置於媒體和公眾的輿論漩渦中，更是給她造成了巨大的精神壓力。而阮玲玉之所以選擇自殺，除了性格因素、電影公司的「冷遇」帶來的心理失落、陷入感情風波的精神困境之外，還有一個很重要的原因就是個人對理想生活的希望與現實的落差導致了她對生活的絕望。一個優秀的演員不論是對幸福的感受還是對悲痛的感受，都比一般人來得更深刻，由於入戲太深，他們沒法從電影中類似的角色中走出來，甚至會被戲中的敘事邏輯所牽引，從而改變他們的人生道路。所謂「人生如戲，戲如人生」，阮玲玉主演的一系列悲劇女性形象很可能給她造成了某些負面的心理暗示，甚至成為她最後選擇自殺的一個原因。

歲月留痕

「意外」成功的辛亥革命

　　歷史是最好的戲劇大師，由它導演的宏大敘事總是變化莫測，出人意料。在武昌起義爆發之前，孫中山、黃興等革命者精心策劃和領導了數次起義，結果無不以失敗告終。正當革命領袖們一致認為革命沒有頭緒的時候，卻忽然峰迴路轉，傳來武昌起義的一聲槍響。山重水複疑無路，柳暗花明又一村。恐怕事先沒有人能夠想到，歷史是以這樣突兀的方式進行的：在辛亥革命爆發的時候，革命領袖們都不在場；而事件的起因也純屬意外。

　　1912 年 2 月 12 日，清宣統帝退位，在中國延續兩千多年的君主專制制度自此灰飛煙滅。不過，讓中國最後一個王朝二百六十八年的統治壽終正寢的誘因，卻是幾個月前，遠在紫禁城千里之外，王朝敵人們的一次意外的事故。

　　1911 年 10 月 9 日，革命黨人孫武等在漢口俄租界寶善裡趕制炸藥時，不慎發生炸藥爆炸，起義計畫因此意外暴露。其時，武漢的革命運動正處於低谷。隱藏在新軍裡的革命士兵正在被源源不斷地調往外地；而留在武漢的革命者還在為何時舉事猶豫不決，爭論不休；兩名革命領袖黃興和宋教仁，一個在香港，一個在上海，都對在武漢發難能否立即成功持悲觀態度；而另一名革命領袖孫中山，此刻正在遙遠的美國為宣傳革命旅行，對國內革命者的計畫和爭論一無所知。

　　不過，局勢瞬息萬變，意外的變故讓所有的猶豫和爭論都變得多餘。武漢的革命黨人獲悉，來自漢口的炸藥爆炸聲已經引起了地方政府的注意，官兵們正在聞訊趕來。在經過一段時間的驚慌失措之後，革命者們決定出擊。但是，這個決定的下達似乎有些晚，因為許多身分突然暴露卻毫無思想準備的革命者，要麼已經逃散，要麼已經被捕。10 月 10 日下午，一小部分革命士兵終於匆忙地集結起來，然後不顧一切地進行堅決反擊。這次絕地反擊取得了意料之外的巨大勝利，因為它最終澈底改變了中國歷史。起義者殺死了軍官，奔向附近最大的武器庫。駐守武器庫的是同營的另外一支連隊，因為

革命軍攻佔湖廣總督府

對革命事業的同情和嚮往，這支連隊的士兵臨陣倒戈，紛紛加入到起義的隊伍。起義隊伍很快擴張到四千多人，在經過重新集結之後，起義者把槍口對準了總督府。戰鬥在秋風凜冽、淅淅瀝瀝的雨夜進行。到次日清晨，效忠朝廷的官兵被擊敗，革命者在一天之內即占領了武昌，取得了武昌首義的勝利。

10月11日下午，起義者成立湖北軍政府，宣布立即廢除清朝「宣統」年號，改國號為中華民國，並採取新的曆法；同時，又公布了《中華民國鄂州約法》，規定主權屬於人民。資產階級共和國的理想在中國第一次用法律形式記載下來。武昌的槍聲很快在華夏大地傳播開來，回應者風起雲湧。

這可能是近代史上影響最大的一次擦槍走火：一次意外的操作失誤，歷史被完全改寫。

不過，看起來辛亥革命純屬偶然，但揭開時代表象，呈現歷史走向的社會徵兆卻清晰可見。早在武昌起義前夕，當時的社會已經散佈著各種各樣的政治謠言，預言著清朝滅亡。譬如，在陝西，民間一直流傳著「不用掐，不用算，宣統不過二年半；今年豬吃羊，明年種田不納糧」的說法。而在湖北，人們也爭相傳唱著「湖北翻了天，犯人全出監，紅衣滿街走，『長毛』在眼前」的具有讖語性質的民謠。

在武昌起義之前，各地的革命運動早已經風起雲湧。1911年的春天，同盟會在廣州起義。由黃興領導的革命志士臂纏白巾，腳穿黑色樹膠鞋，手持槍械和炸彈進攻兩廣總督府。緊接著，在湖南、湖北、廣東和四川等省掀起

了規模浩大的保路運動[111]，最終激化成規模宏大的武裝起義。這兩次起義雖然最後以失敗告終，卻足以讓清政府腳下的最後一塊基石搖搖欲墜[112]。

武昌起義無疑完成了對清王朝的致命一擊。在隨後的短短一個多月內，全國有十四個省先後宣告「光復」和獨立，革命形勢空前高漲。1911 年，在清為宣統 3 年，論干支為辛亥年，這一年的革命運動，也就被稱為辛亥革命。

不過，辛亥革命爆發的意外性和倉促性，也讓革命者對此後的進程準備不足。在經過最初的驚喜之後，革命者內部也開始出現紛爭和分裂，這也為袁世凱漁翁得利提供了契機。隨著革命形勢的變化，光復的各地代表初步進行會談，醞釀成立臨時政府，並開始出現爭權奪利的現象，情況也變得複雜起來。特別是在籌建中央政府的問題上，爭論十分激烈。正如同盟會成員吳玉章後來回憶的那樣：「武昌起義後，各省雖然紛紛響應，但好久也建立不起一個統一的領導機關來。當時，武漢和上海之間為了建立中央政權也發生過很大的爭執。」

在這種情況下，袁世凱派自己的部下劉承恩、蔡廷幹前往武昌遊說，以探聽革命黨人的態度。根據《民立報》的報導，宋教仁對劉、蔡說：「望二君將此意轉達項城，乞速轉戈北征，驅逐胡虜，立此奇勳，方不愧為漢族男兒。果爾，我輩當敬之愛之，將來自可被舉為大統領，較諸現在之內閣總理，實有天淵之別。不然，吾輩一面當長驅北伐，一面當實行暗殺主義，後悔無及矣。」這可以看作革命黨人在會談中第一次正式提出，只要袁世凱「轉戈北征，驅逐胡虜」，就推舉他為總統。

革命黨人的這一表態看起來突兀，其實卻有它內在的歷史背景。這首先是因為革命者所提出的口號。辛亥革命時全國各地的共同口號是「驅除韃虜」。「排滿革命」既是觸發辛亥革命的重要因素，也是同盟會政綱的頭一條任務。在許多人心目中，以為清帝退位就算革命成功了，其他便無關緊要

---

111 1911 年，由郵傳部尚書盛宣懷策劃，清政府下達了將鐵路收歸國有的上諭，隨後和英、法、德、美四國銀行團簽訂協定，以出讓鐵路主權的方式獲得借款。消息傳出，遭到全國人民的激烈反對，並因此在湖南、湖北、廣東和四川等省掀起了規模浩大的保路運動。

112 廣州起義失敗後，七十二名遇難烈士被葬於紅花崗，後將此地改名為「黃花崗」。黃花即菊花，象徵節烈。這就是著名的「黃花崗七十二烈士」。這次起義因而也稱為黃花崗起義。

了。以後選舉袁世凱為大總統，也因為他是一個漢人，而且以為只要袁世凱宣誓贊同共和，就算是「建立民國」了。同時，隨著革命的不斷勝利，革命黨人的思想也發生了巨大的變化和分裂，其中一個重要的趨勢是人心思定。即使連當時革命的領導者之一胡漢民也認為：「同盟會未嘗深植其基礎於民眾，民眾所接受者，僅三民主義中之狹義的民族主義耳。正惟『排滿』二字之口號極簡明切要，易於普遍全國，而弱點亦在於此。民眾以為清室退位，即天下事大定……故當時民眾心理，俱祝福於和議。逆之而行，乃至不易。」這說明大多數革命黨人只知道革命和推翻滿族政府，而對革命成功後的國家建設卻沒有一個統一和成熟的看法。

孫中山《驅除韃虜》對聯

其次，軍事力量對比也對南京臨時政府十分不利。袁世凱控制著訓練有素的北洋六鎮七萬多精兵，再加上仍然忠於清政府的禁衛軍和其他新軍，總兵力達十四萬多人。而南京臨時政府方面，絕大部分是會黨乃至綠林隊伍改編而成的各色民軍，在武器裝備、訓練、指揮和紀律等方面都遠遜於對方。另外一部分從清廷方面起義過來的軍隊，則各自為政，即使時任陸軍部長兼參謀總長的黃興也難以調動。當時任總統府秘書長的胡漢民就認為：「南京軍隊隸編於陸軍部者，號稱十七師，然惟粵、浙兩軍有戰鬥力。粵軍不滿萬人……浙軍將軍，則素反對克強（黃興），不受命令……其他各部，乃俱不啻烏合，不能應敵。」

再次，在經濟實力方面，北方也比南京臨時政府要強大許多。當時革命政府剛成立，極需軍政各項費用。孫中山和黃興為此愁勞奔波，卻幾乎無計可行。而當時對外方面，關稅收入已經被列強在「中立」的名義下凍結；對內方面，各省紛紛宣布脫離清政府「獨立」，起義軍、民團等急劇增加，也導致支出浩繁，不但無力支持中央政府，反而要求撥款；而孫中山想通過抵押大企業來借外債的辦法又遭到民族資產階級的強烈反對。據張謇的預算，

中央政府每年支出，最少得有一萬萬二千萬兩銀，而入款僅僅只有四千萬。這導致大批軍隊領不到軍餉，「每日到陸軍部取餉者數十起……前敵之士，猶時有嘩潰之勢」。陸軍總長黃興窮於應付，寢食俱廢，至於吐血，已到了難於支撐的邊緣。而反觀北方，袁世凱在出任清內閣總理後，不斷通過軟硬兼施的手段，強迫王公大臣們拿出幾十萬乃至幾百萬兩白銀，同時，清廷仍牢牢控制著的東北和華北大部，中央財政的基礎仍在，原有的徵稅系統沒有打亂，因此軍費比較充足，完全可以維持戰備的正常運轉。

此外，在革命領導者之間，思想也不統一。章太炎極力排斥遠在國外的孫中山，主張總統從黃興、宋教仁、汪精衛三人之中選取；宋教仁則希望黃興任總統，自己任總理；還有人提出讓湖北軍政府都督黎元洪做總統候選人。不過，革命黨內部對黎元洪的評價並不高，孫中山認為黎元洪缺乏領導才能，黃興也說黎元洪「本非革命者」。同時，黃興自己也並無做總統的念頭。作為革命黨主要領袖之一的黃興這個時候似乎已經對不斷的革命感到了厭倦，他甚至天真地認為共和國只要一建立，革命就算完成了，「民國從此萬年」，他也可以享受共和國民的幸福了。為此，黃興在 1912 年，自己三十九歲生日的時候，興致勃勃地寫下「驚人事業隨流水，愛我園林想落暉」的詩句，表達了自己的退隱之意。的確，在臨時政府成立不久，黃興的主要興趣就轉向了興辦實業。

另外一個革命黨領袖宋教仁的想法似乎更具有西化的理想色彩。他的興趣主要在議會政治上，以為誰做總統並不是關鍵，只要控制了議會中的多數，就可以解決一切政治問題。在這種思想下，宋教仁很自然地認為，只要袁世凱能夠幫助推倒清政府，就可以推舉其為總統。

而原來的革命黨內部的矛盾也開始升級。革命領袖章太炎公開地從革命黨內分裂出去，另外組織統一黨和孫中山對抗。同時，章太炎和原來的立憲黨人張謇一起，對不斷發展的革命思想感到擔心，希望能夠找到一個中西結合的治理辦法，而袁世凱則成了他們心目中的理想人選。

在眾說紛紜之中，也許只有孫中山才是最堅定的共和國創建者。而且他很早就發出了對袁世凱的懷疑和擔心，認為其「狡猾善變」，但是，他同時對袁世凱也抱有幻想，他曾經說過「謂袁世凱不可信，誠然，但我因而利用

之，使推翻二百六十餘年貴族專制之滿洲，則賢於用兵十萬」。

　　因此，儘管對袁世凱的人品感到不安，但是出於革命盡快勝利的考慮，孫中山也一度認為，只要袁世凱能夠推翻帝制，就算出來做總統，也未嘗不可。於是，辛亥革命後，遠在倫敦籌款的孫中山就給袁世凱發了一份電報，告訴他如果能「倒戈為漢滅清」，就推舉他為總統。

　　也就是說，在孫中山就任臨時大總統之前，他已經有了支持袁世凱領導政府統治全國的想法。而在辭去臨時大總統職務不久，孫中山就把自己的主要精力集中於經濟建設，特別是鐵路建設上，認為「今日修築鐵路，實為目前唯一之急務，民國之生死存亡，系於此舉」，並鄭重宣告，「鄙人擬於十年之內，修築全國鐵路二十萬里」。孫中山甚至還樂觀地認為：「袁總統才大，予極盼其為總統十年，必可練兵數百萬，其時予所辦之鐵路二十萬里亦成，收入每年有八萬萬，庶可與各國相見。」

　　而在孫中山坐船回國的路上，出於對北洋軍的忌憚和對袁世凱的幻想，在外國勢力的調解之下，光復的各地代表已經在漢口英國租界的會議上達成了「如袁世凱反正，當公舉為臨時大總統」的正式協議。傾向袁世凱的原立憲派領袖張謇聽到消息，立即發電報給袁世凱稱：「甲日滿退，乙日擁公，東南諸方，一切通過。」這個時候，在革命黨一方，推舉袁世凱為總統幾乎已經沒有問題了。而當此後的南北和談在上海召開以後，「收拾大局，非袁莫屬」的聲音，更是一浪高過一浪。

　　期間，袁世凱通過自己的幕僚楊度，以及自己的革命黨朋友汪精衛與以黃興為首的南方代表頻繁交流，函電往返密切。12月9日，黃興複電汪精衛，希望袁世凱「能顧全大局，與民軍為一致之行動，迅速推倒滿清政府……中華民國大統領一位，斷舉項城無疑」。再次表達了在推倒清政府之後，要推舉袁世凱為總統的意願。

　　孫中山回到上海的時候，南北和談已經開始。儘管孫中山認為：「革命目的不達，無和議之可言也」，旗幟鮮明，態度堅決。但是革命黨內部多數主張和談，對於孫中山所堅持的繼續北伐革命的主張，也都以為理想太高，表示反對。就連革命軍隊的領袖黃興也因為軍費缺乏，寫信給胡漢民和汪精衛說，如果和議不成，「自度不能下動員令，惟有割腹以謝天下」。在這種

局面下，孫中山雖然始終不願妥協，卻也無可奈何。

12 月 20 日，「和會」在上海正式舉行。和談的一個主要內容就是要推舉袁世凱為總統。

孫中山《大總統誓詞》

因此，孫中山的臨時大總統早已經註定為一個過渡性的角色。甚至在他被推舉為臨時大總統的當天，他還得按照各地代表的會議決定，發電報給袁世凱，明確表示自己只是「暫時承乏，而虛位以待之心，終可大白於將來」，希望袁世凱「早定大計，以慰四萬萬人之渴望」。

在這種情況下，袁世凱迅速轉變了自己的政治立場，從支持立憲變成贊同共和。他授意駐俄公使陸徵祥聯合各駐外公使致電清室，要求皇帝退位，同時以全體國務員名義密奏隆裕太后，說是除了實行共和，別無出路。

接到密奏後，隆裕太后和王公們面面相覷。袁世凱，這個寄託著朝廷最後希望的救命稻草，突然變成了反戈一擊的棍棒。1912 年 2 月 12 日，走投無路的隆裕太后頒布了清帝溥儀的退位詔。中國最後一個王朝至此壽終正寢。

2 月 13 日，袁世凱正式聲明「贊成共和」。14 日，孫中山向臨時參議院正式辭去臨時大總統職，並舉薦袁世凱以代之。15 日，南京臨時參議院以十七票全票通過袁世凱為中華民國臨時大總統。當天，孫中山親自致電袁世凱：「民國大定，選舉得人。」3 月 10 日，袁世凱在北京就任中華民國臨時大總統，辛亥革命的勝利果實就此拱手讓出。

1919 年 10 月 10 日，在紀念武昌起義八周年之際，面對國內軍閥割據的現實，孫中山不無哀痛地說：「革命軍起矣，民國由之立矣，但革命之事業尚未成功也，革命之目的尚未達到也。」可以說，在此前推翻清廷的鬥爭中，辛亥革命雖然倉促卻「意外」成功；而在此後國家的政治建設上，辛亥革命卻因為準備不足而最終失敗。

中華民國的國名、國旗與國歌

　　1912 年元旦，孫中山在南京就任臨時大總統，正式宣告中華民國成立。不過，「中華民國」這一國名，卻並不是在這一刻才發明出來的。那麼，「中華民國」這個稱謂最早是在什麼時候出現的？它的文化含義和政治內涵是什麼？誰又是這個國名的首倡者？中華民國的國旗是青天白日滿地紅旗嗎？為什麼在影片《建黨大業》中，袁世凱在進行總統宣誓的時候面對的卻是五色旗？在中華民國國旗變化的背後，是否也存在著政治理念的變化？中華民國的國歌又有哪些？

　　誰是「中華民國」這一國名的首倡者？一說為孫中山，一說為章太炎。主張為孫中山者認為，1904 年孫中山在美國發表《中國問題之真解決》演講時，第一次用英語提到了「中華民國」（National Republic of China）的稱謂，而漢語「中華民國」一詞最早出現在 1906 年發布的《中國同盟會革命方略》裡 [113]。主張為章太炎者則認為，《中國同盟會革命方略》雖然被收入到此後出版的《孫中山全集》中，其實卻是由孫中山、黃興、章太炎等人共同參與制定，章太炎才是「中華民國」國名的真正發明者。

　　在中華民國成立前後的相當長的一段時間裡，章太炎確實為傳播「中華民國」這個國名出力最勤者。1906 年，因「蘇報案」被捕的章太炎服刑期滿出獄，即由孫中山遣專使迎至東京，以革命導師的身分加入了同盟會，主編同盟會機關刊物《民報》，負責輿論宣傳工作。在《民報一周年紀念會演說辭》中，章太炎滿懷信心地說：「這革命大

《民報》

---

[113] 《中國同盟會革命方略》指出：「今者平民革命以建國民政府，凡為國民皆平等以有參政權。大總統由國民公舉。議會以國民公舉之議員構成之。制定中華民國憲法，人人共守。」

事，不怕不成；中華民國，不怕不立。」隨後，他在《民報一周年紀念會祝辭》中再次重申了自己的主張：「掃除腥膻，建立民國，家給人壽，四裔來享。」最後高呼：「中華民國萬歲！」這些都表現了章太炎對宣傳「中華民國」這個國名的積極態度。

1907 年，為了讓「中華民國」這一名稱為更多的人所瞭解，章太炎在《民報》第十七號上發表《中華民國解》一文，引經據典，廣徵博引，以證明此國號名稱之「名正言順」，一度影響非常大。基於此，章太炎最有名的學生魯迅在自己的老師去世後，深情地寫下了回憶文章《關於太炎先生二三事》，將章太炎指為「中華民國」的發明者。文中說：「至於今，唯我們的『中華民國』之稱，尚系發源於先生（指章太炎）的《中華民國解》，為巨大的紀念而已，然而知道這一重公案者，恐怕也已經不多了。」

在《中華民國解》中，章太炎主要從歷史文化上對「中華民國」進行解釋。他寫道：「諸華之名，因其民族初至之地而為言。……雍州之地，東南至於華陰而止；梁州之地，東北至於華陽而止。就華山以定限，名其國土曰『華』，則緣起如此也。其後人跡所至，遍及九州，至於秦、漢，則朝鮮、越南皆為華民耕稼之鄉，『華』之名於是始廣。『華』本國名，非種族之號，然今世已為通語。世稱山東人為『侉子』，『侉』即『華』之遺言矣。正言種族，宜就『夏』稱，《說文》雲：『夏，中國之人也。』或言遠因大夏，此亦昆侖、華國同類。質以史書，『夏』之為名，實因夏水而得。……『夏』本族名，非都國之號，是故得言『諸夏』。……下逮劉季，撫有九共，與匈奴、西域相卻倚，聲教遠暨，複受『漢族』之稱。此雖近起一王，不為典要；然漢家建國，自受封漢中始，于夏水則為同地，于華陽則為同州，用為通稱，適與本名符會。是故『華』雲，『夏』雲，『漢』雲，隨舉一名，互攝三義。建『漢』名以為族，而邦國之義斯在；建『華』名以為國，而種族之義亦在。此『中華民國』之所以諡也。」

由此可見，章太炎主要是從歷史文化上考證和梳理「中華」二字的淵源，為「中華民國」這一新生的國名尋求文化認同和歷史支持。不過，章太炎在解釋時格外強調「中華民國」的種族之義，並與「漢族」相聯繫，也反映了其醉心「排滿」與「光復」的大漢族主義傾向。

與章太炎不同，孫中山主要是從國家政治體制的角度，對「中華民國」這一國名進行闡釋。1916 年，孫中山在上海作題爲《中華民國之意義》的演講時說：「諸君知中華民國之意義乎？何以不曰『中華共和國』，而必曰『中華民國』，此『民』字之意義，爲僕研究十餘年之結果而得之者。歐美之共和國創建遠在吾國之前，二十世紀之國民，當含有創制之精神，不當自謂能效法於十八、九世紀成法而引以爲自足。……更有進者，本黨主張之民權主義，爲直接民權。國民除選舉權外，並有創制權、複決權及罷免權，庶足以制裁議會之專制，即於現行代議制之流弊，亦能爲根本之刷新。由此，這『中華民國』中的『民』字絕對是核心內容，不可不用。」

1923 年，孫中山在廣州爲全國青年聯合會所作的演講中，再次對「中華民國」的稱謂進行闡釋，並強調說：「『中華民國』這個名詞，是兄弟從前創稱的，這個名詞到底是什麼東西呢？諸君自然知道『中華民國』和『中華帝國』不同，帝國是以皇帝一人爲主，民國是以四萬萬人爲主。」

在此次演講中，孫中山不僅從政治體制上說明了『中華民國』這個名稱的由來，並且明確宣稱自己是『中華民國』這個名詞的「創稱」者。而這一說法並未遭到章太炎的反駁，似可成爲孫中山是「中華民國」國名發明者的最有利證據。

中華民國國旗，今人最熟悉的爲青天白日滿地紅旗。青天白日旗圖案最早由革命先烈陸皓東設計，圖案爲「青地、中有白日」。1895 年，興中會在夏威夷成立，將青天白日旗定爲革命軍軍旗，取圖案中含有的「光明正照」、「自由平等」之義。此後，孫中山提議將原來圖案中的青天白日置於紅底旗幟的左上角，

中華民國「青天白日滿地紅旗」圖案

遂變成後來通用的青天白日滿地紅旗。國旗中的青、白、紅三色，分別象徵自由、平等、博愛之精神，以及民族、民權、民生之三民主義。

不過，在中華民國成立之初，中華民國國旗並非青天白日滿地紅旗，而是五色旗。

武昌起義後，各省革命軍使用的旗幟並不一致，其中，湖北、湖南、江西省共進會使用鐵血十八星旗，代表十八行省；江蘇、浙江、安徽省的同盟會使用五色旗，寓意五族共和；廣東、廣西、福建、雲南、貴州省則沿襲同盟會傳統，使用青天白日旗；陳炯明在惠州舉兵時則採用井字旗，表示平均地權；此外還有用白旗（取滌去污染、光復舊物之意）、金瓜鉞斧旗（代表尚武強兵的精神）等旗幟的。

鐵血十八星旗

關於中華民國採用什麼國旗，曾經出現激烈的論爭。孫中山提出用青天白日旗，加以紅地，理由是此旗乃烈士陸皓東所設計，「興中會諸先烈及惠州革命將士曾先後為此旗流血，不可不留作紀念」。但黃興認為青天白日旗形式不美，且與日本國旗相近，因此與廖仲愷主張用井字旗。也有人主張用金瓜鉞斧旗，以發揚漢族之傳統以及尚武強兵的精神。章太炎提議用首先光復南京的江浙聯軍的軍旗五色旗。章太炎認為：紅、黃、藍、白、黑五色，代表漢、滿、蒙、回、藏五個民族，寓意五族共和，最符合中華民國的民族精神。但是，孫中山認為：「清國舊例，海軍以五色旗為一二品大官之旗，今黜滿清之國旗而用其官旗，未免失體；其用意為五大民旗，然其分配代色，取義不確，如以黃代滿之類；既言五族平等，而上下排列，仍有階級。」因此堅決反對採用五色旗。不過也有人指出，五色旗和清朝海軍官旗雖然相近，但顏色和排列順序都有很大不同，所以孫中山的反對理由並不成立。

1912 年 2 月，臨時參議院經激烈辯論決定以五色旗為國旗[114]，鐵血十八星旗為陸軍旗，青天白日滿地紅旗為海軍旗，井字旗為元帥旗（方藍井白）及副元帥旗（方白井藍），並諮請總統頒行。時任臨時大總統的孫中山認為五色旗含義有疑，沒有立即頒布，而是函覆臨時參議院表示希望在民選國會成立後，由國民公開表決。

1912 年 3 月，袁世凱在北京正式就任第二任臨時大總統。同年 5 月，已

---

114 章太炎始終堅持五色旗最能代表中華民族精神，因此在 1936 年去世時只願以五色旗覆蓋，是時青天白日滿地紅旗作為中華民國國旗已通行數年。

五色旗

遷到北京的臨時參議院正式議決以五色旗為國旗，隨後由袁世凱以臨時大總統制令公布施行。

不過，孫中山對五色旗一直不願承認。1921 年 5 月，孫中山在廣州就任非常大總統，提出以青天白日滿地紅旗替代五色旗為國旗。1928 年，國民政府改組，成為其時代表中國的唯一合法政府，青天白日旗作為中華民國國旗開始正式通行於全國各地 [115]。

中華民國臨時政府在南京成立後，當即頒布了中華民國國歌。即由沈恩孚作詞，沈彭年作曲的《五旗共和歌》。歌詞是：

亞東開化中華早，揖美追歐，舊邦新造。飄揚五色旗，民國榮光，
錦繡河山普照。我同胞，鼓舞文明，世界和平永保。

《五旗共和歌》曲調激昂，歌詞雄壯，以提倡共和為主題，充分體現了當時的時代精神。但遺憾的是，這首歌曲還未正式頒布傳唱，就被袁世凱宣布廢棄。

1913 年 4 月 8 日，中華民國第一屆正式國會開會典禮時，選取《卿雲歌》為臨時國歌。歌詞取自《尚書大傳·虞舜篇》，並由當時僑居北京的法籍比利時音樂家約翰·奧士東譜曲。歌詞如下：

卿雲爛兮，糾縵縵兮。日月光華，旦復旦兮。日月光華，旦復旦兮。
時哉夫，天下非一人之天下也。

---

115 1928 年 12 月張學良「東北易幟」就是在東北全境以青天白日滿地紅旗取代五色旗。

其中歌詞後兩句為汪榮寶所添加。

1915 年，袁世凱廢棄《卿雲歌》，以政事堂禮制館名義，啟用王露作曲，蔭昌作詞的《中華雄立宇宙間》為國歌。歌詞是：

中華雄立宇宙間，廓八埏，華冑來從昆侖巔，江河浩蕩山綿連，

共和五族開堯天，億萬年。

1916 年初袁世凱復辟帝制時，又將最後兩句改為「勳華揖讓開堯天，億萬年」。《中華雄立宇宙間》表面上氣勢豪邁，其實卻是為袁世凱復辟帝制造聲勢，唱頌歌。因此，袁世凱復辟失敗後，《中華雄立宇宙間》作為國歌即被廢除。

1919 年，因多方徵求國歌沒有結果，北洋政府教育部決定以趙元任作詞曲的《盡力中華歌》為代國歌，歌詞如下：

聽！我們同唱中華中華中華！

聽！君不聞亞東四萬萬聲的中華中華中華！

來！三呼萬歲中華中華！都用同氣同聲的同調同歌中華中華！

此歌由商務印書館灌成唱片後，一度流傳頗廣。

1921 年，北洋政府根據章太炎的建議，決定重新將《卿雲歌》作為國歌，但去掉了汪榮寶所添加的詞，由剛從德國留學歸國的古琴名家肖友梅作曲。全歌僅四句十六字，歌詞是：

卿雲爛兮，糺縵縵兮。日月光華，旦復旦兮。

新版《卿雲歌》問世正值軍閥混戰時期，因此並沒有得到當時國民的認可和傳唱。

1926 年，奉系軍閥張作霖主政北京時，曾仿日本堂歌式樣重制國歌，又將國歌改為《中國雄立宇宙間》，並親自作詞：

中華雄立宇宙間，萬萬年！保衛人民中不偏，諸業發達江山固，

四海之內太平年，萬萬年！

但不久張作霖敗退離開北京，此歌也旋即被人遺忘。

　　在此期間，孫中山領導的南方革命政府一直不承認北洋政府選擇的《卿雲歌》爲國歌。1921 年 4 月，由孫中山任非常大總統的廣州軍政府下令制定臨時國歌，選中由徐謙作詞、劉斐烈作曲的歌曲《大中華民國國歌》爲臨時國歌。歌詞如下：

中華國旗，淩風飛揚，與我民族，華夏之光。
人民平等，攜手同行，共和肇造，基民本以爲邦。
洪惟民國兮，人民共有共治共用，洪惟民國兮，人民共有共治共用。
中華國旗，薄雲高標，還我民權，天日爲昭。
人民自由，眞理是效，郅治漸臻，順民心以改造。
洪惟民國兮，人民共有共治共用，洪惟民國兮，人民共有共治共用。
中華國旗，破空卓立，裕我民生，土地日辟。
人民相愛，干戈永戢，大同共登，合世界以爲一。
洪惟民國兮，人民共有共治共用，洪惟民國兮，人民共有共治共用。

　　這首歌曲流傳不廣，國人對此知之不多，後來國民政府制定國歌時也沒有提及這首歌。

　　1926 年，廣東革命政府在北伐前，宣布以《國民革命歌》爲代國歌。歌詞作者不明（有羅振聲、酈墉、廖乾五等三種說法），曲調改編自一首法國兒歌《雅克兄弟》（即《兩隻老虎》）。歌詞是 [116]：

打倒列強，打倒列強，除軍閥，除軍閥；努力國民革命，努力國民革命，齊奮鬥，齊奮鬥。
工農學兵，工農學兵，大聯合，大聯合；打倒帝國主義，打倒帝國主義，齊奮鬥，齊奮鬥。
打倒列強，打倒列強，除軍閥，除軍閥；國民革命成功，國民革命成功，齊歡唱，齊歡唱。

　　《國民革命歌》發布時正值二次北伐前夕，表達了人們對於國民革命成功的強烈期待之情，一時在北伐軍中廣爲傳唱。

---

116 另一版本末句爲：打倒土豪，打倒土豪，分田地，分田地；我們要做主人，我們要做主人，眞歡喜，眞歡喜。

　　二次北伐成功後，國民政府宣布用青天白日滿地紅旗取代北洋政府的五色國旗，北洋政府的《卿雲歌》被正式停用，而《國民革命歌》也失去了鼓舞革命的現實意義。於是，國民政府選擇以國民黨黨歌《三民主義歌》為代國歌。

　　　　三民主義，吾黨所宗；以建民國，以進大同。

　　　　諮爾多士，為民前鋒；夙夜匪懈，主義是從。

　　　　矢勤矢勇，必信必忠；一心一德，貫徹始終。

　　《三民主義歌》歌詞取自1924年孫中山給黃埔軍校的訓詞，曲譜則公開徵集，最後選定了江西作曲家程懋筠的曲譜。之後，國民政府在相當長的一段時間裡仍未放棄制定正式國歌的努力，曾多次向社會徵集國歌詞譜，但無一適合的佳作，《三民主義歌》也就正式被認定為中華民國國歌。

　　需要說明的是，在徵集國歌的過程中，由戴季陶作詞，黃自譜曲的《青天白日滿地紅》曾經讓國民政府非常欣賞。歌詞如下：

　　　　山川壯麗，物產豐隆，炎黃世冑，東亞稱雄。

　　　　毋自暴自棄，毋固步自封，光我民族，促進大同。

　　　　創業維艱，緬懷諸先烈，守成不易，莫徒務近功。

　　　　同心同德，貫徹始終，青天白日滿地紅。

　　最終，國民政府雖然由於種種原因沒有將該歌曲作為國歌，但又不忍捨棄，於是將其命名為《中華民國國旗歌》，在升降國旗時演唱。而在升降國旗時不演奏國歌，而是演唱國旗歌，這一做法在各國政府中也非常罕見。

中華民族一詞的由來

「五十六個民族五十六朵花，五十六個兄弟姐妹是一家，五十六種語言匯成一句話，愛我中華，愛我中華，愛我中華……」今天，由著名歌手宋祖英演唱的《愛我中華》這首膾炙人口的歌曲，已經傳遍了祖國的大江南北。我們都是中華民族中的一員，雖然每個民族都有自己的族名，但同時又有一個共同的總稱，那就是中華民族。那麼，「中華民族」的這個稱號是怎麼來的？它的歷史背景和文化內涵又是什麼呢？

「中華民族」的稱號雖然出現在近代，但中華民族作為一個自在的民族實體卻經歷了漫長的發展過程 [117]。「中華」一詞，最早見於裴松之注《三國志・諸葛亮傳》。其源可溯自漢高誘注《呂氏春秋・簡選》中的「中國諸華」。根據現代學者研究，「中華」一詞最初用於天文方面，在日後漫長的歷史中逐漸具有了「中國」、中原文化和漢人、文明族群等內涵。

「民族」一詞在中文裡如何由來，一直有不同的說法。20 世紀 60 年代，民族學家林耀華提出，「民族」一詞是近代日本人用漢字聯成後傳入中國的。此後，這一說法幾為學界共識。但近年來，一些學者考證，「民族」一詞在古代漢語裡已經出現，其含義「既指宗族之屬，又指華夷之別」，最早的例證可以上溯到《南齊書》中的「今諸華士女，民族弗革」和唐李荃《太白陰經》中的「傾宗社，滅民族」。由此可見，「民族」一詞並非近代從日本舶來，而是中國古代文獻中的固有名詞。

與此相應，中國傳統的民族主義思想也早已經存在。它主要體現在三個方面：一是華夏中心觀，二是華尊夷卑觀，三是建立在華尊夷卑觀基礎之上的「夷夏之辨」的觀念。以華夏中心觀為思想基礎的傳統民族認同，並非西

---

117 20 世紀 80 年代，著名學者費孝通提出「中華民族多元一體」的著名論斷，認為：「中華民族作為一個自覺的民族實體，是在近百年來中國和西方列強的對抗中出現的，但作為一個自在的民族實體，則是在幾千年的歷史過程中形成的。」

方近代的民族國家認同，而主要是一種文化認同。根據《左傳・定公十年》孔穎達疏解的說法，「中國有禮儀之大，故稱夏；有服章之美，故謂之華」。「華夏」並稱，是偉大文明之意。這一民族認同符號具有泛化和穩固性的特徵，將宇宙觀、道德倫理、政治價值同時納入一個穩定的框架中，但也導致了系統自身的封閉性和排外性。既然華夏是文明之邦，四夷是野蠻之邦，雙方就應該遵循由夏到夷的單向度文化傳播，所以古人常說：「吾聞用夏變夷者，未聞變於夷者也。」經過春秋戰國兩次「尊王攘夷」，夷夏對立觀定型，「內諸夏而外夷狄」，「以夏變夷」成為華夏觀的主要基調。

中國傳統的民族主義被認為是一種天下主義，其對「夏」和「夷」的評判主要是以對華夏文化的認同與否作為標準。這和西方的近代民族主義截然不同。英文的 nation（民族）一詞具有中文中的民族和國家的雙重含義，相對中國傳統強調血統（宗族之屬）和文化（華夷之別）的民族觀念，nation 更突出其政治統一性與地域一體性。因此，西方近代民族主義思想的一個核心目標就是民族國家（nation-state）的建立。

而隨著西方思想的不斷傳入，近代中國人對「民族」一詞的理解也開始出現變化。特別是在 19 世紀末到 20 世紀初期，從日本舶來的西方民族思想對中國人的民族觀念影響巨大。不過，近代日本人對 nation 的理解和翻譯本身就存在一個變異的過程，而受此影響，這一時期中國人的民族觀念也有很大的差異。

根據現有資料考證，近代日本人對「民族」的理解最早也同「種族」相等，因此產生了狹隘的民族國家觀念。如 1875 年福澤諭吉在《文明論概略》裡就以「種族」替代「民族」，其對 Nationality（國體）一詞的解釋是：「指同一種族的人民在一起同安樂共患難，而與外國人形成彼此的區別。」

受這種狹隘民族主義觀念的影響，很多近代中國人都將「民族」理解為一種以血緣為基礎的人類共同體，從而和種族主義等同；而所謂的民族國家，也自然就是單一民族國家。由於當時國內存在著嚴重的滿漢對立與矛盾，這一觀念很快為革命派所接受，並且宣稱「亡於滿劣已成不瓜分之瓜分」，中國光復，「當以先除滿虜後拒列強為不二之法門，此漢人之革命，有萬不容緩者也」。因此，在很長的時間裡，辛亥革命時期的革命派都大力宣揚「驅

除韃虜」、「恢復中華」的口號，強調「排滿」與「光復」革命。這一方面是對中國固有的傳統民族主義思想的繼承，也是接受將「民族」與「種族」等同的狹隘西方民族主義觀念的結果。

這種宣傳突出清政府的「韃虜」背景，強調滿漢不能並立，其目的就是要激發漢族狹隘的種族主義思想，從而增強推翻清朝政府的革命力量。從歷史作用來看，這種「訴諸於漢人的民族感情」的革命策略，在革命的初期發揮了一定的作用，特別是在動員以漢族爲主體的海外留學生和華僑的革命意識上，起到了很大的激勵作用。

不過，這種建立於「華夷」觀念基礎之上的民族意識顯然同正在從「自在」向「自覺」轉化的中華民族共同體意識之間存在根深蒂固的衝突，從而引起了國人的爭議。同時，這種狹隘的民族觀念同近代國人的國家認同之間也存在無法調和的矛盾，因此從一開始就受到有識之士的批判。例如，近代著名政治家楊度雖然認爲民族主義就是種族主義，但他同時指出了這種民族主義觀念對於當時中國的危害，認爲這必將導致國家分裂。因此，楊度反對以狹隘的民族主義立國，而主張「五族合一」、「國民統一」，推崇以「國家主義立國，以國家爲國民之國家，非君主之國家」。

楊度所說的「國民」，同樣是當時日本人在翻譯西方民族主義思想時使用的詞語，並隨後傳入中國。近代日本人曾經翻譯了大批西方論著介紹民族主義思想，其中一部重要的著作即加藤弘之、平田東助等翻譯的瑞士政治學家伯倫知理的《國法泛論》（後定名爲《國家論》）。伯倫知理認爲民族是指同一種族之民眾，國民是指同一國土內之民眾。他以當時的日爾曼民族分散爲德國、瑞士和奧地利等不同的國家和美國人來自不同的民族爲例證，認爲一個民族國家可以由不同民族的國民共同建立，一個民族也可以形成不同的國家。而這一觀點是對當時西歐流行的單一民族：國家理論（one nation，one state）的質疑。伯倫知理的觀念在當時的日本和中國均產生了很大的影響。而楊度則明確宣揚「五族合一」的思想，認爲「今日中國之土地，乃合五族之土地爲其土地；今日中國之人民，乃合五族之人民爲其人民，而同集於一統治權之下，以成爲一國者也」。其思想主張更是和伯倫知理的「國民」說立場十分相近。

　　楊度等人的「國民」說比起革命派強調「排滿」與「光復」的「種族革命」思想已經有了明顯的進步。但是，「國民」說是建立在承認「民族」等同「種族」的基礎之上，其對國家的認同只突出了 nation 中政治統一性與地域一體性的方面，卻忽視了 nation 中民族認同的方面，因此其思想主張仍然無法滿足近代中國建立民族國家的歷史訴求。而真正解決這一問題的，當是梁啟超等人對「民族」一詞的廣義闡釋，以及對「中華民族」一詞的提倡與認同[118]。

　　在近代文化史上，梁啟超是最早在現代意義上運用「民族」一詞的學者之一。在 1901 年發表的《中國史敘論》一文中，梁啟超多次使用「中國民族」一詞，將中國民族的歷史劃分為三個時代：「第一上世史，自黃帝以迄秦之一統，是為中國之中國」；「第二中世史，自秦統一後至清代乾隆之末年，是為亞洲之中國」；「第三近世史，自乾隆末年以至於今日，是為世界之中國」，並認為近世「即中國民族合同全亞洲民族與西人交涉、競爭之時代也」。該文中的「中國民族」一詞，有時用來指稱漢族，有時則是將其作為具有共同歷史文化背景的中國各民族的總稱，而在後一種表述中，其實已經隱含了各民族凝聚成民族共同體的思想。

梁啟超

　　進而，梁啟超在 1902 年發表的《中國學術思想變遷之大勢》中，率先運用「中華民族」一詞。他寫道：「上古時代，我中華民族之有海思想者厥惟齊。故於其間產出兩種觀念焉：一曰國家觀，二曰世界觀。」這是「中華民族」一詞第一次出現在歷史記載中。次年，梁啟超又進一步對「中華民族」一詞的內涵進行了明確的界定。他特別指出：「地與血統二者，就初時言之。如美國民族，不同地、不同血統，而不得不謂之一族也。伯氏原書論之頗詳。」此段文字中的「伯氏」即指伯倫知理。戊戌變法失敗後，梁啟超東

---

118 今天，人們已經承認民族是一個歷史的範疇，是在歷史上長期形成的具有共同文化背景和共同心理認同的穩定的共同體。同時，民族也有廣義和狹義的區分。狹義的民族指各個具體的民族，如漢族、蒙古族、滿族、回族、藏族等。而廣義的民族則可以指同一國家和地區內具有共同文化自覺和認同特徵的民族共同體，如中華民族、阿拉伯民族等。

渡日本，並較早接觸到日人翻譯的伯倫知理的《國家論》，受到很大影響。其中，伯倫知理關於「美國民族，不同地、不同血統，而不得不謂之一族」的說法給了梁啓超極大的啓發。梁啓超據此認為，對「中華民族」的界定，也應該像美國民族一樣，儘管來自不同的地域，具有不同的血統，但是只要具有共同的歷史文化背景，即屬於一個共同的民族範疇。正是在這種民族認同觀的基礎上，梁啓超提出：「中國而亡則已，中國而不亡則此後所對於世界者，勢不得不取帝國政略，合漢、合滿、合回、合苗、合藏，組成一大民族，提全球三分有一之人類，以高掌遠蹠於五大陸之上。」顯然，這個時候的梁啓超，已經較早地意識到在新的世界範圍和時代背景下，中國域內的各個民族必須拋棄傳統的「狹隘的民族復仇主義」，在共同的歷史文化背景下集結成一個以「小民族」有機聯合為基礎的「大民族」，才能夠獨立自強於世界之林。之後，在 1905 年發表的《中國歷史上民族之觀察》一文中，梁啓超進一步斷言：「中華民族自始本非一族，實由多民族混合而成」，並從歷史演變的角度分析了中國民族的多元一體形成。

此後，中華民族共同體意識逐漸為國人所接受。一批留日學生還在日本東京和中國北京分別創辦了《大同報》和《北京大同日報》，宣傳民族融合思想。一些受到日本民族學說影響的人還進一步區別了民族與種族的概念，認為民族以「文明同一」為主要認定尺度，「種族則以統一之血系為根據」。在這個基礎上，他們大膽指出，不僅「滿漢至今日則成同民族異種族之國民矣」，甚至整個「中國之人民，皆同民族異種族之國民也」。這些言論體現出來的中華民族共同體意識，不僅強調中國各個民族具有共同的歷史文化根源，因此「文明同一」，即在文化認同上具有一致性，更強調大家同為「中國之人民，皆同民族異種族之國民也」，表達了明確的民族國家意識。

梁啓超首倡的「中華民族」思想，以及楊度的「五族合一」、「國民統一」主張，都深刻影響了當時革命派的民族觀念。隨著革命的深入，單純強調「排滿」與「光復」的宣傳已經無法適應辛亥革命在政治革命和社會革命上的目標，反而會激發國內少數民族的對抗情緒，並且無法得到改良派和立憲派的認同和支持。在此情況下，以孫中山為代表的革命派體現了自己的遠見卓識，他們不僅接受了梁啓超等改良派所提出的「大民族主義思想」，以

及立憲派楊度所宣導的「五族合一」、「國民統一」思想，並在此基礎上，最終提出了「五族共和」和三民主義的民族主義思想。

1912 年元旦，孫中山在《中華民國臨時大總統宣言書》中鄭重宣告：「合漢、滿、蒙、回、藏諸地為一國，即合漢、滿、蒙、回、藏諸族為一人——是曰民族之統一。」這一宣言不僅在政治制度上確立了「五族共和」的合法性，也宣告了一個由中國多民族組成的共和制民族國家的確立。此後，「中華民族」一詞逐漸替代了「中國民族」、「大民族」和「五族」等詞語，成為國人指涉這一民族共同體的共同稱謂。1913 年初，西蒙古王公通電聲明宣稱：「我蒙同系中華民族，自宜一體出力，維持民國。」這個通電聲明，是「中華民族」一詞在政治文告中第一次作為代表中國各民族共同體的稱謂出現，反映了國內少數民族對同屬中華民族一部分的確認。同時，聲明強調「同系中華民族，自宜一體出力，維持民國」，也意味著中國各民族對建立中華民國這一民族國家的認同。

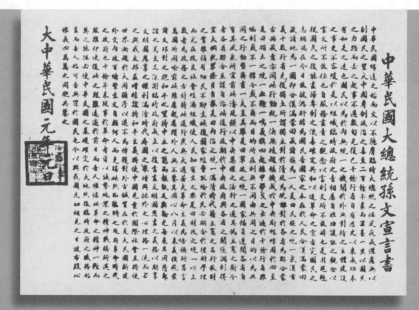

中華民國臨時大總統宣言書

民國時期的紀念日與節日

我們每一年都會過很多紀念日，其中一些在民國時期已經出現，如婦女節、兒童節、教師節、母親節、父親節等；它們有些和我們今天的日期相同，有些卻不同。民國時期還有許多我們今天沒有的紀念日，如陸軍節、空軍節、體育節、商人節、醫師節、世界學生節及農民節、詩人節、護士節等。今天的節日是陽曆與陰曆並用，既有元旦，也有春節，但是在民國，曾經一度廢除陰曆節日，將春節移到元旦來過，結果卻並不成功，這是怎麼回事呢？

中國曆法，源遠流長，相傳在伏羲、神農之時，已經有上元、太初等曆，以建寅之月（即夏曆正月）為歲首，後來屢有改革，代有不同。漢武帝以後各代曆法一律沿用夏正，以夏曆紀歲 [119]。所謂夏曆，即傳統的農曆，因與陽曆對應，人們俗稱陰曆 [120]，民國則稱舊曆，以與新曆相區別。

1912 年 1 月 1 日，孫中山在南京就任臨時大總統後，正式通電全國：「中華民國改用陽曆，以黃帝紀元四千六百零九年十一月十三日為中華民國元年元旦。」改用陽曆，廢除皇帝年號，選用民國紀年，是共和體制的必然選擇；在經濟上，因為陽曆沒有閏月，也便於年度預算；而在對外交往上，也可以與國際同步，減少外貿糾紛與外交摩擦。

隨後，孫中山又發布《臨時大總統關於頒布曆書令》，令內務部編印新曆書。新曆書採取新舊二曆並存的方式，新曆下附星期，舊曆下附節氣，並將舊曆書上一些關於建屋、遷居、行止、婚喪等宜忌的迷信內容一律刪除。

新舊二曆並存，直接導致了官方與民間在曆法上的「二元」格局：「民

---

119 夏曆，即農曆。平均曆月等於一個朔望月，但設置閏月以使平均曆年為一個回歸年，設置二十四節氣以反映季節（太陽直射點的周年運動）的變化特徵。人們習慣稱為「陰曆」，但其實是陰陽曆的一種，並非真正的「陰曆」。

120 陽曆又稱太陽曆，是以地球繞太陽公轉的運動週期為基礎而制定的曆法。如今世界通行的西曆就是一種陽曆，平年三百六十五天，閏年三百六十六天，每四年一閏，每滿百年少閏一次，到第四百年再閏，即每四百年中有九十七個閏年。

1912年1月1日，孫中山從上海赴南京就任臨時大總統

國創興，起義者紛紛不一，眾議改用陽曆，即以其年一月一日爲『元旦』，各省軍、政學界普同慶祝，由是造印曆書者陰陽並載。軍、政俱用陽曆，民眾、農、商，凡年節一切仍用陰曆。」也就是說，政府機關及相關的軍事、教育、新聞部門在工作中使用陽曆，廣大商家、市民與農民在生活與日常事務中則仍然使用陰曆。這種「二元」並存的格局，也造成了政府工作與民眾生活的脫節，大家都頗有不便。例如，在民國初期，一年中居然有兩個新年，即政府強調的陽曆新年（元旦）與民間看重的陰曆新年同時存在。前者被稱作「民國之新年」、「官家之年」或「新新年」，後者被稱作「國民之新年」、「百姓之年」或「舊新年」。每逢「新新年」之際，官方大張旗鼓地慶賀，所謂：「彈指光陰，新年已過。慶賀也，封賞也，宴會也，演劇也，以及一篇勵精圖治之官樣文章，許多善頌善禱之照例祝詞。」但民間卻對此保持漠然，認爲「新歷年者，官家之年也」。而到「舊新年」來臨，則一切相反，民間鄭重慶賀而官方無聲無息。時人感歎這種奇怪的現象，稱：「辛亥以還，改行新曆，於是一國中過年景象，遂有官派與民俗之分，一歲過兩年，相沿成習者，又六載於茲異。」

此後，在北洋政府時期，始終存在這種「官家之年」與「百姓之年」的對峙，而民眾也逐漸習以爲常，名義上承認「新新年」的存在，實際上仍然按照「舊新年」行事。於是「自新舊曆並行，政學農工商各界，各行其是，於是才過新年，又過舊年，年年如是，已變成特殊的慣例」。時人因此譏諷：「男女

平權，公說公有理，婆說婆有理；陰陽合曆，你過你的年，我過我的年。」

1927 年，南京國民政府成立後，為了表示自己是革故鼎新的革命政府，從而與一盤散沙的北洋政府相區別，決定用強硬的方式解決陰陽曆並用的矛盾與問題。於是宣布，此後專用陽曆，並將其定為國曆，而將陰曆視為舊曆、廢曆，將陰曆、陰陽曆並用的做法「一併取締，以崇國曆」。從而依靠政治強力掀起了一場自上而下的廢除舊曆運動。

1929 年 7 月 2 日，國民政府發布五四三號訓令，規定「以後曆書，自不應再附舊曆，致礙國曆之推行」。為了貫徹這一命令，國民政府行政院 7 月 16 日發出二三二七號訓令，規定今後的曆書不再附舊曆，各地書店不得再印製、發行舊曆書，各地編制的陽曆新曆書也不准有任何陰陽合曆的痕跡。在查禁舊曆書的同時，國民政府還編制了《民國十九年國民曆》向全國發行，以取代舊曆書，供民眾採用。

由於長期以來，在民間對舊曆的使用與商家帳目及民間契約有複雜的關聯，因此導致民眾對舊曆的依賴根深蒂固。為了澈底剷除人們對舊曆的這種依賴，國民政府內政部規定：不僅要改正商店清理帳目及休息時間，而且嚴令人民按陽曆收付租息及訂結財產上之契據。1929 年 10 月 5 日，國民政府又發布九六四號訓令，通令全國：「從民國十九年一月一日起，凡商家帳目、民間契約，及一切文書簿據等，一律須用國曆上之日期，並不得附用陰曆，方有法律上之效力。」

在國民政府的大力推行下，以陽曆日期進行工作和日常交易處理的方式很快通行全國，並且逐漸為人們所適應。

在強制推行陽曆成功之後，國民政府又試圖通過建立陽曆紀念日和節日來替代傳統舊曆中的歲時節令。這一次，仍然採取了激進的強制方式，但結果卻並不理想。

在中國幾千年的舊曆使用過程中，逐漸形成了獨具民族特色的歲時節令，如立春、元宵、清明、端午、中秋、重陽、除夕等。這些歲時節令，已經成為中國文化傳統與民眾日常生活的一部分。

北洋政府期間，曾經推出一些新的國家紀念日，與這些舊曆節令並行。

如將每一年的元旦命名為中華民國成立紀念日，4 月 8 日為國會開幕紀念日，5 月 9 日為國恥日，4 月 5 日為植樹節，10 月 10 日為國慶紀念日等。不過，同「官家之年」一樣，這些新的紀念日也主要是官方組織紀念，民眾則相對漠然。

國民政府成立後，在廢除舊曆過程中，也採取了用根據陽曆推定的民國紀念日來代替舊曆節令的辦法，並將紀念日分為兩種：

1935 年 10 月 10 日日曆

一為國定紀念日，包括民國成立紀念日（1 月 1 日）、總理逝世紀念日（3 月 12 日）、革命先烈紀念日（3 月 29 日）、國慶紀念日（10 月 10 日）、革命政府紀念日（5 月 5 日）、國恥紀念日（5 月 9 日）、國民革命軍誓師紀念日（7 月 9 日）、先師孔子誕辰紀念日（8 月 27 日）、總理誕辰紀念日（11 月 12 日）等，上述紀念日除了國恥紀念日不放假之外，其他紀念日則全國休假一天，或集會慶祝，或追悼紀念。

二是本黨紀念日，包括北平民眾革命紀念日（3 月 18 日）、清黨紀念日（4 月 12 日）、先烈陳英士先生殉國紀念日（5 月 18 日）、總理廣州蒙難紀念日（6 月 16 日）、先烈廖仲愷先生殉國紀念日（8 月 20 日）、總理第一次起義紀念日（9 月 9 日）、先烈朱執信先生殉國紀念日（9 月 21 日）、總理倫敦蒙難紀念日（10 月 11 日）、肇和兵艦舉義紀念日（12 月 5 日）、雲南起義紀念日（12 月 25 日）等，「以上各紀念日由各地高級黨部召集黨員開會紀念，各機關團體學校可派代表參加，不放假」。

後來，國民政府增加的紀念日越來越多，包括司法節（1 月 11 日）、戲劇節（2 月 16 日）、童軍節（3 月 5 日）、國醫節（3 月 17 日）、美術節（3 月 25 日）、青年節（3 月 29 日）、兒童節（4 月 4 日）、音樂節（4 月 5 日）、母親節（5 月 12 日）、禁煙節（6 月 3 日）、工程師節（6 月 6 日）、陸軍節（7 月 9 日）、父親節（8 月 8 日）、空軍節（8 月 14 日）、教師節（8 月 27 日）、記者節（9 月 1 日）、體育節（9 月 9 日）、商人節（11 月 1 日）、醫師節（11 月 2 日）、世界學生節（11 月 17 日），另外還有農民節、詩人節、護士節、合作節等，名目繁多，讓人眼花繚亂。

在不斷增加新的紀念日和節日的同時，國民政府也強行將舊曆節令廢除，並要求將在舊曆節令的慶祝活動，改到陽曆年節來做。

例如，1927 年底，馮玉祥在河南、陝西和甘肅等地推行陽曆時，不僅宣布將舊曆的節日如除夕、正月初一、元宵節、端午節、中秋節等作爲社會惡習「一律廢止」，而且明確規定民衆今後只准過陽曆新年，原來的春節賀歲活動也都移到元旦來舉行。這一做法後來爲民國政府內政部所採納並明令全國執行。

但是國民政府的強硬措施卻遭到了全國大部分民衆的反對。因爲在廣大民衆看來，舊曆節日，經過漫長的歷史演化，已經成爲中國傳統文化非常重要的一部分，例如當時的《大公報》就發文指出：「舊曆新年可謂數千年來之民族的休息日」，「不能改日期，改了便不是那個味兒。」同時，按照舊曆節日運行的一整套民俗禮儀等規定，已經潛移默化成爲民衆日常生活中約定俗成的一部分，是有生命力的傳統文化在新時代的延續。因此，將春節的習俗活動改到陽曆年節來做，看起來只不過是換了一個日子，但實際上卻不是那麼簡單，因爲它意味著一個巨大的社會文化變革，同時也是對傳統的澈底決裂，這必然遭到民衆的普遍反對，於是「各界狃於習慣，廢曆節序依舊舉行」。

迫不得已，國民政府採取了變通的方法，認爲「只須不背黨義黨綱，並於風俗習慣公家治安無所妨害，均無廢除之必要」，於是決定仍舊保留舊曆元宵、上巳、端陽、七夕、中元、中秋、重陽、臘八等歲時節令，但必須「一律改用國曆月日計算」，「凡民間於沿用舊曆時，所有之觀燈、修禊、競渡、乞巧、祀祖、賞月、登高等娛樂及休息之風俗，均聽其依時舉行」。不過，雖然有所變通，但是將舊曆節日移於國曆的同一天，例如將清明節規定爲陽曆的 4 月 5 日，重陽節爲陽曆的 9 月 9 日等，仍然與原來日期大相徑庭，這也就讓上述節令過得不是那麼原汁原味。於是，各地政府在執行的時候又做了進一步的變通，例如將舊曆節日換算成陽曆對應的日子來過，這樣雖然盡量保持了節日在日期上的本色，但無論是官方還是民間，在對節日的時間把握上都煞費精力。可以說，一直到民國結束，對於如何過紀念日與節日，都是一個無法讓官方和民間皆大歡喜的難題。

從跪拜到鞠躬握手

——民國的禮儀之變

跪拜禮是中國傳統禮儀的重要部分，但是在民國時期移風易俗的潮流中，跪拜禮逐漸被握手、鞠躬等西方禮儀所替代，同時變化的還有訪客待客、宴會舞會、紅白喜事等禮儀習俗。不過，這種變革並非是完全西化，而經常是中西禮儀的混合。如曾經備受關注的蔣介石與宋美齡的婚禮，就分為「西式（基督教式）婚禮」與「中國式婚禮」兩個部分；而新文化運動主將胡適母親的喪禮，也是在新舊禮俗的折中下完成。

跪拜禮是古代中國的傳統禮儀，早在周代就已經對跪拜禮儀作了嚴格的規定。其中，臣子拜見君王或祭祀先祖要行稽首禮。行禮時，拜者必須屈膝跪地，左手按右手，支撐在地上，然後，緩緩叩首到地，稽留多時，手在膝前，頭在手後。這也是跪拜禮中最重要的禮節。

此後，跪拜禮成為中國禮儀文化的重要部分，為歷朝歷代中國人普遍遵守。不過，在和西方的交往過程中，這一禮節卻逐漸成為雙方來往的障礙，而其中最著名的，就是英國馬戛爾尼使團訪華事件。

1793 年，英國政府以向乾隆皇帝祝壽為名，派出以馬戛爾尼（George Macartney）為首的七百人使團來華。這是英國政府派出的第一個正式訪華使團，也是中英的第一次正式外交活動。

在這次英國使團帶來的諸多禮物中，包括當時英國最大、裝備有最大口徑火炮一百一十門的「君主號」戰艦模型，以及榴彈炮、迫擊炮和卡賓槍、步槍、連發手槍等，意在向中國顯示其科技發達、武力強盛。然而，乾隆帝卻對此不以為然，將其仍然和以往的一般貢品等同看待，並且也將尋求外交談判的英使視作不遠萬里來向天朝表示恭順的朝貢國使節，因此，他對馬戛爾尼一行上朝沒有行使跪拜禮頗為不滿，並且責備英使在禮品單上自稱「欽差」一詞，降旨要其改為公差，以符天朝體例。

乾隆帝接見馬戛爾尼使團的上諭

　　最終，這次外交活動以失敗告終。其原因表面是中西方不同的禮儀和文化衝突，實際上卻反映了雙方在價值觀念上從傳統到現代的差異。對於此後的中西關係，法國學者阿蘭·佩雷菲特在《停滯的帝國——兩個世界的撞擊》中說：「兩個傲慢者互相頂撞，雙方都自以為是世界的中心，把對方推到野蠻人的邊緣。」而如同「天朝上國」將其他國家都視為蠻夷一樣，現代化的西方列強對中國這個古老帝國的尊重也開始轉為蔑視。於是，固步自封的天朝大門雖然沒有被外交活動敲開，卻被隨後而來的堅船利炮所轟開，使中國陷入了有史以來最屈辱的時代。

　　此後，在近代中國從傳統向現代的艱難轉型之中，中國人也開始走上了一條反思與改革的道路，而引進西方現代禮儀替代跪拜禮等傳統禮儀，也成為近代特別是民國以來社會習俗文化改革的一個重要組成部分。

　　民國成立之初，跪拜禮被視作尊卑等級與臣民社會的落後禮儀而被逐漸取締，取而代之的則是握手與鞠躬等西方現代禮節。

　　1912 年 8 月 17 日，臨時政府發布民國《禮制》，凡二章七條，規定：

第一章　　男子禮

　第一條　男子禮為脫帽鞠躬。

　第二條　慶典、祀典、婚禮、喪禮、聘問，用脫帽三鞠躬禮。

　第三條　公宴、公禮式及尋常慶吊、交際宴會，用脫帽一鞠躬禮。

　第四條　尋常相見，用脫帽禮。

第五條　軍人員警有特別規定者，不適用本制。

第二章　　女子禮

第六條　女子禮適用第二條、第三條之規定，但不脫帽。尋常相見，
　　　　用一鞠躬禮。

第七條　本制自公布日施行。

握手禮是西方常見禮節，民國時期，對握手禮非常重視，並且全面效仿西方，制定出了很多禮儀講究事項。如 1945 年重慶商務印書館出版的《歐美禮俗》（吳光傑著）中就講道：「與位高於我者見面時，必由位高者先伸手」；「與婦女見面時，必須由婦人先伸手」；「與婦人見面時如對方伸其手作下垂式，必須握其手而吻之」；「女子可著手套與人握手」；「握手時不可混雜，尤忌作交叉式，如忙中偶爾失檢必須重爲之」等等，其禮節之正式周到即使和今天相比也更爲講究。

如果一方爲了表示恭敬，則必須向對方行脫帽鞠躬禮。受禮者一般同樣鞠躬回禮，位尊者則略微欠身點頭即可。脫帽鞠躬禮的行禮方式是雙腿立正站姿，右手握帽子前緣中央將帽子取下，上半身向前傾斜一定幅度後恢復原狀。其鞠躬幅度與表達的敬意成正比。

除了以上禮儀，民國時期對西方禮儀的採用還體現在客人拜訪、宴會、舞會等社交場合，以及重大事件如婚禮和喪禮等方面。

在民國時期，如果是首次登門拜訪，客人應該攜帶名片便於通報。如果被拜訪者地位較高，還應該在拜訪前打電話或者去信徵求其同意才可。此後如果再訪，則因人而異。首次拜訪時間不宜太長。拜訪的時候，先按

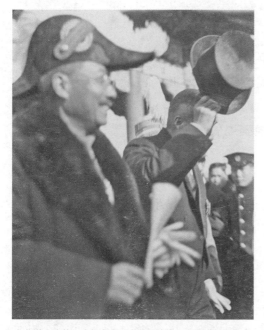

在北洋政府的一次集會上，大總統徐世昌向來賓脫帽致意

門鈴，再將名片遞交開門的門房或傭人。如果主人不在家，應該將名片留下以備再訪。如果主人在家，客人應該在進門後脫下外套、帽子與手套，將其放在衣帽架上再進入客廳。被訪者一般應於隨後幾日回訪以示禮貌。1918年，年輕的北大講師梁漱溟爲了瞭解陽明理學，特意上門拜訪著名理學家、北大教授楊昌濟的時候，就攜帶了自己的名片。進門的時候，梁漱溟將名片遞交給開門的年輕人。不過，這個年輕人卻非門房，而是當時正住在恩師、未來岳父楊昌濟家的毛澤東。1944年，胡蘭成第一次拜訪張愛玲的時候也攜帶了名片，沒有見到人，就從門洞裡遞進了自己的名片和一張小紙條，沒有人知道他在紙條上寫了什麼內容，但一向高傲的張愛玲在第二天便回訪了他，從此也開始了影響自己一生的「傾城之戀」。

　　舉辦宴會時，主人先發請柬，寫明時間與地點。客人則應該在次日內回復是否參加。赴宴的時候按照桌子上的名片落座。飯後客人不能馬上告辭，應該停留片刻再與主人告別。

　　民國時期的舞會一般在夜晚舉行，其禮節也頗爲講究。主動邀請跳舞的必須是男士；想與已婚女子跳舞，必須要徵求其丈夫的同意；一曲完畢，男士應該將舞伴送至休息處，並且鞠躬致謝；如果女士謝絕跳舞，男士不可勉強。

　　除了以上社交禮節，民國時期在重大事項如婚禮和喪禮上，也逐漸移風易俗，有越來越多的人開始採用西方的禮儀。而當時一些名流政要，如蔡元培、梁啓超、于右任、沈鈞儒等，爲了推廣新式婚禮，也特別願意擔任各種西式婚禮的證婚人。1928年，林徽因跟梁思成舉辦婚禮的時候，就放棄了傳統的結婚服裝，穿上自己設計的新式結婚禮服，在當時頗爲標新立異。1929年，冰心與學成歸國的吳文藻在燕京大學臨湖軒舉行婚禮，當時的燕京大學校長司徒雷登主持了他們的婚禮。由於取消了傳統婚俗儀式，這一對新人的婚禮非常簡單樸素。

　　民國移風易俗的另外一個重要體現是集體婚禮的流行。在1920年代以後的中國大城市裡，由於集體婚禮熱鬧、排場且經濟實惠，因此頗受一些新人的歡迎。1936年，在杭州六和塔下曾經舉辦了一場非常有名的集體婚禮。婚禮的證婚人是著名大律師沈鈞儒，主持人則是電影明星鄭君裡，而同時結婚的幾對新人也都名頭不小。他們分別是中國電影史上的風雲人物趙丹與葉露

茜，集電影評論人、編劇、演員於一身的唐納與藍蘋，電影明星、導演顧而已與杜小鵑。不過，在這場婚禮後不久，唐納就與藍蘋發生婚變，隨即兩次自殺未遂，並且留有一封給藍蘋的遺書。關於這場婚變的原因坊間流傳的版本不同，一般認為是感情危機所致。在事情發生後，唐納與藍蘋均指責對方不忠，藍蘋曾經在《大公報》上發表就此事的公開信，標題是《我的自白》，後為 1937 年《電聲》雜誌第六期全文轉載，副標題為：「唐納藍蘋婚變，藍蘋自述離合經過；與唐納早無關係，結婚時並無婚書，他對我不忠實，我也已有新愛人。」在公開信中，藍蘋 [121] 對情感不專的唐納表示失望，並表示不會因此而自暴自棄。據說毛澤東、周恩來看到這封公開信後都對藍蘋非常欣賞，這也是毛澤東瞭解江青的開始。

民國時期的集體婚禮

隨著西方文化的傳入，1920 年代以後，婚紗開始在中國的婚禮上出現。當時在上海等大城市裡，流行的西式婚禮是這樣的：新娘穿白色婚紗禮服，手捧鮮花，頭戴長達數米的白色長紗，新郎穿黑色大禮服，白硬領襯衫，戴黑領結，手捧黑呢高帽和白色手套，而一邊的男女儐相也分別穿大禮服和白紗，舉行婚禮後，新人就在教堂內與雙方家長、證婚人等拍攝合影照，這就是最初的婚紗照。

其中，1927 年蔣介石與信奉基督教的宋美齡之間的婚禮，是這一時期最受人關注的婚禮。這場婚禮分兩場舉辦——上半場為「西式（基督教式）婚禮」 [122]，下半場則是傳統的「中國式婚禮」。

---

121 藍蘋，原名李雲鶴，她後來還有一個更加響亮的名字江青。

122 當時蔣介石為了迎娶宋美齡而皈依基督教，但在舉辦基督教婚禮的時候，初次請到的牧師卻拒絕為他們證婚，理由是蔣介石並非真正的基督教徒，這讓這對新人非常困窘。直到一個年輕的神職人員自告奮勇地出面充當證婚人，婚禮才得以順利進行。

李敖在《蔣介石評傳》裡曾經詳細描述了這場轟動一時的婚禮現場：

蔣介石、宋美齡結婚照

　　外灘大華飯店的盛大婚禮，豪華飯店的大舞廳裡，有來賓一千三百餘人，眾多的圓桌上擺滿了鮮花，還有鮮花製成的鐘鈴。禮堂上掛著巨幅孫中山的遺像、青天白日黨旗以及巨幅喜字。

　　禮堂的另一邊坐著白俄樂隊，於下午4時15分開始演奏，主持婚禮的蔡元培走到孫中山遺像下，十幾個國家的公使一一到場，代表美國的仍是海軍少將布里斯托爾。杜月笙也在賓客之中。當孔祥熙陪伴四十歲的新郎蔣介石出現時，一身筆挺西服，引起一陣騷動。

　　接著賓客入座，電影機發動，白俄樂隊奏起孟德爾頌的曲子，三十歲的新娘宋美齡冒稱二十七，一身白紗禮服，手挽宋子文，踏在紅地毯上，緩緩向前。走在後面的有穿著粉紅禮服的四位女儐相。在孫中山的聖像前，美齡走到蔣介石的身邊，然後新郎新娘向遺像鞠躬，向「國旗」鞠躬。當此時也，照相機聲喀嚓不斷。

　　接著蔡元培宣讀結婚證書，讀後，新人用印，新人相互鞠躬，向主婚人、證婚人以及眾賓客鞠躬，同時一個叫霍爾（E.L.Hall）的美國男高音，在白俄樂隊的伴奏下，高唱《噢！答應我》（Oh！Promise Me）。最後在掌聲雷動中結束婚禮，當晚帶著二百多名保鏢，乘車到莫干山度蜜月去也。

不過，也有人指出，李敖的這段描述雖然生動，卻也有許多不實之處。比如，大華飯店並不在外灘，而是在江寧路上；蔣介石當晚並未離滬；要去度蜜月的地點是杭州，並不是莫干山等。而其他一些關於蔣宋聯姻的記敘也不都完全符合史實。有學者指出，今天人們提及蔣宋聯姻，主要依據美國記者項美麗1941年在美國出版的《宋氏姐妹》一書，但其中的一些材料並不真實。例如，該書提及，在1927年12月1日蔣宋結婚的當天，上海《申報》

刊登了兩則啓事，一是蔣宋聯姻，一是蔣介石的離婚聲明，聲明稱：「毛氏髮妻，早經仳離；姚陳二妾，本無契約。」但查閱當日的《申報》，並無這兩則啓事。而所謂的離婚聲明，實際上早在當年 9 月 28、29、30 日就連續三日刊登於《申報》二版，題爲「蔣中正啓事」。

民國時期，除了舉辦西式婚禮之外，一些新派人士也採用西方葬禮的儀式，對傳統喪葬禮俗進行改革。當時的國民政府也通過取締傳統喪葬禮俗中的停柩，學習西方葬俗設立公墓等方式進行推廣普及。儘管這種強制的移風易俗並沒有得到舉國一致的回應，在一些傳統觀念濃厚的地區特別是廣大農村，仍然堅持舉辦傳統喪禮，但是在大部分城市的喪禮活動中，已經逐漸用西化的儀式替代傳統的風俗。

中國人因爲長期的祖先崇拜信仰，所以對喪葬之禮非常重視。據胡適等人的考證，儒的最初職能就是指導民眾辦喪事宜，並且推行三年守喪的制度。此後，傳統喪禮經過數千年的演變，規則日益繁複，又增加了許多佛道信仰與迷信的東西。例如，親人去世後，通常家人會把屍體停在床上，全家圍著床舉哀；有錢人家在喪禮舉辦中都會延請僧侶來誦經，並且越有錢的人家爲了顯示其對逝者的悼念之深，誦經和停柩的時間越長。出殯日期並不固定，但必須是單數，一般是選擇在死後七日、九日、十一日、十三日進行，但也有人家在親人去世後停柩三七（二十一天）或五七（三十五天）後才出殯的。而在這一過程中，由於缺乏先進的冷藏設施，屍體的腐敗不可避免。

正是因爲傳統喪禮中爲人詬病處甚多，所以民國時期出現了越來越多的西式喪禮或者中西結合的改良喪禮。這種新式喪禮不再請僧道誦經，也不焚燒車馬樓庫等紙做的物件；親友弔唁，多贈送花圈挽聯；出殯日期，一般是在死後三日；出殯時，親朋好友只是舉著花圈挽聯在靈柩前送葬；目的地則選擇公墓或者火葬場；弔唁者大多行三鞠躬禮。

不過，民國時期，由於傳統習俗在很多人心目中仍然根深蒂固，所以即使推行喪禮改革，仍然是純粹的西式葬禮較少，而中西結合的改良喪禮較多。

例如，新文化運動主將胡適的母親去世後，胡適很希望把那些傳統習俗的弊端統統革除，於是他到家之後，沒有請和尚、道士，而是先發一個通告給各處有往來交誼的人家。通告上說：「本宅喪事擬於舊日陋俗略有所改良，

倘蒙賜弔，只領香一炷或挽聯之類。此外如錫箔、素紙、冥器、盤緞等物，概不敢領，請勿見賜。伏乞鑒原。」這個通告隨著訃帖送去，果然再沒有一家來送那些東西。

而在隨後，胡適本來想將祭禮一概廢了，卻遭到親族的反對，於是只好保留程式，但也進行了很大的改良，變爲向靈位鞠躬，讀祭文，辭靈，謝奠。結果「向來可分七八天的祭，改了新禮，十五分鐘就完了」。

至於喪服，胡適則較多地採取了傳統服裝，「白帽結、布袍、布帽、白鞋，是中國從前的舊禮」，只有袖上蒙黑紗是民國元年定的新制，而胡適對此的解釋是：「仔細想來，我還是脫不了舊風俗的無形的勢力，——我還是怕人說話！」

民國總統知多少

　　中華民國從 1912 年 1 月 1 日成立到 1949 年 10 月 1 日終結，在不到三十八年的時間裡，共有八人擔任過總統職務。他們是：孫中山、袁世凱、黎元洪、馮國璋、徐世昌、曹錕、蔣介石、李宗仁。其中，孫中山先後擔任過臨時大總統和非常大總統；袁世凱為首任大總統；黎元洪兩次擔任正式總統；馮國璋、李宗仁為代理總統。

一、臨時大總統孫中山

擔任臨時大總統時的孫中山

　　1912 年元旦，孫中山在南京就任臨時大總統，正式宣告中華民國成立。不過，在孫中山就職之前，革命黨就已經和袁世凱達成協議：只要袁世凱能夠幫助推倒清政府，就可以推舉其為總統。因此，孫中山的「臨時」大總統可謂名副其實，甚至在他被推舉為臨時大總統的當天，他還得按照各地代表的會議決定，發電報給袁世凱，明確表示自己只是「暫時承乏，而虛位以待之心，終可大白於將來」，希望袁世凱「早定大計，以慰四萬萬人之渴望」。

　　在這種情況下，袁世凱開始從支持立憲變成贊同共和，並且脅迫清室，要求清帝溥儀退位。1912 年 2 月 12 日（清宣統 3 年 12 月 25 日），走投無路的隆裕太后頒布了清帝溥儀的退位詔，中國最後一個王朝至此壽終正寢。13 日，袁世凱正式聲明「贊成共和」。14 日，孫中山向臨時參議院正式辭去臨時大總統職，並舉薦袁世凱以代之。

　　從 1912 年元旦任職到同年 2 月 14 日正式辭職，孫中山在臨時大總統職位上任職一共四十五天。

　　除臨時大總統外，孫中山還曾出任非常大總統。1917 年段祺瑞大權獨攬之後，國會陷入停止工作的狀態。孫中山對此非常不滿，認為北京政府此時

已經明顯違背了中華民國約法，成爲一個不法政府，遂帶領一部分議員南下廣州，組織了非常國會和軍政府，開展護法鬥爭，從而形成南北政權對峙的局面。1921 年 4 月，非常國會開會，選舉孫中山爲非常大總統，但軍政大權實際上集於陳炯明一身。1922 年 6 月，陳炯明與孫中山意見不合，下令部下攻擊總統府，孫中山被迫離開廣州，非常大總統一職就此停用。

二、首任總統袁世凱

袁世凱

1912 年 2 月 15 日，南京臨時參議院以十七票全票通過袁世凱爲中華民國臨時大總統。當天，孫中山親自致電袁世凱：「民國大定，選舉得人。」3 月 10 日，袁世凱在北京就任中華民國臨時大總統。

1913 年 10 月，袁世凱強迫國會選舉自己爲中華民國第一任大總統。不久下令解散國會，廢止中華民國臨時約法，改內閣制爲總統制，並且統一貨幣，鑄造「袁大頭」。

1915 年 12 月 11 日，在袁世凱的策劃下各省國民代表一致上「推戴書」，袁世凱遂於 12 月 12 日以「民之所欲，天必從之」的名義正式接受推戴稱帝，宣布改國號爲中華帝國，年號洪憲，並計畫在 1916 年元旦登極。

1916 年 3 月 22 日，迫於各種壓力，袁世凱宣布取消帝制，廢除「洪憲」年號，仍以大總統的名義發布命令。歷時八十三天的稱帝鬧劇至此結束。

1916 年 6 月 6 日，袁世凱在眾叛親離的總統位置上去世。

三、兩任總統的黎元洪

袁世凱去世後，副總統黎元洪繼任中華民國總統職務。作爲武漢首義後湖北軍政府都督，黎元洪在中華民國成立之初，孫中山就任臨時大總統之際就被選爲副總統。隨後，在袁世凱擔任民國臨時總統和正式總統之際，黎元洪仍然被選爲副總統，他也成爲中華民國歷史上唯一一個三次當選副總統的人。

1916 年 6 月 7 日，副總統黎元洪繼任中華民國總統，補選馮國璋爲副總統。不過，黎元洪的權力卻受到國務總理段祺瑞的制衡，並演化成第一次「府

黎元洪

院之爭」[123]。段祺瑞在袁世凱去世後，以北洋皖系
軍閥首領自居，掌握軍政大權，背後又有日本勢力
的支持，因此經常與黎元洪分庭抗禮，在黎元洪下
令將其免職後，甚至指使皖系督軍宣布所在八省脫
離中央，欲武力倒黎。為了對抗段祺瑞，黎元洪請辮
帥張勳[124]於 6 月 14 日入京調解。不料張勳入京後，
卻在 7 月 1 日發動政變，擁立遜帝溥儀復辟。黎元洪
被迫去職，由副總統馮國璋代理大總統一職。7 月 12
日，段祺瑞組織「討逆軍」，復辟政權在成立十三
天後即被推翻，成為民國又一出政治鬧劇。張勳復辟失敗後，民國政權的實
際控制者段祺瑞並沒有迎回總統黎元洪，而是力挺副總統馮國璋代理總統。

　　不過，在 1922 年 6 月總統徐世昌被迫去職後，昔日的落難總統黎元洪再
次被請出來擔任民國總統職務。他也成為民國歷史上唯一一個兩次擔任總統
職務的人。

四、代理總統馮國璋

　　1917 年 7 月，副總統馮國璋在總統黎元洪被迫去
職後，代理民國大總統職務。段祺瑞再次出任總理，
控制了中央政權。

　　段祺瑞大權獨攬之後，無意恢復國會。孫中山遂
帶領一部分議員南下廣州，組織了非常國會和軍政
府，開展護法鬥爭。為了平息眾怒，在段祺瑞的授意
下，1918 年 8 月 12 日，中華民國第二屆國會正式成
立，因其選舉過程被「安福俱樂部」[125]所控制，故稱
為「安福國會」。

馮國璋

---

123 所謂「府院之爭」，「府」即總統府，「院」指國務院，「府院之爭」即總統和總理的權力之爭。北洋時
　　期的府院之爭有兩次，一次是黎元洪總統和段祺瑞總理之爭，另一次是馮國璋總統與段祺瑞總理之爭。

124 張勳，江西奉新人。辛亥革命後，張勳為表示忠於清室，本人及所部仍然保留髮辮，人稱「辮帥」，所
　　部定武軍人稱「辮子軍」。復辟失敗後，一直蟄居於天津租界。

125 安福俱樂部場所設在北京安福胡同，因故得名，其成員多為皖系親信，也被稱為安福系。

北洋軍閥直系首領馮國璋代理總統後，與國務總理段祺瑞再次發生矛盾，並且演化為第二次「府院之爭」。1918 年 9 月，安福國會正式選舉徐世昌任中華民國總統，馮國璋被迫去職。

五、「翰林總統」徐世昌

徐世昌，早年與袁世凱義結金蘭，後中進士，授翰林院編修。故當選民國總統後，人稱「翰林總統」。因其詩、書、畫樣樣精通，又被稱為「文治總統」、「總統詩人」。

徐世昌在清末曾擔任東三省總督，辛亥革命爆發後，他力主起用袁世凱鎮壓革命。民國成立後，徐世昌成為袁世凱的重要謀士，為「嵩山四友」之一 [126]。1918 年，

徐世昌

在選舉民國第二屆總統之際，段祺瑞、馮國璋鷸蚌相爭，一向以居間調和者身分自居的北洋元老徐世昌漁翁得利，成為民國第二屆總統的「理想人選」。據說，徐世昌在上任前還請示過早已退位的清朝末代皇帝溥儀，並「得其恩准」。

鮮為人知的是，袁世凱、徐世昌作為民國由議會選舉的第一、二屆總統，都出生於河南，還是早年的結拜兄弟，又都曾為晚清封疆大吏，而後任民國總統。

徐世昌任總統不久，即爆發了五四運動。在全國人民的抗議下，徐世昌被迫免去曹汝霖、章宗祥、陸宗輿的職務，以緩解自己的輿論壓力。不過，為了抵制新文化運動的不斷高漲，徐世昌在任期間，極力鼓吹尊孔讀經。

1922 年第一次直奉戰爭後，直系軍閥曹錕、吳佩孚獲勝，控制了北京政府，指責具有皖系背景的徐世昌任總統為非法。徐世昌被迫於當年 6 月去職，自此退出政界，居於天津租界。

六、「賄選總統」曹錕 [127]

1922 年 6 月徐世昌被迫去職後，黎元洪雖然再次就任總統，但軍政大權

---

126 「嵩山四友」為袁世凱稱帝時特封其舊友的稱號，四人為徐世昌、趙爾巽、李經羲、張謇。

127 曹錕雖然因為「賄選總統」一事而臭名昭著，但面對拒絕受賄並且當面斥責自己的議員，卻只是面露尷尬，並無打擊報復。在民國，曹錕並非軍閥中最專制的一個，他的部下曾說：「花錢買總統當，總比拿槍命令選舉的人強多了！」

仍然掌握在直系軍閥曹錕、吳佩孚手中。曹錕對總統
寶座垂涎已久，一年之後，即將傀儡總統黎元洪逼下
臺。曹錕採取收買議員的辦法，在北京甘石橋一一四
號設立議員俱樂部，許諾選舉時出席議員每人賄以
五千元支票。1923 年 10 月 5 日，選舉開始，結果在
五百九十張總投票數中，曹錕獨得四百八十票，遠遠
高於第二名孫文的三十三票。曹錕因此成為中華民國
大總統，人稱「賄選總統」。

曹錕

　　曹錕賄選總統激起了全國民眾的反對，孫中山、
奉系軍閥張作霖、皖系軍閥段祺瑞都紛紛發表「討伐曹錕通電」，或斥責曹
錕「賄買議員，豢養牙爪，以竊大位，以禍鄰疆」，或指斥其「不知國家人
民為何物，禮義廉恥為何事」。

　　1924 年，第二次直奉戰爭爆發。早已經對曹錕、吳佩孚不滿的直系將領
馮玉祥乘吳佩孚出京督戰之機發動北京政變，將總統曹錕抓住幽禁起來，並
且脅迫其下令停戰，免去吳佩孚本兼各職，並宣布自動退位。隨後，馮玉祥
還派北京警備司令鹿鐘麟將溥儀及其「妃嬪」遷出故宮。

　　「北京政變」之後，直系主將吳佩孚陷入內外交困之中，最終戰敗逃
亡。第二次直奉戰爭的爆發以直系軍閥的垮臺結束。這也是一年前風光無限
的「賄選總統」曹錕所沒有想到的。

　　曹錕下野後退居天津英租界。華北淪陷後，年邁的曹錕在夫人勸導下，
立誓寧肯喝稀粥，也不給日本人辦事，讓人看到了一個北洋軍閥的民族氣
節，也讓人看到了一個「賄選總統」的做人底線。

七、行憲總統蔣介石

　　北京政變後，張作霖、馮玉祥、盧永祥等推段祺瑞為「中華民國臨時執
政」，集總統與國務總理權力於一身，總統職務改為虛位，由國務總理攝行，
段祺瑞名義上總攬軍民政務，統率海陸軍，成為中華民國元首。此後，民國
政壇頻繁走馬換將，但長期無人擔任總統職務。

　　1927 年 4 月，南京國民政府成立。不久，「寧漢合流」，蔣介石控制的

蔣介石（1948 年）

「南京國民政府」和汪精衛控制的「武漢國民政府」宣布「和平統一」。1928 年 2 月，中國國民黨二屆四中全會在南京召開，選譚延闓爲國民政府主席，但實際政權掌握在軍事委員會主席兼國民革命軍總司令蔣介石手裡。隨後，國民革命軍在白崇禧的指揮下，占領平津，奉軍退至關外，北伐勝利。1928 年 12 月，張學良宣布「東北易幟」，南京國民政府成爲名義上統一的中央政府。1947 年 1 月，國民政府公布《中華民國憲法》，隨後正式改組南京國民政府，蔣介石任政府主席[128]。

1948 年 3 月，國民政府在南京召開行憲國大，選舉蔣介石爲總統、李宗仁爲副總統。不過，這個時候，中國人民解放軍早已由戰略防禦轉爲戰略進攻，南京國民政府已經時日無多了。

八、最後的代總統李宗仁[129]

李宗仁（1948 年）

1949 年初，國民政府的政治、軍事、經濟出現全面潰敗，蔣介石被迫宣布「引退」，由國民黨內「桂系」首領、副總統李宗仁代行總統職權。李宗仁曾經幻想通過「和談」，阻止人民解放軍渡過長江，並派代表團到北平談判，但最終還是沒有在中國共產黨提出的和平條件《國內和平協定》上簽字。

1949 年 10 月 1 日，中華人民共和國成立，中華民國總統的職位就此成爲歷史。

---

128 1948 年，南京國民政府宣布該年為「行憲年」。所謂「行憲」，就是開始實行民主憲政，並按照憲法規定選舉總統，實行總統制。

129 李宗仁在白崇禧指揮的桂系軍隊全面潰敗後，見大勢已去，於 1949 年 12 月以治病為名飛往美國。1965 年 7 月，李宗仁偕夫人回到祖國大陸，並在機場發表聲明，決心為完成國家最後統一做出貢獻。

名如其人
——從綽號看軍閥 [130]

　　民國軍閥林立，所謂「城頭變幻大王旗」，「亂哄哄你方唱罷我登場」。有趣的是，這些看起來不可一世、氣勢凌人的人物，卻大多都有一個甚至多個綽號。這些綽號，或由其外表特徵而來，如「袁大頭」、「孫大麻子」；或反映其性格特徵，如「水晶狐狸」、「倒戈將軍」；或以興趣愛好得名，如「六不總理」、「四不將軍」、「總統詩人」；更多的則蘊含了得名者的軼事或者劣跡，如「竊國大盜」、「賣魚總統」、「馬桶將軍」、「毛驢將軍」、「盜墓將軍」等。而從這些綽號，我們也多少可以窺見這些亂世梟雄的真實面目。

　　民國軍閥最有勢力的首推北洋軍閥。而其領袖袁世凱最為人熟知的綽號一個是「袁大頭」，一個是「竊國大盜」。其中「袁大頭」是形容袁世凱的長相，因為他生得五短身材，頭大頸粗而得名；而「竊國大盜」則是指其篡奪了辛亥革命的勝利果實。有趣的是，1914 年，袁世凱統一貨幣後，下令大量鑄造袁世凱頭像銀幣，也被民眾稱為「袁大頭」，成為中國近代銀幣中流傳最廣、影響最大的銀元品種，被稱為銀元之寶。

　　袁世凱去世後，北洋軍閥的嫡系分裂為皖系軍閥和直系軍閥。其中皖系軍閥因為其領袖多為安徽人而得名。皖系軍閥的核心人物當推段祺瑞，其綽號為「北洋之虎，民國之狼」。「北洋之虎」是延續了段祺瑞早年在北洋陸軍中的綽號。當時他與王士珍、馮國璋合稱「北洋三傑龍虎狗」。其中北洋之龍為王士珍，北洋之虎為段祺瑞，北洋之狗為馮國璋。「民國之狼」則是段祺瑞在民國政壇的綽號，形容其心地險惡，陰險狡詐。也有人稱其「老狐狸」。段祺瑞一生酷愛圍棋，曾經資助過吳清源等著名棋手。由其酷愛圍棋，

---

130 軍閥指擁有軍隊、割據一方、自成派系的軍人或軍人集團。北洋政府時期的軍閥被稱作北洋軍閥，後分裂為皖系軍閥、直系軍閥、奉系軍閥等，在此期間爆發過直皖戰爭和兩次直奉戰爭；國民政府時期的軍閥被稱作新軍閥，主要有桂系軍閥、西北軍閥、新疆軍閥、粵系軍閥等，在此期間爆發過蔣桂戰爭、兩次蔣馮戰爭、中原大戰等。

段祺瑞

也可看出其老謀深算、運籌帷幄的性格。

　　段祺瑞長期擔任民國總理，任職期間，因為不抽、不喝、不嫖、不賭、不貪、不占，人稱「六不總理」；又因其曾經致電逼迫清帝退位、抵制袁世凱稱帝和討伐張勳復辟，所以有「三造共和」的美譽。

　　段祺瑞還有一生理特徵，一發怒，鼻子就向左歪斜，所以也有人稱其「歪鼻將軍」。

　　1926 年 3 月 18 日，在鐵獅子胡同段祺瑞執政府門前發生了震驚全國的「三一八」慘案，這一天也被魯迅憤怒地稱為「民國以來最黑暗的一天」。當天，防守衛隊血腥鎮壓請願學生，造成死四十七人，傷一百五十多人的慘案。其中，國立北京女師大學生劉和珍、楊德群等就是在此次慘案中犧牲的 [131]。

　　慘案發生後，北京各高校校長、教授紛紛譴責段祺瑞政府 [132]。據說慘案發生的時候，段祺瑞本人正在吉兆胡同家中同吳清源下圍棋，在知道政府衛隊打死徒手請願的學生之後，頓足長歎：「一世清名，毀於一旦！」在隨後為死難者舉辦的紀念會上，段祺瑞趕到現場，面對死者長跪不起，並即刻命令嚴懲兇手，之後他又宣布自己決定終身食素，以示對這場屠殺的懺悔。此後，段祺瑞信守了自己的諾言，在慘案發生後的十年中，段祺瑞都不吃葷腥，至死不改。晚年的段祺瑞淡出政治舞臺，潛心佛學，自號「正道居士」。1936 年，因其身體十分虛弱，醫生建議他開葷，以增強體質，段祺瑞以「人可死，葷絕不能開」的回答拒絕了醫生的建議，食素如故，最後不治而死。

　　「英雄莫問出處」，在民國軍閥中，平民出身的將軍不乏其人。不過，在已經成為一方諸侯的時候還精打細算地做小買賣的，則非常少見。這其中，馮國璋當為最突出的一個。他在任職民國總統期間，居然派人將中南海中的

---

131 在《紀念劉和珍君》中，魯迅感言：「當三個女子從容地轉輾於文明人所發明的槍彈的攢射中的時候，這是怎樣的一個驚心動魄的偉大呵！中國軍人的屠戮婦嬰的偉績，八國聯軍的懲創學生的武功，不幸全被這幾縷血痕抹殺了。」

132 「三一八」慘案加劇了人們對臨時執政府的不滿。一個月後，北京發生政變，馮玉祥大軍進京。駐北京的國民軍將領鹿鐘麟包圍了臨時執政府，段祺瑞出逃，後來到天津做了寓公，段祺瑞執政府就此倒臺。

魚一網打盡，然後命人在市場上高價賣出，一時間北京各處都在叫賣「總統魚」，時人嘲諷說：「宰相東陵伐木，元首南海賣魚！」馮國璋因此也落得一個「賣魚總統」的綽號。

在北洋軍閥中，曾經與袁世凱義結金蘭的徐世昌可謂北洋元老，他不僅和趙爾巽、李經羲、張謇並為袁世凱心目中的「嵩山四友」，而且曾任兵部尚書、東三省總督等清朝要職，因此和袁世凱一樣，有著從清朝封疆大吏到民國總統的傳奇經歷。不過，徐世昌本是一介書生，在一個強權即公理的亂世，能夠平步青雲甚至最終抵達民國總統的權力之巔，自然離不開高超的政治謀略與縝密心計，因此他被冠以「水晶狐狸」的稱號。其中，「水晶」指其八面玲瓏的性格，「狐狸」則言其狡猾多智。又因為徐世昌出身翰林，詩、書、畫樣樣精通，且終身作詩不輟，在任時即被稱為「翰林總統」、「文治總統」，又有「總統詩人」之美稱。

徐世昌之後，民國軍政大權落在直系軍閥曹錕、吳佩孚手中。曹錕，因家中排行老三，人稱「曹三爺」，出身貧寒，從軍前以賣布為生。因為生性豪爽，趣聞多多。據說曾有人趁其醉酒之際取走其身上錢財，旁人告知，曹錕卻雲：「我喝酒，圖一樂耳；別人拿我的錢，也是圖一樂耳，何苦再去追拿？」由此，人送綽號「曹三傻子」。後來，曹錕成為軍閥後，又被稱作「傻子將軍」。

曹錕在民國最大的醜聞無疑是其賄選總統一事。1923 年 6 月，對總統寶座垂涎已久的曹錕將傀儡總統黎元洪逼下臺。曹錕採納收買議員的辦法，許諾選舉時出席議員每人賄以五千元支票。結果在五百九十張總投票數中，曹錕獨得四百八十票，因此成為中華民國大總統，人稱「賄選總統」[133]。

在曹錕如日中天的時候，秀才出身的吳佩孚對其亦步亦趨，漸成曹錕心腹、直系巨擘。鼎盛時期，吳佩孚攻城掠地戰無不勝，人稱「常勝將軍」。吳佩孚因為是文人出身，便經常在戰事間歇與部下吟詩聯句，自我標榜「儒將風流」，人送綽號「秀才將軍」。他曾經對部下說：「一個人能文不能武非英也，能武不能文非雄也，必須文章武功皆能出眾，才能稱作英雄。你們可各作一首詩或寫篇短文給我看看，以養成上馬殺賊，下馬著文的才幹。」

---

133 那些拿錢投票的議員們，在當時被人罵為「豬仔議員」。

於是部下為了討其歡心，經常以作文吟詩為樂。

吳佩孚

吳佩孚信奉四不主義：不住租界、不借外債、不積私財、不納妾，因此又有「四不將軍」的雅號。

在曹錕、吳佩孚之後，孫傳芳成為直系軍閥的領軍人物。孫傳芳外表笑容可掬，卻本性陰毒殘酷，素有「笑虎將軍」惡名。這位在勢力強大的時候曾經狂妄地宣稱「秋高馬肥，正好作戰消遣」的軍閥，一直視血流成河為人間美景，以草菅人命為尋常兒戲。他曾經公開標榜：「天生萬物以養人，人無一德以報天，殺殺殺殺殺殺殺！」並不止一次地搬出曾國藩麾下大將彭玉麟的聯語「烈士肝腸名士膽，殺人手段救人心」為自己辯解，因此又被稱作「殺人魔王」。

1925 年，孫傳芳對奉軍突襲得手，占領上海、南京，並將奉軍逐步逐出江蘇和安徽。其中，在皖北固鎮的一次戰役中，孫傳芳打敗奉系軍閥、山東督辦張宗昌的部隊，並俘獲了張宗昌的部下，山東軍務幫辦施從濱。隨後，得意忘形的孫傳芳將施從濱梟首於蚌埠車站，以振軍威。不過，他沒有想到，這也為十年之後自己的遇刺埋下伏筆。「九一八」事變爆發後，已經落魄的孫傳芳舉家遷至天津隱居，並皈依佛門。1935 年 11 月，在天津禪院居士林的殿堂裡，隨著幾聲槍響，這位曾經不可一世的民國軍閥就此命歸西天。而刺客施劍翹，正是當年被孫傳芳梟首的施從濱的女兒。

在直系軍閥裡，還有一位綽號不雅的人物，他就是曾經擔任袁世凱信使的王懷慶。因為其腸胃有疾，經常片刻不能離開廁所，於是，他吩咐手下人在他辦公室內設計了一個「大便椅」，終日端坐其間辦公。行軍打仗，則令部下抬著馬桶隨行。因此，王懷慶便以「廁所將軍」、「馬桶將軍」得名。

民國軍閥，直奉長期對立。在奉系軍閥中，最響亮的綽號當推大帥張作霖，因長期佔據東北三省，人稱「東北王」。除了「東北王」張作霖之外，在民國還有許多軍閥也是長期統治一個地域，綽號也和其地域有關，如「西北王」胡宗南、「青海王」馬步芳、「雲南王」龍雲、「新疆王」盛世才、「山西王」閻錫山等。這其中，又以盛世才最為狂妄，他不僅一向以「新疆

王」自居，稱霸新疆達十二年之久，而且把他統治的新疆政府和共產黨、國民黨合稱爲「中國三大政治集團」，並以國共兩黨以外的「第三領袖」自居。更爲有趣的是，盛世才一向自視甚高，不僅展目全國，而且放眼世界，在二戰期間，把自己與史達林、羅斯福、邱吉爾、蔣介石、毛澤東一起並稱爲「世界反法西斯陣線六大領袖」。

張宗昌

在奉系軍閥中，還有一位綽號也非常有名，他就是曾任山東督軍的張宗昌。張宗昌嗜賭成癖，終日與骨牌爲伍。當地人稱玩骨牌叫「吃狗肉」，故張宗昌有「狗肉將軍」綽號。張宗昌與張作霖一樣，靠土匪起家，自稱「綠林大學畢業」。因爲其打仗進退速度都快得驚人，又有「長腿將軍」之稱。又因其曾言：「一不知自己有多少兵，二不知自己有多少錢，三不知自己有多少老婆。」結果獲得了一個臭名遠揚的綽號：「三不知將軍」。也有人稱之爲「張三多」。「一不知自己有多少兵」說明其治軍無方，兵員太亂太雜。「二不知自己有多少錢」是說他巧取豪奪，大量搜刮民財，另一方面卻揮金如土，據說他和妓女們打麻將，一夜之間就輸掉了山東省全年的教育經費。「三不知自己有多少老婆」是說他的姨太太多，有正式的、非正式的、長期的、短期的，故他自己也說不清楚。但有人統計，1932 年張宗昌在山東遇刺身亡，棺材運到北京時，到站接靈掛孝的太太就有二十五個之多，其中除五姨太年齡稍大外，其他最大的不過二十五六歲，最小的才十四歲。因爲張宗昌形象如此不堪，人又稱其「混世魔王」。

另外，其他一些軍閥的綽號也很有意思。

統領西北軍的愛國名將馮玉祥一生信奉基督教，宣導「以教治軍」，號稱「基督將軍」。又因爲其崇尚簡樸，故有「布衣將軍」的美譽。

馮玉祥的部下石友三被稱作「倒戈將軍」。石友三原是西北軍的將領，但在軍閥混戰時期卻投機鑽營，反覆無常，曾先後投靠馮玉祥、閻錫山、蔣介石、汪精衛、張學良，又先後背叛他們，故人稱「倒戈將軍」。1928 年，石友三追擊敵部到少林寺時，受到少林寺僧人的狙擊，於是下令縱火，將天

王殿、大雄殿、東西禪堂、御座房等處，盡付一炬，少林寺許多歷經千載的傳世精華，毀於一劫。不過，這個四處投機的「倒戈將軍」結局並不好。抗戰爆發後，石友三與日軍勾結，屠殺抗日軍民，被稱爲「民族敗類」，最後被部屬誘捕活埋。

閻錫山

「山西王」閻錫山有一個綽號叫「毛驢將軍」。閻錫山統治晉地三十多年，是名副其實的「土皇帝」，而他在風雲變幻的民國居然能夠長期偏安一隅，也成爲當時少見的「不倒翁」。不過，對於閻錫山而言，「毛驢將軍」的綽號卻更加有名，並且頗具喜劇色彩。原來，雖然閻錫山統率千軍萬馬，威震一方，卻對其貌不揚的毛驢情有獨鍾，不僅自己以驢代步，還經常以之爲獎品，獎勵部下。有人說，閻錫山愛騎毛驢，是因爲晉地多山，路途崎嶇，而毛驢擅長爬山，且身材矮小，溫和易馴，好騎易扶。據說閻錫山騎毛驢從來不拉韁繩，因爲每次都由侍衛替他牽驢，更有人員在兩邊護衛。由此，便產生了一句歇後語：「閻錫山騎毛驢，用不著操心」。

新桂系的兩位首領李宗仁、白崇禧[134]個性不同，綽號也各異。李宗仁打仗的方法是一味向前猛衝，曾身中四彈，仍身先士卒擊潰敵人，得了綽號「李鐵牛」。據說，李宗仁還能在馬疾馳奔跑時，據鞍躍上躍下，反覆十餘次，氣不長出，面不改色，又得了「李猛仔」的綽號。而白崇禧則精於計謀，足智多謀，在打仗時運籌帷幄，善於出奇制勝，人稱「小諸葛」、「現代張良」、「現代第一俊敏軍人」，甚至被日本人稱作「戰神」。

孫殿英的綽號是「盜墓將軍」、「東陵大盜」。孫殿英因爲指揮部下偷盜清東陵乾隆和慈禧的墓地，造成震驚中外的「東陵盜寶」案而「名」揚天下，故有「盜墓將軍」之稱。又因其早年染上天花，留下滿臉麻坑，被人喚作「孫大麻子」。1947 年，孫殿英爲中國人民解放軍所擒，不久病死在河北武安。

---

134 白崇禧，字健生，廣西臨桂縣人。桂系巨頭。與李宗仁合稱「李白」。1965 年李宗仁回歸大陸後，白崇禧在台灣的日子越來越不好過。1966 年，白崇禧在台去世，死因至今成謎。其子白先勇為台灣著名作家。

八大胡同與民國政治

　　民國初年，鶯歌燕舞、紙醉金迷的八大胡同成為許多權貴聚會的首選場所。當年袁世凱為了復辟帝制，直系軍閥曹錕為了賄選總統，都選擇到八大胡同大宴賓客。這事後來還被台灣作家高陽寫到了小說中，小說名稱就叫《八大胡同》。而當年袁世凱稱帝時的死對頭蔡鍔，居然也在反袁護國的政治活動中，與八大胡同的名妓小鳳仙譜寫了一曲傳頌至今的愛情傳奇。更讓今人驚詫不已的是，在頻繁光顧八大胡同的議員政客中，居然有人以操縱選舉升官發財，並將所得錢財作為風花雪月之資金，甚至在風流纏綿之後將妓女娶回家。

　　提起老北京的紅燈區大家都知道有個八大胡同。但到底哪八條胡同屬於八大胡同，卻一直存在爭議 [135]。清末民初有一首流傳甚廣的歌謠：「八大胡同自古名，陝西百順石頭城，韓家潭畔弦歌雜，王廣斜街燈火名……」如果按照這首歌謠來說，約定俗成的八大胡同一般指的是：陝西巷、百順胡同、石頭胡同、韓家潭（現名韓家胡同）、王廣福斜街（現名棕樹斜街）、胭脂巷、小李紗帽胡同（現名大力胡同、小力胡同）和皮條營（現名東壁營、西壁營）。但也有人認為，北京人講究數字崇拜，特別喜歡「八」字，其實這個「八」字經常只是一個虛數，因此八大胡同也是一種泛指，是對大柵欄一帶煙花柳巷的統稱。「八」者，概言其多，並非定數 [136]。

　　不過，八大胡同的地理範圍是非常明確的，特指大柵欄觀音寺以南，珠市口西大街以北，南新華街以東，煤市街以西這一大片區域內的許多胡同。珠市口西大街在老北京人的心目中無疑是一條重要的地理尺規，它以南屬於

---

[135] 關於何為八大胡同還有不同的版本，比如將皮條營換成清風巷，胭脂巷換作朱毛胡同等。

[136] 北京電視臺一檔本土文化欄目《這裡是北京》在談及八大胡同的時候就一口氣列了九個：百順胡同、胭脂胡同、朱家胡同、陝西巷、清風巷、石頭胡同、韓家胡同、鐵樹斜街（原李鐵拐斜街）、棕樹斜街（原王寡婦斜街）。而清末的蔣芷儕則在《都門識小錄》中言「八大胡同又名十條胡同，以該處大小巷計之，有十條也」。

北京前門外大街

低等檔次，為有身分的人所不屑。因此，八大胡同裡的風塵，與珠市口西大街南面的下等妓院，當時在社會地位上也有高下之分。而在民國，逛八大胡同，不僅是簡單的尋花問柳，更是一種地位和品位的象徵。八大胡同也因此和民國政治有了許多錯綜複雜的關聯。

民國初年，娼妓業猶勝前朝。《申報年鑑》公布的《北京娼妓調查》稱，民國時期，妓院最紅火的時候，是在 1913 年到 1918 年。有學者估計，那時北京的妓女已經達到了一萬一千人左右。也就是說，在那時的北京城裡，如果刨去男人和兒童，每二十名婦女裡面，就會有一名妓女。這個比例，實在驚人[137]。

而八大胡同不僅是青樓薈萃之地，更是許多官宦權貴、文人墨客聚會之所。民國初期，袁世凱當政，曾經花鉅資收買國會參、眾兩院的八百名議員。這些為袁世凱獨裁搖旗吶喊的議員因此被坊間戲稱為「八百羅漢」。當時國會的會址位於宣武門外今天的新華社一帶，距離八大胡同不過咫尺之遙，因此，飽食終日無所事事的議員們便經常去此處娛樂消遣一番。

除此而外，民國四公子也都曾經是這裡的常客。而辮帥張勳和「三不知將軍」張宗昌甚至曾在這裡開了妓院，主要招攬當時的軍政要員。因為生意興隆，吃花酒都要提前半個月預訂，而掌勺的大廚還有不少是來自紫禁城的

---

137 葉祖孚在《燕都舊事》中說：「民國六年（1917 年），北平有妓院三百九十一家，妓女三千五百人；民國七年（1918 年），妓院增至四百零六家，妓女三千八百八十人。民國六七年間，妓院之外私娼不下七千人。公私相加，妓女就在萬人之上了。民國十六年（1927 年），首都南遷，北平不如過去繁榮，妓院、妓女的數字也隨之下降。」

前任饔廚。難怪梁實秋在《北平年景》裡說：「打麻將應該到八大胡同去，在那裡有上好的骨牌，硬木的牌桌，還有佳麗環列。」一向自律的馮玉祥在自傳《我的生活》中回憶，他第一次也是惟一一次去八大胡同是出席答謝宴會，主人設席石頭胡同。席間到處鶯歌燕語，婉轉嬌啼，這種紙醉金迷的場景讓崇尚「壯志凌雲、激昂慷慨」的青年馮玉祥深惡痛絕，終於憤然離席而去，並從此對八大胡同深惡痛絕。馮玉祥在自傳裡還提到一個叫李六庚的老先生。此人每天早上提著一面鑼，到八大胡同叫嚷：「你們這些青年革命者還不醒醒嗎，國家馬上就要完了！」有時大白天裡，李六庚也打著燈籠，在大街上跑來跑去，眼淚汪汪地對別人說：「我找人！我成天看不見人，這地方盡是鬼！」後來他竟因此精神失常，憂憤而死。

可以說，在這時候，八大胡同已經成為以色情業為中心，集娛樂、餐飲、住宿、會議於一體的綜合性產業，成了蔡元培所謂的「兩院一堂、探豔團、某某公寓之賭窟、捧坤角、浮豔劇評花叢趣事策源地」。其中，「兩院一堂」就是指當時的參議院、眾議院和京師大學堂。既然這裡的主要嫖客都是民國的達官政要，那麼八大胡同自然成了風流與政治同在的主要社交場所。所以，當年袁世凱復辟，軍閥曹錕賄選，都選擇到八大胡同宴請賓客。後來，台灣作家高陽把這段往事寫到小說裡，其名稱就叫《八大胡同》。

1913年10月，袁世凱在紫禁城太和殿舉行隆重的總統就職儀式。在宣誓就職的典禮上，袁世凱面向議長、議員席宣誓：「余誓以至誠，謹守憲法，執行中華民國大總統之職務。」誓畢，袁世凱向三面來賓鞠躬。但是不久，一心想當皇帝的袁世凱就忘記了自己就職民國總統時的誓言，籌謀復辟帝制。

1915年8月23日，籌安會正式掛牌，楊度、孫毓筠、嚴複、劉師培等「籌安會六君子」製造「君憲救國論」，借用西人古德諾的理論，強調共和不適合中國國情，君主立憲實為將來中華國體唯一之選擇云云，為袁世凱稱帝制造輿論基礎。

袁世凱的大公子袁克定一心想當皇太子，於是緊跟在父親後面，積極參與鼓吹復辟帝制的籌安會的活動。袁克定還和當時的風流公子一樣，愛逛八大胡同。不過，袁克定和籌安會或參眾兩院的議員們來這裡，卻是一邊風花雪月，一邊參政議政。可謂英雄愛美人，更愛江山。

　　據說當年袁世凱復辟時，爲了平復社會非議，曾在大公子袁克定、高參楊度的策劃下組織了幾個勸進請願團，其中名聲高潔的「六君子請願團」與聲名狼藉的「娼妓請願團」則赫然同列。既然作爲第一屆正式大總統的袁世凱都對妓女如此看重，並且寄希望以妓女開創歷史，其他官員自然東施效顰、亦步亦趨。於是，八大胡同就成了瞭解民國政壇的必由之路，並且在後世文人作家的筆下成爲傳奇。而當時號稱「不抽、不喝、不嫖、不賭、不貪、不占」的「六不總理」段祺瑞，則因爲不吸鴉片，不逛胡同，而被許多人視爲心目中的好人。

　　但當時也有不買政治強權面子者。據說袁世凱稱帝的時候，籌備「參政院」，以爲名揚四海的「辮儒」辜鴻銘是帝制派，便發大洋三百拉他當了議員。不料素有「辜瘋子」之稱的辜鴻銘拎著大洋就直奔八大胡同。在自己風流快活之後，給每個妓女一塊大洋，發放完仰天長笑而去。洪憲稱帝之日，辜鴻銘更是在北大課堂上對此痛罵不已，學生拍手稱快。而當袁世凱死後，宣布全國舉哀三天，停止一切娛樂活動。辜鴻銘卻特意請來一個戲班，在家裡大開三天堂會，熱鬧非凡。軍警聞聲前來干預，卻見其中坐了不少洋人，只好悻悻退去。

　　在所有反對袁世凱復辟帝制的人中，最有名的當推雲南都督蔡鍔。而關於他的故事，自然離不開與八大胡同名妓小鳳仙的愛情傳奇。

　　蔡鍔，原名艮寅，字松坡，湖南邵陽人。青年時求學於時務學堂，是梁啓超最爲器重的學生。1900 年秋，蔡鍔參加反清起義，失敗後將原名「艮寅」改爲「鍔」，表示投筆從戎、「流血救民」的決心。隨後去日本，入陸軍士官學校學習，與蔣百里、張孝准並稱爲「士官三傑」。1911 年 10 月，蔡鍔在昆明領導新軍回應武昌起義，被推選爲臨時革命軍總司令，旋成立雲南軍政府，任都督。

蔡鍔

　　1915 年，袁世凱醞釀復辟帝制，忠誠共和的蔡鍔決心「爲四萬萬人爭人格」。爲了麻痺袁世凱，蔡鍔在雲南會館的將校聯誼會

上首先提筆簽名擁護帝制，並終日在八大胡同流連，與名妓小鳳仙廝混，儼然一對神仙眷侶。據說，才華橫溢的蔡鍔曾爲小鳳仙題寫了一副嵌入其名的題聯：不信美人終薄命，古來俠女出風塵。此地之鳳毛麟角，其人如仙露明珠。可見其對小鳳仙的欣賞。

　　不過，蔡鍔雖然表面超然政治，暗中卻多次與老師梁啓超商量討袁計畫。是年 11 月，蔡鍔以治病爲名，擺脫袁世凱的監控，從北京輾轉回到昆明，組織雲南軍隊發動了聲討袁世凱的護國起義。此後，各地「倒袁起義」風起雲湧 [138]。

　　1916 年 3 月 22 日，袁世凱在四面楚歌之中，通電全國，取消帝制，此時距離他稱帝只有八十三天。隨後，袁世凱致電蔡鍔等革命軍將領，要求允許他繼續擔任中華民國大總統，並且保證永不稱帝。但是得到的回答卻讓他澈底絕望。蔡鍔回電說：「吾輩決心死共和，公亦當死帝制。」

　　1916 年 6 月 6 日，竊國大盜袁世凱一病不起，在舉國唾罵中狼狽死去。不久，積勞成疾的蔡鍔也於 1916 年 11 月病逝，年僅三十四歲 [139]。

　　蔡鍔和小鳳仙的傳奇故事後來被拍成多部影片如《小鳳仙》、《知音》。而小鳳仙也因爲這一段佳話在民國初年名噪一時，成爲八大胡同最有名的四大名妓之一 [140]。

　　不過，在有關小鳳仙的漫天傳說中卻始終迷霧重重。關於她的身世，一說是姓朱的江浙旗人，後來跟胡姓師傅學戲，取藝名「小鳳仙」，因爲生逢亂世，謀生艱難，就和師傅一起在陝西巷雲吉班賣唱接客做生意；一說她是父母因爲捲入戊戌變法而橫遭慘死的滿洲貴族後代，十三歲被後母賣到了妓院裡，因此小鳳仙一生都對清政府和出賣維新變法的袁世凱非常痛恨。

　　關於小鳳仙和蔡鍔的相識，也有不同說法。一說爲袁世凱故意牽線，希望以此達到軟化蔡鍔意志的目的；一說爲蔡鍔邂逅才貌色藝俱佳的小鳳仙後一見鍾情。

---

138 袁世凱老謀深算，蔡鍔的病的確很重，否則也難以此作藉口脫離袁世凱的控制。

139 1917 年 4 月 12 日，國民政府在長沙嶽麓山為蔡鍔舉行國葬。他也成為民國歷史上的「國葬第一人」。

140 八大胡同四大名妓為蘇三、陳圓圓、賽金花和小鳳仙。

最充滿懸疑的是蔡鍔去世後小鳳仙的去向。一說是小鳳仙名聲大噪後，很多人都跑到雲吉班裡，想看看小鳳仙長的什麼模樣，更有人一擲千金希望和她纏綿一夜，但小鳳仙都拒不理睬。蔡鍔去世後舉行追悼會，小鳳仙曾經托人送去兩副挽聯[141]。一云：「不幸周郎竟短命；早知李靖是英雄。」二云：「九萬里南天鵬翼，直上扶搖，那堪憂患餘生，萍水姻緣成一夢；十八載北地胭脂，自悲淪落，贏得英雄知己，桃花顏色亦千秋。」不久鬱鬱去世。

小鳳仙

也有人認為在蔡鍔生前，已經秘密將小鳳仙送到日本。蔡鍔離世後，小鳳仙不知所蹤。

近年來則流行另外一種說法，說小鳳仙隱姓埋名一直活到中華人民共和國成立後，並且曾經有兩次婚姻，第一次嫁給一個奉系的師長，丈夫去世後又嫁給瀋陽一個姓李的鍋爐工（也有說是嫁給一個姓陳的廚師）。據說在她生活困難的時候還曾給梅蘭芳寫信求助，梅蘭芳到瀋陽時還見過她。

袁世凱去世後，民國政壇黨派林立。要想在激烈的競爭中擊敗對手出人頭地，乃至成為「一覽眾山小」的民國總統，最好的辦法仍然是通過國會選舉的途徑。不過，這個時候的國會早已經失去了民主選舉的公平與誠信，而在紙醉金迷與鶯歌燕舞中墮落不堪，為正義的國人所不恥。但居然也有人從收買議員，包辦選舉的骯髒活動中發現了一條升官發財、名利雙收的捷徑。這其中最著名的謀財者就是王揖唐。

王揖唐，安徽合肥人，近代革命大儒章太炎的門生，清末最後一科進士，後去日本留學，被認為是學貫中西、前途無量的「雙料進士」。曾經擔任袁世凱總統府秘書，後被授予陸軍上將。不過，在民國初年的政壇上，王揖唐的成就既不在文，也不在武，而是依靠對議會選舉的操縱而名揚一時。

袁世凱死後，昔日的「北洋之虎」總理段祺瑞與「北洋之狗」總統馮國璋為爭奪北洋派領袖地位，釀成第二次「府院之爭」。段祺瑞在親信徐樹錚的建

---

141 坊間傳說小鳳仙的挽聯是托人所寫，所托者一說是《孽海花》的作者曾樸；一說是大學士易宗夔；一說是以捧戲子和妓女出名的文人樊雲門。

議下，欲組織政黨對抗馮國璋。徐樹錚即召王揖唐面商此事，王揖唐聞聽笑曰：「是何難，揖唐非敢自詡，對於此事確有十分把握，惟經費無出耳。」徐樹錚大喜，立即取款八十萬交給王揖唐。王揖唐也不負所託，拉攏大量政客和議員歸附段祺瑞。由於這些政客和議員經常在北京西城安福胡同聚會，因此被稱作「安福俱樂部」，其成員也被稱為安福系。王揖唐還安排安福系成員帶足經費，回各省操縱選舉，結果國會參、眾兩院議員席位大多為安福系佔有，故時人稱之為「安福國會」。而王揖唐也成功當選為眾議院議長。

1918 年 9 月，安福國會在段祺瑞的授意下，正式選舉徐世昌任中華民國總統，馮國璋被迫去職。「翰林總統」徐世昌看起來是在段、馮鷸蚌相爭中漁翁得利，卻也花了好幾百萬的錢財，而操縱選舉的安福俱樂部首領王揖唐一個人就得了七十萬。而王揖唐大發選舉橫財之後，更是意氣風發，後來就在八大胡同中相中了一個二十歲出頭的「娘姨」顧太太。

於是由段祺瑞做主，在王揖唐髮妻故世後將顧太太扶正，成了身分高貴的眾議院議長夫人。顧太太高興不已，沒有料到，王揖唐髮妻留下的子女全都不肯承認有此出身青樓的繼母。在向父親王揖唐一再抗議無效以後，王揖唐的子女便在報上登了一個廣告，公開宣布不承認有這麼一個來自八大胡同的繼母。此事一時轟動京城。

不過，有了「賢內助」顧太太的大力幫助，王揖唐和他所領導的安福俱樂部，在通過操縱選舉升官發財之時，和八大胡同的姑娘們自然就更親近了。而「娘姨」顧太太也將自己所帶的雛妓小阿鳳，嫁給民國有名的「財神爺」——財政總長兼中國銀行總裁王克敏——做姨太太。

巧合的是，抗戰期間，王揖唐和王克敏先後公開投敵，成為偽北平政府的大漢奸。抗戰勝利之後，兩人都被國民政府以漢奸罪名逮捕。1945 年，王克敏於北平第一監獄中自殺身亡。1948 年，王揖唐以漢奸罪被槍決。

中華人民共和國成立後，封閉所有妓院。1950 年 4 月，八大胡同四百五十四名妓院老闆、領班全部被依法處理。當時洪深導演了以八大胡同妓女的悲慘命運為題材的話劇《千年冰河開了凍》，八大胡同教養院三十多名妓女參加了演出。後來這出話劇還被拍成電影。參加演出的一些昔日妓女，還有數人考入北京人民藝術劇院、西北藝術學院。

在歷史學家和社會學家看來，八大胡同無疑是近代中國社會和政治變化的一面鏡子。因此，早在 1930 年代初，美國社會學家、芝加哥學派創始人派克教授就帶領燕京大學學生費孝通等人到八大胡同考察。1947 年，已經成為著名學者的費孝通又再次帶著清華大學學生來到八大胡同進行社會調查。但是學者們在這裡搶救的歷史畢竟是少數，不知道有多少民國往事，已經無可挽回地湮沒在八大胡同的紅塵之中。

西餐、西服與洋樓、洋車

近代以來，西風東漸，人們開始吃西餐，穿西服。在知名度最高的上海西菜館「紅房子」裡，中國人曾經發明了一道「正宗法國菜」，並且被後來的法國總統推薦加入法蘭西菜譜。在著裝上，人們曾經嘲笑穿西裝者為「假洋鬼子」，但後來卻群起效仿，甚至連遜帝溥儀也不例外，不過，在他結婚的那天，一身不倫不類的西裝打扮卻讓他的老師莊士敦十分尷尬。在建築上，除了西式飯店旅館之外，也出現了西式的里弄建築、花園洋房與高層公寓。中國共產黨就誕生在上海的一個西式弄堂內。而遵義會議則是在遵義城的一處花園洋房裡召開。在民國，火車和汽車也逐漸為國人接受。孫中山、閻錫山、張作霖父子都是鐵路的積極修建者。而早期的南京路居然是用木質材料鋪路。

「民以食為天」。中國美食天下聞名，且風味各異，有八大菜系之稱，飲食文化更是歷史悠久。不過，近代以來，西風東漸，西餐也開始進入中國。

中國最早的西式飯店，出現在鴉片戰爭時期的廣州，因為這裡是當時中國唯一的通商口岸。此後，隨著西餐在中國的影響不斷擴大，相繼出現了北京的北京飯店、上海的紅房子等著名的西菜館。

1900 年，八國聯軍攻入北京，駐軍於今天的東單體育場。兩個法國人邦紮和佩德拉在兵營外面開了一家經營西餐的小酒館，這就是後來的北京飯店。1907 年，中法實業銀行接管北京飯店，先後蓋起了一個五層的賓館和一個七層的法式洋樓，使北京飯店成為京城首屈一指的高級飯店。

1935 年，一個叫路易‧羅威的義大利籍猶太人，在法租界霞飛路（現淮海中路），開了一家西菜館，這就是「紅房子」的前身。1941 年，太平洋戰爭爆發以後，日軍進入法租界，老闆路易‧羅威因是猶太人，而被日軍關進了集中營。1945 年日本投降後，路易‧羅威重新獲得自由，他的西菜館也重新開業。

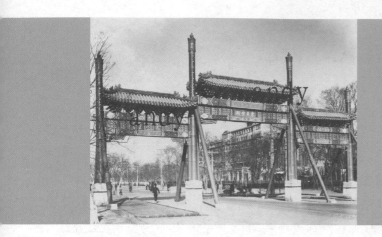

東長安街牌樓與北京飯店

　　新開業的飯館把店面刷成紅色，以示喜慶，又請到俞永利等一些「西廚奇才」，創出了一批「拿手菜」，尤其是獨創了「焗蛤蜊」後，更是生意火爆，成爲遠近聞名的西菜館。京劇大師梅蘭芳就是其中的常客，並且建議將飯館名字改爲「紅房子」。中華人民共和國成立後，「紅房子」迎接了無數重要的中外來賓。劉少奇用餐後說：「紅房子店小名氣大。」而周恩來也在外事活動中多次向外賓推薦說：「吃西菜，上海有一家紅房子西菜館。」1973年訪華的法國總統蓬皮杜品嘗「焗蛤蜊」以後讚不絕口，將其加入法蘭西菜譜，成爲中國人發明的「正宗法國菜」。而紅房子也因此成爲歷史最長、知名度最高的上海西菜館。

　　西服在晚清已經傳入中國，但爲中國人接受則是從 19 世紀末 20 世紀初開始。早在袁世凱練兵小站，組建新軍的時候，爲了向現代軍隊轉型，就仿照西方軍服樣式進行了軍裝改革。袁世凱本人亦著西式軍服、紮皮帶、穿馬靴、掛佩刀，只是腦袋後面的辮子有些不倫不類。隨後，一些歸國的留學生也開始紛紛穿上西裝，但這一「開風氣之先」的行爲常遭到保守者的嘲笑。

　　魯迅作品裡提到的「假洋鬼子」就是一例。提到「假洋鬼子」，人們都熟悉 1921 年發表的《阿 Q 正傳》裡的那個投機革命的錢大少爺形象。實際上，「假洋鬼子」一詞首出魯迅發表於 1920 年的自敘小說《頭髮的故事》，指裡面一位留學歸來的 N 先生。他因爲剪辮遭人非議，「索性廢了假辮子，穿著西裝在街上走」，結果被保守的人嘲笑爲「假洋鬼子」。

民國初期，國人對現代化的訴求頗爲強烈，這也表現在對服裝的態度上。1912年《申報》就曾經發文說：「民國新建，亟應規定服制，以期整齊劃一。今世界各國，趨用西式，自以從同爲宜。」這一時期，男士穿西服與中山裝成爲潮流[142]，而女士則多穿旗袍。

此時，民眾已經不再嘲笑穿西服者爲「假洋鬼子」，反而以之爲「新派」的標誌，並在潛意識中將其與民主、革命、現代、文明等詞語聯繫在一起，於是群起效仿，頗爲時尚，甚至連身居故宮的遜帝溥儀也不例外。《我的前半生》中這樣寫道：

> 我對歐化生活的醉心，我對莊士敦[143]亦步亦趨的模仿，並非完全使這位外國師傅滿意。比如穿衣服，他就另有見解，或者說，他另有對我的興趣。在我結婚那天，我在招待外國賓客的酒會上露過了面。祝了酒，回到養心殿后，脫下我的龍袍，換上了便裝長袍，內穿西服褲，頭戴鴨舌帽。這時，莊士敦帶著他的朋友們來了。一位外國老太太眼尖，她首先看見了我站在廊子底下，就問莊士敦：「那個少年是誰？」
>
> 莊士敦看見了我，打量了一下我這身裝束，立刻臉上漲得通紅，那個模樣簡直把我嚇一跳，而那些外國人臉上做出的那種失望的表情，又使我感到莫名其妙。外國人走了之後，莊士敦的氣還沒有消，簡直是氣急敗壞地對我說：「這叫什麼樣子呵？皇帝陛下！中國皇帝戴了一頂獵帽！我的上帝！」

溥儀不倫不類的西裝打扮讓莊士敦十分尷尬。因爲西服的穿戴講究協調配套，一是指與時間、場合及從事的活動內容相般配，如男子服裝就分爲大禮服、常禮服、燕尾服、日常西服等；一是服飾種類的協調般配，包括衣褲

---

142 中山裝是孫中山綜合中西裝特點設計而成的。他曾闡述該服裝的思想和政治含義：衣服外的四個口袋代表「國之四維」（即禮、義、廉、恥）；前襟的五粒紐扣代表五權憲法（行政權、立法權、司法權、考試權、監察權）；左右袖口的三個紐扣則分別表示三民主義（民族、民權、民生）和共和的理念（平等、自由、博愛）；衣領爲翻領封閉式，表示嚴謹的治國理念；衣袋上面弧形中間突出的袋蓋，筆山形代表重視知識份子，背部不縫縫，表示國家和平統一之大義。

143 莊士敦，生於蘇格蘭，1919年開始擔任中國末代皇帝溥儀的英文老師。在華工作三十餘年，著有《紫禁城的黃昏》。

鞋帽領帶襪子等的搭配等。但民國初期，大部分人同溥儀一樣，並不太清楚西服的規範與配套，甚至經常中西服裝混穿，上身西裝，下身則是綁腿褲，自然顯得滑稽。不過，這也是服裝轉型期間的自然現象，隨著時代的發展就逐漸消失了 [144]。

西服革履的溥儀

民國女性流行的服飾首推旗袍。一般認爲旗袍是本土服裝，是從滿族的傳統服飾改造而來。但實際上，旗袍的發源地爲近代得西風之先的上海，在設計上受到西方服裝的影響相當大。因此，更準確地說，旗袍是民國時期參考滿族女性傳統旗裝和西洋服飾設計的一種時裝，是東西方文化融合的變現。傳統的旗裝寬大平直，不顯露形體，且袍內著長褲，在開衩處可見繡花的褲腳；而民國的旗袍則仿照西方女裝，開省收腰，曲線畢露，袍內著內褲和絲襪，開衩處露腿。

旗袍在民國也經歷了一個不斷變化的過程。1920 年代的旗袍仍然寬大平直，與傳統旗裝相近。張愛玲因此說：「初興的旗袍是嚴冷方正的，具有清教徒的風。」但儘管如此，旗袍的肩、胸乃至腰部，已呈合身之趨勢。此後，受歐美短裙影響，旗袍的長度也開始變短，下擺上縮至膝蓋，袖口變短變小，並且出現了校服式旗袍，下擺縮至膝蓋以上一寸，袖子採用西式。但旗袍的這一改變也被時人非議，於是在 1930 年代初期它又開始變長，又與此時歐洲流行的女裝廓形相吻合。

由於旗袍一改中國傳統服裝的身體遮掩，讓女性體態和曲線美充分顯示出來，體現了當時國人追求現代文明與女性解放的時代精神，於是受到當時知識女性特別是女學生的青睞，成爲中國新女性的標誌性服飾。另外，在旗袍發源地上海，那些追求時尚的摩登女郎、交際名媛與影劇明星等，也是旗袍的主要推崇者。1927 年，上海還創辦了中國第一家專爲女性開辦的服裝公司「雲裳時裝公司」。而這個時候，旗袍已經澈底告別了傳統旗裝的束縛，

---

144 混穿得當，也能引領時尚，名曰「混搭」風。

變成「中西結合」的新服式了。

在飲食服飾以外，中國人最重視的建築也發生巨大的變化。最早在中國出現的西式建築，主要是一些飯店旅館，民間稱之為洋樓，主要修建在租界內，後來逐漸在各大城市蔓延開來。包括上海的華懋飯店、匯中飯店，北京的北京飯店、六國飯店，天津的帝國飯店、六國飯店，廣州的萬國酒店、維多利亞旅館等。中國的傳統飯館或旅館多為平房或低矮樓閣，而西式飯店旅館則一般是超過三層的洋樓，如上海的華懋飯店，樓高七十七米，有十一層之高，其氣勢磅礡與中國建築截然不同。

除了飯店旅館之外，在中國也很快地出現了西式的里弄建築、花園洋房與高層公寓。中國最早的西式里弄建築出現在上海。早在太平天國起義時期，大量江浙一帶的西人與中國富商、地主、官紳紛紛舉家擁入租界尋求庇護，外國的房產商乘機大量修建西式住宅，其中最典型的就是修建於 1872 年的興仁裡。1920 年代，上海修建了大量中西合璧的石庫門住宅。這種建築大量吸收了江南民居的式樣，但總體佈局卻來源於歐洲，外牆細部有西洋建築的雕花圖案，門上的三角形或圓弧形門頭裝飾也多為西式圖案。由於這些建築以石頭做門框，所以被叫做「石箍門」，但一些南方人發「箍」字音為「庫」，所以就訛作「石庫門」[145] 了。早期的石庫門大多叫弄、裡，就是我們常說的「里弄」，又叫「弄堂」。1921 年，中國共產黨就誕生在望志路一○六號（今天的興業路七十六號）的一個弄堂內[146]。1920 年代後期，租界內又出現了大量新式里弄住宅，總體上比石庫門更接近歐洲近代住宅的建築風格。

1930 年代，中國又出現了大量西式高層公寓。這種公寓一般建立在城市中心地帶或者學校旁邊，多為中外高級職員居住。如北京王府井的迎賢公寓，上海淮海中路上的永業大樓等。同弄堂相比，這些高層公寓體現了現代建築藝術的空間應用技術，也反映了北京和上海正在成為現代國際城市的建築風貌。

---

145 反映民國上海底層市民生活的名劇《七十二家房客》，就是以石庫門住宅為背景。

146 望志路一○六號是中國共產黨「一大」代表李漢俊之兄李書城的住所，為一座石庫門式樓房。1921 年 7 月 23 日起，大會在底層一間客堂中召開，後轉移到嘉興南湖的一條遊船上繼續舉行。大會通過了黨綱，選舉了中央領導機構，成立了中國共產黨。

上海外灘（1888年）

　　作家張愛玲曾經住過的常德公寓就是一處西式住宅。常德公寓位於上海常德路（原赫德路）一九五號，是一棟八層鋼筋混凝土結構的義大利式公寓，建於1936年。當時居住者多為社會中上層人士。張愛玲在常德公寓一共住了五年，這期間是她一生藝術成就最輝煌的時期，也是她感情最糾結的時期。正是在這裡，她經歷了與文化漢奸胡蘭成的相識、相愛與分手的全部過程。張愛玲的《公寓生活記趣》裡有不少對常德公寓的敘述。女作家陳丹燕在《上海的風花雪月》一書中，也有一篇寫到這裡：「張愛玲的家，是在一個熱鬧非凡的十字路口，那棟老公寓，被刷成了女人定妝粉的那種肉色，豎立在上海鬧市中的不藍的晴天下面。」張愛玲去世後，仍有不少人到常德公寓拍照錄影，尋找張愛玲的歷史足跡。

　　1930年代以後，中國城市還興起了修建花園洋房（別墅）的熱潮。這些住宅有法式、西班牙式、德式、挪威式、英國鄉村別墅式等，花園洋房擁有美麗的草坪、綠樹環繞的宅邸，一些高級的洋房還建有網球場、游泳池等奢侈健身場所，居住者主要是一些達官貴人和中外富商。此外，花園洋房還大量出現在一些名山大川，供避暑休閒的權貴名流使用。這其中最著名的就是廬山的「美廬」別墅 [147]。「美廬」位於廬山牯嶺河東路一八〇號，始建於1903

147 1959年，毛澤東第一次上廬山就住在「美廬」。所以它又成為中國共產黨與中國國民黨的最高領袖都　　住過的惟一一棟別墅。

年，是一座英國人建造的花園別墅。1933 年夏，蔣介石夫婦成為此幢別墅的新主人後，很喜歡這裡的環境，視為風水寶地，又對別墅進行了擴修。因為這裡環境優美，而且宋美齡名字中也有一個「美」字，於是蔣介石將這幢別墅命名為「美廬」。從此，「美廬」長期作為蔣介石的夏都官邸與「主席行轅」，成為民國最具有政治色彩的一棟別墅。

由於花園洋房為中外成功人士所共愛，修建之風日盛，甚至陸續蔓延到一些中小城市裡。1935 年 1 月，著名的遵義會議在遵義城琵琶橋東側八十七號召開，這裡原來就是貴州軍閥柏輝章的一處花園洋房。

此外，民國時期在中國大量出現的西式建築或中西結合的混合建築，還包括教堂、銀行、郵局、行政或商業辦公樓、娛樂場、電影院、火車站等公共建築。這其中最具有代表性的建築當推南京總統府。總統府於 1912 年開始修建，隨處可見高聳的圓柱，雅致的雕飾，深邃的回廊，精巧的拱門，充分表現出歐洲文藝復興時期巴羅克式建築的特色。

新式交通進入以前，中國的交通主要是「北方騎馬，南方行船」。所謂以車代步，也是用牛馬等牲口充當動力的各種名目繁多的木製車。而火車、汽車等舶來的「洋車」，則長期被國人視為「奇技淫巧」，甚至是可怕的「怪物」，認為修鐵路會「失我險阻，害我田廬，妨礙我風水」。而外國人在中國修建的最早的營業性鐵路，全長十二公里的上海吳淞鐵路，在建成通車不久，就被清政府花鉅資贖回並予以拆除。1879 年，洋務派首領李鴻章以運煤炭為由，奏請修建唐山至北塘的鐵路，結果清政府以鐵路機車「煙傷禾稼，震動寢陵」為由，決定將鐵路縮短，僅修唐山至胥各莊一段。這條全長九公里多的唐胥鐵路成為中國自辦的第一條鐵路。但可笑的是，清政府擔心機車震動寢陵，決定由騾馬牽引車輛。也就是說，這是一條名副其實的馬車鐵路。由此可見，2010 年的賀歲大片《讓子彈飛》中馬拉火車的鏡頭也並非純屬虛構。

20 世紀初期，中國人逐漸接受了鐵路交通，甚至一度熱衷修建鐵路。例如，孫中山在辭去臨時大總統職務不久，就把自己的主要精力集中於經濟建設，特別是鐵路建設上，認為「今日修築鐵路，實為目前唯一之急務，民國之生死存亡，系於此舉」，並鄭重宣告，「鄙人擬於十年之內，修築全國鐵路二十萬里」。此後，民國政要名流和各地軍閥都紛紛以修建鐵路為己任，

如國民黨元老張靜江、山西軍閥閻錫山、東北的張作霖父子等都是中國早期鐵路的積極修建者。這其中，以閻錫山最為有趣，這位統治晉地三十多年的軍閥，在山西積極修建鐵路，自己卻對其貌不揚的毛驢情有獨鍾，因此有一個綽號叫「毛驢將軍」。他不僅自己以驢代步去視察各地的鐵路建設，還經常以毛驢為獎品，獎勵對鐵路工程有功的人員。而其修建的「閻記」鐵路也有一個特點就是「只進不出」，一般鐵路使用五十五磅鋼軌，「閻記」鐵路則用三十二磅鋼軌，這樣，「閻記」鐵路上的火車可以運送軍隊開往外地，而外地的火車則開不進來，別人自然也無法通過鐵路運兵攻擊山西。

1881 年，李鴻章視察唐胥鐵路

　　中國最早的馬路叫「界路」，修建於晚清時期的租界內，如上海的霞飛路、南京路，香港的皇后大道等。早期的南京路曾經用木質材料鋪路，在大約三裡的路面上鋪陳了四百萬塊鐵黎木木板，耗資六十萬兩白銀。而這麼多錢居然出自一個投資人之手，他就是從一文不名到成為上海首富的猶太商人哈同。不過，一向精明節儉的猶太富商此舉並非是炫耀騷包，而是別有用心。據說，在路面鋪好後，他在南京路購置的大量房產立即升值數倍，獲利頗豐。

　　除了火車，汽車和電車也被引入中國。1901 年，上海出現了第一輛小汽車，並無牌照，而是按馬車管理。到了 1912 年，上海已有汽車一千四百輛，多為美國貨，包括克萊斯勒公司的「道奇」、通用公司的「雪佛蘭」與福特公司的「福特」汽車。當時租界的管理機構工部局看到汽車日多，便開始按照歐美的管理模式為汽車發牌照。寧波鉅賈周湘雲花了一大筆錢領得第一號汽車牌照，然而，猶太富商哈同 [148] 也覬覦第一號汽車牌照，而且哈同已經為自己的司機領取了第一號駕駛執照，很希望也能得到第一號汽車牌照，讓他

148　哈同是 19 世紀末 20 世紀初上海灘的傳奇大亨。他開發經營的南京路被稱作「上海的第五大道」，他本人則佔有南京路地產的百分之四十四。

1908 年，上海第一輛有軌電車

的第一號司機開第一號汽車。為此，哈同曾與周湘雲協商，出重金請他把第一號汽車牌照讓給自己，但周湘雲十分有錢，在上海灘的里弄中，只要帶有「慶」字的，如寶慶裡、恒慶裡、福慶裡、吉慶坊、肇慶裡……都是周家的產業，哪裡會為了錢出讓第一號汽車牌照。於是，哈同便僱傭了大批流氓，準備等第一號汽車開出來後，一擁而上搶奪牌照，又買通工部局準備以周湘雲違章為由吊銷他的汽車牌照。結果這消息被周湘雲獲悉，他只好把上有第一號牌照的汽車終年鎖在汽車房內，不再駛出。所以，第一號汽車牌照始終沒有在馬路上出現過，只當被周湘雲收藏了 [149]。

　　1908 年，第一輛有軌電車在上海愛文義路（今北京西路）出現。據當時《中法新彙報》報導：「靜安寺附近，一群人在觀看一輛鮮豔的紅色電車。這輛奇妙的車輛既看不見蒸汽，也看不見機器，卻能自行開動。圍觀者或曰電車之開，勢必與人力車有一番競爭，或曰發展電車將給上海民眾帶來福利。」於是，自此以後每天清晨 5 點半開始，就會有電車穿梭於外灘與靜安寺之間，全程約為六公里。此後，中國其他城市也陸續引入有軌電車。不過，在中華人民共和國成立之前，中國只有上海有無軌電車。上海第一條無軌電車線路問世於 1914 年，位於公共租界的福建路上，南起鄭家木橋（今東新橋），北至老閘橋南塊（今福建中路北京東路），全程只有兩站，共一公里長，中途設南京路站（今南京東路）。這一線路至今仍在運行，所以說，上海的十四路電車是目前仍在運行的全中國乃至全世界歷史最長的一條無軌電車線路。

---

149 周湘雲靠房地產發家後，酷愛收藏，藏有大量青銅器、字畫、瓷器、田黃石印章。懷素的《苦筍帖》、米芾的《向太后挽詞》、米友仁的《瀟湘圖》、王蒙《春山讀書圖》等當年都是他的藏品。

誰點燃了五四運動的導火線？

1919 年 5 月 4 日，震驚中外的五四運動爆發。不過，對於是誰點燃了五四運動的導火線，則一直說法各異。毛澤東曾經說：陳獨秀「是五四運動時期的總司令，整個運動實際上是他領導的」。而陳獨秀自己卻說：「五四運動，是中國現代化社會發展必然的產物，無論是功是罪，都不應該專歸到那幾個人。」也有人認為，在五四新文化運動中「不曾有一個所謂『單一』的領導」，但是在「領袖群」中，「胡適無疑是聲名最洋溢的一個」。還有人根據毛澤東在《新民主主義論》中「魯迅是中國文化革命的主將」的說法，將魯迅列為五四運動的「主將」。不過，如果一定要說五四運動的發生與一個人有直接的聯繫，那麼這個人既不是「五四運動時期的總司令」陳獨秀，也不是「聲名最洋溢的」胡適，或者「中國文化革命的主將」魯迅，而只能是整個 1919 年都在國外漂泊的梁啟超。正是他，點燃了五四運動的導火線。

今天我們談及五四運動，一般通稱為五四新文化運動。但實際上，五四運動與新文化運動是兩個密切相關卻又不完全相同的歷史概念。首先，從時間上來說，新文化運動的興起，以陳獨秀在 1915 年創辦《青年雜誌》為標誌，要早於五四運動。其次，從內容上來說，五四運動包括文學革命、學生運動、工商界的罷市罷工、抵制日貨運動以及新知識份子所提倡的各種政治和社會改革；新文化運動則是相對純粹的文化運動。再次，從彼此作用上來說，先行開展的新文化運動為五四運動提供了必要的精神準備，隨後爆發的五四運動則進一步推動了新文化運動的廣泛發展。最後，從運動起因上來說，五四運動和巴黎和會的外交失敗有關，而新文化運動則主要是一些新派知識領袖宣導的結果。

1919 年 1 月，巴黎和會召開。作為第一次世界大戰的戰勝國協約國成員，中國也派出五人代表團參加 [150]。

---

150 巴黎和會上中國代表團團長是陸徵祥，成員有駐美公使顧維鈞、駐英公使施肇基、駐比公使魏宸組和

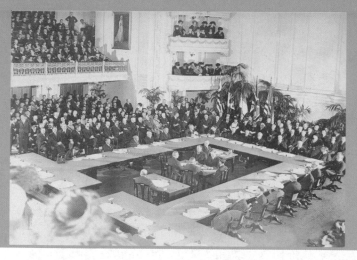
巴黎和會會場

　　1月28日，會議討論中國山東問題。當時，作為戰敗國的德國將退出山東，而日本代表牧野卻要求無條件地繼承德國在山東的利益。這時候，顧維鈞代表中國闡述了自己的觀點[151]。顧維鈞說：「膠州和膠濟鐵路所在地的山東省是中華文明的搖籃，孔子和孟子的誕生地，對中國人而言，這是一塊聖地。全中國人的目光都聚焦於山東。」他還向日本代表問道：「西方出了聖人，他叫耶穌，基督教相信耶穌被釘死在耶路撒冷，使耶路撒冷成為世界聞名的古城。而在東方也出了一個聖人，他叫孔子，連日本人也奉他為東方的聖人。牧野先生你說對嗎？」牧野不得不承認：「是的。」顧維鈞微笑道：「既然牧野先生也承認孔子是東方的聖人，那麼東方的孔子就如同西方的耶穌，孔子的出生地山東也就如耶路撒冷是西方的聖地。因此，中國不能放棄山東正如西方不能失去耶路撒冷一樣！」

　　顧維鈞的演說深深地震撼了各國代表，獲得了熱烈的掌聲。美國總統威爾遜和英國首相勞合喬治都走過來向他表示祝賀。

　　但隨後的結局卻讓中國代表團以及國人非常失望，甚至憤怒。由於義大利退出和會，日本也威脅退出，英法美害怕和會流產，於是最終決定將山東割讓給日本。中國的外交失敗了！

　　早在巴黎和會召開之前，梁啓超就向當時的總統徐世昌建議，成立了以前外交總長代理國務總理汪大燮為委員長，前司法總長林長民為事務長的總

南方軍政府代表王正廷。

151 顧維鈞，字少川，英文名 Wellington，民國最卓越的外交家之一。顧維鈞口述的六百餘萬字回憶錄，是研究中國近現代外交史的重要資料。

統府外交委員會，負責和會特定期間的外交事務。梁啓超又籌措巨額經費，挑選了一批精通外交的專家學者，在和會召開之前就趕赴歐洲，希望進行民間名義的外交運作，「想拿私人資格將我們的冤苦向世界輿論申訴申訴，也算盡一二分國民責任」。在出發之前，梁啓超還建議國內輿論同巴黎和會上的外交聲音保持一致，實現「惟一條件既經提出，全國輿論務須一致，以貫徹其主張」。

在梁啓超一行在歐洲進行國民外交活動的同時，北京大學召開了千餘人參加的國際聯盟同志會，公推遠在歐洲進行外交運作的梁啓超爲理事長（汪大燮代理），北京大學校長蔡元培、民國政要名流王寵惠、熊希齡、張謇等爲理事。隨後，由北京各界各團體聯合組成的國民外交協會在熊希齡宅召開成立大會，再次推舉熊希齡、汪大燮、梁啓超、林長民 [152]、範源濂、蔡元培、王寵惠、嚴修、張謇、莊蘊寬等十人爲理事，緊密配合巴黎和會期間的外交努力。

2 月 18 日，梁啓超等人抵達巴黎，以中國和會代表會外顧問的名義，先後會見了美國總統威爾遜及英法等國的代表，請他們支持中國在山東問題上的立場。同時，梁啓超還頻繁致電國內，報告他所瞭解到的和會消息。

恰在此時，南方軍政府代表王正廷發回國內的一封電報稱：「吾輩提議於和會者，主張廢止二十一款及其他密約不遺餘力，推測日本之伎倆僅有二途：曰引誘，曰用武，然皆與正誼公道相違，必不出此。但吾國人中有因私利而讓步者，其事與商人違法販賣者無異，此實賣國之徒也。所望全國輿論對於賣國賊群起而攻之。然後我輩在此乃能有討論取消該條件之餘地。」

當時國內有人誤以爲王正廷所謂「賣國之徒」就是指在巴黎私下運作的梁啓超，於是掀起了一場「倒梁」風波。上海商業公團聯合會致電北京大總統國務院：「聞梁啓超在歐干預和議，傾軋專使，難保不受某國運動。本商有鑑於此，特電巴黎公使轉梁啓超，文曰『巴黎中國公使館探送梁任公君鑒，我國之國際和會已經派專使，爲國人所公認。君出洋時聲明私人資格不涉國事，乃中外各報登載君在巴黎近頗活動，甚謂有爲某國利用傾軋之說，明達

---

152 林長民，福建閩侯人。曾任段祺瑞內閣司法總長、福建大學校長等職務，後擔任奉軍郭松齡幕僚，1925年在郭松齡倒戈反奉時，爲流彈擊中身亡。其女爲民國著名的才女林徽因。

如君，當不至此。惟人言可畏，難免嫌疑，爲君計，請速離歐回國，方少辦明心蹟，特此忠告，勿再留連』等語，即乞轉專使，注意大局，幸甚。」隨後廣州國會甚至要求由兩院函請軍政府，立即下令通緝梁啓超，並將其在籍財產沒收，另由軍政府要求法公使引渡。對此，梁啓超在事後也不禁感歎：「一紙電報，滿城風雨，此種行爲鬼蜮情狀，從何說起。今事過境遷，在我固更無勞自白，最可惜者，以極寶貴之光陰，日消磨於內訌中，中間險象環生，當局冥然罔覺，而旁觀者又不能進一言，嗚呼中國人此等性質，將何一自立於大地耶？」

後來，當國人發現巴黎和會上的癥結不是梁啓超「傾軋專使」，而是和會之前段祺瑞政府與日本簽訂的秘密借款合同和關於山東問題的中日密約的時候，流言最終澄清。因爲日本代表牧野正是以中日關於山東問題已經在中日和約達成了協議，山東問題應該在此協議的基礎上由中國和日本協商解決爲由，拒絕中方代表在巴黎和會上提出的歸還山東的要求。事情眞相大白之後，曹汝霖、章宗祥、陸宗輿等親日派官員頓時成爲民衆唾罵的「賣國賊」。

不過，在巴黎，無論是顧維鈞等代表的官方努力，還是梁啓超等的民間遊說，最終都沒有成功。4月30日，巴黎和會決議將原來德國在山東的權益全部讓給日本。聞聽此信，梁啓超急忙致電汪大燮、林長民，要求他們提醒國民和政府，拒絕在和約上簽字。其電文稱：「汪、林二總長轉外協會：對德國事，聞將以青島直接交還，因日使力爭，結果英、法爲所動，吾若認此，不啻加繩自縛，請警告政府及國民嚴責各全權，萬勿署名，以示決心。」

顧維鈞

林長民接到電報後，連夜寫成《外交警報敬告國人》一文，刊載在5月2日研究系[153]主辦的《晨報》上。全文如下：

---

[153] 研究系是從民國初年的進步黨脫胎的一個政治派系，得名於1916年在北京成立的「憲法研究會」，其領袖正是梁啓超。

　　膠州亡矣！山東亡矣！國不國矣！此噩耗前兩日僕即聞之，今得
梁任公電乃證實矣！聞前次四國會議時，本已決定德人在遠東所得
權益，交由五國交還我國，不知如何形勢巨變。更聞日本力爭之理由
無他，但執一九一五年之二十一條條約，及一九一八年之膠濟換文，
及諸鐵路草約爲口實。嗚呼！二十一條條約，出於協逼；膠濟換文，
以該約確定爲前提，不得逕爲應屬日本之據。濟順、高徐條約，僅屬
草約，正式合同，並未成立，此皆國民所不能承認者也。國亡無日，
願合四萬萬民眾誓死圖之！

　　同時，按照梁啓超的建議，國民外交協會向巴黎和會中國代表發去電
文，要求：「和平條約中若承認此種要求，諸公切勿簽字。否則喪失國權之
責，全負諸公之身，而諸公當受無數之譴責矣。」

　　5月2日，時任北京大學校長的蔡元培從汪大燮處得知有關巴黎和會的
最新消息，立即返校告訴了北京大學的學生領袖許德珩、傅斯年、羅家倫等
人。隨後，知道消息的北京大學學生決定奮起抗爭。5月3日晚7時，北京大
學全體學生和十幾所其他學校學生代表在法科大禮堂召開大會。議決進行辦
法四項：「一、聯合各界一致力爭；二、通電巴黎專使，堅持不簽字；三、
通電各省，於五月七日國恥紀念舉行遊街示威運動；四、定於四日齊集天安
門，舉行學界之大示威。」五四運動就這樣爆發了。

　　在愛國學生「外爭國權，內除國賊」的遊行示威中，北京政府被迫將曹汝
霖、章宗祥、陸宗輿免職。而在巴黎，中國代表團團長陸徵祥已經離開，和
談由顧維鈞實際負責，在他的主持下，中國代表團最終拒絕在和約上簽字。
6月28日，當巴黎和會的閉幕典禮在勝利者的歡呼聲中召開時，爲中國全權
代表預留的兩把座椅上卻空無一人。

　　對於五四運動，梁啓超評價甚高。他說：「『五四』運動，有效果沒有
呢？有。歐美一般人腦裡頭，本來沒有什麼中國問題，如今卻漸漸地都有了，
提起中國問題，便緊緊跟著聯想到山東問題，提起日本問題，便人人都說『日
本人欺負中國』。簡單說，這回運動算是把中日關係問題大吹大擂地抬到世
界人面前去了，這便是第一種效果。」「這回太平洋會議，這問題雖然沒有
滿意的解決，但日本人已漸漸覺得中國國民氣和世界輿論可怕，不能不稍微

讓步，這也算第二種效果。」他還希望五四運動的成功為以後的國民運動豎立榜樣，「因這回運動，表示中國人『國民運動的可能性』，將來也許引起別種國民運動」。

台灣學者張朋園認為：「如果說梁任公掀起了五四運動，未免強調過當。但任公確實與五四事件有直接的關係。」而綜觀歷史事實，可以說，正是梁啓超遠在國外的多方努力，最終讓國人以最快的速度知道了整個事情的眞相，並因此點燃了五四運動的導火線。

民國的交際舞會

傳統中國的社交幾乎與女子無關，近代以來，女性才逐漸從幕後走到社交場的前臺。民國初期，隨著風靡歐美的交誼舞傳到中國，交際舞會成為現代人時尚生活的一部分。活躍其間的，不僅有當紅影星阮玲玉、蝴蝶這樣的舞林高手，也有「鬼才」作家穆時英這樣的舞會常客，更有生活糜爛的各色舞女與背景良好的交際明星。而在民國交際舞會上最負盛名的，則首推「南唐北陸」。

傳統中國，社交一般是男人的專利。女子通常信奉「無才便是德」的古訓，在家一心相夫教子。近代以來，個性解放，男女平等的信念逐漸深入人心，而新潮的知識女性自然不甘居於人後，逐漸從廚房走上廳堂，和男人一起平起平坐，高談闊論。這種地方，就是我們經常說的文化沙龍，而在民國文壇最負盛名的，當屬名噪一時的「太太的客廳」[154]。

梁思成和林徽因一家在北平的總布胡同居住之際，徐志摩、金岳霖、周培源、胡適、朱光潛、沈從文等一批當時的文化精英便經常聚集在梁家高談闊論，而女主人林徽因更以其風度高雅和知識淵博為眾人嘆服，從而成為聚

梁思成與林徽因

會的核心。著名學者費正清的夫人費慰梅就曾經回憶說：「梁太太總是聚會的中心人物。當她侃侃而談的時候，她的那些愛慕者們總是為她那天馬行空般的靈感中所迸發出來的精闢警語而傾倒。」於是，梁家這個 1930 年代北平最有名的文化沙龍，就被時人稱之為「太太的客廳」。

不過，類似於「太太的客廳」的文化沙龍

---

154 「太太的客廳」一詞最早在文學刊物上正式出現，是在冰心的一篇題為《我們太太的客廳》的短篇小說中。時人皆曰是對林徽因的諷刺，晚年的冰心接受採訪卻說是取材於陸小曼。

只是一群男女文人的坐而論道，顯然並不能夠滿足民國上流社會對時尚社交的全部需要。而隨著有「世界語言」之稱的交誼舞漂洋過海，交際舞會開始成爲追求現代和時尚的城市人生活的重要部分。

民國時期許多影星包括阮玲玉都非常喜歡參加交際舞會。據說，茶葉大王唐季珊見到阮玲玉以後，對她十分著迷，想方設法要追求她。因爲阮玲玉喜歡跳舞，於是唐季珊追求她的主要方式就是經常邀請她跳舞，去最高級的場所跳舞，去最豪華的場所跳舞，最終俘獲了阮玲玉的芳心，也爲阮玲玉以後的悲劇人生埋下了伏筆。

與阮玲玉齊名的影星蝴蝶也十分喜愛跳舞，甚至因性喜跳舞而一度陷入難以澄清的「跳舞事件」。九一八事變發生後，一些報紙刊出「民國二十年九月十八日夜……東北軍之最高統帥張學良將軍彼時卻正與紅粉佳人蝴蝶共舞於北平六國飯店」之類的傳聞，著名詩人馬君武讀後義憤填膺，據此寫了《哀瀋陽·二首》：

> 趙四風流朱五狂，翩翩蝴蝶正當行。
> 溫柔鄉是英雄塚，哪管東師入瀋陽。
>
> 告急軍書夜半來，開場弦管又相催。
> 瀋陽已陷休回顧，更抱佳人舞幾回。

馬君武的詩發表後迅速傳遍全國，從而引起了一椿公案。事實上，張學良根本就不認識蝴蝶，後來他有事到上海，曾有人欲介紹蝴蝶與他相見，張學良婉言謝絕，說：「如果這樣，謠言豈不得到證實？」一直到 1964 年蝴蝶赴台灣出席第十一屆亞洲影展時，還有記者問她要不要見張學良，蝴蝶的回答與張學良大同小異，她說：「專程拜訪就不必了，既未相識就不必相識了。」

在民國的上海，最有名的交際舞會當在上海百樂門舞廳（Paramount）。百樂門，全稱「百樂門大飯店舞廳」，有「遠東第一樂府」之稱。1932 年，中國商人顧聯承投資七十萬兩白銀，購靜安寺地營建 Paramount Hall[155]，並以諧音取名「百樂門」。百樂門的建築共分三層。一層爲廚房和店面。二層

---

155 Paramount，至高無上的意思。有趣的是，美國好萊塢霸主派拉蒙影業公司也以 Paramount 爲名，其公司標誌爲群星環繞的雪山，同樣有高高在上之意。

爲陳設豪華的舞池和宴會廳，建築面積達二千五百五十平方米，最大的舞池有五百餘平方米，舞池地板用汽車鋼板支托，跳舞時會產生晃動的感覺，讓舞者如癡如醉，因此有「彈簧地板」的稱呼。圍繞大舞池的是可以隨意分割的小舞池包間，既可供人跳舞，也可供人幽會。三樓則爲旅館。

百樂門於 1933 年一開張就聲名遠揚，張學良、徐志摩等各界名流都是這裡的常客。卓別林夫婦當年在上海訪問時也曾慕名光顧這裡。1947 年美國援華空軍「飛虎隊」隊長陳納德與他的中國妻子陳香梅的訂婚儀式也在此舉行。

當然，交際舞會裡最大的亮點還是美女如雲。僅有當紅影星阮玲玉、蝴蝶這樣的舞林高手出沒於舞會遠遠不夠，畢竟她們不能長期駐紮在舞場之中。爲此，百樂門曾經重金招聘美貌的舞女，其月收入一般高達三千至六千元，是當時普通職員的十倍以上。這些年輕美貌的舞女常年周旋於一些有錢男人之間，而一旦機遇來臨，就會爲一些一擲千金的男人看中並包養。她們也因此成爲一般人們心目中的交際花，並且出現在諸多相關的文學作品與影片當中。

中國「都市文學」的先驅者，素有「中國新感覺派聖手」之稱的海派作家穆時英 [156]，就在他的作品裡爲我們展示了民國交際舞會的奢華與瘋狂，以及出入其間的客人與舞女們的頹廢與迷茫。他曾經在小說裡發出「一個都市人」情不自禁的哀歎：「脫離了爵士舞、狐步舞、混合酒、秋季流行色、八汽缸的跑車、埃及煙……我便成了沒有靈魂的人。」

而在現實中，年紀輕輕卻已經名利雙收的穆時英也很快成爲交際舞會的常客。新感覺派三劍客之一的施蟄存後來回憶穆時英時說：「他的日子就是夜生活，上午睡覺，下午和晚飯才忙他的文學，接下來就出入舞廳、電影院、賭場。」而當時有份雜誌甚至戲稱穆時英「未結婚以前，差不多跳舞場是他的丈母娘家」。

抗戰爆發後，穆時英從上海來到香港，應當時的大鵬影片公司之邀執導電影《夜明珠》。影片敘述了一個舞女遇上了一個眞正愛她的男人，可是這段愛情卻爲社會所不容，最後舞女含恨而終的故事。而正是在這期間，穆時

---

156 穆時英，與劉吶鷗、施蟄存等並稱爲中國文壇上的新感覺派，後被國民黨特工暗殺。有人認爲這是因爲他在日僞時期當了「漢奸」，也有人說他其實是中統特工而被軍統誤殺。其眞實的身分和死因至今成謎。

英本人也迷上了一個大他六歲的舞女，並最終娶她為妻。

在當時上海的各大舞廳，充斥著這樣的舞女，她們生活奢侈糜爛，交友則不分上流政要和下流黑道，只要有錢有勢皆可擁其入懷。不過，這些舞女出身各異甚或來路不明，雖然年輕貌美，但文化素質和修養趣味皆等而下之，因此一般難入那些自詡為有文明有教養的名流的法眼。而那些能夠在民國的上流交際舞會上嶄露頭角的明星交際花，則一般都內外兼備，集年輕貌美、聰明能幹與多才多藝於一身。

二十世紀 30 年代的上海舞女

曹禺的名劇《日出》裡，女主人公陳白露就是這樣一個名噪一時的高級交際花。她出身於書香門第，卻因生活所迫，隻身闖蕩十里洋場，結果淪為交際花，終日與一些鉅賈富賈交際，過著紙醉金迷的生活。舊時戀人方達生的到來，喚起陳白露對往事的回憶和對新生活的憧憬，但她已無力擺脫現實生活的束縛，最終在茫茫的黑夜中吞下安眠藥，悄然離世。

陳白露當然只是一個虛構的人物，在現實中，真正能夠在交際舞會上風頭十足，以一舉一動牽動上海交際場神經的，則是當時十里洋場的頭名交際花唐瑛。在民國交際場上，素有「南唐北陸」的說法，「北陸」為北平的陸小曼，「南唐」即指上海的唐瑛。

唐瑛的父親唐乃安曾經留學德國，歸國後在北洋艦隊做醫生，後在上海開私人診所，成為滬上名醫。唐瑛的哥哥唐腴廬是宋子文最信任的親信和秘書，曾經和宋子文一起在美國讀書，二人既是上下級關係，也是志趣相投的朋友。

唐瑛自幼受到良好的教育，畢業於上海教會貴族學校——中西女塾，中英文兼優。她不但年輕貌美，舞姿嫵媚，嗓音曼妙，還會用英語唱京劇，可謂多才多藝。

據說唐瑛擅長打扮，她的衣服可以裝滿十個描金箱子，她的皮衣可以掛滿一整面牆的衣櫥，她還擁有私人的裁縫，而她的穿著打扮也的確考究而前衛，香奈兒香水、CD 口紅、LV 手袋，一身歐洲頂級名牌，讓她成為上海交

際舞會上移動的時尚風向標。

這一時期，正值西方文化習俗不斷舶來，而上海灘更
為國人西化的首選之地。當時上海有一個叫《玲瓏》的
時尚雜誌 [157]，便是推廣和引領這股潮流的陣地。該雜誌
除了刊登好萊塢明星以及蝴蝶、阮玲玉等當紅中國影
星的照片之外，還經常把唐瑛當成「交際名媛」的榜
樣刊登介紹，教導廣大女性如何社交。

一次英國王室訪問中國，唐瑛應邀陪同，並且表
演了鋼琴和昆曲，一時更是名動上海灘，各大報刊紛
紛刊登她的大幅玉照和相關報導，風頭之勁甚至蓋
過了英國王室。

《玲瓏》雜誌 1932 年第五期

後來，素有「北陸」之稱的陸小曼前往上海，立即與「南唐」情投意合，
很快就成為引領時尚的一對好友。正如當年《春申舊聞》所言：「上海名媛
以交際著稱者，自唐瑛、陸小曼始。」1927 年，在中央大戲院舉行的上海婦
女界慰勞劇藝大會上，「南唐北陸」同台獻藝，連袂演出昆劇，一時成為交
際圈的佳話 [158]。

作為十里洋場的第一交際花，唐瑛的愛慕者自然不乏其人。這其中就包
括曾經任孫中山秘書的國民黨政要楊杏佛，以及孫中山、蔣介石的妻舅宋子
文。楊杏佛對唐瑛的感情其實是一場名副其實的單戀，當時唐瑛已經定親，
並且對楊杏佛全無情意，而楊杏佛仍然愛得失魂落魄無法抽身。直到 1933
年，楊杏佛被特務刺殺，這場註定失敗的苦戀才澈底終結。

因為唐瑛的哥哥唐腴廬是宋子文的秘書兼好友，宋子文也很早就結識了
唐瑛，並且日漸生出愛慕之情。雖然二人年紀相差懸殊，但宋子文位高權重且
成熟穩重，自有一種魅力，因此唐瑛倒也沒有貿然拒絕。但正當二人關係穩步

157　《玲瓏》於 1931 年創刊，1937 年抗戰全面爆發後停辦。張愛玲在《談女人》一文中曾經提及，「一九三
　　零年間的女學生人手一冊《玲瓏》雜誌」，足見《玲瓏》在當時年輕女子心目中的地位。

158　由於「南唐北陸」在社交界的盛名以及她們對時尚的敏銳感知，近年來頗有人附會說 1927 年在上海創
　　辦的中國第一家專為女性開辦的服裝公司「雲裳時裝公司」，就是由「南唐北陸」合辦的。實際上，徐
　　志摩的朋友梁實秋早就對「雲裳時裝公司」的創辦者做了澄清，他在《談徐志摩》中肯定地說：「雲裳
　　時裝公司根本與陸小曼無關，那是志摩的前夫人張幼儀女士創辦的。」

發展之際，一件震動全國的刺殺案發生，澈底改變了他們的情感軌跡。1931
年 7 月 23 日，宋子文由南京乘車抵達上海火車北站，下車後，剎那間槍聲四
起，其秘書唐腴廬身中數槍後殞命。這就是當時轟動全國的上海北站刺宋案。

　　關於這次刺殺事件，當時很多傳言都說唐腴廬是因為幫宋子文擋子彈而
死的。也有人認為唐腴廬因為平日穿戴與宋子文極為相似，因此被誤殺。其
實更可能是，唐腴廬名為秘書實為替身，宋子文與他穿戴相似並形影不離，
實際上就是防備暗殺。

　　無論如何，唐腴廬死後，唐瑛與宋子文的關係已經註定不會開花結果。
之後，唐瑛在經歷了一次婚變之後，隨第二任丈夫、北洋政府國務總理熊希
齡家的七公子移居美國。

　　在民國，能夠與唐瑛齊名的交際名媛是大名鼎鼎的陸小曼。陸小曼，名
眉。父親陸定，號建三，晚清舉人，畢業於日本早稻田大學，是日本名相伊
藤博文的學生，民國時候長期在財政部任職。母親吳曼華也知書識禮，不僅
古文功底深厚，而且還善畫工筆劃。

　　陸小曼出身名門，眉眼中自有一種嫵媚之處，在北京聖心學堂學習的時
候，就被稱為「皇后」。據說，她每次到劇院觀戲或外出遊園時，前後總簇
擁著中外大學生數十人，為她提包拎衣，而「皇后」則高傲之極，對那些癡
情的粉絲從不正眼相看。

　　陸小曼不僅漂亮，也聰慧好學，精通英、法兩國語言，還能彈鋼琴，長
於繪畫。當時的北洋政府外交總長顧維鈞要聖心學堂推薦一名精通外語的女
孩去外交部參加涉外活動，陸小曼成為首選。此後，陸小曼經常被外交部邀
請去接待外賓，參加社交舞會，逐漸名聞北京社交界。當時的媒體報導說：
「北京外交部常常舉行交際舞會，小曼是跳舞能手，假定這天舞池中沒有她
的倩影，幾乎闔座為之不快，中外男賓，固然為之傾倒，就是中外女賓，好
像看了她也目眩神迷，欲與一言以為快。而她的舉措得體，發言又溫柔，儀
態萬方，無與倫比。」

　　陸小曼的交際才華連外交總長顧維鈞也讚歎不已，他曾經當著陸小曼父
親的面說：「陸建三的面孔一點也不聰明，可是他女兒陸小曼小姐卻那樣漂
亮、聰明。」讓陸小曼的父親啼笑皆非，卻又非常得意。

　　1922 年，十九歲的陸小曼奉父母之命與留美歸來的青年才俊王賡結婚。王賡曾經在密西根大學、哥倫比亞大學、普林斯頓大學、西點軍校等多所著名大學學習，與艾森豪為同學，歸國後任陸軍上校。軍人出身的王賡理性嚴謹，卻不解風情，這也導致一對看起來郎才女貌的夫妻婚後卻出現了嚴重的情感危機。渴求浪漫的陸小曼此後更加癡迷於各種交際舞會，而夫妻之間本不深厚的感情卻日漸淡漠。

　　胡適說：「陸小曼是一道不可不看的風景。」誇獎的正是她的交際魅力。胡適認識陸小曼早於徐志摩。1924 年底，胡適、徐志摩、張歆海，同在劉海粟處聊天，胡適忽然說道，「有位王太太，又聰明又漂亮還會畫畫，英法文都很好，到了北京不能不去看看」，結果四個人果然同去。王太太就是王賡的夫人陸小曼。這也是徐志摩與陸小曼的第一次見面。

　　胡適曾經和陸小曼關係曖昧。1925 年 6 月 14 日，北大教授吳虞在當天的日記中寫道：「立三約往開明觀劇，見鬚生孟小冬，其拉胡琴人為蓋叫天之拉胡琴者，叫座四力頗佳。胡適之、盧小妹在樓上作軟語，盧即新月社演《春香鬧學》扮春香者，唱極佳。」據查，在新月社演《春香鬧學》扮春香的正是陸小曼，而不是另有其人。北京當年的戲院，樓上都是包間，在包間作軟語，其關係的密切程度可以想見。

　　但最終陸小曼卻因與詩人徐志摩的戀情而轟動於世。有人說陸小曼和徐志摩正是在舞會上彼此心生好感。一個是情意綿綿的社交名媛，一個是風度翩翩的風流才子，兩廂情願，自然迸發出愛情的火花。面對當時社會的非議，梁啟超的罵婚，郁達夫說：「忠厚柔豔如小曼，熱情誠摯若志摩，遇合在一道，自然要發放火花，燒成一片，哪裡還顧得到綱常倫教？更哪裡還顧到宗法家風？當這事情正在北京的交際社會裡成為話柄的時候，我就佩服志摩的純真與小曼的勇敢。」

徐志摩與陸小曼

　　坊間流傳，陸小曼是無法與懼內的胡適結婚才轉而投身徐志摩的。無論如何，這對追求浪漫與自由的男女一拍即合，從此譜寫了一曲現代文壇轟轟烈烈的愛情傳奇，而此後的故事盡人皆知。

大師的師生戀

20 世紀初是一個宣揚男女平等、個性解放的時代，而在新文化運動的宣導者與追隨者們看來，男女平等首先體現在男女在享有愛情權利方面的平等，個性解放首先體現在追求愛情方面的解放。因此，作為新文化運動的宣導者和追隨者，那些曾經年輕且大膽的大師們和他們身後那些更加年輕且大膽的弟子們，紛紛走上了反抗舊式婚姻、追求自由愛情的道路。在這個過程中，也譜寫了一段段師生之間的戀曲。魯迅與許廣平、沈從文與張兆和、徐悲鴻與孫多慈及廖靜文、瞿秋白與楊之華、胡適與徐芳，不勝枚舉。其中，有學生追求老師的，也有老師追求學生的，有成功的，也有失敗的。

民國文壇，最有名的師生戀莫過於魯迅[159]和許廣平之間的戀情了。

1906 年，二十六歲的留日學生周樹人忽然接到母親病重速歸的電報，孝順的他立即離日回家。結果卻是虛驚一場，母親身體健康，電報只不過是騙他回來成親的一個計謀，而成親的物件就是朱安。朱安，一個裹著小腳的舊式女子，她不識字，卻具有舊道德下中國女子慣有的謙讓守禮的本性。對於朱安，多年後的魯迅如是說：「這是一件母親送給我的禮物，我只能好好地供養她。」雖然是新文化運動的旗手，卻不幸「在母親所導演的一場以喜劇形式出現的人間悲劇中扮演主角了」，這讓魯迅頗為無奈。而在此後漫長的婚姻當中，這對夫妻也始終有名無實。

「在女性一方面，本來也沒有罪，現在是做了舊習慣的犧牲。我們既然自覺著人類的道德……又不能責備異性，也只好陪著做一世犧牲，完結了四千年的舊帳。」這是魯迅在《隨感錄四十》中生髮的感喟。他似乎已經決定為這個母親強加於他的婚姻「做一世犧牲」了。

但這也不免為一個具有七情六欲的男人增添許多煩惱。郁達夫在《回憶

魯迅》中就同情地說：「魯迅雖在冬天，也不穿棉褲，是抑制性欲的意思。他和他的舊式的夫人是不要好的。」而魯迅在 1925 年寫作的《獨身者》中也承認「不得已而過獨身生活者」，「精神上常不免發生變化」，「表面上因不能不裝作純潔，但內心卻終於逃不掉本能的牽掣，不由自主地蠢動著缺憾感的」。

正是這個時候，一個比魯迅小十八歲的青年女學生，闖入了他的生活，敲響了他孤寂的情感之門。她就是許廣平 [160]。

許廣平

許廣平，祖籍福建，生於廣州。許廣平剛生下三天，就被酩酊大醉的父親「碰杯爲婚」，將她許配給一個姓馬的劣紳子弟。後來，已經長大的許廣平在家人的支持下逃婚，北上求學。1917 年，她考入天津直隸第一女子師範學校預科 [161]，後擔任天津愛國同志會會刊《醒世週刊》主編，並在周恩來領導下參加了五四運動。也正是在這一時期，她讀到了魯迅具有里程碑性質的小說《狂人日記》，回想自己險些被包辦婚姻「吃掉」的歷史，她不僅產生了強烈共鳴，同時對小說的作者浮想聯翩。1923 年，許廣平經過努力，終於考入北京女子高等師範學校國文系，並在這裡遇到了自己仰慕已久的魯迅。

這個時候的魯迅，剛剛和二弟周作人失和，被迫搬出了八道灣，攜帶妻子朱安和母親一塊移住磚塔胡同。爲了養家，魯迅開始兼任北京女子高等師範學校國文系講師，每週講授一小時中國小說史。課堂上，魯迅總是慷慨激昂，而坐在教室第一排座位，屢屢發問的學生中每次都有許廣平。

1925 年，女師大發生了反對校長楊蔭榆的學潮，許廣平是學生自治會的總幹事，也是學潮中的骨幹。爲了尋求她最崇拜的導師的支持，許廣平開始主動給魯迅寫信。結果讓她大喜過望，魯迅明確宣布自己站在學生一邊。

---

[160] 許廣平的祖父許應騤曾經做過浙江巡撫，是官居二品的封疆大吏，家族中人才輩出，包括黃埔軍校的創始人之一、民國粵軍總司令許崇智、紅軍名將許卓等。

[161] 北京女子高等師範學校 1925 年改名北京女子師範大學，是北京師範大學的前身之一。

　　1925 年 8 月 8 日，楊蔭榆在報上登出《女師大啓事》，稱劉和珍、許廣平等十五名學生「恣意擾亂，極端破壞」，要家長、保證人「從速來校領回該生即日出校」。一時間學校空氣緊張，正當許廣平走投無路之際，魯迅向她伸出了援助之手，他說：「來我這裡，不怕！」於是，許廣平就住進了魯迅西三條胡同的家。

　　既是心目中崇拜已久的精神偶像，又是危難之際可以信賴的現實依靠，在這一刻，許廣平已經無法滿足和魯迅保持師生之間的關係了。「不自量也罷！不相當也罷！同類也罷！異類也罷！合法也罷！不合法也罷！」許廣平對這些毫無顧忌，她大膽地向自己的老師發表了愛情宣言。而長期孤寂壓抑的魯迅，也情不自禁地開啓了自己的情感大門。

　　結合許廣平在《風子是我的愛》中的描述，我們可以還原這樣一個場景：1925 年 10 月的一天晚上，在魯迅西三條寓所的工作室「老虎尾巴」裡，四十五歲的魯迅坐在靠書桌的藤椅上，二十七歲的許廣平則坐在床頭，先握住魯迅的手，而魯迅也回報以「輕柔而緩緩的緊握」。隨後，魯迅終於對許廣平說：「你戰勝了！」而許廣平「不禁微微報以一笑」。第二天，剛剛寫完小說《孤獨者》四天的魯迅，在愛情的激發下，又一氣呵成，寫完了他最著名的婚戀小說《傷逝》。

　　1926 年 8 月，魯迅離開北京，赴廈門大學任教，許廣平則同車南下，到廣州的廣東省立女子師範學校任訓育主任。1927 年 1 月，魯迅也到了廣州，擔任中山大學教務主任兼文學系主任，許廣平任他的助教。這一時期，由於國共合作破裂，廣州的氣氛十分壓抑，魯迅不久就辭去了中山大學的職務，與許廣平抵達上海，專心從事寫作。爲了支持和幫助魯迅，許廣平不再出去工作。1927 年 10 月，魯迅和許廣平在上海正式宣告同居，並於 1929 年生下兒子周海嬰。

　　由於當時魯迅已有妻子朱安，所以許廣平跟魯迅所能選擇的惟一的結合方式，就是同居。對此許廣平心甘情願。她在 1940 年發表的《〈魯迅年譜〉的經過》中說：「我們以爲兩性生活，是除了當事人之外，沒有任何方面可以束縛，而彼此間在情投意合，以同志一樣相待，相親相敬，互相信任，就不

必要有任何的俗套。我們不是一切的舊禮教都要打破嗎？所以，假使彼此間某一方面不滿意，絕不需要爭吵，也用不著法律解決，我自己是準備著始終能自立謀生的，如果遇到沒有同住在一起的必要，那麼馬上各走各的路。」

「十年攜手共艱危，以沫相濡亦可哀」。這是魯迅 1934 年在送給許廣平的《芥子園畫譜》上所題之言，而他們在一起的時間最終也只有十年，1936 年 10 月 19 日，久爲疾病所折磨的魯迅終於離開了人世。

在述及魯迅與許廣平的師生戀時，也有人提到另外一個女學生許羨蘇與魯迅的密切來往，並因此提出了「二許爭魯說」。這一說法的最早來源是孫伏園的一句話。他曾對人說：「L（按：指魯迅）家不但常有男學生，也常有女學生，但 L 是愛長的那一個的，因爲她最有才氣云云。」這裡，「長的」指許廣平，相對矮的那一位就是許羨蘇。而據魯迅自己統計，魯迅致許羨蘇的書信多達一百一十封，比致許廣平信多三十封，而許羨蘇致魯迅信也多達九十六封。此外，許羨蘇曾替魯迅北京寓所管帳，管理書籍，還爲魯迅編織過毛衣、圍巾、毛背心。根據以上史實，有學者認爲許羨蘇和魯迅的關係已經超越了師生的正常範圍。但是，也有學者認爲以上事實只能說明魯迅和許羨蘇關係密切，而不能證明他們之間有超乎友誼的情感。實際上魯迅自己也說過，孫伏園散佈「二許」之言，「正如伏園之人，不足道也」。而魯迅與許羨蘇的大量通信，也是在魯迅與許廣平戀愛關係確定之後雙雙南下，委託許羨蘇處理一些京城事宜所寫。其內容多屬事務性，並無不可告人的情感秘密。至於許羨蘇曾經爲魯迅編織衣帽一事，也是受魯迅母親的委託，並沒有什麼超乎尋常的情感內涵。

在民國文壇，除了魯迅和許廣平之間的師生戀情之外，另一段被傳爲佳話的是沈從文與其學生張兆和的愛情故事。不過，這一次不是學生追求老師，而是老師追求學生。

沈從文，京派文學大師，中國文學的「最後一個浪漫派」，身上流淌著土家族、苗族和漢族的血液，長期以寄居城市的「鄉下人」自居，一生具有傳奇色彩。

和民國那些或出身名門世家，或曾經出國留學深造的文化名流不同，沈從文出身寒門，只有高小學歷，十四歲後投身行伍，浪跡於偏僻的湘川黔山

區，目睹人世間的黑暗與淒慘。新文化思潮傳到邊遠的「湘西世界」之後，這個「邊城」裡的年輕人，自覺也看了幾本新書，便產生了去「外面的世界」去「闖天下」的念頭。

沈從文與張兆和（1933 年）

1923 年，一個貌不驚人的小夥子從前門車站下車進入北京。幾年之後，這個只有高小學歷的湘西遊子已經成為京派文學的領袖人物，他就是年僅二十一歲的沈從文。據友人回憶說，當沈從文在前門車站下車後，曾經跺一跺腳，大聲說道：「北平！我是來征服你的！」從此中國文壇又出現了一個叱吒風雲的人物，而北京城的文化記憶也增加了一篇新的傳奇。其中，就有這一段膾炙人口的文壇佳話：沈從文剛來北平的那年冬天，因為考取燕京大學失敗，困在前門車站附近的湖南會館裡，彈盡糧絕，連棉襖都買不起，幸而郁達夫根據一封信冒著鵝毛大雪找到了這位陌生的文學青年，發現他正在用凍僵了的雙手伏案寫稿，於是立即解下自己的圍巾替他圍上，然後領他出去吃飯，並把衣兜裡剩下的幾塊錢全給了他。

1929 年，經詩人徐志摩介紹，沈從文被中國公學校長胡適聘為教師，主講大學部一年級現代文學選修課。以小學畢業的資歷，竟被聘為大學教師，這在今人看來簡直無法想像。

但是，生性靦腆的沈從文第一堂課就「演砸了」。面對下面「黑壓壓的一片人頭」，他的心裡陡然一驚，頓時腦海一片茫然，一時不知所措。據說，這種失語的狀態一直持續了十分鐘之久，沈從文才用低得自己都聽不見的聲音講出第一句話來。而由於緊張，計畫講一個鐘頭的內容他只用了十分鐘就講完了。他再次陷入無話可說的困境。最終，他只得拿起粉筆，在黑板上寫道：我第一次上課，見你們人多，怕了。

下課後，學生們議論紛紛。消息傳到校長胡適那裡，他卻輕描淡寫地說：「上課講不出話來，學生不轟他，這就是成功。」

沒有想到，這次頗為尷尬的人生經歷也同時成為沈從文傳奇愛情的開

端。因爲在那些目睹他尷尬的「黑壓壓的一片人頭」中，就有當時只有十八歲的張兆和。

張兆和，赫赫有名的「張家四姐妹」[162]中的老三，安徽合肥人，出身名門，曾祖張樹聲曾是晚清總督。1910 年，張兆和出生於蘇州，後來成爲第一批中國公學預科女生，並在中國公學奪得女子全能第一名。

由於聰明可愛，張兆和在學校不乏追求者，而單純任性的她則把他們編成了「青蛙一號」、「青蛙二號」、「青蛙三號」[163]。對於初來乍到的沈從文，二姐張允和則開玩笑說他大約只能排爲「癩蛤蟆第十三號」。生性內向不善言辭的沈從文對於自己的學生張兆和雖然心生愛意，卻不敢當面向她表白愛情，只好用自己的生花妙筆，悄悄地給她寫情書。他的第一份情書只有一句話：「我不知道爲什麼忽然愛上了你。」此後，就接二連三。

有人統計，沈從文給張兆和寫的情書多達幾百封。情書裡的許多話今天已經成爲愛情名言，例如：「我就這樣一面看水一面想你。」又如：「我行過許多地方的橋，看過許多次數的雲，喝過許多種類的酒，卻只愛過一個正當最好年齡的人。」

但是，老師的情書一封封寄了出去，學生卻始終保持著沉默。後來事情傳開來，學校裡起了風言風語，有人甚至說沈從文因追求不到張兆和要自殺。於是，作爲校長的胡適決定和張兆和面談。具體經過則有不同的版本流傳。一說是張兆和無法忍受沈從文對她的騷擾，拿著書信去找校長胡適告狀說：「老師老對我這樣子。」胡適的回答也非常有趣，他說：「他非常頑固地愛你。」但張兆和這個小姑娘並沒有被校長嚇倒，她立即反擊說：「我很頑固地不愛他。」另一說是沈從文因爲得不到愛情回應，先去找張兆和的女友訴苦，請求幫忙，據說每講到動情處他都像孩子一樣傷心痛哭，結果卻毫無所獲；於是他去找校長胡適請求幫忙。但無論哪種版本，結果似乎都是失敗。胡適隨後給沈從文寫了一份信，上面說：「這個女子不能瞭解你，更不能瞭解你的愛，你錯用情了……你千萬要掙扎，不要讓一個小女子誇口說她

---

162 「張家四姐妹」在中國近代文化史上非常著名，其中大姐張元和嫁給昆曲名家顧傳玠，二姐張允和嫁給語言學家周有光，三姐張兆和，四妹張充和嫁給德裔美籍漢學家傅漢思。

163 據說，在這些「青蛙」裡面就有一個名叫吳春晗的年輕人，他後來改名吳晗，寫了有名的《海瑞罷官》。

曾碎了沈從文的心。」

　　但是沈從文註定已經無法掙扎出這段愛情。1930年，沈從文來到國立青島大學執教，在這裡，他仍然頑固地繼續他那馬拉松式的情書轟炸，但同時也向朋友訴苦：「三年來因為一個女子，把我變到懶惰不可救藥，什麼事都做不好，什麼事都不想做。人家要我等十年，一句話，我就預備等十年。有什麼辦法，一個鄉下人看這樣事是永遠看不清楚的！或者是我的錯了，或者是她的錯了，只是這日子明是一種可笑的錯誤，但鄉下人的我，明知是錯誤，也仍然把日子打發走了。」

　　1932年夏天，張兆和大學畢業後回到蘇州老家。沈從文帶著巴金建議他買的禮物———一大包西方文學名著敲響了張家的大門，雖然沒有見到張兆和，卻也被張家以禮相待。很快，他就再次得到張家的邀請，事情似乎有了轉機。

　　激動不已的沈從文回到青島後，立即給張兆和的二姐張允和寫信，托她詢問張家對婚事的態度。他在信裡寫道：「如爸爸同意，就早點讓我知道，讓我這個鄉下人喝杯甜酒吧。」張兆和的父親對女兒的婚事非常開明，他說：「兒女婚事，他們自理。」父親不反對就是同意，於是張允和就帶著張兆和一起去了郵局，給沈從文發電報。張允和擬好的電報是：允。張兆和的則是：鄉下人喝杯甜酒吧。

　　精誠所至，金石為開，沈從文的不懈努力最終得到了他夢寐以求的回報。1933年9月9日，沈從文與張兆和在北平中央公園宣布結婚。因為二姐張允和在這中間居功至偉，所以沈從文後來就開玩笑叫她「媒婆」。

　　不過，沈從文與張兆和的這段愛情傳奇似乎結果並不十分完美。有人說，張兆和之所以同意與沈從文結婚，並不完全是愛情使然，也不是對沈從文的理解加深，而在很大程度上是在胡適、張允和等人勸說之下的結果。這也為他們以後生活中的一些不和諧因素埋下伏筆。而這種猜測，也為張兆和在沈從文去世後的自責所證明。

　　「從文同我相處，這一生，究竟是幸福還是不幸？得不到回答。我不理解他，不完全理解他。後來逐漸有了些理解，但是，真正懂得他的為人，懂

得他一生承受的重壓，是在整理編選他遺稿的現在。過去不知道的，現在知道了；過去不明白的，現在明白了。」

在沈從文與張兆和走到一起的過程中，胡適也是一個見證者與撮合者。一向頗具女人緣的胡適，也在此後擔任北京大學文學院院長期間，陷入了與女弟子徐芳的感情糾葛中。但這次的師生戀情卻最終以失敗告終（詳見本書《月亮、星星和蘭花草——胡適的情感世界》）。

民國文人的自殺現象

「百無一用是書生」。在一個複雜動盪、空前激烈的巨變時代裡,文人的命運總是令人心生感傷。回眸 20 世紀初期風雨飄搖的神州大地,人們一方面驚呼「民國范兒」,為中國那一批文化巨匠的精神風骨而頂禮膜拜;另一方面又歎息大師不再、文人多艱,目送著他們孤獨的背影,在踽踽中漸行漸遠,黯然神傷。然而,國難當頭,總有挺身而出的英雄;禮崩樂壞,總有捍禮衛道的文人。生存,還是毀滅?苟且偷生,還是誓死抗爭?面對時代的拷問,中國的文人們慣以飛蛾撲火般的自殺給予答案。而在漫長的中國文人自殺史中,民國文人的自殺仍然顯得突兀與厚重,因為在他們的命運裡,濃縮了一個過渡時代的困惑與迷茫。

1918 年 11 月的一個寒冷的清晨,就在自己要過六十歲生日的前三天,綽號「梁瘋子」的文人梁濟 [164] 在北京積水潭投水自盡。為了讓自己的自沉不被世人誤讀為「瘋子」的一時衝動,梁濟在洋洋萬言的遺書中清楚地解釋了自殺的原因:「國性不存,國將不國。必自我一人殉之,而後讓國人共知國性乃立國之必要」,「我之死,非僅眷戀舊也,並將喚起新也」。

同時,梁濟還表白自己去意已久:「去年已決心,今年不復聽賣菱角聲,不吃西瓜矣。」而早在之前所作的《敬告世人書》中,梁濟也已經向世人表示,自己自殺的首因是「殉清」。他寫道:「竭誠致敬以告世曰:梁濟之死,系殉清朝而死也。」但是梁濟又顯然不希望人們將此理解為「愚忠」。因此,他馬上又對自己的行為做了進一步說明,說自己因為身處清末,「故雲殉清,其實非以清朝為本位,而以幼年所學為本位。吾國數千年,先聖之詩禮綱常,吾家先父先母之遺傳與教訓,幼年所聞,以對於世道有責任為主義。此主義深印於吾腦中,即以此主義為本位,故不容不殉」。

顯然,梁濟自殺的真正動機是為了實踐儒家的文化道義,而「殉清」僅

---

164 梁濟,字巨川,光緒舉人,曾經擔任清朝民政部員外郎等職。其子為著名思想家、哲學家梁漱溟。

僅是這種實踐的具體形式。至於為什麼要選擇這種形式，梁濟也做了說明。他說：「或雲既言殉清，何又言非本位？日，義者天地間不可歇絕之物，所以保存自身之人格，培補社會之元氣，當引為自身當行之事，非因外勢之牽迫而為也。清朝者，一時之事耳；殉清者，個人之事耳；就事論事，則清朝為主名；就義論義，則良心為通理。設使我身在漢，則漢亡之日必盡忠；我身在唐，則唐亡之日必盡忠；在宋在明，亦皆如此。故我身為清朝之臣，在清亡之日，則必當忠於清，是以義為本位，非以清為本位也。」根據此言，我們不妨把梁濟的自殺看作是以「殉清」為名，行「殉義」之實。這也就是儒家思想裡的捨生取義。正如陳獨秀所言：「梁先生自殺的宗旨……是想用對清殉節的精神，來宣導中國的綱常名教，救濟社會的墮落。」

梁濟在世期間並沒有太大的名聲，但是當他把溫暖的身體投入到深秋冰冷的湖水中後，卻引起了社會巨大的震動，「都人士聞其事者，莫不哀痛生敬。清太傅陳公寶琛以聞于皇帝，賜諭矜悼，予諡貞端」。《順天日報》、《申報》、《時報》等新聞媒介都爭相報導了這一自殺事件。除了因為梁濟「殉清」，遺老遺少由哀生敬之外，一些引領時代風騷的知識先鋒，也對梁濟的勇敢行為讚不絕口。梁啟超評論說：「此種俊偉堅卓的人格感化，吾敢信其片紙隻字皆關世道，其效力即不見於今，亦必見於後。」徐志摩也說：梁濟的行為是「人的性靈」超越「實利主義」的表現，是「一班信仰精神生命的癡人」捍衛「宇宙間不變的價值」的結果，「它的起源與所能發生的效果，絕不是我們常識所能測量，更不是什麼社會的或是科學的評價標準所能批判的」。而新文化運動的先驅陳獨秀讚揚「梁先生自殺」，「在舊歷史上真是有數人物」。提倡科學和民主的北京大學教授陶孟和也發表看法：「在現在一切事物都商業化的時代裡，竟有巨川先生這樣的人，實在是稀有的現象。」其評價之高，讓人驚訝不已。梁濟自殺，已經是新文化運動蓬勃發展的 1918 年，但是國人無論新舊卻不約而同地一片讚歎聲，這一方面說明了梁濟「殉義」，符合中國固有的傳統道德，是為中國傳統文化的價值體系崩潰而死；另一方面，也說明了在巨大的社會變革時期，新的文化價值體系並沒有隨之有效地建立。

在辛亥革命爆發之後，評價其成功者有之，評價其失敗者亦有之。或者

更精確地說，它在推翻舊王朝方面成功了，但在建設一個新的符合三民主義理想的共和國家方面卻失敗了。同樣，在辛亥革命之後的民國，讓以文化承建者自居的新舊知識份子共同沮喪的是，面對社會的日趨動盪與複雜，無論是新文化，還是舊文化，似乎都同時失去了效力，而禮崩樂壞的中國似乎正在日益墮落爲一個「下流社會」。

多年以後，始終心存悲觀，不憚於從最壞處思考中國未來的新文化運動幹將魯迅，在追憶辛亥革命的散文《范愛農》裡，就爲人們書寫了一個曾經意氣風發的新派革命文人，在革命後日益頹唐爲失意者和犧牲者的形象。魯迅憑此敏銳地揭示了革命正在走向它的反面。同時，他又借革命前的江湖黨首、綠林大學出身的王金髮異化爲革命後弄權斂錢的王都督的例子，證明了革命之後必然出現的腐化。

這種對革命走向的懷疑和擔憂也出現在另外一名革命旁觀者周作人的內心深處。早在日本時期，他在寫《〈炭畫〉小序》時，就暗示中國的許多所謂「革新」事業，必定是一個「羊頭村」——「掛羊頭，賣狗肉」而已。

後來，周作人在文章《民國之征何在》裡又寫道：「昔秋女士被逮，無定讞，遽遭殘賊。天下共憤，今得昭複。而章介眉以種種嫌疑，久經拘訊，亦獄無定讞，而議籍其家。自一面言之，可謂天道好還，且一面言之，亦何解於以暴易暴乎！此矛盾之一例也；更統觀全域，則官威如故，民瘼未蘇，嗚呼！昔爲異族，今爲同氣；昔爲專制，今爲共和。以今較昔，其異安在？由今之道，無變今之俗。」

這是一個令人失望的結論。在秋瑾慷慨就義之後，周作人發現：儘管「昔爲異族，今爲同氣；昔爲專制，今爲共和」，但是在眼花繚亂的表像後面，骨子裡卻根本沒有改變，「官威如故，民瘼未蘇」，「共和」與「專制」，雖然名字變了，實質卻並沒有什麼不同。

而魯迅在多年後的 1925 年，仍然有類似的發現與感受。他在《華蓋集・忽然想到・三》中沮喪地寫道：「我覺得仿佛久沒有所謂中華民國。我覺得革命以前，我是做奴隸；革命以後不多久，就受了奴隸的騙，變成他們的奴隸了。我覺得許多民國國民是民國的敵人。……我覺得什麼都要重新做過。」

如果說新派文人們對民國的不滿是因為現實同他們的社會文化理想相距甚遠，或者說，新的文化價值標準並沒有隨著新的社會一起建立起來。那麼，以梁濟為代表的舊派文人，無疑更加沮喪，因為他們發現，不僅新的文化價值體系無法得到廣泛的有效認同，中國傳統文化的價值體系也崩潰得一塌糊塗。他因此歎息，社會風氣日益惡化，乃至於「全國人不知信義為何物」，而一旦信義等「吾國固有之性、立國之根本」喪失，則「國性不存，國將不國」。而為了改變這種無序且墮落的社會局面，絕望的梁濟最終選擇了以死相諫。因為捨生取義，是文化人的天職，而為了警醒國人對信義等「國性」的認知，則「必自我一人殉之，而後讓國人共知國性乃立國之必要」。也就是說，他只有以身作則，「以誠實之心對已往之國」，才能以喚起世人對「國性」的固守，從而「以誠實之心對方來之國」。從這個意義上來說，雖然梁濟的自殺名為殉清，但將其因此理解為遺老愚忠又誤會何止千里？因為其所謂的殉清，更是殉道，也就是梁濟強調的信義等「國性」。而在梁濟看來，這種道義，不僅屬於舊社會，更應該存在於新社會。因此他才說：「我之死，非僅眷戀舊也，並將喚起新也。」

也正是在這個意義上，我們才能夠理解為什麼梁濟的自殺，能夠引起新舊知識份子的一片共鳴與讚賞。即使在新派知識份子看來，新舊「國性」或許不盡相同，但必須有，因為它是立國之本。正如傅斯年在《心氣薄弱之中國人》中所言，梁濟、辜鴻銘和張勳雖然是民國守舊的象徵，但「任憑他是什麼主義，只要有主義就比沒有主義好⋯⋯總比見風使舵好」。

1897 年，梁啟超在《過渡時代論》一文中，將自己所處的時代命名為中國的「過渡時代」。其典型表現為「在政治上民眾憤慨專制，卻無法組織出更好的政體；學問上學者鄙視考據詞章，卻不能建立起新學術而代之；風俗上社會普遍厭棄三綱五常，卻開不出被普遍認可的新道德」。所謂過渡時代，我們今天習慣稱呼為轉型時代，意為一個社會從舊的秩序向新的社會全面轉化。不過，在昔日的維新派領袖，後來的立憲派主將梁啟超看來，這種轉型即使以追求進步的名義，也仍然蘊含著巨大的風險，並且因為文化價值的斷裂而陷入進退失據的困境，從而成為一個禮崩樂壞的「恐怖時代」。我們經常會說，不破不立，舊的不去，新的不來。但是歷史的吊詭卻經常是，舊的

已經破碎，新的卻無法建立，於是，過渡時代就變成了一個青黃不接的斷裂時代。面臨文化價值的失控卻無法重估，無論是隸屬於新舊哪方陣營，其心情都會從苦悶、彷徨轉至絕望。在這一時刻，畢生以捍禮衛道為己任的文人無法承受，就經常會選擇以「死」這種激烈方式來表白心志，同時警醒世人。

王國維

而為了盡可能地達到警醒世人的目的，以便將自己死亡的意義最大化，積極赴死者往往會通過發表遺言等方式來表白自己的思想，甚至呼朋喚友，希望通過更多志同道合者的參與，激起喧囂而廣泛的公共輿論，從而引起國人的注意。這或者就是梁濟在自殺前最後的心願，因此他在遺書中說，惟恐自己勢單力薄，自殺不能引起轟動，所以願意和同樣憂患時局的人結成團體。如果相約一人先死，其他人前赴後繼，必定會在社會上引起大的震動，從而改變中國「國性不存，國將不國」的現狀。

或許是對此召喚的回應，在梁濟自殺數年之後，一位聲名更加響亮的文人效仿了他的方式——投水自沉。而他自殺的緣由也一度被解釋為「殉清」。這個人就是清華四大導師之一，時任清華國學研究院教授的王國維。

1927 年 6 月 2 日，五十一歲的大學者王國維突然在頤和園的魚藻軒跳水自殺，這個事件立即震驚了全國。

由於死者是一位卓有建樹的國學大師，並且正值學術盛年，因此猜測他的死因成為學術界和輿論界都非常關心的大事情。在王國維自沉昆明湖後的第五天，他生前最敬重的良師益友、兒女親家羅振玉從天津趕來，到清華園進行弔唁。同時，羅振玉還帶來了遜帝溥儀的一道「詔書」。

因為這道「詔書」，使王國維之死被很多人順理成章地認為是「殉清」。王國維自殺兩天后，北京的《順天時報》就於 6 月 4 日以《繼屈平投江之後王國維投昆明湖自殺》為題，報導他「為勝國遜帝抱悲觀無愧於忠，赴頤和園以死自了傷心千古」。他的一些朋友，例如，當時的清華校長曹雲祥和羅振玉、吳宓等也持這種觀點，認為王國維自殺是「殉清」。而王國維的學術

知己陳寅恪其時也同意這種觀點,其《王觀堂先生挽聯》之上聯「十七年家國久魂銷,猶余剩水殘山,留與累臣供一死」就包含了這個意思。溥儀因此特賞兩千元作爲王國維的喪葬費,並賜諡號曰「忠愨」。《清史稿》甚至還爲王國維立了個「忠義傳」。

然而,如果回顧王國維的生平,「殉清」的說法卻不能不讓人感到懷疑。

最簡單的證據就是,清朝 1912 年就滅亡了,而王國維卻到 1927 年才自殺,他爲什麼要等這麼多年呢?另外,和擁護清室復辟的羅振玉、鄭孝胥、陳寶琛等人不同,王國維一生心無旁鶩,潛心學術,他對當時的政治勢力始終保持若即若離的態度。1907 年,爲了謀生的王國維孑然一身,踏上京師之旅。經過羅振玉的推薦,他被派在學部總務司「行走」,這應該是王國維在清廷擔任的唯一一個「公職」。但是,這其實只是一個虛職。王國維的實職,是學部圖書局的編譯,以及名詞館的協修。這個工作他一直做到辛亥革命爆發後才停止。因此,有人說王國維其實在清朝從來就沒有做過官,最多不過是一個在官府辦理文案的胥吏。辛亥革命以後,王國維隨羅振玉東渡日本,旅居京都,再回來已經是 1916 年,一個新的時代了。隨後,王國維和遜清最親密的一次接觸,是 1923 年 4 月王國維以「海內碩學」的身分「入值南書房」,充任遜帝溥儀的南書房行走,按前清的級別爲文職五品。不過,這同樣可以看作遜清爲了收買人心所採取的務虛之舉。不久,馮玉祥就派兵將溥儀趕出故宮。

顯然,有限的接觸,並不足以成爲王國維「殉清」的理由。雖然辛亥革命以後,王國維始終不肯剪去辮子,自稱「亡國之民」,但是他的「自沉」,卻必然有更複雜的歷史和社會背景。

實際上,在民國年間,王國維的「自沉」並不是一個孤立的個案,在他之前,除梁濟在北京積水潭投水自盡,還有年輕作家王以仁 1926 年從輪船上跳海;在王國維之後,則有曾作爲茅盾小說原型的青年作家顧仲起 1929 年跳入黃浦江;被魯迅稱爲「中國的濟慈」的詩人朱湘 1933 年在南京採石磯投水自殺⋯⋯

耐人尋味的是,上述文人自殺無一例外選擇了投水,這是純屬巧合,抑或是受了梁濟的影響,或者還蘊含有更加複雜的原因,我們無從所知。但是,

透過這些文化人自殺的現象，我們無疑可以看到一個社會在轉型期間的重重危機。這種危機不僅是社會現實上的，更是文化思想和價值信仰方面的。而一向善於查看時代風氣之先的文化人士，也首先遭遇了身分認同和精神追求的巨大分裂。所有的困惑、迷惘、痛苦乃至自絕，也都因此而生。

這麼說來，王國維的「殉清」，似乎應該更確切地稱為「文化殉節」。這其實也是關於王國維死因爭論裡最為著名的一種說法。而其中最為著名的闡釋，又當推與王國維同為清華導師，且精神相通、過從甚密的陳寅恪[165]在《〈王觀堂先生挽詞〉序》中的那一段感喟：「凡一種文化值衰落之時，為此文化所化之人必感苦痛，其表現此文化之程量愈宏，則其所受之苦痛亦愈甚；迨既達極深之度，殆非出於自殺無以求一己之心安而義盡也。」以及「蓋今日之赤縣神州值數千年未有之巨劫奇變，劫盡變窮，則此文化精神所凝聚之人安得不與之共命而同盡，此觀堂先生所以不得不死，遂為天下後世所極哀而深惜者也。至於流俗恩怨委瑣齷齪之說，皆不足置辨，故亦不之及雲。」

陳寅恪的說法觸及到了文化的本義。文，是傳播意義的載體，是故有文以載道之說[166]。朱子曰：「道之顯者謂之文，蓋禮樂、制度之謂。」對於中國傳統文人而言，文就是上古以來代代相傳的詩、書、禮、樂等習俗制度與傳統經典。這樣的「文」，經歷了不同時代的考驗，並且在歷史的長河中逐漸為人們自覺和廣泛地認可、尊重、敬仰和遵循。而文化的形成，就是「文」對於世界和人之「化成」。為「文」所「化」之人，普遍具有「謙謙」的「君子風度」，就像孔子所言：「文質彬彬，然後君子。」為「文」所「化」之人，也同樣具有表裡一致和人格統一，就像《大學》所言：「誠于中，形於外。」但是，在中國長達五千年的華夏文明，卻在空前未有之時代變局中日漸衰落，「則此文化精神所凝聚之人安得不與之共命而同盡，此觀堂先生所以不得不死，遂為天下後世所極哀而深惜者也。」

不過，也有反對者認為，陳寅恪的觀點，與其說是對王國維之死的解

---

165 陳寅恪，清華四大導師之一，吳宓稱之為「全中國最博學之人」，王國維在清華大學的學術知己，在1929年所作的王國維紀念碑銘中首先提出以「獨立之精神，自由之思想」為追求的學術精神與價值取向。

166 《周易》「賁」卦《彖》曰：「剛柔交錯，天文也。文明以止，人文也。觀乎天文，以察時變。觀乎人文，以化成天下。」孔穎達疏雲：「聖人觀察人文，則詩、書、禮、樂之謂，當法此教而化成天下也。」

釋，不如說是他以自己的一種心態來觀照王國維的精神。而實際上，王國維在自沉之前，也留下寫給第三個兒子貞明的遺書一張。遺書非常簡短，只有一百二十二字。全文如下：

> 五十之年，只欠一死，經此世變，義無再辱。我死後，當草草棺殮，即行槁葬於清華塋地。汝等不能南歸，亦可暫於城內居住。汝兄亦不必奔喪，因道路不通，渠又不曾出門故也。書籍可托陳吳二先生處理。家人自有人料理，必不致不能南歸。我雖無財產分文遺汝等，然苟謹慎勤儉，亦必不致餓死也。五月初二父字。

兩相對照，王國維的遺書，全無梁濟在《敬告世人書》裡面的那種慷慨大義，相反，卻是情緒消沉低落至極端。這是王國維性格悲觀所致，還是因為時代風氣的變化？而最有可能的解釋卻是，在王國維之死的背後，隱藏著更為深刻的內涵。

王國維遺書

1926 年 12 月 3 日，王國維在鬱悶中迎來了他的五十大壽。其時，正值中國社會的又一次大動盪時期。早在這年 7 月，北伐軍從廣州出發，一路打垮了吳佩孚、孫傳芳等軍閥。而在 1927 年，蔣介石又悍然在上海發動「四一二」政變，屠殺共產黨人。

山雨欲來風滿樓。面對如此混亂局面，吳宓絕望地在日記裡寫下：「世局時變，江河日下。」和王國維同列清華園四大導師的梁啓超也悲歎：「國事局面大變，將來未知所屬。」

如果說這些所引起的震撼還不夠強烈。那麼，1927 年 4 月，張作霖在北京絞死李大釗，則重重地震動了北京乃至全國的知識界。「寧做百夫長，不做一書生」。在一個信仰強權的時代裡，土匪出身的張作霖以政治原因處死了堂堂正正的北京大學資深教授，這讓京城的學人們感到，危險就在眼前。

大亂將至。清華園決定，研究院第二屆學生提前放假。而梁啓超等名教授們也為了避禍，籌畫四處逃亡。已經和王國維絕交的羅振玉聞風躲進了外

國使館。在溥儀被逼出宮時經歷屈辱的王國維，此時再次面臨何去何從的艱難決斷。而他腦袋後面拖的那條長辮子，以及曾經充任南書房行走的特殊身分，也大大地增加了他在這兵荒馬亂的歲月裡，隨時可能遭遇的羞辱與危險。據說，王國維在北京大學的老朋友馬衡，曾經專程趕到清華園，勸王國維趕快把那條惹事的長辮子剪了。但是，王國維的回答卻是：「諸君皆速餘剪其辮，實則此辮只有待他人來剪，余則何能自剪之者。」

寧可「留辮取禍」，也不肯自己剪掉辮子消災。是什麼原因讓王國維如此固執，居然肯置個人身家的安危於不顧呢？

從表面看，王國維似乎表明了自己作為一個清朝遺老的愚忠，實際上，他維護的卻是他作為一個獨立學者的尊嚴、一個真正士人的氣節。這一點，就連當時計畫要逃亡日本避禍的梁啟超也看得一清二楚。他在《王靜安先生墓前悼詞》中說：

> 孔子說：「不降其志，不辱其身，伯夷叔齊歟！」寧可不生活，不肯降辱：本可以不死，只因既不能屈服社會、亦不能屈服於社會，所以終究要自殺。伯夷、叔齊的志氣，就是王靜安先生的志氣！違心苟活，比自殺還更苦；一死明志，較偷生還更樂。所以王先生的遺囑說：「五十之年，只欠一死，經此世變，義無再辱。」這樣的自殺，完全代表中國學者「不降其志，不辱其命」的精神。

「士可殺不可辱也。」對於王國維來說，辮子意味著忠貞。在這一點上，他的自沉，和當年梁濟的「殉清」，其實都有耐人尋味的精神與文化含義。

名為「殉清」，實為「殉道」。如果把梁濟對「殉清」的解釋，拿來作為王國維自沉的理由，那麼「殉清」一說似乎更加容易為人理解。這就難怪梁濟那個有名的兒子梁漱溟，在聽說王國維投水自沉之後，「聞訊趕往目睹之下」，情不自禁地想起了「先父昔年自沉於積水潭後，有知交致挽聯云『忠於清，所以忠於世；惜吾道，不敢惜吾身』」，並且進而想到，此挽聯「恰可移用來哀挽靜安先生」。

作為名副其實的國學大師，王國維一生都在證明，中國幾千年的歷史興廢，作為文化精神象徵的道始終沒有改變，因此他才在《論政學疏》中提出

「自三代至於近世，道出於一而已」。

對於王國維來說，清朝的滅亡，只不過是一個朝代的滅亡，這在中國五千年的歷史上並不新鮮；最重要的是保持傳統的文化精神之道，因爲，只有傳統文化的衰亡，才是一個民族最終的衰亡。正因爲此，王國維在 1912 年的巨變後又固守了十六年。

但是，辛亥革命後的長期亂局表明，新的文化精神，並沒有隨著新的社會一起建立起來，而傳統的文化精神之道卻已經「無可奈何花落去」，他因此歎息，「人倫之道盡矣」。

「艱難困苦，僅而不死」。多方面的打擊讓王國維漸漸喪失了通過國學來振興國家的信念，他最終的目光停留在了「人格」的上面。「無高尚偉大之人格，而有高尚偉大之文章者，殆未之有也」。「人格」就是氣節，也就是他在 1912 年的《詠史》裡反覆稱讚的，以及在此後閱讀顧亭林先生的《日知錄》中不斷感受到的忠節。

「五十之年，只欠一死，經此世變，義無再辱。」王國維最終用自殺的方式保持了自己的人格。他用自己的行動告訴人們，學者的人格是境界的關鍵。學術道路要人去選擇，什麼樣人格的學者就會選擇什麼樣的道路，選擇怎麼樣去走，走到什麼地步，達到什麼境界。

頹廢也罷、迷惘也罷、悲觀也罷、絕望也罷，其實都是對現狀不滿和反抗的一種方式。從這個意義上說，梁濟、王國維以及其他民國文人的自殺，雖然看起來消極，甚或有些無奈，卻蘊含了豐富和深刻的文化意義。

《啼笑因緣》雙包案

　　在民國文壇，鴛鴦蝴蝶派作家張恨水創造了多項第一。他一生創作了一百二十多部小說和大量散文、詩詞、遊記等，共近四千萬字，是現代作家中最多產的一位。其次，他的作品發行量最大，僅《啼笑因緣》一部作品就至少印了二十六版，而盜版更是不計其數。因此，他的讀者也最多，讀者群十分廣泛，被老舍稱為「國內唯一婦孺皆知」的作家，魯迅的母親和國學大師陳寅恪都是他的粉絲。張恨水同時也是作品被改編為電影和戲劇最多的現代作家，而因為各大電影公司爭先要將之拍攝為電影，還引出了一場轟動一時的雙包案。有人說，這也是中國文藝界的第一場版權糾紛。

張恨水

　　張恨水，原名張心遠，祖籍安徽潛山，年輕時由於家境貧困，不得已中斷學業，走上了艱難謀生的道路。後來成為一名報人，歷任《皖江報》總編輯，《世界日報》編輯，北平《世界日報》編輯，上海《立報》主筆，《南京人報》社長，北平《新民報》主審兼經理等職。恨水是他自 1914 年開始使用的筆名，取南唐後主李煜詞《烏夜啼》「自是人生長恨水長東」之意。1919 年，張恨水來到北京，之後因發表長達九十萬字的長篇章回小說《春明外史》而名聲大噪，成為鴛鴦蝴蝶派的代表作家[167]。之後，他又陸續推出《金粉世家》、《啼笑因緣》等小說，成為當時最走紅的作家，有「中國大仲馬」、「民國第一寫手」之稱。

---

167 鴛鴦蝴蝶派是發端於 20 世紀初的一個文學流派。他們最初熱衷的題材是言情小說，因為善寫才子和佳人的故事，被稱作「相悅相戀，分拆不開，柳蔭花下，像一對蝴蝶，一雙鴛鴦」，故此得名。

1929 年春，《啼笑因緣》在上海《新聞報》連載，正是這部小說將張恨水推上聲望的巔峰。根據張恨水的兒子張伍在《我的父親張恨水》中的回憶，當時上海《新聞報》副刊《快活林》主編嚴獨鶴在認識張恨水後一見如故，便力邀他爲《新聞報》副刊寫一部連載小說。《新聞報》是當時上海最大的報紙，而當時的行規是「南北互不侵犯」，上海人才濟濟，有自己的寫作圈子，北方作家根本無法打入圈內。張恨水被上海最大的報紙約寫連載小說，可說是北方作家的第一人，他自然要認眞對待。爲了迎合上海讀者的口味，張恨水決定寫一部內容新穎、語言動人、情節緊湊，有戲劇性，有懸念的作品。在一連幾天的苦思冥想之後，他最終選擇以幾年前的「高翠蘭被搶案」爲題材進行創作。

高翠蘭是一位著名的鼓書女藝人，她嗓音甜潤，長得又漂亮，所以很受歡迎。1924 年，高翠蘭在北京四平海升園獻藝，張恨水本來要約著名報人張友鸞 [168] 去聽她演唱的，不想高翠蘭突然被一個姓田的旅長搶去了，成爲當時轟動京城的一個案件。

張恨水爲了寫這部以鼓書女藝人爲主角的小說，多次到天橋實地考察，瞭解當時的「落子館」（鼓書場）鼓書女藝人的生活習慣、起居動態及一顰一笑，並將考察所得融進小說。因爲《啼笑因緣》在內容上將言情、武俠和譴責小說融爲一體，在語言上則仿照北京口語，俏皮生動，幽默風趣，極富感染力，所以小說在《快活林》連載後，在上海灘很快引起轟動。接著又從上海傳遍了大江南北，一舉在全國各地成了「最時髦」、最暢銷的書。一些讀者讀完小說後還信以爲眞，到了北京都說要到天橋和鳳喜住過的巷弄去看看。而爲《啼笑因緣》所作的續書之多更是民國小說之最。至此，張恨水的名聲如日中天。據說，當時看小說的人不知道張恨水，就如同看京戲的人不知道梅蘭芳一樣。張恨水也因爲在《啼笑因緣》等作品中將舊式章回小說的技巧特徵引入到現代通俗小說的創作中，從而在完成對舊小說進行創新式繼承的同時，實現雅俗共賞的目的，並因此成功地促進了新文學與通俗文學的交融。著名作家茅盾因此稱讚說：「在近三十年來，運用『章回體』而能善爲揚棄，使『章回體』延續了新生命的，應當首推張恨水先生。」張恨水也

---

168 張友鸞，安徽安慶人。近代著名報人，作家，與張恨水、張慧劍在當時文藝界並稱「三張」。

因此被冠以「章回小說大家」、「通俗文學大師第一人」和「引雅入俗」第一人等諸多稱謂。

因為《啼笑因緣》的轟動效應，在其發表時就有各大電影公司爭先要將之拍攝為電影的新聞，由它改編成的戲劇和曲藝也不在少數。還有不法書商盜用張恨水的名字，攢出了一百多部偽書，居然也賣得不錯。

關於《啼笑因緣》的電影拍攝，還引起過一出在文藝界轟動一時的「雙包案」。根據《我的父親張恨水》回憶：

> 記載這件事的文章不少，其中以熟悉上海影劇界的高梨痕、平襟亞所著「啼笑官司」一文最為詳盡。文載，明星影片公司通過三友書社購得《啼笑因緣》的演出改編權，由嚴獨鶴編劇，預定拍成有聲電影，並在報上刊登了不許他人侵犯權益的廣告。此時，上海北四川路榮記廣東大舞臺（黃金榮門徒所開設）正擬由劉筱衡、蓉麗娟上演同名京劇。於是明星公司請律師提出警告，不准上演。後由黃金榮出面調解，改名《成笑因緣》。大華電影社的顧無為對明星影片公司素有積怨，由眼熱而圖報復，與他的後臺老闆黃金榮勾結，走門路，託人情，取得了內政部的《啼笑因緣》劇本著作權，然後又用高薪挖角兒。比如飾演劉將軍的譚志遠，在明星公司的月薪是一百元，顧則

1931 年，明星影片公司《啼笑因緣》劇組成員在北平

給他三百元，且預付定洋一個月。其他演員如飾關秀姑的夏佩珍、飾
沈大娘的朱秀英等，都接受了顧的定洋。明星公司得知後，即要譚志
遠宿在公司內，日夜趕拍。當時，獨有女主角蝴蝶效忠於明星公司，
不為顧所動。顧遷怒於蝴蝶，特在天蟾舞臺排演新戲《不愛江山愛美
人》，藉以坐實張學良在北京飯店與蝴蝶跳舞行樂，不抵抗日寇侵佔
東北的謠言。此時有馬君武的兩首七絕發表，題為《哀瀋陽二首仿李
義山北齊體》：

趙四風流朱五狂，翩翩蝴蝶最當行。
溫柔鄉里是英雄，那管東師入瀋陽。

告急軍書夜半來，開場弦管又相催。
瀋陽已陷休回顧，更抱佳人舞幾回。

　　兩首七絕發表後，有關張學良與蝴蝶的緋聞在全國更是不脛而
走。然而事實上，張、胡此時根本不相識，所謂張、胡跳舞的消息，
據說是日本同盟社捏造的。誰知演出時戲院又發現了定時炸彈，才不
得不報演。顧不肯甘休，又組織了一些演員到天津、北平去演《啼笑
因緣》。明星公司則採取先下手為強的策略，提前與向來放映中國影
片的南京大戲院（美商）接洽妥帖，於 1932 年 6 月，將第一集《啼
笑因緣》有聲影片在該戲院放映。放映前，已座無虛席。又誰知顧無
為竟從法院弄到了一個「假處分」，等到即將放映之際，帶著法警
到場，要南京大戲院立即停演，以便查封影片。明星公司措手不及，
只得請律師向法院交了三萬元，方才撤銷了「假處分」，使影片下午
5 點得以放映。黃金榮不甘心，便從後臺轉到前臺，對人揚言，這部
《啼笑因緣》是他要拍的片子，並讓顧無為到南京內政部去活動。內
政部果然指令「明星」暫時不得放映《啼笑因緣》。明星公司迫不得
已，請出當時已與黃金榮地位相當的杜月笙出面調停，並按照杜的指
示，請章士釗做法律顧問。最後在黃、杜共同出面「調解」下，敲了
明星公司十萬銀元的鉅款才告「和解」，由章士釗律師代表明星公司
聲明重映《啼笑因緣》電影的巨幅廣告刊出在《新聞報》和《申報》
兩大報上，這就是轟動一時的「啼笑官司」。令人啼笑皆非的是，如

此熱鬧的「雙包案」，倒是與作者無干，不管他們雙方鬥法，父親始終置身事外，既無人來徵求父親的意見，父親也樂得不招惹是非。

這段回憶中所提及的馬君武詩中，「趙四風流朱五狂，翩翩蝴蝶最當行」一句知道的人最多，也最有爭議。

詩中的「趙四」即趙一荻，其父趙慶華曾任東三省外交顧問，官至交通次長。趙一荻因為在姐妹中排行第四，故有趙四小姐之稱。1928 年，趙一荻與張學良相識於天津，從此相伴一生，二人攜手七十二年之久的傳奇故事也被認為是民國最浪漫的愛情之一。不過，在九一八事變後，張學良被指責為「不抵抗將軍」，趙四小姐也遭到國人的嘲諷和謾罵，被誣為「紅顏禍水」。

「朱五」即朱湄筠，原北洋政府內務總長、代總理朱啓鈐的第五個女兒，當年號稱「北洋名媛」。1930 年，朱湄筠和張學良的秘書朱光沐結婚，主婚人即為張學良。朱家和張學良家是世交，往來密切。但是，朱湄筠和張學良的風流傳聞卻純屬子虛烏有，張學良晚年接受大學者唐德剛採訪時說：「我最恨馬君武的那句詩了，就是『趙四風流朱五狂』……她小的時候，我就認得她……我跟她不僅沒有任何關係，我都沒跟她開過一句玩笑！」

「蝴蝶」指明星公司的電影皇后蝴蝶，當時正在上海拍攝《啼笑因緣》外景。而蝴蝶和張學良的緋聞更是憑空虛擬。事實是，蝴蝶和攝製組一行四十餘人在導演張石川率領下，於 1931 年 9 月中旬離開上海北上，九一八事變發生後才到達天津。也就是說，蝴蝶來到北平的時間應該是在九一八事變發生之後。而蝴蝶在北平拍戲的五十餘日，也始終忙於工作，並未與張學良見面。二人非但之前從不相識，之後也一直沒有見過面，可謂「素昧平生」。因此，在獲悉傳聞之後，蝴蝶就在《申報》上刊登一則闢謠啓事，鄭重聲明：

> 蝶於上月為攝演影劇曾赴北平，抵平之日，適逢國難，明星同人乃開會集議公決抵制日貨，並規定罰規，禁止男女演員私自出外遊戲及酬酢，所有私人宴會一概予以謝絕。留平五十餘日，未嘗一涉舞場。不料公事畢回中，忽聞上海有數報登載蝶與張副司令由相與跳舞而過從甚密，且獲巨值之饋贈云云。蝶初以為此種捕風捉影之談，不久必然水落石出，無須亟亟分辯乃日。昨有日本新聞將蝶之小影與張副司令之名字並列報端，更造作饋贈十萬元等等之蜚語，其用意無

非欲借男女曖昧之事，不惜犧牲蝶個人之名譽，以遂其污蔑陷害之毒計。……蝶亦國民一分子也，雖尚未能以頸血濺仇人，豈能於國難當前之時，與負守土之責者相與跳舞耶？「商女不知亡國恨」，是真狗彘不食者矣。嗚呼！暴日欲遂其併吞中國之野心，造謠生事，設想之奇，造事之巧，目的蓋欲毀張副司令之名譽，冀阻止其回遼反攻。願我國人悉燭其奸而毋遂其借刀　人之計也。

與此同時，明星電影公司導演張石川及洪深、董天涯、鄭小秋等攝製組成員，也在《申報》上發表啟事為蝴蝶作證，啟事說：

胡女士闢謠之言，盡屬實情實事。同人此次赴平攝取《啼笑因緣》、《舊時京華》、《自由花》等外景部分，為時幾近兩月，每日工作甚忙。不獨胡女士未嘗違犯公司罰規而外出，更未嘗得見張副司令一面。今赴平之男女演職員同住東四牌樓三條胡同十四號後大院內，每值攝片同出同歸，演員中更未嘗有一人獨自出遊者。初到及歸前數日，或出購買物件亦必三五成群，往返與偕，故各人行動無不盡知。同人非　無心肝者，豈能容女演員作此不名譽之行動？尚祈各界勿信謠傳，同人願以人格為之保證焉！

事實上，除了「趙四」早已經與張學良相愛之外，對於「朱五」、「蝴蝶」的傳聞都屬於冤假錯案。不過，因為張學良年輕時的確生性風流，並且曾經賦詩自炫：「平生無憾事，唯一愛女人。」所以，九一八事變後，張學良因為執行「不抵抗政策」而為國人痛罵的同時，其私生活也自然成為輿論非議的靶子。因為有斷送東三省之過，張學良早已經陷入輿論是非的漩渦之中無力自辯，馬君武的詩作發表後，雖然輿論再次譁然，而身為主要當事人的張學良卻選擇了沉默。但也有人猜測，或許受此刺激，才有了以後少帥在西安事變中的愛國行為。

回顧這一段流言漫天的歷史，可以發現，關於當年蝴蝶與張學良的謠言，雖然與馬君武

趙一荻

的詩有關，卻也是禍起《啼笑因緣》的雙包案。正是因爲明星公司與大華電影社的拍攝糾紛，互相攻擊，才導致大華的顧無爲遷怒於效忠明星公司的蝴蝶，通過戲劇影射等方式，製造在九一八事變之夜，張學良與蝴蝶跳舞行樂，不抵抗日寇侵佔東北的謠言，並且擴大其輿論影響。而這一段廣爲人知的「江山美人罪案」傳聞，也成爲關於《啼笑因緣》的眾多軼事之一。

　　九一八事變後，張恨水愛國熱情高漲，開始寫呼籲抗日的「抗戰小說」、「國難小說」，並且再次創下多項第一。其中，他的作品《熱血之花》是迄今發現的最早的抗日小說；《大江東去》是第一部描寫南京大屠殺日軍暴行的中國作品；而《虎賁萬歲》則是第一部直接描寫國民黨正面戰場著名戰役 [169]——常德保衛戰的長篇小說，也是中國第一部現代戰史小說。小說發表後，一位蘇州姑娘吳冰因讀《虎賁萬歲》，愛上了裡面的主人公原型愛國將領余程萬，並想方設法最終嫁給了余程萬。一部小說成就一段千里姻緣，也成爲張恨水眾多傳奇故事中的一個。事實上，張恨水本人也是因爲小說與自己生命中的紅顏知己周淑雲結緣的。

---

[169] 1943 年秋，國民黨將軍余程萬率領的代號「虎賁」的七十四軍五十七師在日軍六萬餘人的包圍中，同仇敵愾，背水一戰，以一敵八，苦戰十餘日，與日寇浴血巷戰，終於等到援軍，保衛住了常德。全師八千餘人，僅有八十三人生還。電影《喋血孤城》就是根據這段歷史拍攝的。

讓子彈飛
——火車大劫案與民國土匪

　　2010 年，一部叫《讓子彈飛》的賀歲大片紅遍大江南北。電影講述了這樣一個故事：北洋軍閥時期，行伍出身的綠林悍匪張牧之、行走江湖的通天大騙老湯，在一起驚天動地的火車大劫案中相遇。然而這只是故事的開頭，兇險的較量和戰鬥在劫案之後才剛剛開始，面對勢力龐大的南國惡霸黃四郎，殘酷的混戰一觸即發……當然，這只是改編自馬識途作品《夜譚十記》之《盜官記》的一個電影，內容純屬虛構。但是，鮮為人知的是，民國時期真的發生過一起火車大劫案，同樣發生在北洋軍閥時期，同樣是土匪所為，而且這次火車劫案在當時真的是影響巨大，可謂震驚中外。這就是發生在 1923 年的「民國第一大案」——孫美瑤臨城劫車案 [170]。

　　臨城，位於現在的山東省棗莊市內。棗莊市南有台兒莊，是名揚四海的台兒莊大捷的發生地；西是微山湖，更有鐵道遊擊隊的傳說流傳至今；相比之下，臨城似乎顯得默默無聞。

　　然而，1923 年，一場驚天動地的火車大劫案，卻讓臨城成為當時世界關注的中心。它引發的國際糾紛，使危機四伏的北洋政府雪上加霜，更向當時任職直、魯、豫巡閱使和副使的直系軍閥曹錕和吳佩孚的權力直接發出了挑戰。

　　1923 年 5 月 6 日凌晨，一輛從上海開往北京方向的特別快車自江蘇駛進山東境內。車上頭等車廂和二等車廂裡有不少重要乘客，其中有美國紅十字會護士總代表、法國公使館參贊、美國總統顧問以及一大批中外記者。乘坐此趟列車的天津乘客陳榮光，事後對《大公報》記者這樣說：「這趟車上的中外旅客非常多，有不少是將參加山東黃河官家壩堤口落成典禮的中外記者和外國旅行者。」

凌晨 3 點左右，列車經過沙溝車站，繼續朝臨城車站前行。突然，列車發出一種從未有過的奇怪聲音，同時整個列車都震動起來。緊接著，車頭及煤車出軌，列車停駛。人們紛紛從睡夢中驚醒，車內一片混亂。

民國早期津浦鐵路上使用的臥鋪車廂

接著就是一陣槍聲，由遠而近，中間夾雜著陣陣叫喊聲。

「土匪！」有人驚恐地喊道。

隨著槍聲，密密麻麻的土匪仿佛從天而降，突然出現在列車的四面八方，他們一邊開槍，一邊興奮地叫喊著，瞬間就蜂擁而來，根本無法阻擋。

乘客們亂作一團。大多數人將希望寄託在配備手槍的車警身上，而且，車上還有一連隨車護路警隊，並配備了兩架先進的機關槍。可是，員警們一見外面數不清的土匪沖了過來，馬上手忙腳亂，很快就被土匪制服。

土匪們迅速翻窗而入，一邊放槍恐嚇，一邊任意搶掠，很快將乘客隨身物品搜掠一空。接著，土匪持槍威逼乘客下車。

一個英國人拒絕下車，並抓起茶壺向土匪砸去，結果被當場擊斃。

乘客們被趕下車後，由一部分土匪持槍看押，無論男女，一律被迫站在路邊，聽候發落。另一部分土匪則繼續在車上搜尋和洗劫。洗劫完畢，土匪們匯合在一起，驅趕著驚恐萬分的乘客向抱犢崮 [171] 方向前進。

根據目擊者後來回憶，劫持案發生之時，土匪約有千人之多，而被劫走的中外旅客人數在隨後的新聞報導中則說法不一。有人說是二三百人，有人說是七八十人。其中，外國旅客以美國人居多，包括約翰 D·J·洛克菲勒（即美國「石油大王」老洛克菲勒的兒子）的妻妹露希·奧爾德里奇，美國

---

171 抱犢崮，也在今棗莊市境內，居沂蒙山區七十二名崮之首，又稱「君山」。據當地縣誌記載：昔日有一個姓王的老漢抱犢耕其上，後化為仙人而去，抱犢崮的名字也由此而來。此處地勢險要，抗戰時期羅榮桓曾經帶領八路軍在此創建魯南根據地。

陸軍軍官艾倫少校、平格少校，以及《密勒氏評論報》的記者鮑威爾等。

「臨城劫車案」的消息隨即迅速傳開。當時的一些大報紙諸如《京報》、《益世報》、《晨報》、《新聞報》、《大民主報》等無不以顯著位置，爭先報導此事。消息同時傳到國外，一時間，中外皆驚。

隨後兩日，英、美、法、意、比等五國駐華公使先後向北京政府提出抗議，特別是美國反應最為激烈。駐紮在北京的美國軍隊態度非常強硬，甚至要求採取直接行動，更有消息說美國國防部長向國務卿建議出兵中國。5月9日，五國公使又要求北京政府在三日內將全體被劫外僑救出，否則，每隔二十四小時須賠款若干。

駐紮在北京的美國軍隊

面對外國政府和國內輿論的雙重壓力，北京政府不得不竭盡全力來處理此事。山東督軍田中玉遵照曹錕和吳佩孚的指示，親往山東棗莊，與直隸當局派遣部隊將抱犢崮的土匪嚴密包圍。官方部隊越來越多，然而不敢輕舉妄動。田中玉的主要任務也不是剿匪，而是與土匪頭子孫美瑤談判，盡快安全地解救出中外人質。

那麼，這個土匪頭子[172]孫美瑤到底是一個什麼樣的人呢？

1923年6月7日的《晨報》對孫美瑤介紹如下：「孫美瑤，年二十五

---

172 民國各地對土匪稱呼不同，有鬍子、響馬等。文芳主編的《百禍民生》系列，將民國禍事歸納成十種，匪禍即為其一，其他為天禍、兵禍、官禍、黑禍、賭禍、洋禍、幣禍、娼禍、毒禍等。

歲，系大杆首孫美珠之胞弟，行五，小名孫五。孫本小康之家，又爲當地之紳董，因受土匪及官兵兩方之壓迫，遂鋌而走險。當時由孫五先發憤將自己房屋焚去，以示爲匪之決心。孫美珠於去年七月十五日，在西集被官軍擒獲，被殺。匪部推舉孫五爲首領。其人性如烈火，不若乃兄之和藹可親也。」

但是，也有人認爲，孫美瑤名義上是土匪頭子，卻不能令出必行，倒是他的叔父孫桂枝，才是幕後的眞正當家人。當時的《晨報》對孫桂枝也有介紹：「孫桂枝，年四十四歲，系孫美瑤之叔，與美珠等同時爲匪，充抱犢崮之寨主。所有該山之人票，均歸管理。此次因官軍圍困數月，水糧兩絕，故由其侄帶領各首領出此劫車之舉，以其稍解山中之圍，而救老寨主之命。」據說，孫桂枝其貌不揚，平時穿戴也很破舊，年輕的時候是個讀書人，曾經辦過私塾，因此思慮周密，老謀深算。也有人說孫桂枝還曾闖蕩過江湖，加入過幫會，與黑白兩道中人都有交往。抱犢崮上，從孫美珠、孫美瑤兄弟起，到最下麵的小土匪，對孫桂枝都言聽計從。

「臨城劫車案」發生後，官兵很快就將土匪駐地圍得水洩不通。起初，圍山的官兵試圖以武力攻打，營救被擄旅客。負責督促談判的美國軍官甚至提議，乾脆挑選五十名美國海軍陸戰隊隊員組成突擊隊直接沖上山營救人質算了。這個建議後來被送飯上山的人遞到了美國人質、上海《密勒士評論報》記者鮑威爾手中。鮑威爾聽到消息後，感到此舉過於冒險，後果將不堪設想，於是立即從山上送下來一封信，勸告政府部隊不要攻山，應該設法和平解決。全體外國人質都在信上簽了名。信上說：「被難旅客，除華人外，有屬英、美、法、意、墨諸國之僑民數十人，警告官兵，勿追擊太急，致不利於被擄者之生命。」

而北洋政府此刻也因爲外國壓力，擔心圍剿將對外國人質不利，因此決定：「無論匪等有何要求，不妨盡量允許，此時當以救出人質爲第一要務。」這一決定迅速傳達下去。與此同時，北洋政府特派代表趕往山東，打算與土匪方面進行談判。

很快，北京政府和綁匪方面舉行第一次正式談判，官方代表是山東督軍田中玉和山東省長熊炳琦，匪方代表是周天松。雙方初步達成協議，官兵撤退，土匪放人。談判成功後，消息傳到北京，黎元洪馬上打電報嘉獎談判代

表。5 月 16 日，山東督軍田中玉下令政府軍解圍撤退，並委孫美瑤為招撫司令，派人持委任令上山。不料土匪方面卻變了卦，孫美瑤當著官方代表的面，扯碎了委任令，並且致函田中玉，自稱建國自治軍總司令，否認第一次談判所簽訂的和平條件，宣稱必須政府軍完全撤退，並接濟山中糧食後，他召集山中領袖舉行會議，才能進一步決定。

由於情況變化，官匪只好繼續談判，孫美瑤接下來提出的條件更加苛刻，如要求任命張敬堯為山東督軍，改編匪軍為兩師，劃滕縣、鄒縣、嶧縣為他們的勢力範圍，政府軍撤出百裡外，蘇、魯、豫、皖四省「同道」中人須一律予以收編以及六國提供保證等。結果，幾天下來，談判沒有任何進展。

此後，從北京、濟南、徐州各地趕到棗莊來跟孫美瑤談判的大員，還有交通總長吳毓麟、曹錕代表楊以德、徐海鎮守使陳調元、江蘇交涉員溫世珍等。據說，當時的交通總長吳毓麟、天津警務處長楊以德等甚至提出，要親自上山做人質，以求綁匪將外國人質釋放，但未能實施。而上海總商會、記者公會以及滕縣、嶧縣的士紳等也絡繹前來。各國領事紛紛趕往山東，對當地官兵施加壓力，督促救出本國被綁架的人質。各國駐滬軍艦也相繼出駛，前往南京，宣稱一旦必要，便將馬上登陸，給北洋政府施加了巨大的壓力。與此同時，上海總商會救護隊、美國紅十字會也趕到臨城，他們被允許給山上的人質送去了食物和藥品，條件是人質們有的，匪徒們也要有。而土匪方面因為有了食物，使前來投奔入夥的人日益增多，人數由原先的一千人激增到了三千人。孫美瑤一介土匪，從此「揚名」海內外，甚至受到當時中國知識界的讚譽 [173]。

孫美瑤在外國人質中，找到了一位曾在一戰中獲得過勇士勳章的法國人，讓他下山接洽。由於土匪們害怕這個法國人就此一走了之，所以，在他下山前還特地讓他宣誓保證，傳完信後一定回山。結果，這個法國人宣誓下山後一去不復返，山上的外國人質打電報叫他回來，他也置之不理，讓土匪們十分失望。

不久，孫美瑤又叫鮑威爾宣誓下山，限他二十四小時內回返。鮑威爾帶

---

173 冰心稱孫美瑤在抱犢崮過的是「梁山好漢的生活」。 魯迅則把孫美瑤與明代張獻忠的農民起義相比，號召青年們掀掉「安排給闊人享用的人肉的筵宴」，毀壞「安排這人肉的筵宴的廚房」。

去了孫美瑤提出的最新條件：第一，發給匪軍六個月的軍餉；第二，收編匪軍一萬人；第三，任命張敬堯爲山東督軍。結果被官方拒絕。鮑威爾也算遵守誓言，當天便返回了抱犢崮。

5月31日，孫美瑤將三個外國人質送下了山，其中包括一個六十三歲的英國人史密斯。這位爲治療失眠而來到中國旅行的老先生，恢復自由後頓時成了新聞人物，他發表了一篇通訊，敘述他成爲人質後的感想。他首先認爲這次驚險經歷是他一生中最寶貴的經驗，但是他又嚴肅地說，以後再也不願遇到這種歷險事情了，即使有人拿一百萬美金和他打賭。他本來還計畫去東北旅行，可是當他聽說張作霖也是「紅鬍子」出身的時候，就堅決表示要結束在中國大陸的「旅行治療」，匆匆收拾行囊，回返英國去了 [174]。

山東督軍田中玉

看到談判陷入僵局，田中玉等人再也忍耐不住，再次打算強攻。但是另外一名官員陳調元卻建議再等等。陳調元當時是徐海鎮守使，頭腦靈活，口才又好，也很懂得土匪的心理。於是，陳調元帶領江蘇交涉員溫世珍、美國人安德森、嶧滕兩縣士紳及上海總商會代表孫壽成等一行二十人上山。孫美瑤等人看到陳調元態度平和，毫無拘束，眞像到了老朋友家裡一樣，因此對他很是親熱。當天，孫桂枝便讓人先把一部分外國人質和六個中國人質送出了山，持續了一個多月的僵局就此打開。陳調元上山時，還帶著官方送的兩千套軍服給土匪方面，並運送糧食上來接濟，這也顯示了官方的誠懇態度。由於陳調元從中調解斡旋，土匪們的顧慮逐漸打消。

6月2日，孫美瑤隨同陳調元下山，和田中玉委派的軍務幫辦、第五師師長鄭士琦簽訂了和平條約。當天陳調元又陪孫美瑤回山進行點驗事宜，點驗結果，全部匪軍實數只有三千人，有槍的不到一千二百人。於是下令，土匪

---

174 孫美瑤雖然轟動一時，卻並非近代最著名的土匪，東北王張作霖當年就是「紅鬍子」出身。孫殿英、張宗昌等民國軍閥也都有土匪背景。而民國初期，最著名的土匪也許首推河南人白朗，其鼎盛時期袁世凱曾派二十萬軍隊加以圍攻，其事蹟也在民間廣爲流傳。

中無論男女老幼，一律給予免死證，有不願入伍的，准其繳械遣散，個人財物准其攜帶回家。

6月12日，「臨城劫車案」談判雙方總算達成了協議。協議商定：圍剿抱犢崮的政府軍，一律撤回原地；協議簽字後，被劫外國人質一律釋放；同時，北京政府答應招編孫美瑤部自衛軍三千人，並付款八萬五千元，「山東建國自治軍」於6月27日正式改編為「山東新編旅」，歸山東政府軍第五師節制，孫美瑤任旅長，下轄兩個團、六個營，旅部設在棗莊，指定在郭裡集一帶駐防。

協定簽訂當天，最後八名外國人質全部得到釋放，13日安全回到上海。一場轟動世界的劫車綁票案，歷時三十七天後，終於結束。

「臨城劫車案」雖然塵埃落定，但是，長久以來，人們對當年劫匪的動機和事件的背景進行了諸多猜想和分析，甚至有人懷疑，「臨城劫車案」還有幕後的操縱者。

有人認為，孫美瑤等劫匪是受到奉系軍閥張作霖的指使才實施綁架的。因為當時張作霖雖然已經被直系擊敗，其勢力正在退往關外，但也不排除奉系軍閥暗中操縱手下土匪，在曹錕和吳佩孚統治的核心地區製造混亂的可能。人們這麼說的依據是，這群匪徒曾投靠奉系軍閥，並受命在蘇魯交界處騷擾，只是因為後來他們被直系軍閥圍困，情勢危急才決定孤注一擲，以脫險境。

還有人說，日本人才是「臨城劫車案」的幕後主使。被綁架的美國記者鮑威爾在回憶錄中寫道：「同乘此次列車的外國人中原來還有些日本人，可不知什麼原因，到徐州車站時，他們便在中途下了車，神秘地消失在茫茫的夜色之中。」當時，控制山東的直系軍閥是親英美的，很有可能是日本為了在山東挑起國際事端而為難直系政府，進而趁亂攫取更多利益，才暗中策劃了這一劫案。5月12日山東當地的《法報》報導：「此次劫車案，不能純認為土匪性質，實含有政治意味。聞某縣黨人，購買土匪，並由盤踞青島多年，素以勾結土匪，販賣煙土、嗎啡、械彈，擾亂地方為業務之某國浪人協助。做此劫車之舉，更由此浪人作探，偵察旅客之人物，認為可劫，始行動手。蓋土匪重在財物，而主動者則為政治作用，一為擾亂秩序，二為挑起國際問

題，尤以間隔中美感情爲主旨。故此次旅客之西人中以美國人爲最多，而獨無某國人，可爲注意。」此報導雖沒有日本人的字眼，但顯然某國人指的就是日本人。這樣的分析似乎也有一定道理，不然，一群烏合之眾組成的土匪又怎能知道車上會有外國乘客，而且土匪中竟還有通曉英語的翻譯。而根據 5 月 26 日的《濟南大民主報》披露：「據某外人報告：『前任邊防教練之某國人伊藤集吉，改名張建培，現在匪中參與機密，匪眾皆稱之爲洋參謀，甚得孫美瑤之信任。據匪中傳述，彼於今年二月間始投入匪中，所以一切武器皆由彼向各方購買而來。」伊藤集吉，自然也是日本人。顯然，連匪徒們自己都承認，當時山上深得匪首孫美瑤信任的軍師恰恰是一名日本人，這讓人感覺，確實有日本人參與了當年的劫車案，但到底日本政府有沒有在幕後進行策劃呢？恐怕已找不到太多的證據。

　　英國漢學家貝思飛在他的專著《民國時期的土匪》中也對「臨城劫車案」的幕後背景進行了各種分析。他提到，當時大多數觀察家都認爲日本人參與了「臨城劫車案」的策畫，而乘坐那列註定要倒楣的火車的日本人都提前下了火車。也有報告說，這次搶劫後在匪幫的營地裡有三個日本人，其中之一據說是軍火走私商，俘虜們還注意到土匪的大多數武器上有日本的標記。

　　不僅如此，在土匪綁架人質後最初提出的保釋條件中，有一條是要求得到一塊幾百平方英里的地盤，在國際法令下中立化，並由土匪自己治理，包括稅收，開採煤礦和其它資源，以及擴大通訊網路。貝思飛認爲，這些條件不僅酷似 1915 年日本向中國提出的「二十一條」，而且很像日本在它占領青島的短暫時期內試圖達到的目標。貝思飛還說，傳聞中的日本當局與安福系軍閥集團的聯繫也暗示了這樣的牽連。據說張敬堯每天都在天津的寓所裡接見日本的來訪者，而孫美瑤是張敬堯以前的部下，發動進攻的那天，孫美瑤剛從張敬堯那裡回來。

　　另外，貝思飛還提到了這樣的傳聞：「據孫中山的一位助手在信中說，臨城的土匪打起山東自治建國軍的旗號也是受到南方的鼓勵。南方勸告他們盡可能

張敬堯

推遲解決釋放人質的問題是為了給北京軍閥當局製造最大的麻煩。」當然，這樣的傳聞今天已經很難考證，但是，在發生「臨城劫車案」一個多月後，一份對外宣言卻讓許多人把劫車案和南方政府聯繫起來。根據《中華民國史檔案資料彙編》記載，1923 年 6 月 29 日，廣州南方政府的大元帥孫中山及其外交部長伍朝樞就這一案件聯名發表一份對外宣言稱：「臨城劫車一案，外人詫為奇聞，吾民則司空見慣。類此之案，且未可更僕數。試觀臨城，四周百英里以內，北方軍閥奄有五省之地，擁有五十萬之兵，而尚出此巨案，其禍國殃民，顧預償事，為何如耶。」其鋒芒直指北洋政府 [175]。

2001 年，根據「臨城劫車案」改編的電視劇《民國大劫案》播出，電視劇將孫美瑤等土匪敘述為愛國的農民武裝，面對北洋政府的圍剿，被迫通過劫車來要脅政府談判，希望保存實力回應孫中山第二次北伐，但最後中計被殺。同樣，這也僅僅是後人的猜測。今天，人們要想搞明白「臨城劫車案」的真正動機和幕後主使，還需要更多的相關資料才有可能。

「臨城劫車案」雖然以和平方式結束，但劫車案帶給北洋政府的巨大羞辱和麻煩，讓許多人對孫美瑤耿耿於懷。尤其是坐鎮洛陽的吳佩孚看到在自己的勢力範圍內居然發生如此重大的國際性事件，尤為惱怒。為使外國人質得到釋放，他和北洋政府不得不滿足綁匪們的條件，但這也只是緩兵之計，他不可能容忍孫美瑤在他的麾下長期坐著旅長的寶座。

1923 年 12 月 19 日，兗州鎮守使張培榮奉命在棗莊中興煤礦公司擺下「鴻門宴」，孫美瑤當場被殺。

孫美瑤一死，部下大亂。官兵們乘勢解除他們的武裝，有的被殺，有的被關，剩下的被繳械後強行遣散 [176]。

今天看來，「臨城劫車案」不過是北洋軍閥統治時期的一個插曲，但它卻讓我們看到了民國時期土匪的猖獗和社會的混亂。

---

[175] 「臨城劫車案」曾經受到毛澤東、陳獨秀、瞿秋白、魯迅、冰心等人的高度評價。1926 年，毛澤東在湖南第一次農民代表大會上，稱孫美瑤的農民軍是「革命團體」，稱他們的行動是「與封建統治階級爭鬥，與帝國主義爭鬥」的表現。瞿秋白則稱讚他們的行動是對西方列強的堅決打擊，指出「只有顛覆軍閥，顛覆世界帝國主義列強才能有文明」。

[176] 孫桂枝趁亂率一批人逃走，後來活躍在魯南山區，官方始終對他沒有辦法。

最後的太監與紫禁城的大火

　　1923 年 6 月 26 日子夜，故宮神武門內建福宮失火，並迅速延及整個建福宮花園。大火燃燒了七個小時，燒毀殿堂一百三十二間，包括建福宮、鸞儀亭、德日新、延春閣、廣盛樓、靜怡軒、中正殿、香方閣、寶華殿等。消息傳出，人們感到非常詫異，防火措施向來完備的故宮怎麼會發生這麼大規模的火災？事後，關於失火的原因也撲朔迷離，溥儀認定是太監偷盜金銀財寶之後縱火滅跡，而宮中檔案裡太監供詞則認為是當天晚上溥儀在這裡看電影之後，下雨電線連電著火。一時間眾說紛紜，各執一詞，成為民國時期的一椿懸案。

　　1912 年 2 月 12 日（清宣統 3 年 12 月 25 口），清廷頒布了宣統帝溥儀的退位詔書，中國最後一個王朝從此壽終正寢。退位後的溥儀按照與袁世凱定下的優待皇室條件，「尊號不改」，在紫禁城 [177] 裡過著「小朝廷」的生活。他每天仍然以皇帝的名義頒發「上諭」，宗人府、內務府等一套宮廷機構照常奉職不變。

　　在神秘而輝煌的紫禁城裡，有一處宮殿名叫建福宮。它位於內廷西路西六宮西側，為一南北狹長的院落，東西寬約二十一米，南北長逾一百一十米。整座院落從建福門起，以撫辰殿、建福宮、惠風亭和靜怡軒四座重要建築為核心，依次構成四進庭院。其中靜怡軒後來劃入西花園——也就是建福宮花園之內。建福宮花園建於 1740 年（清乾隆 5 年），原為明代

建福宮

---

177 紫禁城，即今天的故宮，明成祖朱棣遷京後修建，是明清二十四位皇帝的皇宮。古人認為紫微星（北極星）位於中天，乃天帝所居，因而天宮又謂紫宮，有「紫微正中」之說。而皇帝為真龍天子，天人對應，是以皇帝的居所又稱紫禁城。

皇太子居處，清乾隆時將其地改建爲花園，因其主體建築爲建福宮，故稱其爲建福宮花園。又因該花園地處內廷西側，亦稱西花園。

建福宮花園修建後，乾隆帝對此花園情有獨鍾，時常到此遊憩，吟詠亦頗多，留下《建福宮賦》、《建福宮紅梨花詩》等。後清宮定制每年嘉平朔日（臘月初一）皇帝禦此宮開筆書福，以賀新禧。咸豐帝曾奉皇貴太妃在此進膳；咸豐帝的孝德顯皇后、孝貞顯皇后（慈安）的神位也曾設於此宮。自乾隆朝開始，許多皇家珍寶均存放於建福宮花園。另外，這裡還供奉有不少金質法器、藏文經版，以及字畫古玩等。

1923 年，溥儀計畫澈底清點建福宮珍寶的數目，結果在清點工作剛剛開始不久，就在 6 月 26 日夜發生了一場大火。附近居民驚見紫禁城的西北角，紅光滿天，火焰高聳，內裡夾雜著叫喊和哭嚎。這就是民國時期震驚中外的建福宮失火事件。在這場神秘而兇猛的大火中，靜怡軒、延春閣、敬勝齋及中正殿等皆焚於火，這座瑰麗的皇家花園也連同無數珍寶化爲灰燼 [178]。

建福宮大火發生後，在當時社會中造成頗大影響。而關於此事件的來龍去脈，也傳說頗多。據說，最早發現大火的竟是在紫禁城東側六國飯店頂樓上休憩的外國人。當時，一些在樓頂上乘涼的外國人看到宮中火光沖天，連忙通知東交民巷的義大利國救火隊。等到救火隊驅車趕至神武門前，故宮大門緊閉。消防人員急叩大門，但是門衛卻以「清室向例未奉諭旨，外人不許入神武門一步」爲由，不敢擅自爲他們開門。消防人員只能在宮門外等著溥儀下「諭旨」啓門。

內務府總管紹英急忙入宮四處尋找溥儀，請求他下「諭旨」啓門。在宮裡找了將近一小時二十分鐘，才在西宮見到溥儀。溥儀聞訊後，並沒有立即下「諭旨」啓門，而是囿於「家訓不得外人入宮」的觀念，有些猶豫不決。紹英一再陳請，溥儀決定召集臨時御前會議，隨後才下諭旨，准許消防人員入宮救火。

因爲喪失了救火的最佳時間，消防人員趕到現場的時候，建福宮花園已

---

178 1924 年，馮玉祥派鹿鐘麟帶兵將溥儀驅出皇宮，史稱北京事變。此後，被焚毀的建福宮多年沒有修復，其原址便被稱為「西火場」。

經成了無法控制的火的海洋。院內參天的松柏成了一棵棵火樹，靜怡軒、慧耀樓、吉雲樓、碧琳館、妙蓮花池等諸多華麗的建築都陷入火海，在人們眼前一點點消失。

宮內沒有自來水，水井又早已乾枯多年，這讓救火人員一時無計可施。情急之下，有人建議把水管接在一起，汲取神武門外筒子河的水。但是水順著一根不算太粗的管子，從四百米外的筒子河慢慢流到這裡，似乎很難解決燃眉之急。人們當時能做的也只是盡力拆除房屋、阻斷火道，一直折騰到第二天七時左右，大火才漸漸被撲滅。等到大火的餘燼被完全撲滅，已經是兩三天之後了。

關於此次大火，醇親王載灃在日記中曾有記載：「五月十四日。子刻驟聞宮內失慎，即上門查看，系於昨夕亥刻建福宮內失火延及中正殿後面，火勢甚猛。幸王將軍等督率消防隊等極力施救，並義大利救火隊幫同護防，始於卯刻漸息。王大臣等亦俱在內衛侍。此次意外之災誠爲甚險焉。」

軍警清理建福宮火場

而 6 月 28 日《申報》發表的《清宮大火詳記》一文，更加詳細地記述了此事：「前夜十二時，神武門內建福宮不戒於火，紅光滿天，火焰高至十餘丈，附近居民大爲驚駭。各水會消防隊及義大利之救火激筒隊，趕至神武門，準備進救，員警總監薛之珩，衛戍司令王懷慶，步軍統領聶憲藩，及提署三堂田德山統帶，高桂成督察等，均至神武門指揮一切。惟清室向例未奉諭旨，外人不許入神武門一步，各消防隊及各軍警長官均鵠立門外，靜候啓門。當火初發之時，內務官〔府〕總管紹英即入宮四覓溥儀，請諭啓門，以便放人入救。往返延及一時二十分，始在西宮覓得溥儀，溥儀猶以家訓不得令外人人宮爲言，紹英一再陳請，溥儀始允開東華門內之某門。二時五十分，各消防隊陸續入宮，由紹英指揮一切。惟因火勢甚大，宮內又無自來水管，須待外邊引水入宮，至昨日（27 日）上午七時，始將火頭撲熄，然餘燼尙燃，濃煙四起，崇隆宮殿竟付一炬。」

關於建福宮火災的損失，據內務府事後呈報說：這次大火共燒毀房間一百二十間，金佛二千六百六十五尊，字畫一千一百五十七件，古玩四百三十五件，古書幾萬冊。其實這也不過是內務府的一筆糊塗帳，由於建福宮花園深得乾隆帝的喜愛，經常做詩賦詞加以讚美，還將自己喜愛的珍寶玩物存放此處，以後的清朝歷代皇帝都把這裡當做存放珍寶的秘密倉庫，裡面古玩、字畫、瓷器、彝器、珍寶堆滿了庫房，數不勝數。究竟建福宮原有多少東西，就連內務府自己也無法搞清楚。

而據當時的《申報》報導：建福宮火災之後，「由紹英報告，計焚去建和宮計九間，鸞儀亭計東西配殿九間，德日新〔軒〕計七間，延春閣計大小七十二間，廣盛樓計七間，靜怡軒計七間，東西廊子各七間，門樓一座，中正殿後佛樓計十間，中正殿計五間，香雲閣東西配殿各五間，寶華殿后簷燒毀，前簷未動，以上共一百三十二間。建和宮為存歷代皇帝遺像之所，中正殿存歷代版本之所，今竟焚如，聞者多惜之。聞此次損失，約在一千萬以上」。

溥儀和他的親叔伯兄弟事後也都曾回憶說，到了八月初，內務府的人找來一百多人清理火場，雖然灰燼裡已經找不出字畫、古瓷，但是金佛、金塔燒熔後有的成了碎塊，有的化成金水，結成的半土半金板塊還有很多。內務府曾經找來北京各個金店投標，一個早已經打通關系的金店以五十萬元的價格買下了灰燼處理權，從中揀出金塊金片一萬七千多兩。金店揀完了，內務府的人又把餘下的灰燼裝麻袋，分發下去。據說，有人後來施捨給北京雍和宮柏林寺的黃金「壇城」就是從麻袋裡的灰燼中提煉出來的。燒剩下的尚有這麼多，可想損失有多大了！

造成如此巨大損失的建福宮火災，究竟是什麼原因引起的呢？

據當時的《申報》報導：「起火原因傳說不一，據昨日所得報告，有如下述：（一）此次宮中起火，系某太監平日將宮內所存御用寶物，私自運出盜賣，價值數十萬之多，因慮素不相能之某太監揭發，乃仿燃滅參戰案辦法，預施此計，暗下火種，以為滅跡之計。……（二）宮中原有金佛爺一座，本遠代之物，佛爺頭頂懸有一珠，價值甚巨，早日覬覦者苦無機會，此次中正殿之失慎，佛爺之珠，早已不翼而飛，不為無因。（三）電線走火，將屋頂引燃，延及各宮殿。」

太監合影

　　火後，追查事故原因，聶憲藩、薛之衍等目擊者向國人發布的通電說：「本月 26 日夜 12 時，神武門電線走火，由德日新齋內延燒。」當時，妃嬪們爲了消遣，經常在宮內放電影，德日新齋就是電影場所在，電影機、電燈房也在這裡。負責管理的太監等缺乏用電知識，漏電失火不無可能。1904 年慈禧七十歲壽辰的時候，就曾出現正在放映的電影片子著火的情況。

　　但是皇室的溥儀、溥佳等則懷疑是宮內偷盜珍寶的太監放火滅跡。宮裡太監等偷盜珍寶，到外面古玩店抵押變賣的情況非常多見，甚至溥儀結婚當天，婚禮剛剛完畢，婉容鳳冠上的珍珠玉翠裝嵌就整個被換成了贗品。那些日常發生的盜寶事件就更多了。大火發生之前，溥儀曾接受師傅莊士敦的建議，清點宮內藏寶。沒料到，建福宮的清點剛剛開始，大火就發生了。

　　在此之前，莊士敦曾經建議把建福宮記憶體的清朝歷代皇帝的畫像和行樂圖取出拍照。溥儀覺得有意思，就叫太監每天到建福宮取出十幾張，由一個美國攝影師來拍。結果有幾次太監竟然取不來了，再加上以前要他們拿某件寶物時他們的心虛樣子，溥儀越發懷疑太監們有偷盜行爲。因此在大火發生後他就認爲是偷盜犯眼看自己就要暴露，先下手爲強用火來消蹤滅跡。

　　事過多年以後，關於建福宮失火事件，溥儀仍然耿耿於懷，他在《我的前半生》中詳細地記述了這一事件的來龍去脈：

　　　　我十六歲那年，有一天由於好奇心的驅使，叫太監打開建福宮那
　　邊一座庫房。庫門封條很厚，至少有幾十年沒有開過了。我看見滿屋

都是堆到天花板的大箱子,箱皮上有嘉慶年的封條,裡面是什麼東西,誰也說不上來。……這時我想到了這樣的問題:我究竟有多少財寶?我能看到的,我拿來了,我看不到的又有多少?那些整庫整院的珍寶怎麼辦?被人偷去的有多少?怎樣才能制止偷盜?

莊士敦師傅曾告訴我,他住的地安門街上,新開了許多家古玩鋪。聽說有的是太監開的,有的是內務府官員或者官員的親戚開的。後來,別的師傅也覺得必須採取措施,杜絕盜患。最後,我接受了師傅們的建議,決定清點一下。這樣一來,麻煩更大了。

首先是盜案更多了。毓慶宮的庫房門鎖給人砸掉了,乾清宮的後窗戶給人打開了。

事情越來越不像話,我剛買的大鑽石也不見了。為了追查盜案,太妃曾叫敬事房都領侍組織九堂總管,會審當事的太監,甚至動了刑,但是無論是刑訊還是懸重賞,都未獲得一點效果。不但如此,建福宮的清點剛開始,六月二十七日的夜裡便突然發生了火警,清點的和未清點的,全部燒個精光。

當時北京的報紙對太監盜寶縱火一說也有報導:「北京,六月二十九:星期日紫禁城某些建築失火,現在已開始點查詳列清單。據說幼帝已下令詳細清查被焚去兩座宮庫珍寶的數目。……前幾年一個同樣性質的例子。北海公園的萬佛樓,因為常被太監等人盜竊寶物,為了消滅證據,突然失火焚毀。現在萬佛樓已變成一片瓦礫的空院子,就在九龍壁之北的那一個地方。」

據曾經在故宮工作過的人員傳說,在 1950 年代,進行「三反五反」,清查故宮偷盜行為,的確在宮中的一些枯井中找到許多瓷器、古玩等器物。推測為當年宮人一時無法將所盜之財攜出宮外,遂將其暫匿於井中,然後徐圖分別攜出。但建福宮的一把大火與太監的遣散出宮使得計畫功敗垂成。

7月16日,建福宮發生大火之後二十天,因為溥儀懷疑是太監故意縱火,再加上「小朝廷」開支入不敷出和內務府太監們中飽私囊、舞弊等原因,溥儀下了一個破天荒的諭旨:「將宮內太監全部裁撤,立即出宮。」當然也不是一個沒有留下,三位太妃、溥儀、文繡等所在的五個宮各留下二十名驅使。

　　我們可以從莊士敦《紫禁城的黃昏》中看到這樣的記載：「溥儀請京畿衛戍總司令王懷慶將軍派他的部下一些親信帶軍隊來保護紫禁城。王懷慶一向和皇室的感情極好，他的軍隊駐北京城至頤和園這一帶。同時又召見內務府總管大臣紹英，吩咐他負責處理這件事，叫他召集全部太監在某一宮殿的院落上，宣讀聖諭，叫他們即日離開紫禁城。如果太監們表示什麼不滿意或者意圖搗亂秩序，就叫王懷慶派來的軍士將其趕出紫禁城外。」

　　當天晚上紹英把全體太監集合到乾清宮內，宣讀諭旨。這些在宮裡當了多年差的人，絕大多數在北京沒有家，限他們幾個小時出去，的確讓大部分人非常為難。因此當宣讀諭旨後，許多太監要麼高聲咒罵，要麼號啕大哭。為了不妨礙北京的治安，溥儀吩咐發給他們一筆遣散費，當天在北京找不到親戚投靠的，准許暫時住在地安門內大街雁翅樓內。最終，一千多個太監在軍隊的監視下，只得默默接受命運，很快，太監們從神武門出發，陸續離開了紫禁城 [179]。

　　在中國歷史上延續幾千年的太監制度在帝制廢除之後十幾年，終於在建福宮火災後宣告終結。實際上，也有人認為，即便溥儀沒有點查內宮古物，宮監們也沒有懼罪縱火，太監遲早也會遣散。因為當時宮中財務捉襟見肘，拖欠餉銀已有多時。而當時眾宮人雖未被正式遣散，但早已經開始自謀生路，而偷盜宮內的皇家器物出宮賣掉，就是他們的主要謀生手段之一。溥儀風聞此事以後，才派人清點庫房，而珍藏寶物最多的建福宮便是清查的重點所在。只是在建福宮大火發生後，溥儀驚恐之下疑心更起，擔心太監們偷盜滅跡之事愈演愈烈，把整個紫禁城全部的皇家財產都燒掉，於是才下了決心，將太監們統統攆走。

　　太監們被遣散之後，宮裡一時間雜亂無章。溥儀吃飯擺飯桌的事情，變成了皇親貴族溥佳、溥傑的差事；全體王公也被要求輪流在宮中負責溥儀的安全。溥儀自己覺得處處不方便，後來又叫回了一百多人，增添了十幾個隨從侍衛，才恢復正常。

　　迷上網球的溥儀在大火後忙不迭地命人在建福宮大火之後的廢墟上建起

---

179 太監也稱宦官，但先秦和西漢時期的宦官並非全是閹人，自東漢開始才全部用閹人。《後漢書·宦者列傳序》載：「宦官悉用閹人，不複雜調他士。」

了一個網球場。據說在挖地基的時候，還挖出了兩三個穿盔甲的俑，人們還紛紛傳言，這是以前宮裡有人搞「巫蠱」，在俑身上寫上某人的名字和生日，讓喇嘛念經將其置於死地。不過，這些對溥儀似乎沒有產生什麼影響，他照樣天天打網球，還買來自行車，與溥佳等賽車玩[180]。

　　中華人民共和國成立後，飽受風霜的故宮重新煥發了生機。2000 年，建福宮重建工程啓動，於 2005 年竣工。

---

[180] 2011 年 5 月，媒體爆料，建福宮成為一個全球頂級富豪們獨享的私人會所。這一傳聞隨即被故宮否認，但仍然在社會上引起震動。風波不斷的建福宮再次成為人們關注的對象。

民國的「鴉片戰爭」

在中國近代史上曾經有過兩次鴉片戰爭，都發生在清朝。而在民國，卻也有所謂的新鴉片戰爭，這是怎麼回事呢？實際上，這次「鴉片戰爭」是指1924年皖系軍閥盧永祥與直系軍閥齊燮元之間的一次戰爭，也稱齊盧之戰，因為其戰場主要在江浙、上海一帶，又稱江浙戰爭。由於這次戰爭的主要目的之一是為了爭奪上海的鴉片貿易控制權，所以當時的報紙也稱其為新鴉片戰爭[181]。

1916年6月，袁世凱復辟失敗，鬱悶而死。北洋軍閥逐漸分裂，形成以馮國璋為首的直系軍閥、以段祺瑞為首的皖系軍閥和以張作霖為首的奉系軍閥。1919年，馮國璋病故，曹錕與吳佩孚成為直系軍閥的統帥，並在1920年以反對段祺瑞私訂密約賣國求榮為名，聯合奉系軍閥發動了直皖戰爭，將段祺瑞趕下臺。皖系軍閥也隨著段祺瑞的倒臺而分崩離析，只有段祺瑞的密友，浙江督軍盧永祥替皖系保住浙滬兩塊地盤。

當時，外國鴉片經常大批運到上海銷售，並且經此運銷全國各地，掌控上海的盧永祥自然不會放棄從中獲利的機會。他設立名目，從中抽取了巨額稅金。據說僅由印度運進上海的鴉片，其稅收就足夠養三個師的軍隊。盧永祥在上海不光對外國煙商和中國買辦抽取重稅，還派人直接到印度採辦煙土，運到上海、浙江等地銷售，獲利更為豐厚。控制近鄰江蘇的直系軍閥齊燮元看在眼裡，垂涎三尺，也想發這個橫財。於是齊燮元派遣親信徐國梁擔任上海員警廳長，想從盧永祥手中奪走上海這塊

齊燮元

---

181 中國近代史上共發生過兩次鴉片戰爭。第一次鴉片戰爭發生於1840年到1842年，第二次鴉片戰爭發生於1856年到1860年。

肥肉。而身爲浙江督軍的盧永祥也不甘示弱，設立上海護軍署，派他的妹夫何豐林駐軍上海。雙方矛盾愈演愈烈。這期間，盧永祥的兒子，「民國四公子」之一的盧小嘉找到以暗殺聞名的王亞樵，在法租界溫泉浴室門口成功地刺殺了徐國梁。徐國梁之死，也成爲齊盧之戰爆發的導火線。

1924 年 9 月，齊燮元部隊率先向盧永祥軍隊開火，齊盧之戰爆發。因爲戰爭起因和對販賣鴉片煙的掌控有關，所以當時的報紙稱其爲新鴉片戰爭。

戰爭爆發後，兩軍一度難分上下，形成僵持局面。隨後，同爲直系的孫傳芳由福建率軍進入浙江，吳佩孚也派部下張允明從滬寧線上直撲吳淞，戰局急劇變化。盧永祥腹背受敵，最終戰敗，被迫於 1924 年 10 月 13 日通電下野。第二天，孫傳芳、張允明等進入上海。經過協商，張允明擔任上海護軍使，孫傳芳則得到了浙江的地盤，又收編了盧永祥的大約五個師的軍隊。戰爭是齊燮元挑起的，他損兵折將，卻始終沒有得到他所垂涎的上海。

江浙戰爭歷時四十天，當地民眾苦不堪言。戰爭爆發後，江蘇省農會在致國務院的電文中說：「江浙戰事，軍隊所過，村鎮爲墟，人民奔走遷移，顛連失業，富而貧、貧而死者，不知凡幾，而江南戰區如宜興、昆山、嘉定、太倉、松江、青浦等縣則尤甚。」這場人禍也爲其他政治勢力反直提供了契機。

由於當時直系軍閥獨掌北京政府，一枝獨大，對其他各系軍隊都構成了威脅[182]。早在曹錕賄選總統的時候，在廣東領導國民革命的孫中山，就已經通電聲討曹錕，並且與奉系張作霖、皖系盧永祥聯繫，希望共同進行倒直運動。齊盧之戰爆發前，盧永祥曾派其子盧小嘉去奉天活動，希望張作霖能率兵入關，報第一次直奉戰爭中戰敗之仇。後來，孫中山之子孫科、張作霖之子張學良和盧永祥之子盧小嘉在瀋陽舉行「三公子會議」，形成了事實上的孫、張、盧反直陣線

張作霖

---

182 1922 年 1 月，受英、美支持的直系軍閥吳佩孚，聯合六省軍閥，迫使親日的梁士詒內閣辭職，直、奉矛盾日趨激化。4 月，奉軍開入山海關與直軍對峙，第一次直奉戰爭爆發。奉軍以張作霖為總司令，直軍以吳佩孚為總司令，展開激戰。5 月，原屬直系馮國璋部的奉軍第十六師臨陣倒戈，張作霖敗退出關。

的三角同盟。

在江浙戰爭前，奉、粵積極支持身為盟員的盧永祥，警告曹錕、吳佩孚不要幫助齊燮元挑起戰爭。但曹錕、吳佩孚一意孤行，雖然援助齊燮元取得了江浙戰爭的勝利，卻激發了奉、粵軍隊的強烈不滿。1924 年 9 月 4 日，即江浙戰爭爆發的第二天，孫中山在廣州大元帥府召開會議，宣布「救浙江、上海即以存粵」，決定誓師北伐，推翻直系軍閥的統治。

同日，在北方，張作霖以「同盟」為理由，向直系軍閥宣戰，同時發表「討伐曹錕通電」，斥責曹錕「賄買議員，豢養牙爪，以竊大位，以禍鄰疆」，表示「作霖為國家計，為人民計，仗義誓眾，義無可辭。謹率三軍，掃除民賊」。

之後，被直系軍閥趕下臺的皖系領袖段祺瑞亦發表「討曹通電」，指斥曹錕「不知國家人民為何物，禮義廉恥為何事」，號召各路人馬反直。

9 月 15 日，張作霖組織鎮威軍，自任總司令，統轄十七萬大軍殺進山海關，第二次直奉戰爭爆發。這一次，輪到直系軍閥陷入到被南北夾擊的困境中。見此情景，馮玉祥、胡景翼等人，聯名發出呼籲和平的漾電，發動「北京政變」，推翻了直系軍閥、賄選總統曹錕的統治。而直系主將吳佩孚也最終戰敗逃亡。

可以說，江浙戰爭雖以直系軍閥的勝利告終，卻引發了重大的政治影響，並最終導致了第二次直奉戰爭的爆發和直系軍閥的垮臺。

東陵大盜為什麼能逍遙法外？

清東陵曾經是一塊與世隔絕、神聖不可侵犯的皇家禁地[183]。在這裡，埋葬清朝歷代帝后的陵墓被修建得固若金湯，而堆積了許多無價珍寶的地宮則佈滿機關暗器。1928 年 7 月，一夥神秘的盜陵大軍兵分兩路，一支奔向埋葬慈禧太后的定東陵，另一支則進入了埋葬乾隆帝的裕陵。究竟是什麼人膽敢冒天下之大不韙，毀陵盜墓？他們是如何冒險進入地宮，又是如何面對帝王的遺體以及隨葬的無數奇珍異寶的呢？當年，在關於誰是真正的盜墓者這一問題上，特別法庭並沒有最終結案，為後人留下重重困惑。震驚中外的「東陵盜寶」案最終不了了之，成為民國歷史上最大的懸案之一。那麼，「東陵盜寶」案的元兇到底是誰？又是什麼原因，可以讓他們逍遙法外？事過境遷，隨著史料的不斷挖掘，事件的真相似乎正在浮出水面。

清東陵位於北京以東一百二十五公里處，今天河北省遵化市的西北部，是清王朝入主中原後修建的第一處大型皇家陵寢建築群，也是中國現存規模最大、保存最完好的清代皇家陵園之一。它的建築藝術也達到了中國古代建築的最高峰。其中，埋葬乾隆帝的裕陵是在清朝國勢最鼎盛的時期修建的，耗銀兩百多萬兩，遍選天下精工美料，其建築藝術精湛華美堪稱清東陵之冠。而窮奢極欲的慈禧太后，統治中國長達半個世紀，其陵墓定東陵自然也極其奢華。其工程前後耗銀二百二十七萬兩，修建時間長達十四年，直到她死前才完工，其豪華程度，據說連皇宮紫禁城也無法媲美。

在民國以前，作為皇家禁地的清東陵一直擁有無上的威嚴，外人自然無法入內。但是，隨著辛亥革命的一聲槍響，中國兩千多年的君主專制制度走向終結。儘管在隨後的《優待清室條件》中規定：大清皇帝辭位之後，其宗廟陵寢永遠奉祀，中華民國酌設衛兵加以保護。然而，民國政局風雲變幻，

---

183 清東陵始建於 1661 年（清順治 18 年），完工於 1908 年（清光緒 34 年），歷經二百四十七年，幾乎與清王朝的歷史一樣漫長。包括：埋葬順治帝的孝陵、埋葬康熙帝的景陵、埋葬乾隆帝的裕陵、埋葬咸豐帝的定陵、埋葬同治帝的惠陵，此外還有四座後陵、五座妃園寢，以及一座公主墓。

清東陵全景

處於亂世之中的《優待清室條件》，很快成為一紙空文。

　　由於斷絕俸餉，守陵官員們大都遷往京城，少數留守的八旗兵丁也自顧不暇。方圓兩千多平方公里的清東陵，很快成為匪盜出沒的地方，其被侵犯的命運已經無法避免。

　　1926年，第二次直奉大戰期間，奉系軍閥張宗昌率部佔據東陵，對東陵大肆掠奪，僅金銀器物就裝載了幾十大車。

　　這是軍隊對東陵的第一次公開劫掠。此後，東陵內兵匪更加猖獗，連大殿樓臺的檀木房梁、門窗隔扇都被拆下變賣，陵區內幾十萬棵松柏也被盜伐一空。

　　但是，地宮，這個安放歷代帝后棺槨的地方，卻在這幾次浩劫中得以倖免。

　　從中國第一位皇帝秦始皇為自己修建地宮開始，歷代帝王都極度重視地宮的修建。為了永久保守陵墓的秘密，一些當權者還不惜殺掉建墓工匠。作為中國最後一個王朝的皇家陵園，清東陵的修建者在防盜措施上也集前代經驗之大成。在清朝帝后們的地宮上方，堆砌著高大的方城明樓，後方則依山而建。因此，如果不能準確地找到入口，要想進入地宮是十分困難的。

　　但是，在1928年7月，北伐戰爭行將結束之際，驚世駭俗的「東陵盜

寶」案發生了！這一次，定東陵和裕陵被掘地三尺，其目標直指皇陵深處。地宮遭遇毀滅性破壞，而無數價值連城的文物寶藏在重見天日的同時開始四處流散。

　　1928 年 7 月 4 日至 11 日，一夥神秘的盜墓者闖進定東陵內，用炸藥炸開了地宮的進口。盜墓者進入地宮後，很快將其洗劫一空。殘破棺木和碎衣爛衫滿地都是，慈禧的屍體被扔在西北角，伏在破棺槨蓋上。而陵墓裡被盜走的殉葬珠寶，除了珠翠鑽石珍玩外，最名貴的是一座白玉雕琢的九級玲瓏寶塔，另外一件就是名聞中外的黑子紅瓤綠皮的翡翠西瓜。而根據內廷大總管李蓮英 [184] 的嗣長子李成武在《愛月軒筆記》中的記載，慈禧墓中的翡翠西瓜價值達二百二十萬兩，十分昂貴。

經過清理的乾隆裕陵地宮棺槨

　　在慈禧定東陵被盜的同時，位於勝水峪的乾隆裕陵也慘遭挖掘 [185]。乾隆生前享受榮華富貴，死後所遭遇的浩劫，比慈禧太后尤為慘烈。根據清室善後委員後來的實地查勘報告，當時新舊骸骨狼藉墓道內外，碎珠殘玉俯拾皆是，有的屍骨散不成形，有幾具金棺已被劈成殘片。與慈禧定東陵不同的是，乾隆墓中的珍寶多為書畫。盜墓者並不識貨，大量的書畫文物被無端地毀壞，有的被燒，有的被撕。

　　消息傳出，中外震驚。人們紛紛質問，是誰，犯下了這千夫所指的罪行？

　　眾目睽睽之下，一個名叫孫殿英 [186] 的軍閥成為盜陵的首要懷疑對象。

　　「東陵盜寶」案發生後，有一位叫和鈞的滿族守陵官員，奮筆疾書，向溥

184　李蓮英是繼安德海之後慈禧太后最寵信的太監，是清末最有權勢的宦官。

185　據說，在乾隆墓中有一柄九龍寶劍，而這把寶劍後來在戴笠墜機現場發現。有人據此認為戴笠死因和這把寶劍有關。詳見本書《神秘的戴笠之死》。

186　孫殿英，河南永城人。外號孫老殿、孫大麻子。土匪出身。東陵盜寶案發生時，他正任蔣介石部第六軍團第十二軍軍長，率部在河北遵化一帶駐防。1947 年，孫殿英被中國人民解放軍擒獲，不久病死。

儀報告東陵被盜後的慘狀。他指出，當時國民革命軍第十二軍就駐紮在東陵附近的遵化，很可能是這支部隊看見陵內守護形同虛設，便起了盜陵禍心。而孫殿英正是第十二軍軍長。

隨後又發生了這樣一件事情，讓世人再次將東陵盜案與孫殿英部隊聯繫起來。

當時，在北京著名的古玩街琉璃廠，有家規模很大的古玩鋪，叫「尊古齋」。1928 年 8 月的一天，「尊古齋」老闆黃百川接待了一位神秘的客人。此人帶來一些十分罕見的珍寶，並急於出手，雙方最後以十萬元秘密成交。不料，事情敗露，二人均被北平警備司令部拘捕。

經審訊，涉嫌銷售東陵珍寶的神秘男子正是十二軍師長譚溫江。而他的上級，就是軍長孫殿英。

為了擺脫嫌疑，孫殿英向其頂頭上司、時任第三集團軍第六軍團總指揮的徐源泉遞交了兩個報告，相關內容被《順天時報》連續十三天全文刊登。報告詳盡記載了東陵被盜前後第十二軍的換防調動，其核心內容是：應鄉紳之請求，派部剿辦盤踞馬蘭峪之悍匪，在一次剿匪戰鬥中，從馬匪手中繳獲兩隻大箱，並列報清單。這就回答了譚溫江攜帶的珍寶來自哪裡的問題——是從當地土匪手中繳獲的。

從清單上來看，這些從土匪手中繳獲的竟是十分貴重罕見的珍珠翡翠。一群在偏遠貧瘠的山區打家劫舍的土匪，怎麼會擁有這樣的稀世珍寶？除非它們是出自地下皇陵。難道，東陵被盜竟然是一群膽大包天的土匪所為？

那麼，報告中提到的這一股土匪又是什麼人呢？

1928 年 7 月，孫殿英率部駐紮薊縣馬伸橋，這裡與清東陵只有一山之隔。這一年，原奉軍收編之匪馬福田率部叛逃，直奔清東陵旁的馬蘭峪。當時，國民革命軍北伐已進入河北地區，奉軍北撤，而冀東一帶散匪極多，異常肆虐。在這種情況下，國民革命軍派孫殿英前往剿撫。

正巧，有人向孫殿英報告了馬福田部進駐馬蘭峪的消息。孫殿英馬上命令第八師師長譚溫江連夜率兵前往出擊。在清東陵陵牆外的馬蘭峪鎮上，兩軍相遇，短兵相接，經過一場鏖戰，馬福田部被擊潰西逃。

那麼，這個名叫馬福田的叛匪，有沒有可能率部盜陵呢？

孫殿英的報告讓情況再次變得撲朔迷離起來，當時東陵一帶兵匪混雜，土匪盜陵的確有很大的可能性。而在此時，因銷贓而被捕的譚溫江一直拒絕承認自己參與盜陵活動。關於珍寶來源，他也堅持說是繳獲自土匪，和孫殿英報告如出一轍。因為查無實據，案件的審理陷入僵局。

「東陵盜寶」案沉寂了一段時間後，一個突發事件又讓它再度被人們關注。在一艘開往青島的輪船上，青島員警廳抓獲了兩名逃兵，從他們身上搜出三十六顆珍珠，還有國民革命軍第十二軍的標誌。一名叫張歧厚的逃兵招供參與了盜陵。

當時的報紙刊登了張歧厚的自供：「我年二十三歲，安徽南宿州人。從前在第六軍第二混成旅一團團部當隨從兵，以後又改編在十二軍軍部當隨從兵，軍長孫殿英。我們的隊伍，向駐薊州一帶。於今年五月間，隊伍開至馬蘭峪打土匪，駐在東陵。是由軍長孫殿英領著兩旅人去的，人數不足，旅長有韓大保及柴旅長。於五月節前二三天，由軍長下令教工兵營用地雷將西太后及乾隆帝二墳炸開。當時我未得去，由軍長的人把著門，都是團、旅、營長們下去拿東西，別人不得進去。他們拿完了，到天明以後，我才去的。我這三十六顆珠子，就是在西太后墳裡拾的，以後我們的隊伍就往熱河開走。在楊哥莊地方，我因當兵不易發這些財，再跟著隊伍打仗去也無益，所以才由楊哥莊偷跑了。到了天津，我還曾在天津賣了十顆珠子，賣了一千二百元錢。當時買了兩個金戒指、一隻手錶，由天津坐船來青，再赴上海，轉回原籍去。我這三十六顆珠子，是人家拾剩下的。我的一千零十元錢，就是在天津賣了的那十顆珠子去了花費剩下的。」

張歧厚的供詞是當時惟一明確牽涉孫殿英的重要證據。而南京國民政府迫於輿論壓力，也開始催促平津衛戍總司令閻錫山盡快破案。1928 年 11 月，蔣馮閻桂四大集團軍首腦都派出自己的代表組成高等軍法會來會審此案，審判長定為商震。商震受任後，馬上飭令遵化縣緝拿盜陵正犯歸案。但是，孫殿英仍不在緝拿範圍。

譚溫江被捕獲後，一度曾被保釋在外，如今被重新收押。孫殿英的直接上司、第六軍團總指揮徐源泉將譚溫江以前呈報馬蘭峪剿匪所得的東陵珍寶

加封移送衛戍司令部，並向外界表態，決不寬徇屬下。與此同時，又有幾名嫌疑犯在天津落網，被天津警備司令傅作義收押。

1928 年 12 月 7 日，據《新晨報》報導：「東陵案會審處，昨日（六日）致函天津警備司令傅作義，請將古玩商犯李濟川、姚柯泉，盜賣犯戴明德，並贓款兩千餘元，迅速解平（北平），以資審訊。又曾函致青島，將所獲盜犯張岐厚及贓物急速解平雲。」

但是，如此重大的案件，在高等軍法會宣布成立之後，卻很長時間沒有下文。直到 1929 年 4 月底，也就是東陵被盜將近一年後才開始預審，並且一直未對外公開。而經過一個半月的秘密審理後，高等軍法會在 6 月即宣布預審終結。預審判決草案的結論為：「東陵盜案系遵化駐軍勾結守陵滿員，盜墓分贓。」

細究這一結論，雖然張歧厚供出了孫殿英，但法庭似乎並沒有據此口供而採信。而「遵化駐軍」究竟指的是哪支部隊？幕後主使究竟是譚溫江還是孫殿英？判決草案也沒有明確指出。

人們還有理由提出以下疑問：清東陵規模宏大，堅固無比，如果沒有詳細策劃並組織大量人力，怎麼可能一擊而中？從現場勘查判斷，盜墓者還動用了炸藥。如果沒有命令，少數士兵怎麼敢弄出這麼大的動靜？如果有命令，一個師長譚溫江能否有那麼大的權力，繞過作為十二軍軍長的孫殿英直接調動軍隊？

所有疑問都需要進一步解答。按照程式，高等軍法會將預審判決草案的全部卷宗，呈交南京國民政府，靜候最高當局的覆核、宣判和執行。但是，案卷上報後，再次石沉大海，一直不見批復。

1930 年 4 月，中原大戰爆發，「東陵盜寶」案隨即被遺忘。而孫殿英也從狼狽不堪的處境中逃離出來，在戰爭中投靠了馮玉祥和閻錫山集團。

之後，被羈押在閻錫山轄區內北平陸軍監獄的譚溫江獲得釋放。出獄的時候，監獄長為其舉行了隆重的歡送儀式，監獄門口有專車接送。到北平後，譚溫江繼續受到上賓待遇，臨走時，由北平憲兵司令夢溪春親自送他到車站。返回部隊後，譚溫江立即官復原職，繼續當師長。對此，上海《中央

日報》在很不引人注目的地方發了一則短消息，輕描淡寫地說道：東陵要犯「其後不知何故又將其釋放」。

從此，「東陵盜寶」案不了了之，成為民國歷史上最大的懸案之一。

而那些被盜的珍寶或被用來行賄，或被變賣，或被毀壞，或被走私海外，至今下落不明。由於絕大多數珍寶不知去向，經人們的口耳相傳，它們都被罩上了神秘色彩。

中華人民共和國成立後，清東陵再獲新生。國家建立了東陵文物保護所，開展了對東陵文物的收集、保護和研究。隨著相關工作的不斷深入，一些鮮為人知的資料逐漸被挖掘和披露出來。

位於南京的中國第二歷史檔案館主要保存著民國時期的檔案。其中的一份檔案提到，曾在乾隆裕陵地宮內發現一個軍用鐵尖鋤，還有帶著黃色炸藥痕跡的牆磚碎塊。這一份檔案還提到，清東陵附近的老百姓當年曾經看見許多十二軍士兵褲腳沾滿白灰。這個奇怪的現象意味著什麼呢？專家認為這個細節非常關鍵，因為東陵地宮為三合土夯成，地宮滲水，地上積滿白灰漿。

1979 年，曾任孫殿英部高級參謀的文強 [187]，在自己的口述自傳中，也認定孫殿英是盜陵主謀。文強回憶：有一次，孫殿英得意洋洋地告訴他東陵盜寶及「善後」事宜。孫承認乾隆皇帝和慈禧太后的墓是用炸藥崩開的，並說：「乾隆的墓修得堂皇極了，棺材裡的屍體已化了，只留下頭髮和辮子。陪葬的寶物不少，最寶貴的是頸項上的一串朝珠，有一百零八顆，聽說是代表十八羅漢，都是無價之寶。其中最大的兩顆朱紅的，我在天津與雨農（戴笠）見面時送給他做了見面禮。還有一柄九龍寶劍，有九條金龍嵌在劍面上，劍柄上嵌了寶石。我托雨農代我贈給委員長（蔣介石）或何部長（何應欽），究竟雨農怎樣處理的，由於怕崩皇陵案重發，不敢聲張。慈禧的枕頭是一隻翡翠西瓜，托雨農代我贈給宋子文院長了。她口裡含的夜明珠，分開是兩塊，合攏是一個圓球，分開透明無光，合攏呢，透出一道綠色的寒光，夜間在百步之內可照見頭髮。聽說這個寶貝可使屍體不化，難怪慈禧的棺材劈開後，老

---

187 文強，湖南長沙人。毛澤東的姑表兄弟，黃埔軍校學生，先後加入中國共產黨和國民黨，參加過北伐戰爭、南昌起義，脫離共產黨後，成為軍統人員、國民黨軍參謀等。1975 年獲得特赦出獄，在全國政協文史資料研究委員會擔任專職委員。

佛爺好像在睡覺一樣，只是見了風，臉上才發黑，衣服也有些上不得手。我將這件寶貝夜明珠托雨農代我贈給了蔣夫人。宋氏兄妹收到我的寶物之後，引起了孔祥熙部長夫婦的眼紅，接到雨農的電話後，我選了兩串朝靴上的寶石送去，才算了事。那把九龍寶劍，究竟贈給了委員長還是何部長，至於今還不明白，有便請代我打聽，但也不必當面去問雨農，不然，會顯得我太小氣了，千萬千萬，拜託拜託。」此外，文強在回憶中還提到，孫殿英在「東陵盜寶」案事發之後，送給閻錫山價值五十萬元的黃金，送給監察院長珍貴的古玩等等，經過這些必不可少的打點工作後，各路權要便睜一隻眼閉一隻眼，且暗中授意手下，對待此案可採取「捕小魚放大魚」的瞞天過海之術。孫殿英自不在緝捕範圍。

　　這一段記述，成為今天人們瞭解「東陵盜寶」案最詳細的資料。

　　2004 年，《藝海雜誌》上刊登了一篇有關乾隆、慈禧墳墓被盜的文章，並附有清室內務大臣寶熙日記。文章記述，這件盜陵案是馮玉祥舊部孫殿英主謀，授意他手下兩個師長譚溫江、柴雲升查勘策劃，於 1928 年 7 月 4 日上午由工兵營帶頭動手爆破的。事後清室代表雖一再請求緝拿元兇，可是有如石沉大海，迄無蹤跡可尋。但是，到了 1933 年，在警憲跟蹤、加緊查究情形之下，終於緝獲了人犯兩名，一姓紀，一姓王，兩人都是譚溫江的親信，參加盜陵工作的主要軍官。此案最終交由當時武漢綏靖主任公署審訊。不過，最終結果仍然是大事化小。

　　今天看來，「東陵盜寶」案儘管仍然存在許多疑點，但從現在掌握的史料來看，孫殿英仍然是最大的嫌疑人。而「東陵盜寶」案最終不了了之，也自然和案發後孫殿英等人用大量的不義之財進行打點和疏通有關。

北京人頭蓋骨化石失蹤之謎

1929 年，中國古人類學家裴文中在北京周口店發現了一顆完整的頭蓋骨，這就是「北京人」[188] 頭蓋骨。這一發現把最早的人類化石歷史從距今不到十萬年推至距今五十萬年。之後，裴文忠和古人類學家賈蘭坡又陸續發現了五個完整的「北京人頭蓋骨」化石。這一發現，平息了圍繞爪哇猿人的爭論，確立了「猿人階段」的存在，證實了達爾文關於人類起源於古猿的理論，從而揭開了人類進化史上重要的一頁。此後，「北京人」化石一直保存在　北京協和醫院。1941 年，太平洋戰爭爆發後，看到局勢緊張，國民黨政府決定將「北京人頭蓋骨」化石送到美國暫時保管。但是，讓人遺憾的是，堪稱國寶的「北京人頭蓋骨」化石，在轉運過程中卻「人間蒸發」，神秘地失蹤了，至今下落不明，成為舉世震驚的未解之謎。時至今日，中外科學家仍然在堅持不懈地進行搜尋工作，而關於「北京人頭蓋骨」的下落也是傳聞不斷，眾說紛紜。「北京人頭蓋骨」化石到底是怎麼遺失的？它現在又可能在哪裡？

龍骨山是北京西南郊周口店的一座石灰岩小山，「北京人」曾在這裡的山洞裡住了幾十萬年。近代以來，當地的採石工常常在洞穴和裂隙的砂土中發現化石。老百姓將此稱爲「龍骨」，並將它們賣給中藥鋪。1918 年，被中國政府聘爲「礦政顧問」的瑞典籍地質學家安特生，在北京西南郊五十公里處的周口店勘查煤礦時，意外地發現了這裡的「龍骨」。消息傳出，引起考古學家的注意。1921 年，在當地老鄉的指引下，人們在龍骨山上找到了舉世聞名的北京人遺址。

自 1927 年起，中國地質調查所和美國洛克菲勒基金委員會合作，在這裡開始了大規模的發掘。此次發掘，發現了一枚保存狀態極佳的右下第一臼

188　「北京人」是中國猿人北京種的俗稱，也稱「直立北京人亞種」。生存於第四紀初期，距今約有數十萬年。

齒。加拿大籍解剖學家步達生對此進行了仔細的研究，創立了一個古人類的新種屬，學名——中國猿人北京種，通俗稱法叫「北京人」。

北京人遺址發掘現場

從 1929 年起，「北京人」遺址的發掘工作由中國學者裴文中教授負責。爲了尋求洞底，他一直挖到第五層堅硬的石灰質層。12 月 2 日下午 4 時左右，就在太陽將要落山的時候，人們發現了一具保存完整的頭骨化石。主持發掘的專家裴文中小心翼翼將頭蓋骨取出，用他僅有的一床棉被和被單包裹著，冒著嚴寒，護送到北京城。當時拍照者抑制不住激動，目光集中於化石，以致照片中只留下了裴文中的半張臉。

消息傳出，一下子便轟動了國內外，周口店也隨之成爲舉世矚目的地方。大規模的發掘工作，一直延續到 1937 年 7 月全面抗戰爆發後，才告一段落。在 1927 年至 1937 年的十年間，在北京人遺址裡先後發現了代表四十多個個體的人骨化石，其中有五具較完整的頭蓋骨、六塊面骨、十五具下頜骨殘塊、一百五十枚牙齒以及部分肢骨殘片。

「北京人」頭蓋骨的發現，爲「從猿到人」學說的確立提供了重要的依據，它爲研究人類的起源及其發展，爲再現早期人類的生活面貌，提供了極其珍貴的第一手資料 [189]。

但是，這些堪稱國寶的珍貴化石，卻在 1941 年底，抗日戰爭進行得如火如荼的時候，神秘地失蹤了。

根據中國第二歷史檔案館保存的《中央地質調查所檢送「北京人」化石被美國劫走經過及有關報告》記載，1927 年以後發掘的「北京人」化石，一直保存在北京協和醫院，存放在協和醫學校解剖系辦公室的兩個保險櫃內，

---

[189] 考古學家發現：「北京人」會使用火，對石器工具加工技術有了改善，穴居，會採集和狩獵，有相當程度的社會適應性，平均腦量一千零五十九毫升（現代人爲一千四百毫升），代表了「從猿到人」過程中的一個重要階段。

即使在研究的時候，也常常用石膏模型代替，不肯輕易取出真標本。其間，還曾兩次送到花旗銀行的保險庫，以防萬一。

但是到了 1941 年，隨著戰爭的持久進行，太平洋風雲日緊，美日關係惡化，中國方面擔心「北京人」化石的安全問題，國民黨政府決定將「北京人頭蓋骨」化石送到美國暫時保管。

1941 年 1 月 10 日，翁文灝致函北平協和醫院院長胡頓和魏敦瑞，希望將「北京人」化石轉運美國。

1941 年 4 月 17 日，胡頓復函翁文灝，認為「企圖將這批化石轉移出北京是不切實際的想法。理由是，地方當局和海關必定會直接插手檢查所有這類物品的進出。這批科學物品是民國政府的財產，將它們運出中國或日本占領區很易遭到被沒收的危險」。「由於這批標本的所有權歸中華民國政府，想求助美國政府某些部門將它們轉移也不可能。即便美國官方同意轉移，駐華使館也不敢承擔違反日偽政府及海關法規的責任」。胡頓及一些顧問主張存放原地，「即便將來形勢惡化，這批標本也不可能受損，沒有任何理由使它受損。它們沒有出售價值，最壞的情況莫過於不再在北京（或中國）保存而被分散在世界其他博物館罷了」。

1941 年 7 月 15 日，已回到美國的魏敦瑞致函翁文灝，陳述沒有將化石隨身帶到美國的理由：在海關發現，肯定被沒收；不能讓這珍貴的物品在這危險的時刻暴露在一次沒有護航的航行中。「讓化石原物放在它現在的位置即北京協和醫學校解剖系大樓內新生代研究室的保險櫃中是明智之舉」，「在可能危及化石標本的情況下，最好什麼也不做」。

1941 年 8 月，翁文灝代表中國，與美國駐華大使詹森交涉，再次請他設法將中國猿人標本運存美國，戰後再運回中國。這次詹森大使同意了。1941 年 12 月初，中方人員胡承志接到命令，將包括五個最完整頭蓋骨化石的「北京人」，仔細包裝在兩個大木箱裡，送到北京協和醫院的地下室，準備移交給即將回國的美國海軍陸戰隊。但是否已經移交卻無從查證。

據胡承志回憶，在珍珠港事變前，北平協和醫學校總務長博文匆匆來到實驗室，要求胡承志速將「北京人」裝好，在極秘密之下送到他辦公室。

「餘當時將早經備妥之木箱拿出應用，並將房門鎖住後裝箱。該二箱均爲白木箱。……至裝箱之情形，頗爲華貴。先將骨骼用擦顯微鏡頭用之細綿紙包好，再用軟紙包著，然後再裹以潔白醫用吸水棉花後，用粉蓮紙包上，再用醫用細紗布多層包在外面，裝入小箱，再用吸水棉花填滿，小木箱內周圍六面由具有彈性之黃色瓦壟紙數層包好，一一裝入大箱內，用木絲填裝」。

「包括‘北京人頭蓋骨’化石在內，我是親手把化石裝在木箱裡的。」胡承志強調，自己是最後一個見過化石的中國人。

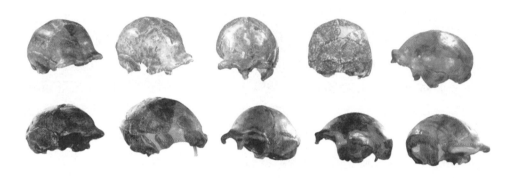

下落不明的五個北京人頭蓋骨化石（模型）

根據現存放在中國第二歷史檔案館的《胡承志報告「北京人」失蹤經過》記載，胡承志把裝箱後的化石移交給協和醫院總務長博文後，博文「即立刻將兩箱送到 F 樓下四號之保險室，過夜後即送至美大使館」。但是，讓人驚訝的是，自此，「北京人」化石便下落不明。

根據考古學家賈蘭坡之子賈玉彰的回憶：「『北京人頭蓋骨』化石確實轉移到了美國海軍陸戰隊手中，還曾在美國海軍陸戰隊設在天津的軍營裡存放過。」那麼，它是否已經被美國海軍代運到美國了呢？

有資料顯示，美國方面原計劃由美國駐北平海軍陸戰隊帶到美國。1941年 12 月 4 日，兩箱化石標本，連同美軍人員的行李二十七箱，由火車專列從北平運天津轉秦皇島，當時由菲利軍醫負責接管。當天，行李在天津下卸，部分行李存巴斯特研究所，部分行李存瑞士在天津的一家公司內。不幸的是，來接美國陸戰隊的哈裡遜總統號船在馬尼拉赴秦皇島途中，即 12 月 8 日，爲

日本戰艦追捕，在長江口外觸礁沉沒。因此海運並沒有如期執行。

照此看來，「北京人」化石肯定沒有送上「哈裡遜總統」號船[190]。那麼，這些化石究竟到哪裡去了呢？

1942 年 8 月 23 日，《北京時事日報（英文版）》率先披露「北京人」頭蓋骨失蹤的消息後，在全世界引起了極大的震動。為了發動更多的人尋找失蹤的「北京人」，裴文中應《大公報》記者徐盈之請，撰寫《「北京人」在哪裡》一文，於 12 月在重慶、上海、天津三地發表。在文中，裴文中感慨道：「這是一個謎！也許不久即可解答，也許永遠不能解答。」

1942 年 9 月 10 日，原北平協和醫學校負責解剖和新生代方面研究的教授佛騰先生，在給翁文灝的信中指出，「北京人」頭骨原物「原擬隨美國駐平海軍陸戰隊一道送往美國。日美開戰後不久，美國陸戰隊隊員在秦皇島當了俘虜。上面提到的化石與美國陸戰隊隊員在一起。這個情況我們是從一位元陸戰隊隊員那裡得到的，這位接受委託的隊員在北京關押時恰好闌尾炎發作，在北平協和醫院做手術。他瞅准機會把消息透露給大夫。從此以後，我就不知道這批物品的下落了」。

一種說法認為，俘虜美軍的日本人由於不懂化石價值而將之砸爛扔掉了。但這個說法為胡承志否認。他說：「因為化石包裝得極考究，整整包了六層。但凡有點文化的人，即便不完全瞭解化石的真正價值，也不會輕易將之丟棄。」

在給翁文灝的信中，佛騰教授對「北京人」化石的去向也作了分析，「12 月 9 日我去解剖系和魏敦瑞博士的研究室，在那裡遇到一些日本軍官，但沒被詢問。我判斷日本人完全清楚這些物品的下落。但在 7 月份，我意外地被日本人召到北平協和醫學校，問我是否知道『北京人』在什麼地方。我當然回答『不知道』。從這次談話中我判斷，『北京人』或許已被悄悄地運往日本了，所以並非每個對此關注的人都知道。或許它確實在秦皇島丟失了」。

佛騰在信中還談到日軍破壞的情況，「當日本憲兵隊要用洛克哈特大樓時，他們把地質調查所的物品和圖書統統裝上卡車運到城外空地給扔掉。這

---

190 也有說法稱「哈裡遜總統」號被日軍繳獲，改裝成運輸船使用，後於 1944 年被美軍潛艇擊沉。

些物品很快被老百姓哄搶一空，他們認為這些東西也許值幾個錢。後來福格森博士還買了些上門叫賣的骨骸……這就是您在任時曾付出巨大心血的那項研究工作的悲涼結局」。

1945 年 12 月 4 日，《大公報》（北平版）等報紙宣稱，「北京人」已在日本發現。報導稱，在東京發現了「北京人」化石，說是東京帝國大學交給盟軍總部的，由總部的科學顧問、地質學家懷特摩爾保管著，準備送回中國。

聽到消息後，翁文灝於 1946 年 1 月 19 日致信美國馬歇爾將軍，請求把「北京人」化石歸還中國，並隨信附上周口店文物被掠清單。不過，後來歸還的只是「取自周口店上洞及第一、第十五層的石器、骨器和骸骨」、「周口店發掘的照片和檔」，而「北京人」仍杳無影蹤。

此後，中國政府派專家李濟等在東京先後五次尋找過「北京人」化石，結果仍未找到。與此同時，美軍總部也曾動員在華美軍尋找「北京人」化石，結果仍蹤跡全無。

中華人民共和國成立後，尋找「北京人頭蓋骨」化石的工作仍一直在進行。

1980 年代，美國古人類學家夏皮羅出版了《「北京人」》（Peking Man）一書，認為化石是在天津的地下室被掉包了。夏皮羅曾聽他的一位美國朋友說，裝有「北京人」頭蓋骨化石的箱子輾轉運到天津美國海軍陸戰隊兵營大院，被安置在第六號樓地下室的木板層下面。這座建築後來改為天津衛生學校，在 1976 年唐山大地震時倒塌，現已平為操場。

上海古籍出版社出版的《考古發現漫筆》一書作者寫道，有一位日本人在臨終前對他的朋友嘉滕剛清說，據他所知，「北京人」頭蓋骨化石被埋在距北京城外東兩公里的地方，在一棵松樹的樹幹上還作了記號。嘉滕剛清將此事告訴了好友仰木道之。仰木道之向中國方面提供了資訊，引起了重視。1996 年 5 月 3 日，各路專家商討對北京日壇公園「埋藏」地點的「地表探測」方案。6 月 3 日上午，發掘正式開始。遺憾的是，經過近三個小時的發掘，依然一無所獲。

1998 年 8 月，中國著名考古學家賈蘭坡等十四位中國科學院院士發動「世紀末的尋找」，他們聯名發出倡議信——《讓我們繼續尋找『北京人』》，

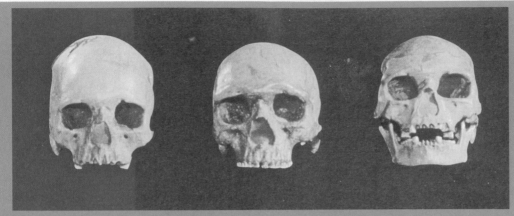
失蹤的山頂洞人頭骨（模型）

認爲「對中國科學家來說，有這樣一件事始終不能忘懷」，並希望「在本世紀結束前，大家攜起手來，做一次全人類共同的尋找」。

1999 年，周口店北京人遺址所在的房山區有關部門，也發起了類似的尋找活動，但也沒取得任何有效成果。2005 年 7 月 2 日，房山區成立尋找「北京人」頭蓋骨化石工作委員會，將尋找「北京人」頭蓋骨化石納入到政府工作，但迄今仍無收穫。

「北京人」化石是否在日本呢？如果化石和美國陸戰隊隊員確實在秦皇島落入日軍手中，那麼化石可能就在日本。曾有日本軍官提供線索說，頭蓋骨被埋在日本人的墓裡。2009 年《新京報》報導，中國科學院古脊椎動物與古人類研究所副所長高星表示，運輸化石的火車被日軍劫掠，日軍占領北京後，曾對存放過「北京人」化石的協和醫院展開嚴密搜查。所以，化石極有可能被帶到日本，最有可能流失到日本民間。而日本《產經新聞》也報稱，在東京皇宮地下室保管著「北京人」頭蓋骨。

但是，也有人認爲化石在日本的可能性不大。長期研究「北京人」去向的高級記者李樹喜認爲，化石在日本的可能性基本可以排除。其理由在於：「新中國成立以來，尤其是改革開放以來，中日兩國無論是官方還是學術界都就頭蓋骨失蹤問題交換過意見，日本方面堅決否認在日本。」「從常理來推測，『北京人』頭蓋骨之所以珍貴，主要在於其研究上的重要價值，關注的人多才有意義。假如在日本，無論是在政府手中，還是在民間，都應該將它公

布出來，沒有秘而不宣的道理，這樣做沒有任何意義。」據李樹喜所說，賈蘭坡生前在接受他採訪的時候也曾表示，不相信「北京人」頭蓋骨在日本。上述分析，也是有道理的。

認為「北京人」在美國的也大有人在。1972年美國總統尼克森訪華，為打破中美長期敵對的堅冰，尼克森想找到「北京人」作為禮物送給中國，但沒有成功。隨尼克森訪華的就有美國希臘古物基金會主席詹納斯，在華期間他參觀了周口店北京人遺址，對尋找「北京人」化石非常感興趣。為了獲得有關「北京人」化石下落的可靠線索，回國之後，詹納斯立即登報懸賞，並且按照線索去過很多國家查詢。

在詹納斯訪問中國回國後不久，一位一直沒有透露姓名的婦女，稱她的丈夫在去世前曾告訴她自己保存有「北京人」化石。經過幾番周折，她郵寄了一張照片給詹納斯。後者將照片複印了許多份分寄給有關專家鑒定。除少數人相信照片中的一個頭骨可能是北京人頭骨外，不少人持有異議。國內專家在看過這張照片後，也否定了它的真實性。認為即使那個頭蓋骨，也只是一個「拙劣的仿製模型」。

還有一種說法是，1972年，美國總統尼克森訪華，曾將美方掌握的「北京人」頭蓋骨化石下落線索作為禮物送給中國。尼克森提供的線索是：頭蓋骨化石可能在「阿波丸」號沉船上。

「阿波丸」是一艘萬噸級巨輪。1945年3月28日，已被日本軍隊徵用的「阿波丸」號在新加坡裝載了從東南亞一帶撤退的大批日本人駛向日本。4月1日午夜時分，該船行至中國福建省牛山島以東海域，被正在該海域巡航的美軍潛水艇「皇后魚號」發現，遭到數枚魚雷襲擊，三分鐘後迅速沉沒。船上兩千零九人中只有一人生還。

有人認為，遺失的「北京人」頭蓋骨極有可能在這艘船上。當時，一些國家的打撈公司先後向中國政府提出合作打撈「阿波丸」的要求。在「阿波丸」沉沒三十多年後，中國於1977年初開始對其進行打撈，但由於當時打撈技術條件的限制，潛水夫只能下潛到水下五十米左右，而「阿波丸」號的船底在水下七十米，結果未能做全面打撈。

正因爲此，一些研究者建議，有關部門應該對「阿波丸」號重新打撈[191]。但這一推測也有疑點，如果日本人 1941 年已得到了「北京人」化石，爲什麼不將化石直接運送日本，反而繞道東南亞，一直等到 1945 年才裝上「阿波丸」運往日本呢？

時至今日，「北京人」頭蓋骨化石究竟在哪裡，仍然沒有人知道。

---

[191] 2004 年以來，有關「北京人頭蓋骨在『阿波丸』號」及「即將打撈『阿波丸』號」的報導曾經一度成為熱點，但又相繼被權威人士否定。

南京大屠殺中的「辛德勒」

　　奧斯卡‧辛德勒，一個成功的德國商人。在二戰期間，他以一己之力從納粹的屠刀下營救了一千多猶太人。1993 年，由大導演斯皮爾伯格根據這段真實的歷史拍攝的電影《辛德勒的名單》一舉斬獲七個奧斯卡獎項。從此，這段感人的傳奇故事為世人所熟知，而辛德勒也成了戰爭屠殺中人性光輝的象徵。南京大屠殺同樣發生在二戰期間。在這場震驚中外的大屠殺中，有三十萬以上的中國平民和戰俘被日軍屠殺。在這座充滿了殺戮的城市裡，有二十多名外籍人士儘管自身也處於危險之中，但是仍然竭盡全力挽救日軍鐵蹄下的中國難民，並在限制以及揭露日軍暴行方面做出了巨大貢獻。他們就是南京大屠殺中的「辛德勒」。

　　1937 年 12 月 13 日，侵華日軍攻陷南京，一場長達六個星期的大規模屠殺、搶掠、強姦等戰爭罪行開始實施。在此之前，各國政府出於安全的考慮紛紛敦促本國公民撤離南京。但是，在南京城陷入接踵而至的大屠殺期間，仍然有二十七名外籍人士留在南京城內。他們成了南京大屠殺的目擊者和見證人。隨著《拉貝日記》、《魏特琳日記》、《貝德士文獻》[192] 等史料的公布，他們的面貌也越來越清晰。

　　在這二十七個人中，有五人是英美籍新聞記者、新聞電影攝影師，他們如實報導了日軍兵臨城下、攻城及陷城後最初幾天日軍的暴行，但是很快於 12 月 15 日和 16 日分別乘軍艦離開南京前往上海，並沒有完整親歷南京那段最恐怖的時期。而另外二十二個留在南京的外籍人士，則身分各異，但都以不同的形式參加了國際委員會設立的安全區的工作。正是他們在南京最黑暗的日子裡，不顧危險，盡自己最大的努力挽救和幫助了更多的中國人民。

---

192 貝德士（Bei Deshi，Miner Searle Bates），美國傳教士。曾在遠東國際軍事法庭上作證指控日軍在南京犯下的罪行。《貝德士文獻》保存於美國耶魯大學神學院圖書館，是如實記錄侵華日軍南京大屠殺罪行的珍貴歷史資料。

1938 年 12 月 17 日，日本侵略軍在南京中山門舉行入城儀式

　　這些外國人之所以留在被死亡籠罩的南京，是出於對這個他們生活了很長時間的城市的深厚感情，也是出於對自己工作職責和所負使命的擔當。德國人約翰·拉貝在日記中寫道：「今天在善待了我三十年之久的我的東道主的國家遭遇到了嚴重的困難，富人們逃走了，窮人們不得不留下來，他們不知道該到哪裡去，他們沒有錢逃走，他們不是正面臨著被集體屠殺的危險嗎？我們難道不應該設法幫助他們嗎？至少救救一些人吧？假如這些都是我們自己的同胞呢？」美國人明妮·魏特琳作爲金陵女子文理學院留下來的老師，身上還擔有保護校園的重任。她在日記中寫道：「校長離開之前曾任命了一個有程瑞芳夫人、弗蘭西斯·陳和我組成的緊急委員會，這個小小的委員會承擔起責任，度過了這些艱難的日子。」「我認爲我不能走……我覺得我在金陵女子文理學院十八年的經歷，以及與鄰居十四年的交往經驗，使我能夠擔負起一些責任，這也是我的使命，就像在危險之中，男人們不應棄船而去，女人也不應丟棄她們的孩子一樣。」

　　一些外籍人士的信仰也使得他們選擇留在南京。這些留下來的外國人大部分都是基督徒，其中還有聖公會、長老會、基督會的牧師；他們的信仰和職責，都促使他們無法丟下陷入絕境的南京市民離開。2005 年，張憲文主編、章開沅編譯的《南京大屠殺史料集》第四冊《美國傳教士的日記與書信》

出版，裡面披露了大量史料。其中有美國聖公會傳教士福斯特寫給家人的信。福斯特寫道：「我們又目睹了許多臨危不懼、忠於職守的英勇行為……我們更加理解了為他人而犧牲自己的含義。」另一名美國傳教士米爾斯在致妻子的信中也寫道：「我們南京安全區是靠充分的勇氣建立的，或是如你所愛說的，靠信仰，或是靠某種不知從何而來的無畏精神。」作為一名傳教士，米爾斯所說的信仰，顯然是指他們所皈依的基督教精神。這些來自異國的基督徒，在南京大屠殺開始之後，仍然堅持做禮拜、進行早禱、為嬰兒施洗、舉行聖餐禮等活動，而且還開展福音傳播，在南京市民中進行佈道。耶誕節來臨的時候，美國傳教士馬吉在致妻子函中寫道：「我們以非正式的形式度過了耶誕節，在漢森寓所裡先是唱聖誕歌，接著是祈禱、查經。……第二天

約翰·拉貝

我們舉行了聖餐禮拜，我為 J·L·陳教區的七位教徒施洗禮，董主教布道。」應該說，對於基督教的信仰，不僅成為這些外籍人士留在南京的重要原因，而且經過他們的宗教傳播，也給了那些生逢亂世的南京市民在那段黑暗的歲月裡堅持下去的勇氣 [193]。

在這些外國人中，約翰·拉貝和明妮·魏特琳是兩個世人最為熟悉的名字。

約翰·拉貝（John H. D. Rabe），1882 年出生於德國漢堡。1908 年到中國，作為德國西門子公司在中國的雇員，在中國工作了三十年。

1937 年 11 月，隨著局勢的日益惡化，國民政府正式遷都重慶，失去了政治中心的地位，南京的前途更加兇險。11 月 22 日，為了防範平民在戰爭中可能受到的傷害，根據金陵大學校董會董事長杭立武的提議，南京成立安全區國際委員會，並推選拉貝為委員會主席。除了國際委員會外，還有一個與其密切合作的「國際紅十字會南京委員會」，該委員會主席為美國人約翰·馬吉牧師。

---

193 在張藝謀 2011 年拍攝的電影《金陵十三釵》裡，奧斯卡影帝克利斯蒂安·貝爾飾演的就是一個企圖營救難民的外國人。

　　12 月 2 日，國際委員會遷入寧海路五號辦公，這裡成爲安全區國際委員會的總部。同時劃定了安全區的範圍：以美國大使館和金陵大學、金陵女子文理學院等教會學校爲中心，東面以中山路爲界，從新街口至山西路交叉路口；北面從山西路交叉路口向西劃線，至西康路；西面從上面提到的北界線向南至漢口路中段（呈拱形），再往東南劃直線，直至上海路與漢中路交叉路口；南面從漢中路與上海路交叉路口起，至新街口起點止 [194]。

　　安全區占地面積三點八六平方公里，約爲當時市區的八分之一。但是，就在這區區三點八六平方公里的範圍內，在南京大屠殺時期，拉貝和他帶領的南京國際安全委員會卻建立了二十五個難民收容所，保護了二十五萬中國平民免受傷害。在日軍占領南京之後，安全區國際委員會做了許多對難民的保護救濟工作。他們爲難民提供食宿；救治在日軍暴行之下負傷的平民以及中國軍隊的傷患；抗議日軍的暴行，解救遇到危險的中國人民。二十二名外國人，充當了二十五萬南京市民的保護者。儘管曾多次受到日軍毆打和槍彈威脅，但他們卻始終無所畏懼。

　　由於安全區國際委員會的努力，成千上萬中國人的生命被從日軍的屠刀下拯救，數以千計的婦女免遭日軍的蹂躪。他們對日軍暴行的制止與抗議，在一定程度上減輕了南京人民的痛苦和損失。他們還詳細記錄了日軍的暴行，向國際社會揭露日軍在南京的殺、燒、淫、掠暴行，宣傳南京大屠殺的眞相，引起世界輿論對日本法西斯暴行的譴責。他們的記錄爲戰後審判日本戰犯提供了有力的證據，成爲南京大屠殺的鐵證，同時也成爲研究南京大屠殺事件的客觀、公正的資料。

　　1997 年，在拉貝兒子住的閣樓裡發現了塵封多年的《拉貝日記》。它的出版在世界範圍內引起巨大反響，被公認爲是近年來發現的研究南京大屠殺事件數量最多、保存得最爲完整的史料。爲此，美國《紐約時報》把約翰·拉

---

194 據《侵華日軍南京大屠殺史稿》記載：「界內分設交通部大廈、五臺山小學、漢口路小學、陸軍大學、小桃園南京語言學校、軍用化工廠、金陵大學附中、聖經師資訓練學校、華僑招待所、南京神道學院、司法部、最高法院、金陵大學蠶桑會、金陵大學圖書館、德國俱樂部、金陵女子文理學院、法學院、農村師資訓練學校、山西路小學、金陵大學宿舍等二十個難民收容所。」而拉貝在 1938 年的日記中列出的一份難民收容所的名單，「多出了兵庫署、貴格會傳教團、西門子洋行院內、高家酒館和雙塘等五個難民收容所」。此外，據一些學者考證，還有一個鼓樓西難民收容所，也隸屬於國際委員會管轄，只是不在安全區內。

貝譽爲「中國的辛德勒」。2009 年，由中國華誼兄弟公司和德國豪夫曼與佛格斯娛樂公司共同投資的電影《拉貝日記》上映，拉貝的事蹟開始廣爲世界所熟知。

明妮‧魏特琳（Minnie Vautrin），1886 年出生於美國伊利諾斯州，1912年加入海外基督教傳教士聯合會，同年來到中國。金陵女子大學成立後，她一直擔任教務工作。魏特琳的中文名字叫華群，她因此被南京人親切地稱爲「華小姐」。

1937 年日軍占領南京，金陵女子大學的大部分教職員撤往四川成都，借華西協和大學的校園繼續開辦，而魏特琳則和程瑞芳夫人等人留在南京照管校園。在南京大屠殺時期，魏特琳成爲國際紅十字會南京委員會的重要成員，她所在的金陵女子大學也成爲安全區的核心地帶。面對日軍瘋狂的屠殺和強姦行徑，大量婦女兒童蜂擁來到金陵女子大學難民收容所，尋求庇護。從 12 月 13 日到 17 日，短短幾天，金陵女子大學難民所收納了八千多位難民。爲了保護難民，魏特琳製作了一面巨大的美國國旗鋪在校園當中的草坪上，以此警告和驅趕前來侵犯的日本兵。她甚至手無寸鐵地守衛在學校大門口，用自己弱小的身軀阻止一批又一批的日本兵進入校園。在她的積極營救下，成千上萬的中國婦女避免了被日軍送到軍隊慰安所受到侮辱和侵害的危險。魏特琳因此成了南京婦女眼中的守護神，被她們視作「活菩薩」、「觀音菩薩」。

明妮‧魏特琳（前排中）與金陵女大同事

　　為了表彰魏特琳在南京大屠殺中保護難民的貢獻，1938 年，國民政府授予魏特琳獎勵外僑的最高榮譽采玉勳章。但是由於長期生活在壓力和刺激之下，魏特琳得了嚴重的抑鬱症，被迫於 1940 年春天離開了她工作了二十多年的中國。一年之後，精神崩潰的魏特琳打開公寓廚房的煤氣開關，結束了自己的生命 [195]。

　　魏特琳去世後長期為世人遺忘，對此，《南京暴行：被遺忘的大屠殺》的作者張純如感到非常困惑 [196]。她認為，魏特琳的精神應該成為全世界所共有的遺產，「在歷史中如果誰能為自己留有一席之地，我認為此人一定就是魏特琳」。或許是對這一說法的回應，近年來，魏特琳的事蹟開始為世界所關注，有關她的傳記被用英文和中文出版。2001 年，南京師範大學還舉辦了「紀念魏特琳女士逝世六十周年暨南京大屠殺國際學術研討會」。

　　除了南京國際安全委員會建立的二十六個難民收容所外，在安全區外還有棲霞山（寺）難民收容所、江南水泥廠難民營、城北和記洋行（英屬）難民收容所、城東南的剪子巷老人堂和長江北六合縣葛塘集難民營。在這裡，外國人也發揮了重要的作用，其中就包括丹麥人辛德貝格和德國人昆德。

　　1933 年，著名實業家陳范有受啟新洋灰公司委派，在南京的棲霞山下辦起了江南水泥廠。1937 年南京失守前，陳範有對工作人員進行了緊急疏散，卻以江南水泥廠「設備款二成未付，尚未點火生產，產權仍屬德、丹」為由，請求德國、丹麥以債權人的身分派員入駐，保護企業安全。於是，當年 12 月 4 日，辛德貝格和昆德分別以丹麥史密斯公司和德國禪臣洋行代表的身分抵達南京江南水泥廠。

　　由於時局不斷惡化，大量難民湧向工廠尋求避難，辛德貝格和昆德的工作使命也隨之發生了轉變，他們從企業的工作人員變成了難民的保護者。和拉貝在難民營拉起德國國旗一樣，辛德貝格和昆德也知道應該怎麼對付日本人。他們在工廠門口掛起了「德丹國合營江南水泥廠」的廠牌，並且懸掛起

195 魏特琳去世後，被安葬在美國密西根州的雪柏得鎮，墓碑的正面，刻著四個中國漢字：金陵永生。2002 年，人們在南京師範大學隨園校區（即金陵女子學院原址）為魏特琳樹立了一座銅像，以示紀念。

196 2004 年，以《南京暴行：被遺忘的大屠殺》而聞名世界的華裔女作家張純如在美國加州用手槍自殺，年僅三十六歲。

兩面巨大的德國和丹麥國旗，對場地進行保護。就在這麼一個狹小的空間，兩個名不見經傳的外國人，卻在最危難之際給予南京城外的難民以最大的援助，其救援的難民人數在高峰時期達到三萬人。在目前看到的唯一一部記錄南京大屠殺的紀錄片裡，有十五個鏡頭記錄了江南水泥廠難民營的景象，而這部分內容就是當年由辛德貝格協助時任國際紅十字會南京委員會主席的約翰·馬吉拍攝的。

辛德貝格

20 世紀 90 年代以後，南京淪陷期間的國際救援工作一度成為研究熱點。但由於江南水泥廠位置在南京城外，而人們研究的中心主要集中在南京城內，所以辛德貝格和昆德幾乎被歷史遺忘。在拉貝日記問世後，人們發現了保存其中的辛德貝格送到德國大使館南京辦事處的信件，這才注意到江南水泥廠難民營，辛德貝格和昆德這兩個名字也才被人提起，被人們稱為「不為人知的南京辛德勒」。

滄海桑田「大世界」

「不到大世界，枉來大上海」。號稱「遠東第一俱樂部」的上海「大世界」，不僅是民國時期上海灘最為繁華的娛樂場所，也是當時東亞地區最大的遊樂場。這裡，既是孟小冬等名伶的成名之地，也是黃金榮等「流氓大亨」的斂財寶地。而圍繞著「大世界」的風風雨雨，幾乎就是一部舊上海滄桑巨變的歷史縮影。

提起「大世界」，首先要說到它的創始人黃楚九。黃楚九，浙江余姚人，自署知足廬主人，是明末清初著名學者黃宗羲的後人。早年隨母學習家傳中醫眼科醫術，後來上海闖蕩，開設診所——頤壽室。但當時正值西風東漸，西醫在上海逐漸佔據主導地位，頗有經營意識的黃楚九於是放棄標榜中醫，開辦中法藥房，並且製造銷售自創品牌藥「艾羅補腦汁」。他強調「艾羅補腦汁」可以長智慧、祛百病，又迎合國人崇洋心理，借用了一張猶太人的照片放在商標上，並且給其起名艾羅，算是發明人。實際上，「艾羅」是取英語 Yellow（黃色）的諧音，也就是黃楚九的專利。為了引起更廣泛的關注，黃楚九還推崇「一分本錢，配上九分廣告」的行銷理念，在《申報》、《新聞報》等大報投入鉅資為藥品大做廣告。結果果然引起轟動，「艾羅補腦汁」一上市就十分暢銷，黃楚九也因此獲得巨額利潤。

此後，黃楚九又研製了「龍虎人丹」，獲利豐厚。當時，中國的仁丹主要是日本製造。1907 年，上海總商會通電全國，號召開展抵制日貨的反日愛國運動。但是，卻沒有國產仁丹可以與日本仁丹相抗衡。這時，恰好黃楚九得到一張「諸葛行軍散」的古方，同時參考自己祖傳的《七十二症方》，最終研製出新的方劑，做成小粒藥丸，取名為「龍虎人丹」後上市。為了打開局面，黃楚九再次依靠廣告的魔力，凡是貼著日本仁丹廣告的地方，都貼上醒目的「龍虎人丹」廣告，與其展開競銷。

看到「龍虎人丹」對自己的仁丹產品產生了嚴重的威脅，日本東亞公司

便控告黃楚九的產品是「侵權」的「冒牌」產品，要求中國政府勒令其停產。
但是黃楚九並沒有屈服，而是聘請上海著名大律師在法庭上奮起抗爭，直至
上訴到北京最高法院。在漫長的訴訟之後，法院做出終審裁決，判定黃楚九
勝訴。此後，「龍虎人丹」更是聲名遠揚，黃楚九也隨之財源茂盛。

　　在獲取巨額利潤之後，精明的黃楚九開始把目光投向娛樂業。他在浙江
路與南京路的交匯處開設「樓外樓茶座」，這是中國第一家屋頂花園，在這
裡顧客只需要花很少的錢，就可以乘坐在當時非常少見的電梯抵達屋頂，一
邊飲茶一邊聽戲，又能遠眺外灘景色，一時來者如雲。1912 年，黃楚九又與
人在「樓外樓」合建新新舞臺 [197]。舞臺有從日本進口的天幕幻燈，可根據劇
情需要，在天幕上出現雷電雲雨、日月星辰等景觀，並從北京請來名伶譚鑫
培等登臺演出。

上海大世界遊樂場

　　1914 年，經營娛樂業屢獲成功的黃楚九又與人一起在靜安寺路創建「新
世界」遊樂場。但不久，其合夥人為了獨占股權，設計將黃楚九一腳踢開。這
讓雄心勃勃的黃楚九心有不甘。於是，他決定另闢一家超級遊樂場，試圖擊
敗「新世界」，也讓自己揚眉吐氣。這個遊樂場，就是後來的「大世界」。

　　1917 年 7 月 14 日，在黃楚九來到上海三十年的紀念日裡，上海「大世
界」正式開張。這個位於當時法國租界內跑馬廳的東南角，愛多亞路與敏體

197 新新舞臺後改名天贍舞臺，後為與位於福州路的天贍舞臺新址相區別，就將此處稱為「老天贍」。

尼蔭路（即今天西藏南路、延安東路）交叉口的娛樂場所，占地一點四萬多
平方米，是之前上海最大的遊樂場，是位於英租界的「新世界」的兩倍。

「大世界」外有驚險刺激的高空飛船等吸引兒童遊玩的遊戲節目，內則
設有劇場、電影場、書場、雜耍台、商場、中西餐館等場所，可謂看戲、購
物、聽書、就餐一應俱全。為了吸引更多的遊客，「大世界」還安裝了十二
面巨大的凹凸鏡，能使人變長、變矮、變胖、變瘦等，千姿百態，引人哈哈
大笑，所以又被稱為「哈哈鏡」。「大世界」中，最負盛名的是上下兩層的
「乾坤大劇場」，裡面裝飾豪華，可以同時容納一千餘人，日映電影，夜演
京戲，又開男女同台演出之先例，成了後來諸多名角的成名之地。例如，一
代名伶孟小冬十四歲就開始在「乾坤大劇場」演出，並且很快嶄露頭角，被
當時的評論界讚為「扮相俊秀，嗓音寬亮，不帶雌音，在坤生中已有首屈一
指之勢」。與此同時，張少泉、粉菊花、露蘭春、姚玉蘭等當紅藝人也輪流
獻藝，時人盛讚為「群芳會唱」。由於「乾坤大劇場」聲名遠揚，演崑曲的
霓裳社與顧無為的文明新戲都搬到這裡來表演。此外，「大世界」還是三教
九流的彙聚之地，藏汙納垢的首選之所。這裡不僅有脫衣舞表演，還有各種
各樣變相的賭博，更是各種黑暗勢力頻繁光顧與流鶯招攬生意的地方。

「大世界」開張後，一時聞名遐邇，遊客如織，立即成為當時遠東地區
最大的遊樂場，並有「遠東第一俱樂部」之稱。此後，無論是上海本地人，
還是來此遊玩的外地人、外國人，都要慕名到大世界來看一看。

眼開財富的雪球越滾越大，黃楚九的創業欲望也不斷膨脹。他創辦了有
二十一個醫藥企業的托拉斯，成為上海新藥業大王。此後，他又陸續開戲院、
浴室、煙廠，最後又搞起房地產，借錢買地皮、造房子，房子押給銀行，再
借錢買地皮，再造房子再抵押。這時，恰逢 1930 年代的世界經濟危機，加上
民國政府改組後，金融改革，信貸緊縮，於是黃楚九規模龐大的企業霎時周
轉不靈，陷入破產的困境。

正在這時，一直眼紅「大世界」的「流氓大亨」黃金榮看到時機已到，
就利用自己的幫會勢力軟硬兼施，最終在 1931 年用五十萬元的價格將「大世
界」掠為己有。而隨著「大世界」的易手，黃楚九也澈底失去東山再起的希
望，不久即在鬱悶中去世。

　　據說，那時黃金榮曾經算過一筆帳：如果將五十萬元現鈔存入銀行的話，每年可得利息三千多元，而大世界每天可以出門票五六千張，日得五六百元，除去各種開支，大世界每天可得二、三百元，星期日及元旦、春節又有加倍的收入。這樣的話，一個月的淨收入約在七、八千元，與存銀行所得到的回報，真是天壤之別。黃金榮的算盤打得十分如意，在隨後的近二十年時間裡，「榮記上海大世界」繁華如舊，黃金榮也日進鬥金。

　　1949 年國民黨軍長江防線被突破後，昔日的大亨闊佬人心惶惶。杜月笙倉皇逃到了香港，掌管黃金榮萬貫家財的當家少奶奶李志清也席捲了金銀珠寶逃奔香港，後又到了台灣。蔣介石則托人帶信給黃金榮，囑咐他「抓緊時機」到香港或台灣去。

　　但是，已經風燭殘年的黃金榮最終選擇留了下來。他對人說：「我已經是快進棺材的人了，我一生在上海，屍骨不想拋在外鄉，死在外地。」實際上，此刻的黃金榮，在上海還有難以割捨的東西，那就是他苦心經營近二十年的「榮記上海大世界」。他擔心自己一旦離開上海，苦心經營半生的「大世界」將會成為無主財

1951 年，黃金榮被勒令在大世界遊樂場前打掃街面

產，即使由養子繼承，也極有可能被共產黨沒收。自此，黃金榮蟄居在家，深居簡出，不問外事，也過了一段安逸日子。人民政府還允許黃金榮照常經營他的產業，如大世界、黃金大戲院、榮金大戲院等，每月都有一筆不菲的收入。

　　1951 年初，鎮壓反革命運動開始後，黃金榮的日子開始難過起來，市民甚至自發湧到黃宅門口，要求他接受批鬥。1951 年 5 月 20 日，迫不得已的黃金榮在上海的《新聞報》、《文匯報》刊出了《黃金榮自白書》。黃金榮在「自白書」中，自稱「自首改過」、「將功贖罪」、「請求政府和人民饒恕」，並表示要「擁護人民政府和共產黨」，「洗清個人歷史上的污點，重

新做人」。上海灘第一大亨的「懺悔」，在當時轟動一時。隨後，黃金榮響應人民政府的改造號召，開始在「大世界」門前掃大街。由於此時的黃金榮已經是八十多歲的老人，這項象徵性的「改造」並沒有持續下去。

1953 年，上海市政府決定對黃金榮的殘餘勢力進行新一輪的打擊，將「五虎將」、「四大金剛」一網打盡，使「大世界」的舊貌澈底換了新顏。黃金榮絕望之下，病倒在床。一天，他將養子黃源濤[198]喊到家中，口傳了「遺囑」，最後感歎道：「我的一生，都風掃落葉去了，唯有留下這個『大世界』。不過，斷氣瞑目後，『大世界』不可能再屬於我的了。」幾天之後，這個曾在上海灘顯赫一時、叱吒風雲的黑幫老大，一個從小癟三起家跨越黑白兩道的「流氓大亨」，在高燒昏迷了幾天以後，終於閉上了眼睛，時年八十六歲。

據說，黃金榮死後當天，就有人在上海復興公園後門——曾經掛著「中國人不得入內」、「戴著口罩的狗可以入內」標牌的那扇門上，寫了五個大字：「黃金榮死了」。

黃金榮死後，「榮記上海大世界」被收歸國有，改名「人民遊樂場」。此後，幾經易名與裝修，在 2010 年上海世博會期間再次以新的面目對全世界開放。

---

198 黃源濤是黃金榮與第二位妻子露蘭春的養子。黃金榮與元配妻子林桂生的養子叫黃福寶，早亡，福寶妻即黃府當家少奶奶李志清。

教科書裡沒有的民國史

作　　者	張晨怡
發 行 人	林敬彬
主　　編	楊安瑜
副 主 編	黃谷光
編　　輯	王艾維、黃谷光
內頁編排	王艾維
封面設計	陳膺正
編輯協力	陳于雯、丁顯維

出　　版	大旗出版社
發　　行	大都會文化事業有限公司
	11051 台北市信義區基隆路一段 432 號 4 樓之 9
	讀者服務專線：（02）27235216
	讀者服務傳真：（02）27235220
	電子郵件信箱：metro@ms21.hinet.net
	網　　　　址：www.metrobook.com.tw

郵政劃撥	14050529　大都會文化事業有限公司
出版日期	2017 年 09 月修訂初版一刷
定　　價	380 元
Ｉ Ｓ Ｂ Ｎ	978-986-95038-6-0
書　　號	History-92

◎本書經中圖公司版權部由中華書局（北京）授權繁體字版之出版發行。

◎本書如有缺頁、破損、裝訂錯誤，請寄回本公司更換。

國家圖書館出版品預行編目（CIP）資料

教科書裡沒有的民國史 / 張晨怡著 . -- 修訂初版 . -- 臺北
市：大旗出版：大都會文化發行 , 2017.09
352 面 ; 17×23 公分

ISBN 978-986-95038-6-0（平裝）
1. 民國史 2. 通俗史話

628　　　　　　　　　　　　　　　　　　106014068

大都會文化　讀者服務卡

書名：**教科書裡沒有的民國史**

謝謝您選擇了這本書！期待您的支持與建議，讓我們能有更多聯繫與互動的機會。

A. 您在何時購得本書：＿＿＿＿＿年＿＿＿＿＿月＿＿＿＿＿日

B. 您在何處購得本書：＿＿＿＿＿＿＿＿＿書店，位於＿＿＿＿＿＿＿＿(市、縣)

C. 您從哪裡得知本書的消息：
　　1.□書店　2.□報章雜誌　3.□電台活動　4.□網路資訊
　　5.□書籤宣傳品等　6.□親友介紹　7.□書評　8.□其他

D. 您購買本書的動機：（可複選）
　　1.□對主題或內容感興趣　2.□工作需要　3.□生活需要
　　4.□自我進修　5.□內容為流行熱門話題　6.□其他

E. 您最喜歡本書的：（可複選）
　　1.□內容題材　2.□字體大小　3.□翻譯文筆　4.□封面　5.□編排方式　6.□其他

F. 您認為本書的封面：1.□非常出色　2.□普通　3.□毫不起眼　4.□其他

G. 您認為本書的編排：1.□非常出色　2.□普通　3.□毫不起眼　4.□其他

H. 您通常以哪些方式購書：(可複選)
　　1.□逛書店　2.□書展　3.□劃撥郵購　4.□團體訂購　5.□網路購書　6.□其他

I. 您希望我們出版哪類書籍：（可複選）
　　1.□旅遊　2.□流行文化　3.□生活休閒　4.□美容保養　5.□散文小品
　　6.□科學新知　7.□藝術音樂　8.□致富理財　9.□工商企管　10.□科幻推理
　　11.□史地類　12.□勵志傳記　13.□電影小說　14.□語言學習（＿＿＿語）
　　15.□幽默諧趣　16.□其他

J. 您對本書（系）的建議：
＿＿＿＿＿＿＿＿＿＿＿＿＿＿＿＿＿＿＿＿＿＿＿＿＿＿＿＿＿＿＿＿＿＿＿＿＿

K. 您對本出版社的建議：
＿＿＿＿＿＿＿＿＿＿＿＿＿＿＿＿＿＿＿＿＿＿＿＿＿＿＿＿＿＿＿＿＿＿＿＿＿

讀者小檔案

姓名：＿＿＿＿＿＿＿＿　性別：□男　□女　生日：＿＿＿年＿＿＿月＿＿＿日

年齡：□20歲以下　□21～30歲　□31～40歲　□41～50歲　□51歲以上

職業：1.□學生 2.□軍公教 3.□大眾傳播 4.□服務業 5.□金融業 6.□製造業
　　　7.□資訊業 8.□自由業 9.□家管 10.□退休 11.□其他

學歷：□國小或以下　□國中　□高中／高職　□大學／大專　□研究所以上

通訊地址：＿＿＿＿＿＿＿＿＿＿＿＿＿＿＿＿＿＿＿＿＿＿＿＿＿＿＿＿＿＿

電話：（H）＿＿＿＿＿＿＿＿＿　（O）＿＿＿＿＿＿＿＿　傳真：＿＿＿＿＿＿＿＿

行動電話：＿＿＿＿＿＿＿＿＿＿＿　E-Mail：＿＿＿＿＿＿＿＿＿＿＿＿＿＿＿

◎謝謝您購買本書，歡迎您上大都會文化網站（www.metrobook.com.tw）登錄會員，或
　至Facebook（www.facebook.com/metrobook2）為我們按個讚，您將不定期收到最新
　的圖書圖書訊息與電子報。

教科書裡沒有的**民國史**

北 區 郵 政 管 理 局
登記證北台字第9125號
免　貼　郵　票

大 都 會 文 化 事 業 有 限
公 司 讀 者 服 務 部　　收

11051台北市基隆路一段432號4樓之9

寄回這張服務卡〔免貼郵票〕
您可以：
◎不定期收到最新出版訊息
◎參加各項回饋優惠活動

郵政劃撥儲金存款單

98-04-43-04

收款帳號： 1 4 0 5 0 5 2 9

收款戶名：大都會文化事業有限公司

金額（小寫）：優 仟萬 佰萬 拾萬 萬 仟 佰 拾 元

通訊欄（限與本次存款有關事項）

我要購買以下書籍

書　名	單價	數量	合計

購書金額未滿600元，另加收60元國內掛號郵資或貨運專送運費。

總計數量及金額：共＿＿＿＿本，合計＿＿＿＿＿＿＿＿＿元

寄款人 □他人存款 □本戶存款

姓名：

地址：□□□－□□

電話：

主管：

經辦局收款戳

虛線內備供機器印錄用請勿填寫

郵政劃撥儲金存款收據

收款帳號戶名

存款金額

電腦紀錄

經辦局收款戳

郵政劃撥存款收據 注意事項

一、本收據請妥為保管，以便日後查考。

二、如欲查詢存款入帳詳情時，請檢附本收據及已填妥之查詢函向任一郵局辦理。

三、本收據各項金額、數字係機器印製，如非機器列印或經塗改或無收款郵局收訖章者無效。

大都會文化・大旗出版社讀者請注意

一、帳號、戶名及寄款人姓名地址各欄請詳細填明，以免誤寄；抵付票據之存款，務請於交換前一天存入。

二、本存款單金額之幣別為新台幣，每筆存款至少須在新台幣十五元以上，且限填至元位為止。

三、倘金額塗改時請更換存款單重新填寫。

四、本存款單不得黏貼或附寄任何文件。

五、本存款金額業經電腦影像處理後，不得申請撤回。

六、本存款單備供電腦影像處理，請以正楷工整書寫並請勿摺疊。帳戶如需自印存款單，各欄文字及規格必須與本單完全相符；如有不符，各局應婉請寄款人更換郵局印製之存款單填寫，以利處理。

七、本存款單帳號與金額欄請以阿拉伯數字書寫。

八、帳戶本人在「付款局」所在直轄市或縣(市)以外之行政區域存款，需由帳戶內扣收手續費。

如果您在存款上有任何問題，歡迎您來電洽詢

讀者服務專線：(02)2723-5216(代表線)

為您服務時間：09：00～18：00(週一至週五)

大都會文化事業有限公司　讀者服務部

交易代號：0501、0502 現金存款　0503票據存款　2212 劃撥票據託收

大旗出版
BANNER PUBLISHING

大旗出版
BANNER PUBLISHING

大旗出版
BANNER PUBLISHING